Código del Trabajo de Chile

Procedimiento de selección de originales, ver página web:
www.tirant.net/index.php/editorial/procedimiento-de-seleccion-de-originales

ACCESO GRATIS ***a la Lectura en la Nube***

Para visualizar el libro electrónico en la nube de lectura envíe junto a su nombre y apellidos una fotografía del código de barras situado en la contraportada del libro y otra del ticket de compra a la dirección:

ebooktirant@tirant.com

En un máximo de 72 horas laborales le enviaremos el código de acceso con sus instrucciones.

Código del Trabajo de Chile

5ª Edición

ALFREDO SIERRA HERRERO
FRANCISCO VALLEJO CARDENAS

tirant lo blanch
Valencia, 2025

Agradecimientos de los Profesores Alfredo Sierra y Francisco Vallejo.

Quisiera agradecer especialmente a los alumnos de la Facultad de Derecho de la Universidad de los Andes que colaboraron con la actualización de este año 2024: Valentina Radovic, Santiago Martínez, Matías Fuentes, Javiera Aguirrezábal, Verónica Casanova, Andrea Silva, Santiago Sierra, Isidora Astete, Karla Castro, Juan Ignacio Hederra, Catalina López, Matías Riffo, Javier Ruiz, Catalina Rodríguez, Matías Vaccaro, y Martín Zamora.

EDITA: TIRANT LO BLANCH
C/ Artes Gráficas, 14 - 46010 - Valencia
TELFS.: 96/361 00 48 - 50
FAX: 96/369 41 51
Email: tlb@tirant.com
www.tirant.com
Librería virtual: https://editorial.tirant.com/cl
ISBN: 978-84-1095-604-9

Si tiene alguna queja o sugerencia, envíenos un mail a: *atencioncliente@tirant.com*. En caso de no ser atendida su sugerencia, por favor, lea en *www.tirant.net/index.php/empresa/politicas-de-empresa* nuestro procedimiento de quejas.

Responsabilidad Social Corporativa: http://www.tirant.net/Docs/RSCTirant.pdf

ÍNDICE

LIBRO II
DE LA PROTECCIÓN A LOS TRABAJADORES

LIBRO III
DE LAS ORGANIZACIONES SINDICALES

APÉNDICE LEGISLATIVO

D.F.L. Nº 1
PUBLICADO 16-01-2003
MINISTERIO DEL TRABAJO Y PREVISIÓN SOCIAL; SUBSECRETARIA DEL TRABAJO
FIJA EL TEXTO REFUNDIDO, COORDINADO Y SISTEMATIZADO DEL CÓDIGO DEL TRABAJO

TÍTULO PRELIMINAR

Art. 1. Las relaciones laborales entre los empleadores y los trabajadores se regularán por este Código y por sus leyes complementarias.

Estas normas no se aplicarán, sin embargo, a los funcionarios de la Administración del Estado, centralizada y descentralizada, del Congreso Nacional y del Poder Judicial, ni a los trabajadores de las empresas o instituciones del Estado o de aquellas en que éste tenga aportes, participación o representación, siempre que dichos funcionarios o trabajadores se encuentren sometidos por ley a un estatuto especial.

Con todo, los trabajadores de las entidades señaladas en el inciso precedente se sujetarán a las normas de este Código en los aspectos o materias no regulados en sus respectivos estatutos, siempre que ellas no fueren contrarias a estos últimos.

Los trabajadores que presten servicios en los oficios de notarías, archiveros o conservadores se regirán por las normas de este Código[1].

Art. 2. Reconócese la función social que cumple el trabajo y la libertad de las personas para contratar y dedicar su esfuerzo a la labor lícita que elijan.

---

[1] Inciso incluido por el artículo único, Nº 1 de la Ley Nº 19.759. Este inciso se ha interpretado por el art. 2º de la Ley Nº 19.945 en el sentido que "la totalidad del estatuto laboral, en todas sus manifestaciones y expresiones, que emana del Código del Trabajo y leyes complementarias, resulte aplicable a los trabajadores que laboran en los oficios de notarías, archiveros o conservadores.

Las relaciones laborales deberán siempre fundarse en un trato libre de violencia, compatible con la dignidad de la persona y con perspectiva de género, lo que, para efectos de este Código, implica la adopción de medidas tendientes a promover la igualdad y a erradicar la discriminación basada en dicho motivo. Son contrarias a lo anterior, entre otras conductas, las siguientes:

a) El acoso sexual, entendiéndose por tal el que una persona realice, en forma indebida, por cualquier medio, requerimientos de carácter sexual, no consentidos por quien los recibe y que amenacen o perjudiquen su situación laboral o sus oportunidades en el empleo.

b) El acoso laboral, entendiéndose por tal toda conducta que constituya agresión u hostigamiento ejercida por el empleador o por uno o más trabajadores, en contra de otro u otros trabajadores, por cualquier medio, ya sea que se manifieste una sola vez o de manera reiterada, y que tenga como resultado para el o los afectados su menoscabo, maltrato o humillación, o bien que amenace o perjudique su situación laboral o sus oportunidades en el empleo.

c) La violencia en el trabajo ejercida por terceros ajenos a la relación laboral, entendiéndose por tal aquellas conductas que afecten a las trabajadoras y a los trabajadores, con ocasión de la prestación de servicios, por parte de clientes, proveedores o usuarios, entre otros[2].

Son contrarios a los principios de las leyes laborales los actos de discriminación[3].

Los actos de discriminación son las distinciones, exclusiones o preferencias basadas en motivos de raza, color, sexo, género, maternidad, lactancia materna, amamantamiento, edad, estado civil, sindicación, religión, opinión política, nacionalidad, ascendencia nacional, situación socioeconómica, idioma, creencias, participación en organizaciones gremiales, orientación sexual, identidad de género, filiación, apariencia personal, enfermedad o discapacidad, origen social o cualquier otro motivo, que

---

2 Inciso modificado por el artículo 1°, N° 1 de la Ley N° 21.643.

3 Inciso incluido por el artículo 1°, N° 2°, letra a) de la Ley N° 20.005.

tengan por objeto anular o alterar la igualdad de oportunidades o de trato en el empleo y la ocupación[4].

Con todo, las distinciones, exclusiones o preferencias basadas en las calificaciones exigidas para un empleo determinado no serán consideradas discriminación.

Por lo anterior y sin perjuicio de otras disposiciones de este Código, son actos de discriminación las ofertas de trabajo efectuadas por un empleador, directamente o a través de terceros y por cualquier medio, que señalen como un requisito para postular a ellas cualquiera de las condiciones referidas en el inciso cuarto[5].

Ningún empleador podrá condicionar la contratación de trabajadores a la ausencia de obligaciones de carácter económico, financiero, bancario o comercial que, conforme a la ley, puedan ser comunicadas por los responsables de registros o bancos de datos personales; ni exigir para dicho fin declaración ni certificado alguno. Exceptúanse solamente los trabajadores que tengan poder para representar al empleador, tales como gerentes, subgerentes, agentes o apoderados, siempre que, en todos estos casos, estén dotados, a lo menos, de facultades generales de administración; y los trabajadores que tengan a su cargo la recaudación, administración o custodia de fondos o valores de cualquier naturaleza[6].

Ningún empleador podrá condicionar la contratación de un trabajador o trabajadora, su permanencia o renovación de contrato, o la promoción o movilidad en su empleo, al hecho de no padecer o no haber padecido cáncer, ni exigir para dichos fines certificado o examen alguno[7].

---

4 Inciso modificado por el artículo 11° de la Ley N° 21.155. Posteriormente fue modificado por el artículo 1°, N° 1 de la Ley N° 21.643, y el artículo 57 de la Ley N° 21.675.

5 Inciso modificado por el artículo 1°, N° 2°, letra b) de la Ley N° 20.005.

6 Inciso incluido por el artículo 2° de la Ley N° 19.812.

7 Inciso incluido por el artículo 22, N° 1° de la Ley N° 21.258.

Lo dispuesto en los incisos tercero y cuarto de este artículo y las obligaciones que de ellos emanan para los empleadores, se entenderán incorporadas en los contratos de trabajo que se celebren[8].

Corresponde al Estado amparar al trabajador en su derecho a elegir libremente su trabajo y velar por el cumplimiento de las normas que regulan la prestación de los servicios[9].

Art. 3. Para todos los efectos legales se entiende por:

a) empleador: la persona natural o jurídica que utiliza los servicios intelectuales o materiales de una o más personas en virtud de un contrato de trabajo,

b) trabajador: toda persona natural que preste servicios personales intelectuales o materiales, bajo dependencia o subordinación, y en virtud de un contrato de trabajo, y

c) trabajador independiente: aquel que en el ejercicio de la actividad de que se trate no depende de empleador alguno ni tiene trabajadores bajo su dependencia.

El empleador se considerará trabajador independiente para los efectos previsionales.

Para los efectos de la legislación laboral y de seguridad social, se entiende por empresa toda organización de medios personales, materiales e inmateriales, ordenados bajo la dirección de un empleador, para el logro de fines económicos, sociales, culturales o benéficos, dotada de una individualidad legal determinada[10].

Dos o más empresas serán consideradas como un solo empleador para efectos laborales y previsionales, cuando tengan una dirección laboral común, y concurran a su respecto condiciones tales como la similitud o necesaria complementariedad de los productos o servicios que elaboren o presten, o la existencia entre ellas de un controlador común.

---

8 Artículo modificado por el artículo único, Nº 2º de la Ley Nº 19.759.

9 Artículo modificado por el artículo único, Nº 2º de la Ley Nº 19.759.

10 Inciso modificado por el artículo único, Nº 2º, letra a) de la Ley Nº 20.760.

La mera circunstancia de participación en la propiedad de las empresas no configura por sí sola alguno de los elementos o condiciones señalados en el inciso anterior.

Las empresas que cumplan lo dispuesto en el inciso cuarto serán solidariamente responsables del cumplimiento de las obligaciones laborales y previsionales emanadas de la ley, de los contratos individuales o de instrumentos colectivos.

Las cuestiones suscitadas por la aplicación de los incisos anteriores se sustanciarán por el juez del trabajo, conforme al Párrafo 3° del Capítulo II del Título I del Libro V de este Código, quien para resolver el asunto podrá solicitar informe de la Dirección del Trabajo o de otros órganos de la Administración del Estado, la que procederá siempre a petición del trabajador. El ejercicio de las acciones judiciales derivadas de la aplicación del inciso cuarto, así como la sentencia definitiva respectiva, deberán, además, considerar lo dispuesto en el artículo 507 de este Código[11].

Los trabajadores de todas las empresas consideradas como un solo empleador podrán constituir uno o más sindicatos que los agrupen, o mantener sus organizaciones existentes; podrán, asimismo, negociar colectivamente con todas las empresas que han sido consideradas como un empleador, o bien con cada una de ellas. Los sindicatos interempresa que agrupen exclusivamente a trabajadores dependientes de empresas que hayan sido declaradas como un solo empleador podrán presentar proyectos de contrato colectivo, siendo obligatorio para el empleador negociar con dichos sindicatos. En todos estos casos, la presentación y tramitación de los proyectos de contrato colectivo se regirán por las normas establecidas en el Título IV del Libro IV de este Código[12].

Art. 4. Para los efectos previstos en este Código, se presume de derecho que representa al empleador y que en tal carácter obliga a éste con los trabajadores, el gerente, el administrador, el capitán de barco y, en ge-

---

11 Inciso modificado por el artículo 5°, N° 1 de Ley N° 21.394.

12 Inciso modificado por el artículo 1°, N° 2° de la Ley N° 20.940.

neral, la persona que ejerce habitualmente funciones de dirección o administración por cuenta o representación de una persona natural o jurídica.

Las modificaciones totales o parciales relativas al dominio, posesión o mera tenencia de la empresa no alterarán los derechos y obligaciones de los trabajadores emanados de sus contratos individuales o de los instrumentos colectivos de trabajo, que mantendrán su vigencia y continuidad con el o los nuevos empleadores.

De igual forma, en el caso de los trabajadores mencionados en el inciso final del artículo 1°, no se alterarán los derechos y obligaciones emanados de sus contratos individuales o de los instrumentos colectivos de trabajo, en el caso de cambio de la titularidad en la respectiva notaría, archivo y conservador[13].

Art. 5. El ejercicio de las facultades que la ley le reconoce al empleador, tiene como límite el respeto a las garantías constitucionales de los trabajadores, en especial cuando pudieran afectar la intimidad, la vida privada o la honra de éstos[14].

Los derechos establecidos por las leyes laborales son irrenunciables, mientras subsista el contrato de trabajo.

Los contratos individuales y los instrumentos colectivos de trabajo podrán ser modificados, por mutuo consentimiento, en aquellas materias en que las partes hayan podido convenir libremente[15].

Art. 6. El contrato de trabajo puede ser individual o colectivo.

El contrato es individual cuando se celebra entre un empleador y un trabajador.

Es colectivo el celebrado por uno o más empleadores con una o más organizaciones sindicales o con trabajadores que se unan para negociar colectivamente, o con unos y otros, con el objeto de establecer condiciones comunes de trabajo y de remuneraciones por un tiempo determinado.

---

13 Inciso incluido por el artículo único de la Ley N° 20.510.

14 Inciso incluido por el artículo único, N° 4 de la Ley N° 19.759.

15 Inciso modificado por el artículo 1°, N° 3 de la Ley N° 20.940.

LIBRO I
DEL CONTRATO INDIVIDUAL DE TRABAJO Y DE LA CAPACITACIÓN LABORAL

TÍTULO I
DEL CONTRATO INDIVIDUAL DE TRABAJO

CAPÍTULO I
NORMAS GENERALES

Art. 7. Contrato individual de trabajo es una convención por la cual el empleador y el trabajador se obligan recíprocamente, éste a prestar servicios personales bajo dependencia y subordinación del primero, y aquél a pagar por estos servicios una remuneración determinada.

Art. 8. Toda prestación de servicios en los términos señalados en el artículo anterior, hace presumir la existencia de un contrato de trabajo.

Los servicios prestados por personas que realizan oficios o ejecutan trabajos directamente al público, o aquellos que se efectúan discontinua o esporádicamente a domicilio, no dan origen al contrato de trabajo.

Tampoco dan origen a dicho contrato los servicios que preste un alumno o egresado de una institución de educación superior o de la enseñanza media técnico-profesional, durante un tiempo determinado, a fin de dar cumplimiento al requisito de práctica profesional. No obstante, la empresa en que realice dicha práctica le proporcionará colación y movilización, o una asignación compensatoria de dichos beneficios, convenida anticipada y expresamente, lo que no constituirá remuneración para efecto legal alguno.

Las normas de este Código sólo se aplicarán a los trabajadores independientes en los casos en que expresamente se refieran a ellos.

Art. 9. El contrato de trabajo es consensual; deberá constar por escrito en los plazos a que se refiere el inciso siguiente, y firmarse por ambas partes en dos ejemplares, quedando uno en poder de cada contratante.

El empleador que no haga constar por escrito el contrato dentro del plazo de quince días de incorporado el trabajador, o de cinco días si se trata de contratos por obra, trabajo o servicio determinado o de duración inferior a treinta días, será sancionado con una multa a beneficio fiscal de una a cinco unidades tributarias mensuales.

Si el trabajador se negare a firmar, el empleador enviará el contrato a la respectiva Inspección del Trabajo para que ésta requiera la firma. Si el trabajador insistiere en su actitud ante dicha Inspección, podrá ser despedido, sin derecho a indemnización, a menos que pruebe haber sido contratado en condiciones distintas a las consignadas en el documento escrito.

Si el empleador no hiciere uso del derecho que se le confiere en el inciso anterior, dentro del respectivo plazo que se indica en el inciso segundo, la falta de contrato escrito hará presumir legalmente que son estipulaciones del contrato las que declare el trabajador.

El empleador, en todo caso, estará obligado a mantener en el lugar de trabajo, o en un lugar fijado con anterioridad y que deberá haber sido autorizado previamente por la Inspección del Trabajo, un ejemplar del contrato, y, en su caso, uno del finiquito en que conste el término de la relación laboral, firmado por las partes[16].

Conforme a lo señalado en el inciso anterior, cuando exista la necesidad de centralizar la documentación laboral y previsional, en razón de tener organizado su giro económico en diversos establecimientos, sucursales o lugares de trabajo o por razones de administración, control, operatividad o seguridad o que sus trabajadores presten servicios en instalaciones de terceros, o lugares de difícil ubicación específica, o carentes de condiciones materiales en las cuales mantener adecuadamente la referida documentación, como labores agrícolas, mineras o forestales y de vigilancia entre otras, las empresas podrán solicitar a la Dirección del Trabajo autorización para centralizar los documentos antes señalados y ofrecer mantener copias digitalizadas de dichos documentos laborales y previsionales. Para estos efectos, el Director del Trabajo, mediante resolución fundada, fijará

---

16 Inciso reemplazado por el artículo único, letra a) de la Ley Nº 20.396.

las condiciones y modalidades para dicha centralización. La Dirección del Trabajo deberá resolver la solicitud de que trata este inciso en un plazo de treinta días, no siendo exigible la obligación establecida en el inciso quinto, en tanto no se notifique dicha respuesta al peticionario[17].

La autorización de centralización podrá extenderse a toda la documentación laboral y previsional que se deriva de las relaciones de trabajo, salvo en lo referido al registro control de asistencia a que se refiere el inciso primero del artículo 33 de este Código[18].

Art. 9 bis. En conformidad a lo dispuesto en el artículo 515, el empleador deberá registrar en el sitio electrónico de la Dirección del Trabajo los contratos de trabajo, dentro de los quince días siguientes a su celebración. Asimismo, deberá registrar las terminaciones de contrato, dentro de los plazos establecidos en los artículos 162 y 163 bis para el envío de las copias de las comunicaciones de terminación de contrato a la Inspección del Trabajo, y dentro de los diez días hábiles siguientes a la separación del trabajador en los casos de los números 1, 2 y 3 del artículo 159[19].

En el momento del registro del contrato de trabajo el empleador deberá indicar las estipulaciones pactadas, y al término de los servicios deberá informar la fecha de éste y la causal invocada. Asimismo, deberá registrar la información relativa a la imputación de saldos a que se refiere el artículo 13 de la ley N° 19.728, dentro de los cinco días posteriores a la suscripción del respectivo finiquito[20].

Esta información será utilizada para el ejercicio de las facultades legales propias de la Dirección del Trabajo, tales como fiscalizaciones, conci-

---

17 Inciso incluido por el artículo único, letra b) de la Ley N° 20.396.

18 Inciso incluido por el artículo único, letra b) de la Ley N° 20.396.

19 Es necesario tener en cuenta el art. 14 transitorio de la Ley N° 21.327, a saber: "El empleador deberá cumplir con su obligación de registro establecida en el artículo 9 bis del Código del Trabajo, respecto de los contratos de trabajo celebrados con anterioridad a la fecha de entrada en vigencia de la presente ley, dentro del plazo de un año contado desde su publicación, siempre que a la fecha del registro el respectivo contrato se encuentre en vigor".

20 Inciso modificado por el artículo 2° de la Ley N° 21.628.

liaciones, mediaciones y ratificación de finiquitos. También podrá ser utilizada para fines estadísticos, de estudios y difusión que efectúe el Servicio sobre el cumplimiento de la normativa laboral y de salud y seguridad en el trabajo, sin perjuicio de lo dispuesto en la ley N° 19.628, sobre protección de la vida privada. Además, la Dirección del Trabajo deberá proporcionar esta información a los tribunales de justicia, previo requerimiento[21].

Art. 10. El contrato de trabajo debe contener, a lo menos, las siguientes estipulaciones:

1.- lugar y fecha del contrato;

2.- individualización de las partes con indicación de la nacionalidad, domicilio y dirección de correo electrónico de ambas partes, si la tuvieren y fechas de nacimiento e ingreso del trabajador[22];

3.- determinación de la naturaleza de los servicios y del lugar o ciudad en que hayan de prestarse. El contrato podrá señalar dos o más funciones específicas, sean éstas alternativas o complementarias;

4.- monto, forma y período de pago de la remuneración acordada;

5.- duración y distribución de la jornada de trabajo, salvo que en la empresa existiere el sistema de trabajo por turno, caso en el cual se estará a lo dispuesto en el reglamento interno;

6.- plazo del contrato, y

7.- demás pactos que acordaren las partes.

Deberán señalarse también, en su caso, los beneficios adicionales que suministrará el empleador en forma de casa habitación, luz, combustible, alimento u otras prestaciones en especie o servicios.

Cuando para la contratación de un trabajador se le haga cambiar de domicilio, deberá dejarse testimonio del lugar de su procedencia.

Si por la naturaleza de los servicios se precisare el desplazamiento del trabajador, se entenderá por lugar de trabajo toda la zona geográfica que comprenda la actividad de la empresa. Esta norma se aplicará especialmente a los viajantes y a los trabajadores de empresas de transportes.

---

21 Artículo incluido por el artículo 1°, N° 1 de la Ley N° 21.327.

22 Número modificado por el artículo 1°, N° 2 de la Ley N° 21.327.

Art. 10 bis. Sin perjuicio de lo dispuesto en el número 6 del artículo 10, las partes podrán celebrar un contrato por una obra o faena determinada.

El contrato por obra o faena es aquella convención por la que el trabajador se obliga con el respectivo empleador a ejecutar una obra material o intelectual específica y determinada, en su inicio y en su término, cuya vigencia se encuentra circunscrita o limitada a la duración de aquélla. Las diferentes tareas o etapas de una obra o faena no podrán por sí solas ser objeto de dos o más contratos de este tipo en forma sucesiva, caso en el cual se entenderá que el contrato es de plazo indefinido.

No revestirán el carácter de contratos por obra o faena aquellos que implican la realización de labores o servicios de carácter permanente y que, como tales, no cesan o concluyen conforme a su naturaleza, lo cual se determinará en cada caso específico por la Inspección del Trabajo respectiva, sin perjuicio de las facultades de los tribunales de justicia en caso de controversia[23].

Art. 11. Las modificaciones del contrato de trabajo se consignarán por escrito y serán firmadas por las partes al dorso de los ejemplares del mismo o en documento anexo.

No será necesario modificar los contratos para consignar por escrito en ellos los aumentos derivados de reajustes de remuneraciones, ya sean legales o establecidos en contratos o convenios colectivos del trabajo o en fallos arbitrales o en acuerdos de grupo negociador. Sin embargo, aún en este caso, la remuneración del trabajador deberá aparecer actualizada en los contratos por lo menos una vez al año, incluyendo los referidos reajustes[24].

Art. 12. El empleador podrá alterar la naturaleza de los servicios o el sitio o recinto en que ellos deban prestarse, a condición de que se trate

---

23 Artículo incluido por el N° 1° del artículo 1° de la Ley N° 21.122.

24 Inciso modificado por el artículo 1°, N° 4 de la Ley N° 20.940.

de labores similares, que el nuevo sitio o recinto quede dentro del mismo lugar o ciudad, sin que ello importe menoscabo para el trabajador.

Por circunstancias que afecten a todo el proceso de la empresa o establecimiento o a alguna de sus unidades o conjuntos operativos, podrá el empleador alterar la distribución de la jornada de trabajo convenida hasta en sesenta minutos, sea anticipando o postergando la hora de ingreso al trabajo, debiendo dar el aviso correspondiente al trabajador con treinta días de anticipación a lo menos.

El trabajador afectado podrá reclamar en el plazo de treinta días hábiles a contar de la ocurrencia del hecho a que se refiere el inciso primero o de la notificación del aviso a que alude el inciso segundo, ante el inspector del trabajo respectivo a fin de que éste se pronuncie sobre el cumplimiento de las condiciones señaladas en los incisos precedentes, pudiendo recurrirse de su resolución ante el juez competente dentro de quinto día de notificada, quien resolverá en única instancia, sin forma de juicio, oyendo a las partes.

CAPÍTULO II
DE LA CAPACIDAD PARA CONTRATAR Y OTRAS NORMAS RELATIVAS A LA PROTECCIÓN DEL TRABAJO DE NIÑOS, NIÑAS Y ADOLESCENTES[25]

Art. 13. Para los efectos de las leyes laborales se entiende por:

a) Mayor de edad: toda persona que ha cumplido dieciocho años. Estas personas podrán contratar libremente la prestación de sus servicios.

b) Adolescente con edad para trabajar: toda persona que ha cumplido quince años y que sea menor de dieciocho años. Estas personas pueden ser contratadas para la prestación de sus servicios, previo cumplimiento de los requisitos y condiciones establecidos en este Código.

c) Adolescente sin edad para trabajar: toda persona que ha cumplido catorce años y que sea menor de quince años.

d) Niño o niña: toda persona que no ha cumplido catorce años.

---

[25] Título del capítulo modificado por el artículo único de la Ley Nº 21.271.

Queda prohibida la contratación de niños, niñas y adolescentes sin edad para trabajar, sin perjuicio de lo señalado en el artículo 16[26].

Art. 14. Es trabajo adolescente protegido aquel realizado por adolescentes con edad para trabajar, que no sea considerado trabajo peligroso y que, por su naturaleza, no perjudique su asistencia regular a clases y/o su participación en programas de orientación o formación profesional, según corresponda.

La contratación de un adolescente con edad para trabajar se deberá sujetar a las siguientes reglas especiales:

a) Que los servicios que sean prestados por el adolescente con edad para trabajar sean de aquellos que puedan ser calificados como trabajo adolescente protegido.

b) Contar con autorización por escrito del padre, madre o de ambos que tengan el cuidado personal; o a falta de ellos, de quien tenga el cuidado personal; a falta de éstos, de quien tenga la representación legal del adolescente con edad para trabajar; o a falta de los anteriores, del Inspector del Trabajo respectivo.

En el último caso, previamente a otorgar la autorización, el Inspector del Trabajo requerirá informe sobre la conveniencia de la misma a la Oficina Local de la Niñez o al órgano de protección administrativa de la niñez que corresponda.

En caso de que la autorización haya sido otorgada por el Inspector del Trabajo, éste deberá poner los antecedentes en conocimiento del Tribunal de Familia competente, el que podrá dejar sin efecto la autorización si la estimare inconveniente para el adolescente con edad para trabajar.

La autorización exigida no se aplicará a la mujer casada en sociedad conyugal, quien se regirá al respecto por lo previsto en el artículo 150 del Código Civil.

En cualquier caso, se aplicará al adolescente con edad para trabajar lo dispuesto en el artículo 251 del Código Civil y será considerado plenamente capaz para ejercer las acciones correspondientes.

---

26 Artículo modificado por el artículo único, Nº 2 de la Ley Nº 21.271.

c) El adolescente con edad para trabajar deberá acreditar haber concluido su Educación Media o encontrarse actualmente cursando ésta o la Educación Básica. En el primer caso, el adolescente con edad para trabajar deberá acompañar el Certificado de Licencia de Enseñanza Media. En caso de estar cursando la Educación Básica o Media, el adolescente con edad para trabajar deberá acreditar al empleador su calidad de alumno regular, mediante certificado vigente para el respectivo año académico emitido por la respectiva institución educacional. El referido certificado deberá actualizarse cada seis meses, debiendo anexarse al contrato de trabajo, el cual deberá ser registrado por el empleador a través del sitio electrónico de la Dirección del Trabajo, dentro de los cinco días siguientes a su suscripción o a la recepción de la actualización del certificado, según corresponda.

d) La jornada laboral del adolescente con edad para trabajar no podrá ser superior a treinta horas semanales, distribuidas en un máximo de seis horas diarias en el año escolar y hasta ocho horas diarias durante la interrupción del año escolar y en el período de vacaciones, de conformidad con lo dispuesto en la normativa del Ministerio de Educación que fije normas generales sobre calendario escolar. En todo caso, durante el año escolar, la suma total del tiempo diario destinado a actividades educativas y jornada de trabajo no podrá ser superior a doce horas. En ningún caso será procedente el trabajo en jornada extraordinaria.

Para efectos de determinar las épocas en que podrá aplicarse una u otra jornada máxima diaria, se deberá adjuntar al contrato de trabajo el calendario regional aprobado por la Secretaría Regional Ministerial o, en su caso, las modificaciones a dicho calendario solicitadas por los sostenedores y autorizadas por la autoridad competente, de conformidad con lo dispuesto en la normativa antes mencionada.

El empleador deberá garantizar siempre y en todo caso condiciones de seguridad y salud en el trabajo para los adolescentes con edad para trabajar, así como los mismos derechos de alimentación y transporte a que accedan los demás trabajadores, según corresponda.

e) Informar por parte del empleador a la Oficina Local de la Niñez o al órgano de protección administrativa de la niñez que corresponda de la contratación respectiva, dejando constancia del cumplimiento de los requisitos legales[27].

Art. 15. Los niños, niñas, adolescentes sin edad para trabajar y adolescentes con edad para trabajar no serán admitidos en trabajos ni faenas que requieran fuerzas excesivas, ni en actividades que puedan resultar peligrosas para su salud, seguridad o moralidad.

Sin perjuicio de lo señalado en el artículo 185 de este Código, y para efectos del presente capítulo, se entiende también como trabajo peligroso aquel trabajo realizado por niños, niñas y adolescentes que participan en cualquier actividad u ocupación que, por su naturaleza o por las condiciones en que se lleva a cabo, es probable que dañe o afecte su salud, seguridad o desarrollo físico y/o psicológico.

Queda prohibido el trabajo de niños, niñas, adolescentes sin edad para trabajar y adolescentes con edad para trabajar en cabarets y otros establecimientos análogos que presenten espectáculos en vivo, como también en los que expendan bebidas alcohólicas que deban consumirse en el mismo establecimiento o en aquellos en que se consuma tabaco.

En ningún caso se podrá autorizar a niños, niñas, adolescentes sin edad para trabajar y adolescentes con edad para trabajar, para prestar servicios en recintos o lugares donde se realicen o exhiban espectáculos de significación sexual.

Un reglamento dictado por el Ministerio del Trabajo y Previsión Social, previo informe de la Dirección del Trabajo, la Subsecretaría de la Niñez y la Defensoría de los Derechos de la Niñez, y suscrito además por el Ministerio de Salud, determinará las actividades consideradas como trabajo peligroso conforme lo señalado precedentemente, e incluirá directrices destinadas a evitar este tipo de trabajo, dirigidas a los empleadores y establecimientos educacionales, de tal manera de proteger los derechos de las y los adoles-

---

[27] Artículo modificado por el artículo único, N° 3 de la Ley N° 21.271.

centes con edad para trabajar. Este reglamento deberá ser evaluado cada cuatro años[28].

Art. 15 bis. Los adolescentes con edad para trabajar podrán actuar en espectáculos vivos que no se desarrollen en cabarets u otros establecimientos similares o en aquellos en que se expendan bebidas alcohólicas que deban ser consumidas en el mismo establecimiento, siempre que cuenten con autorización de su representante legal y del respectivo Tribunal de Familia. Esta última autorización se otorgará previa verificación del cumplimiento de los requisitos previstos en el artículo 14, y cuando dicha actuación no sea peligrosa para la salud, seguridad o moralidad del adolescente con edad para trabajar[29].

La contravención de lo señalado en el inciso anterior se sancionará según las reglas del artículo 18 bis o 18 quáter, según corresponda[30].

Art. 16. En casos debidamente calificados, cumpliendo con los requisitos del artículo 14 y con la autorización del Tribunal de Familia competente, podrá permitirse a los niños, niñas, y a los adolescentes sin edad para trabajar, que celebren contratos para participar en espectáculos de teatro, cine, radio, televisión, circo u otras actividades similares, debiendo el empleador adoptar las medidas de protección eficaz para proteger su vida y salud física y mental. En este caso, la jornada de trabajo deberá acordarse teniendo en consideración el interés superior del niño, niña o adolescente sin edad para trabajar, y la edad, madurez y grado de desarrollo en que se encuentre.

---

[28] Artículo modificado por el artículo único, Nº 4 de la Ley Nº 21.271. Véase Decreto Nº 1 del Ministerio del Trabajo y Previsión Social (pub. 22/05/2021), que aprobó el Reglamento (indicado en el art. 15 de este Código) que determina "las actividades consideradas como trabajo peligroso, e incluye directrices destinadas a evitar este tipo de trabajo, dirigidas a los empleadores y establecimientos educacionales, de tal manera de proteger los derechos de las y los adolescentes con edad para trabajar".

[29] Inciso modificado por el artículo único, Nº 5 de la Ley Nº 21.271.

[30] Inciso incluido por el artículo único, Nº 5 de la Ley Nº 21.271.

El empleador deberá costear o proveer el traslado y alimentación en condiciones adecuadas de higiene y seguridad[31].

Art. 17. Si se contratare a un niño, niña o adolescente sin sujeción a lo dispuesto en los artículos precedentes, el empleador estará sujeto a todas las obligaciones inherentes al contrato mientras se aplicare; pero el inspector del trabajo, de oficio o a petición de parte, deberá ordenar la cesación de la relación y aplicar al empleador las sanciones que correspondan.

Cualquier persona podrá denunciar ante los organismos competentes las infracciones relativas al trabajo de niños, niñas y adolescentes de que tuviere conocimiento[32].

Art. 18. Queda prohibido a los adolescentes con edad para trabajar realizar labores en horario nocturno en establecimientos industriales y comerciales. El período durante el cual el adolescente con edad para trabajar no puede trabajar de noche será de trece horas consecutivas, que comprenderá, al menos, el intervalo que media entre las veintiuna y las ocho horas[33].

Art. 18 bis. El empleador que incumpliere cualquiera de los requisitos establecidos en el artículo 14 será sancionado con una multa de:

a) 2 a 5 unidades tributarias mensuales, en el caso de las microempresas.

b) 3 a 10 unidades tributarias mensuales, en el caso de las pequeñas empresas.

c) 6 a 40 unidades tributarias mensuales, en el caso de las medianas empresas.

d) 8 a 60 unidades tributarias mensuales, en el caso de las grandes empresas.

---

31 Artículo reemplazado por el artículo único, N° 6 de la Ley N° 21.271.

32 Artículo reemplazado por el artículo único, N° 7 de la Ley N° 21.271.

33 Artículo reemplazado por el artículo único, N° 8 de la Ley N° 21.271.

La cuantía de la multa, dentro del rango respectivo, será determinada teniendo en cuenta la gravedad de la infracción, su reiteración y el número de personas involucradas[34].

Art. 18 ter. El empleador que contrate niños, niñas o adolescentes sin edad para trabajar para la prestación de servicios personales bajo dependencia y subordinación, salvo lo dispuesto en el artículo 16, será sancionado con una multa de:

a) 10 a 50 unidades tributarias mensuales, en el caso de las microempresas.

b) 20 a 100 unidades tributarias mensuales, en el caso de las pequeñas empresas.

c) 50 a 200 unidades tributarias mensuales, en el caso de las medianas empresas.

d) 100 a 300 unidades tributarias mensuales, en el caso de las grandes empresas.

La cuantía de la multa, dentro del rango respectivo, será determinada teniendo en cuenta la gravedad de la infracción, su reiteración y el número de personas involucradas.

Si la contratación de niños, niñas o adolescentes sin edad para trabajar lo fuere para realizar trabajos calificados como peligrosos, de acuerdo al reglamento establecido en el artículo 15, la multa se incrementará hasta en el 50 por ciento[35].

Art. 18 quáter. El empleador que contrate el servicio de adolescentes con edad para trabajar bajo dependencia y subordinación para la realización de actividades consideradas como trabajos peligrosos, de acuerdo al reglamento a que hace referencia el artículo 15, será sancionado con una multa de:

a) 5 a 20 unidades tributarias mensuales, en el caso de las microempresas.

---

34 Artículo incluido por el artículo único, Nº 9 de la Ley Nº 21.271.

35 Artículo incluido por el artículo único, Nº 9 de la Ley Nº 21.271.

b) 10 a 50 unidades tributarias mensuales, en el caso de las pequeñas empresas.

c) 15 a 80 unidades tributarias mensuales, en el caso de las medianas empresas.

d) 20 a 100 unidades tributarias mensuales, en el caso de las grandes empresas.

La cuantía de la multa, dentro del rango respectivo, será determinada teniendo en cuenta la gravedad de la infracción, su reiteración y el número de personas involucradas[36].

Artículo 18 quinquies. El monto de la multa interpuesta se duplicará en caso de que el empleador hubiere sido sancionado más de tres veces por infracción de los artículos 18 bis, 18 ter o 18 quáter. En estos últimos dos casos, además, si las infracciones se hubieren dado dentro de un período de cinco años, el empleador quedará imposibilitado de contratar adolescentes con edad para trabajar bajo las normas de este capítulo.

La Dirección del Trabajo deberá llevar un registro de las empresas que hubieren sido sancionadas por infracción de lo dispuesto en los artículos 18 ter y 18 quáter, por resolución administrativa o sentencia judicial, firmes, y deberá publicar semestralmente en su página web la nómina de las empresas infractoras. Para el caso correspondiente, el tribunal enviará a la Dirección del Trabajo copia de los fallos respectivos[37].

CAPÍTULO III
DE LA NACIONALIDAD DE LOS TRABAJADORES

Art. 19. El ochenta y cinco por ciento, a lo menos, de los trabajadores que sirvan a un mismo empleador será de nacionalidad chilena.

Se exceptúa de esta disposición el empleador que no ocupa más de veinticinco trabajadores.

---

36 Artículo incluido por el artículo único, N° 9 de la Ley N° 21.271.

37 Artículo incluido por el artículo único, N° 9 de la Ley N° 21.271.

Art. 20. Para computar la proporción a que se refiere el artículo anterior, se seguirán las reglas que a continuación se expresan:

1.- se tomará en cuenta el número total de trabajadores que un empleador ocupe dentro del territorio nacional y no el de las distintas sucursales separadamente;

2.- se excluirá al personal técnico especialista[38];

3.- se tendrá como chileno al extranjero cuyo cónyuge o conviviente civil o sus hijos sean chilenos o que sea viudo o viuda de cónyuge chileno, y[39]

4.- se considerará también como chilenos a los extranjeros residentes por más de cinco años en el país, sin tomarse en cuenta las ausencias accidentales.

CAPÍTULO IV
DE LA JORNADA DE TRABAJO

Art. 21. Jornada de trabajo es el tiempo durante el cual el trabajador debe prestar efectivamente sus servicios en conformidad al contrato.

Se considerará también jornada de trabajo el tiempo en que el trabajador se encuentra a disposición del empleador sin realizar labor, por causas que no le sean imputables.

Párrafo 1° Jornada ordinaria de trabajo

Art. 22. La duración de la jornada ordinaria de trabajo no excederá de cuarenta y cuatro horas semanales y su distribución se podrá efectuar en cada semana calendario o sobre la base de promedios semanales en lapsos de hasta cuatro semanas, con los límites y requisitos señalados en este capítulo[40].

---

38 Número modificado por el artículo 4° de la Ley N° 20.448.

39 Número modificado por la letra i) del artículo 41° de la Ley N° 20.830.

40 La jornada tendrá una reducción progresiva de la siguiente forma: 2024-2025: 44 horas; 2025-2026: 42 horas; a partir del 27 de abril de 2028: 40 horas; véase artículo 1° transitorio de la Ley N° 21.561.

Quedarán excluidos de la limitación de jornada de trabajo los trabajadores que presten servicios como gerentes, administradores, apoderados con facultades de administración y todos aquellos que trabajen sin fiscalización superior inmediata en razón de la naturaleza de las labores desempeñadas. En caso de controversia y a petición de cualquiera de las partes, el Inspector del Trabajo respectivo resolverá si esa determinada labor se encuentra en alguna de las situaciones descritas. De su resolución podrá recurrirse ante el juez competente dentro de quinto día de notificada, quien resolverá en única instancia, sin forma de juicio, oyendo a las partes.

También quedarán excluidos de la limitación de jornada de trabajo los trabajadores que se desempeñen a bordo de naves pesqueras.

La jornada de trabajo de los y las deportistas profesionales y de los trabajadores y las trabajadoras que desempeñan actividades conexas se organizará por el cuerpo técnico y la entidad deportiva profesional correspondiente, de acuerdo a la naturaleza de la actividad deportiva y a límites compatibles con la salud de los y las deportistas, y no les será aplicable lo establecido en el inciso primero de este artículo[41].

Art. 22 bis. Si las partes acuerdan que la jornada señalada en el inciso primero del artículo anterior pueda distribuirse en base a un promedio semanal de cuarenta y cuatro horas en un ciclo de hasta cuatro semanas, ella no podrá exceder de cuarenta y cinco horas ordinarias en cada semana, ni extenderse con este límite por más de dos semanas continuas en el ciclo.

A efectos del inciso anterior, se deberá fijar de común acuerdo un calendario con la distribución diaria y semanal de las horas de trabajo en el ciclo. Con todo, las partes podrán acordar diferentes alternativas de distribución de la jornada en un ciclo. El empleador comunicará al trabajador la alternativa que se aplicará en el ciclo siguiente, con al menos una semana de antelación al inicio de éste.

---

41 Artículo modificado por el artículo 1°, N° 1° de la Ley N° 21.561.

En caso de que el trabajador al que se aplique el sistema se encuentre sindicalizado, se requerirá, además, el acuerdo previo de la organización sindical a la que se encuentre afiliado.

Si al término de la relación laboral el trabajador hubiere prestado servicios por más horas que el promedio legal en el ciclo respectivo, calculadas de forma proporcional, deberán pagarse todas aquellas horas necesarias para completar el promedio de cuarenta y cuatro horas semanales.

Mediante negociación colectiva o pactos directos con sindicatos, y sólo respecto de sus afiliados, se podrá acordar que el tope semanal contemplado en el inciso primero se amplíe a cincuenta y dos horas en cada semana, aplicándose los demás requisitos y criterios contenidos en los incisos anteriores[42].

Art. 23. Sin perjuicio de lo señalado en el artículo 22, los trabajadores que se desempeñen a bordo de naves pesqueras tendrán derecho a uno o varios descansos, los cuales, en conjunto, no podrán ser inferiores a doce horas dentro de cada veinticuatro horas[43].

Cuando las necesidades de las faenas lo permitan, los descansos deberán cumplirse preferentemente en tierra. En caso de que se cumplan total o parcialmente a bordo de la nave, ésta deberá contar con las acomodaciones necesarias para ello.

Cuando la navegación se prolongare por doce días o menos, toda la dotación tendrá derecho a un descanso en tierra de ocho horas como mínimo previo al zarpe, prevaleciendo los acuerdos de las partes siempre y cuando éstos sean superiores a ese mínimo. Este descanso deberá otorgarse en forma continua a cada miembro de la dotación, en cada recalada programada de la nave de pesca[44].

---

[42] Artículo incluido por el artículo 1°, N° 2 de la Ley N° 21.561. El promedio semanal de 44 horas mencionado tendrá una reducción progresiva de la siguiente forma: 2024-2025: 44 horas; 2025-2026: 42 horas; a partir del 27 de abril de 2028: 40 horas; véase artículo 1° transitorio de la Ley N° 21.561.

[43] Inciso modificado por el artículo 1°, N° 3 de la Ley N° 21.561.

[44] Inciso incluido por el artículo único, letra b), N° 1° de la Ley N° 20.167.

En el caso de las navegaciones por períodos de más de doce días, así como en las campañas de pesca de la zona sur austral, en las que la dotación ocupa las dependencias de la nave de pesca habilitadas para ello como su hogar, el descanso previo al zarpe podrá ser otorgado efectivamente en tierra o en dichas instalaciones, a elección del trabajador[45].

Sólo con acuerdo celebrado entre el armador y las organizaciones sindicales representativas del personal embarcado, se podrá modificar el descanso a que se refieren los incisos anteriores. El acuerdo deberá reunir, copulativamente, los siguientes requisitos:

a) no podrá convenirse un descanso previo al zarpe inferior a cinco horas en puerto base;

b) no podrá convenirse un descanso previo al zarpe inferior a tres horas en puertos secundarios. Este descanso podrá realizarse donde las partes convengan;

c) deberá tener una duración no menor a dos años ni superior a cuatro años;

d) deberá remitirse copia del acuerdo a la Inspección del Trabajo, dentro de los cinco días siguientes a su celebración[46].

Para los efectos del cómputo del descanso previo al zarpe que se establece en este artículo, se entenderá que el zarpe se inicia con las labores de alistamiento que le preceden[47].

Cuando la navegación se prolongare por más de doce días, los trabajadores tendrán derecho a un descanso mínimo de ocho horas continuas dentro de cada día calendario, o no inferior a doce horas dentro del mismo período, dividido en no más de dos tiempos de descanso[48].

Art. 23 bis. En los casos en que la nave perdida por naufragio u otra causa esté asegurada, se pagarán con el seguro, de preferencia a toda

---

45 Inciso incluido por el artículo, letra b), N° 1° de la Ley N° 20.167.

46 Inciso incluido por el artículo único, letra b), N° 1° de la Ley N° 20.167.

47 Inciso incluido por el artículo único, letra b), N° 1° de la Ley N° 20.167.

48 Inciso modificado por el artículo único, letra b), N° 2, de la Ley N° 20.167.

otra deuda, las sumas que se deban a la tripulación por remuneraciones, desahucios e indemnizaciones.

En el caso de desahucio e indemnizaciones, la preferencia se limitará al monto establecido en el inciso cuarto del artículo 61.

A los tripulantes que después del naufragio hubieren trabajado para recoger los restos de la nave o lo posible de la carga, se les pagará, además, una gratificación proporcionada a los esfuerzos hechos y a los riesgos arrostrados para conseguir el salvamento[49].

Art. 24. El empleador podrá extender la jornada ordinaria de los dependientes del comercio hasta en dos horas diarias durante nueve días anteriores a navidad, distribuidos dentro de los últimos quince días previos a esta festividad. En este caso las horas que excedan el máximo señalado en el inciso primero del artículo 22, o la jornada convenida, si fuere menor se pagarán como extraordinarias.

Cuando el empleador ejerciere la facultad prevista en el inciso anterior no procederá pactar horas extraordinarias[50].

Con todo, los trabajadores a que se refiere el inciso primero, en ningún caso, trabajarán más allá de las 23 horas, durante los nueve días en los que se extienda la jornada ordinaria. Asimismo, bajo ninguna circunstancia, lo harán más allá de las 20 horas del día inmediatamente anterior a dicha festividad, como además el día inmediatamente anterior al 1 de enero de cada año[51].

Las infracciones a lo dispuesto en este artículo serán sancionadas con multa a beneficio fiscal de 5 unidades tributarias mensuales por cada trabajador afectado por la infracción. Si el empleador tuviere contratado 50 o más trabajadores la multa aplicable ascenderá a 10 unidades tributarias mensuales por cada trabajador afectado por la infracción. Y cuando tuviere

---

[49] Artículo incluido por el artículo único, letra a), N° 1° de la Ley N° 20.167.

[50] Inciso modificado por el artículo 1°, N° 1° de la Ley N° 20.215.

[51] Inciso incluido por el artículo 1°, N° 2° de la Ley N° 20.215.

contratados 200 o más trabajadores la multa será de 20 unidades tributarias mensuales por cada trabajador afectado por la infracción[52].

Art. 25. La jornada ordinaria de trabajo del personal de choferes y auxiliares de la locomoción colectiva interurbana y de servicios interurbanos de transporte de pasajeros, será de ciento ochenta horas mensuales[53]. En el caso de los choferes y auxiliares de la locomoción colectiva interurbana y de los servicios interurbanos de transporte de pasajeros, el tiempo de los descansos a bordo o en tierra y de las esperas que les corresponda cumplir entre turnos laborales sin realizar labor, no será imputable a la jornada y su retribución o compensación se ajustará al acuerdo de las partes[54].

Todos los trabajadores aludidos en el inciso precedente deberán tener un descanso mínimo ininterrumpido de ocho horas dentro de cada veinticuatro horas.

Cuando los choferes y auxiliares de la locomoción colectiva interurbana arriben a un terminal, después de cumplir en la ruta o en la vía, respectivamente, una jornada de ocho o más horas, deberán tener un descanso mínimo en tierra de ocho horas[55].

En ningún caso el chofer de la locomoción colectiva interurbana podrá manejar más de cinco horas continuas, después de las cuales deberá tener un descanso cuya duración mínima será de dos horas[56].

El bus deberá contar con una litera adecuada para el descanso, siempre que éste se realice total o parcialmente a bordo de aquél[57].

Art. 25 bis. La jornada ordinaria de trabajo de choferes de vehículos de carga terrestre interurbana, no excederá de ciento ochenta horas

---

52 Inciso incluido por el artículo 1°, N° 2° de la Ley N° 20.215.

53 La frase "ciento ochenta horas" será reemplazada por la siguiente: "cuarenta horas semanales promedio en cómputo mensual". Esta modificación entrará en vigor el 27 de abril de 2028, véanse los artículos 1° N° 4 y 1° transitorio N° 2 de la 21.561.

54 Inciso modificado por el artículo único, N° 2°, letra a) de la Ley N° 20.767.

55 Inciso modificado por el artículo único, N° 1°, letra b) de la Ley N° 20.767.

56 Inciso modificado por el artículo único N° 1°, letra b) de la Ley N° 20.271.

57 Inciso modificado por el artículo único N° 1°, letra c) de la Ley N° 20.27.

mensuales, la que no podrá distribuirse en menos de veintiún días[58]. El tiempo de los descansos a bordo o en tierra y de las esperas a bordo o en el lugar de trabajo que les corresponda no será imputable a la jornada, y su retribución o compensación se ajustará al acuerdo de las partes. La base de cálculo para el pago de los tiempos de espera, no podrá ser inferior a la proporción respectiva de 1,5 ingresos mínimos mensuales en base a un denominador correspondiente a la jornada respectiva. Con todo, los tiempos de espera no podrán exceder de un límite máximo de ochenta y ocho horas mensuales[59].

El trabajador deberá tener un descanso mínimo ininterrumpido de ocho horas dentro de cada veinticuatro horas.

En ningún caso el trabajador podrá manejar más de cinco horas continuas, después de las cuales deberá tener un descanso cuya duración mínima será de dos horas. En los casos de conducción continua inferior a cinco horas el conductor tendrá derecho, al término de ella, a un descanso cuya duración mínima será de veinticuatro minutos por hora conducida. En todo caso, esta obligación se cumplirá en el lugar habilitado más próximo en que el vehículo pueda ser detenido, sin obstaculizar la vía pública. El camión deberá contar con una litera adecuada para el descanso, siempre que éste se realice total o parcialmente a bordo de aquél[60].

Art. 25 ter. La jornada de trabajo y descansos de los trabajadores que se desempeñen como parte de la tripulación a bordo de ferrocarriles, se regirá por las siguientes reglas:

1.- La jornada ordinaria de trabajo no podrá superar las ciento ochenta horas mensuales[61]. La jornada diaria no podrá superar las siete horas trein-

---

[58] La frase "ciento ochenta horas" será reemplazada por la siguiente: "cuarenta horas semanales promedio en cómputo mensual; o ciento ochenta horas mensuales con un descanso anual adicional de seis días". Esta modificación entrará en vigor el 27 de abril de 2028, véanse los artículos 1° N° 4 y 1° transitorio N° 2 de la 21.561.

[59] Inciso modificado por el artículo 1°, N° 5 de la Ley N° 21.561.

[60] Artículo incluido por el artículo único, N° 2° de la Ley N° 20.271.

[61] La frase "ciento ochenta horas" será reemplazada por la siguiente: "cuarenta horas semanales promedio en cómputo mensual". Esta modificación entrará en vigor el

ta minutos continuas en el caso del transporte de pasajeros, ni las nueve horas continuas en el caso de transporte de carga, ambos períodos dentro de un lapso de veinticuatro horas.

En el caso de que circunstancias tales como el tiempo de cruzamiento de trenes, accidentes, u otras difíciles de prever y que impliquen interrumpir el servicio ferroviario de pasajeros o de carga, superando los tiempos máximos establecidos en el párrafo anterior, el empleador deberá pagar las horas en exceso con el mismo recargo que establece el artículo 32. Con todo, si las contingencias descritas implicaren una demora tal que se deban sobrepasar las once horas de trabajo, el empleador deberá proveer una tripulación de relevo para la continuación del servicio.

2.- La programación mensual de los servicios a realizar deberá ser entregada al trabajador con a lo menos quince días de anticipación.

3.- Tratándose de trenes de pasajeros, el maquinista no podrá conducir más de cinco horas continuas, tras lo cual tendrá derecho a una hora de descanso imputable a la jornada diaria.

4.- Finalizada la jornada ordinaria diaria el trabajador tendrá derecho a un descanso mínimo de diez horas continuas, al que se agregará el tiempo necesario para traslado del trabajador al lugar en que pernocte o descanse.

5.- Las partes podrán programar turnos de espera o llamado de hasta siete horas treinta minutos continuas dentro de un lapso de veinticuatro horas para la realización de un servicio; con todo, luego de transcurridas las horas del referido turno, el trabajador tendrá derecho a un descanso mínimo igual al indicado en el número 4. Las horas correspondientes a los turnos de llamado no serán imputables a la jornada mensual y deberán remunerarse de común acuerdo entre las partes. Esta retribución no podrá ser inferior al valor de la hora correspondiente a uno y medio ingreso mínimo mensual en base a un denominador correspondiente a la jornada respectiva[62].

---

27 de abril de 2028, véanse los artículos 6° y 1° transitorio N° 2 de la Ley N° 21.561.

62 Numeral modificado por el artículo 1°, N° 6 de la Ley N° 21.561.

6.- Las reglas anteriores se aplicarán sin perjuicio de lo dispuesto en el inciso séptimo del artículo 38[63].

Art. 26. Si en el servicio de transporte urbano colectivo de pasajeros, las partes acordaren cumplir en turnos la jornada ordinaria semanal, éstos no excederán de ocho horas de trabajo, con un descanso mínimo de diez horas entre turno y turno. En todo caso, los choferes no podrán manejar más de cuatro horas continuas.

Art. 26 bis. El personal que se desempeñe como chofer o auxiliar de los servicios de transporte rural colectivo de pasajeros se regirá por el artículo precedente. Sin perjuicio de ello, podrán pactar con su empleador una jornada ordinaria de trabajo de ciento ochenta horas mensuales distribuidas en no menos de veinte días al mes[64]. En ambos casos, los tiempos de descanso a bordo o en tierra y de las esperas que les corresponda cumplir entre turnos laborales sin realizar labor, no será imputable a la jornada, y su retribución o compensación se ajustará al acuerdo de las partes. En ningún caso los trabajadores podrán conducir por más de cinco horas continuas.

Se entenderá como servicios de transporte rural colectivo de pasajeros, aquellos que cumplan con los requisitos que determine reglamentariamente el Ministerio de Transportes y Telecomunicaciones[65].

Art. 27. Los trabajadores madres y padres de niños y niñas de hasta doce años, y las personas que tengan el cuidado personal de éstos, tendrán derecho a una banda de dos horas en total, dentro de la que podrán anticipar o retrasar hasta en una hora el comienzo de sus labores, lo que determinará también el horario de salida al final de la jornada.

---

63 Artículo incluido por el artículo único, N° 2° de la Ley N° 20.767. Numeral 6 modificado por el artículo 1° N° 6 de la 21.561.

64 La frase "ciento ochenta horas" será reemplazada por la siguiente: "cuarenta horas semanales promedio en cómputo mensual". Esta modificación entrará en vigor el 27 de abril de 2028, véanse los artículos 1° N° 7 y 1° transitorio N° 2 de la 21.561.

65 Artículo incluido por el artículo único, N° 3 de la Ley N° 20.271.

Para ejercer este derecho el trabajador deberá entregar al empleador el respectivo certificado de nacimiento o la sentencia que le otorgue el cuidado personal de un niño o niña. El empleador no podrá negarse sino cuando la empresa funcione en un horario que no permita anticipar o postergar la jornada de trabajo, o por la naturaleza de los servicios prestados por el trabajador, como en el caso de funciones o labores de atención de público, o que sean necesarias para la realización de los servicios de otros trabajadores, o de atención de servicios de urgencia, trabajo por turnos, guardias, o similares, en tanto requieran que el trabajador efectivamente se encuentre en su puesto a la hora específica señalada en el contrato de trabajo o en el reglamento interno.

Si ambos padres son trabajadores, cualquiera de ellos, a elección de la madre, podrá hacer uso de este derecho.

En caso de controversia, y a petición de cualquiera de las partes, el inspector del trabajo respectivo resolverá si esa determinada labor se encuentra en alguna de las situaciones descritas[66].

Art. 28. El máximo semanal establecido en el inciso primero del artículo 22 no podrá distribuirse en más de seis ni en menos de cinco días[67].

En ningún caso la jornada ordinaria podrá exceder de diez horas por día, sin perjuicio de lo dispuesto en el inciso séptimo del artículo 38[68].

JORNADAS DE 40 HORAS O MENOS

Art. 8° transitorio de la Ley N° 21.561:

Artículo octavo.- Las empresas que a la fecha de publicación en el Diario Oficial de la presente ley tuvieren una jornada de 40 horas o menos, o que con anticipación a lo dispuesto en el artículo primero transitorio, reduzcan a 40 horas la jornada ordinaria de trabajo establecida en el inciso

---

66 Artículo modificado por artículo 1°, N° 8 de la Ley N° 21.561.

67 A contar del 27 de abril de 2028 el tenor de este inciso 1° será reemplazado por el siguiente: "Art. 28. El máximo semanal establecido en el inciso primero del artículo 22 no podrá distribuirse en más de seis ni en menos de cuatro días"; véanse artículos 1° N° 9 y 1° transitorio N° 2° de la Ley N° 21.561.

68 Modificación introducida por el artículo 1°, N° 9 de la Ley N° 21.561.

primero del artículo 22 del Código del Trabajo, podrán pactar que dicho máximo semanal se distribuya en cuatro días, de conformidad con la modificación introducida en el inciso primero del artículo 28 del Código del Trabajo por el literal a) del número 9 del artículo 1 de la presente ley, la que en estos casos se entenderá vigente para todos los efectos legales.

Art. 29. Podrá excederse la jornada ordinaria, pero en la medida indispensable para evitar perjuicios en la marcha normal del establecimiento o faena, cuando sobrevengan fuerza mayor o caso fortuito, o cuando deban impedirse accidentes o efectuarse arreglos o reparaciones impostergables en las maquinarias o instalaciones.

Las horas trabajadas en exceso se pagarán como extraordinarias.

Párrafo 2º Horas extraordinarias

Art. 30. Se entiende por jornada extraordinaria la que excede del máximo legal o de la pactada contractualmente, si fuese menor.

Art. 31. En las faenas que, por su naturaleza, no perjudiquen la salud del trabajador, podrán pactarse horas extraordinarias hasta un máximo de dos por día, las que se pagarán con el recargo señalado en el artículo siguiente. Tratándose de la modalidad dispuesta en el artículo 22 bis, en ningún caso la suma de la jornada ordinaria y extraordinaria podrá superar las cincuenta y dos horas semanales[69].

La respectiva Inspección del Trabajo, actuando de oficio o a petición de parte, prohibirá el trabajo en horas extraordinarias en aquellas faenas que no cumplan la exigencia señalada en el inciso primero de este artículo y de su resolución podrá reclamarse al Juzgado de Letras del Trabajo que corresponda, dentro de los treinta días siguientes a la notificación.

---

[69] Inciso modificado por el artículo 1°, N° 10 de la Ley N° 21.561. Con todo, la jornada tendrá una reducción progresiva de la siguiente forma: 2024-2025: 44 horas; 2025-2026: 42 horas; a partir del 27 de abril de 2028: 40 horas; véase artículo 1° transitorio de la Ley Nº 21.561.

Art. 32. Las horas extraordinarias sólo podrán pactarse para atender necesidades o situaciones temporales de la empresa. Dichos pactos deberán constar por escrito y tener una vigencia transitoria no superior a tres meses, pudiendo renovarse por acuerdo de las partes.

No obstante la falta de pacto escrito, se considerarán extraordinarias las que se trabajen en exceso de la jornada pactada, con conocimiento del empleador.

Las horas extraordinarias se pagarán con un recargo del cincuenta por ciento sobre el sueldo convenido para la jornada ordinaria y deberán liquidarse y pagarse conjuntamente con las remuneraciones ordinarias del respectivo período. En caso de que no exista sueldo convenido, o éste sea inferior al ingreso mínimo mensual que determina la ley, éste constituirá la base de cálculo para el respectivo recargo.

Con todo, las partes podrán acordar por escrito que las horas extraordinarias se compensen por días adicionales de feriado. En tal caso, podrán pactarse hasta cinco días hábiles de descanso adicional al año, los cuales deberán ser utilizados por el trabajador dentro de los seis meses siguientes al ciclo en que se originaron las horas extraordinarias, para lo cual el trabajador deberá dar aviso al empleador con cuarenta y ocho horas de anticipación. Si no los solicita en la oportunidad indicada corresponderá su pago dentro de la remuneración del respectivo periodo. La compensación de horas extraordinarias por días adicionales de feriado se regirá por el mismo recargo que corresponde a su pago, es decir, por cada hora extraordinaria corresponderá una hora y media de feriado. En caso de que existan días pendientes de utilizar al término de la relación laboral, éstos se compensarán en conformidad a lo establecido en el artículo 73.

No serán horas extraordinarias las trabajadas en compensación de un permiso, siempre que dicha compensación haya sido solicitada por escrito por el trabajador y autorizada por el empleador[70].

Art. 33. El empleador tiene el deber de controlar la asistencia y determinar las horas de trabajo, sean ordinarias o extraordinarias. Estará

---

[70] Artículo modificado por el artículo 1°, N° 11 de la Ley N° 21.561.

obligado a llevar un libro de asistencia del personal, un reloj control con tarjetas de registro o un sistema electrónico de registro.

Una resolución del Director del Trabajo, que se publicará en el Diario Oficial, establecerá y regulará las condiciones y requisitos que deberán cumplir los sistemas electrónicos de registro y control de asistencia y horas de trabajo correspondientes al servicio prestado, el que será uniforme para una misma actividad.

La Dirección del Trabajo, a petición de parte, se pronunciará respecto de si un determinado sistema electrónico se ajusta a las condiciones establecidas en la referida resolución, lo que habilitará su utilización[71].

Párrafo 3º Descanso dentro de la jornada

Art. 34. La jornada de trabajo se dividirá en dos partes, dejándose entre ellas, a lo menos, el tiempo de media hora para la colación. Este período intermedio no se considerará trabajado para computar la duración de la jornada diaria.

Se exceptúan de lo dispuesto en el inciso anterior los trabajos de proceso continuo. En caso de duda de si una determinada labor está o no sujeta a esta excepción, decidirá la Dirección del Trabajo mediante resolución de la cual podrá reclamarse ante el Juzgado de Letras del Trabajo en los términos previstos en el artículo 31.

Art. 34 bis. Sin perjuicio de lo dispuesto en el artículo precedente, los trabajadores de restaurantes, hoteles o clubes que atiendan directamente al público podrán pactar la interrupción de la jornada diaria por más de media y hasta por cuatro horas, en tanto la suma de las horas efectivamente trabajadas no sobrepase los límites semanales y diarios señalados en los artículos 22 y 28. Cada trabajador podrá optar por permanecer en el lugar de trabajo, pero el empleador no podrá requerir de su parte, en este lapso, la prestación

---

[71] Artículo modificado por el artículo 1, Nº 12 de la Ley Nº 21.561.

de servicios de ninguna naturaleza; la infracción de esta obligación será sancionada con una multa de 60 unidades tributarias mensuales[72].

Las referidas horas de interrupción no serán imputables a la jornada diaria, pero su exceso sobre media hora deberá remunerarse de común acuerdo entre las partes en el pacto referido, sin que pueda acordarse un monto inferior al valor por hora correspondiente a uno y medio ingreso mínimo mensual en base a una jornada de cuarenta y cuatro horas semanales. En caso de que el período de colación fuere imputable a la jornada de trabajo, no corresponderá remunerar conforme a esta disposición el tiempo que ya estuviese imputado a la jornada. El empleador deberá costear el transporte de ida y regreso del trabajador a otro lugar, dentro del radio urbano respectivo, durante las horas de interrupción[73].

El pacto deberá incluir a todos los trabajadores que atienden público y constar por escrito. El empleador deberá remitir a la Dirección del Trabajo copia del respectivo pacto.

Se podrá incorporar en el pacto a trabajadores de los establecimientos señalados que, sin atender directamente al público, sean de difícil reemplazo, en atención a su condición técnica, profesional o a su experiencia en una determinada especialidad y a las características de la prestación de sus servicios. Al efecto, el empleador deberá remitir a la Dirección del Trabajo copia del respectivo pacto y de los antecedentes que acrediten las circunstancias señaladas en este inciso.

El pacto deberá ser acordado con la o las organizaciones sindicales a las que pertenezcan los trabajadores involucrados y podrá extenderse hasta por seis meses, renovables de común acuerdo. En caso de no existir aquellas, el acuerdo deberá celebrarse en forma colectiva con dichos trabajadores, ante un ministro de fe. Para aplicar estos pactos a los trabajadores

---

72 Inciso modificado por artículo 1°, N° 13 de la Ley N° 21.561.

73 Inciso modificado por el artículo 1°, N° 13 de la Ley N° 21.561. La jornada mencionada tendrá una reducción progresiva de la siguiente forma: 2024-2025: 44 horas; 2025-2026: 42 horas; a partir del 27 de abril de 2028: 40 horas; véase artículo 1° transitorio de la Ley N° 21.561.

de la empresa sin afiliación sindical, se requerirá de su consentimiento expreso, manifestado por escrito.

La distribución de la jornada pactada conforme al presente artículo no será compatible con aquella señalada en el artículo 27.

Durante las interrupciones de la jornada de trabajo a que se refieren los incisos precedentes, el trabajador se encontrará bajo la cobertura del seguro a que se refiere el Título III del Libro II[74].

Párrafo 4º Descanso semanal

Art. 35. Los días domingo y aquellos que la ley declare festivos serán de descanso, salvo respecto de las actividades autorizadas por ley para trabajar en esos días.

Se declara Día Nacional del Trabajo el 1º de mayo de cada año. Este día será feriado.

Art. 35 bis. Las partes podrán pactar que la jornada de trabajo correspondiente a un día hábil entre dos días feriados, o entre un día feriado y un día sábado o domingo, según el caso, sea de descanso, con goce de remuneraciones, acordando la compensación de las horas no trabajadas mediante la prestación de servicios con anterioridad o posterioridad a dicha fecha. No serán horas extraordinarias las trabajadas en compensación del descanso pactado.

Dicho pacto deberá constar por escrito. Tratándose de empresas o faenas no exceptuadas del descanso dominical, en ningún caso podrá acordarse que la compensación se realice en día domingo[75].

Art. 35 ter. En cada año calendario que los días 18 y 19 de septiembre sean días martes y miércoles, respectivamente, o miércoles y jueves, respectivamente, será feriado el día lunes 17 o el día viernes 20 de dicho mes, según el caso[76].

---

74 Artículo incluido por el artículo 1º, Nº 1º de la Ley Nº 20.918.
75 Artículo incluido por el artículo 1º, letra a) de la Ley Nº 19.920.
76 Artículo incluido por el artículo 1º, Nº 3 de la Ley Nº 20.215.

Art. 36. El descanso y las obligaciones y prohibiciones establecidas al respecto en los dos artículos anteriores empezarán a más tardar a las 21 horas del día anterior al domingo o festivo y terminarán a las 6 horas del día siguiente de éstos, salvo las alteraciones horarias que se produzcan con motivo de la rotación en los turnos de trabajo[77].

En el caso de los trabajadores de hoteles, restaurantes, pubs, bares, discotecas y similares, las labores realizadas en el día anterior a un día de descanso deberán finalizar, a más tardar, a las 00:00 horas. En casos justificados, se podrá traspasar dicho límite hasta en tres horas, las que deberán pagarse con un recargo del cien por ciento sobre el valor de la hora ordinaria correspondiente al sueldo convenido. Con todo, el trabajador deberá tener un descanso no inferior a treinta y tres horas continuas, a partir del término de los servicios en la jornada que antecede a un día de descanso[78].

Art. 37. Las empresas o faenas no exceptuadas del descanso dominical no podrán distribuir la jornada ordinaria de trabajo en forma que incluya el día domingo o festivo, salvo en caso de fuerza mayor.

Si la Dirección del Trabajo estableciere fundadamente que no hubo fuerza mayor, el empleador deberá pagar las horas como extraordinarias y se le aplicará una multa con arreglo a lo previsto en el artículo 506[79].

Art. 38. Exceptúanse de lo ordenado en los artículos anteriores los trabajadores que se desempeñen:

1.- en las faenas destinadas a reparar deterioros causados por fuerza mayor o caso fortuito, siempre que la reparación sea impostergable;

2.- en las explotaciones, labores o servicios que exijan continuidad por la naturaleza de sus procesos, por razones de carácter técnico, por las necesidades que satisfacen o para evitar notables perjuicios al interés público o de la industria;

---

77 Artículo modificado por el artículo 1°, letra b) de la Ley N° 19.920.

78 Inciso incluido por el artículo 1°, N° 2° de la Ley N° 20.918.

79 Inciso modificado por el artículo único, N° 2° de la Ley N° 20.087.

3.- en las obras o labores que por su naturaleza no puedan ejecutarse sino en estaciones o períodos determinados;

4.- en los trabajos necesarios e impostergables para la buena marcha de la empresa;

5.- a bordo de naves;

6.- en las faenas portuarias[80];

7.- en los establecimientos de comercio y de servicios que atiendan directamente al público, respecto de los trabajadores que realicen dicha atención y según las modalidades del establecimiento respectivo. Con todo, esta excepción no será aplicable a los trabajadores de centros o complejos comerciales administrados bajo una misma razón social o personalidad jurídica, en lo relativo al feriado legal establecido en el artículo 169 de la ley Nº 18.700 y en el artículo 106 de la Ley Orgánica Constitucional de Municipalidades[81];

8.- en calidad de deportistas profesionales o de trabajadores o trabajadoras que desempeñan actividades conexas[82]; y

9.- como dependientes en las empresas de plataformas digitales de servicios, reguladas en el Capítulo X del Título II del Libro I del presente Código[83].

Las empresas exceptuadas de este descanso podrán distribuir la jornada normal de trabajo, en forma que incluya los días domingo y festivos. Las horas trabajadas en dichos días se pagarán como extraordinarias siempre que excedan de la jornada ordinaria semanal. En el caso de los trabajadores a que se refiere el número 7 del inciso anterior, sea cual fuere la jornada de trabajo en la que se desempeñen, las horas ordinarias trabajadas en día domingo deberán ser remuneradas con un recargo de, a lo menos, un 30%, calculado sobre el sueldo convenido para la jornada ordinaria. Dicho recargo deberá liquidarse y pagarse conjuntamente con las remuneraciones del respectivo período. El valor de la hora ordinaria y el recargo señalado serán

---

80 Número modificado por el artículo 1º, Nº 2º, letra a) de la Ley Nº 20.178.

81 Número modificado por el artículo 1º, Nº 2º, letra b) de la Ley Nº 20.178.

82 Número modificado por el artículo 2º, Nº 2 de la Ley Nº 21.436.

83 Número incluido por el artículo único, Nº 1 de la Ley Nº 21.431.

la base de cálculo a efectos de la determinación, en su caso, del valor de la hora extraordinaria trabajada en dichos días domingos[84].

Las empresas exceptuadas del descanso dominical deberán otorgar un día de descanso a la semana en compensación a las actividades desarrolladas en día domingo, y otro por cada festivo en que los trabajadores debieron prestar servicios, aplicándose la norma del artículo 36. Estos descansos podrán ser comunes para todos los trabajadores, o por turnos para no paralizar el curso de las labores.

No obstante, en los casos a que se refieren los números 2 y 7 del inciso primero, al menos dos de los días de descanso en el respectivo mes calendario deberán necesariamente otorgarse en día domingo. Esta norma no se aplicará respecto de los trabajadores que se contraten por un plazo de treinta días o menos, y de aquellos cuya jornada ordinaria no sea superior a veinte horas semanales o se contraten exclusivamente para trabajar los días sábado, domingo o festivos[85]. Tampoco se aplicará a las trabajadoras y a los trabajadores contratados en los servicios de transporte público urbano o rural durante los meses en que se desarrollen elecciones populares o plebiscitos. En estos casos, las empresas deberán otorgarles descansos compensatorios en uno o más domingos del mes calendario anterior o siguiente a aquél en que se verifiquen las referidas elecciones o plesbiscitos[86].

En el caso de los trabajadores de casinos de juego, hoteles, pubs, discotecas, restaurantes, clubes, bares y similares, y de los operadores de turismo, la distribución de la jornada ordinaria semanal deberá sujetarse a lo dispuesto en los incisos tercero y cuarto, salvo que las partes acuerden distribuir la jornada semanal de tal forma que el trabajador cuente con, a lo menos, veintinueve domingos de descanso en el lapso de un año o, alternativamente, con quince domingos de descanso en el lapso de seis meses. La distribución de los días domingos deberá ser acordada por escri-

---

84 Inciso modificado por el artículo único, Nº 1º de la Ley Nº 20.823.

85 Inciso modificado por el artículo único, Nº 12, letra a) de la Ley Nº 19.759.

86 Parte agregada (después del punto seguido) por el artículo único de la Ley Nº 21.476.

to en el contrato de trabajo o en un anexo del mismo y no podrá considerar la prestación de servicios por más de tres domingos en forma consecutiva. Con todo, en el caso de pacto anual, las partes podrán acordar alternativamente que, una vez al año, ocho domingos o, en tres oportunidades discontinuas al año, cuatro domingos, puedan ser considerados en forma consecutiva. Si a la fecha de terminación del contrato, el trabajador no hubiere hecho uso de los descansos en día domingo a que tiene derecho conforme la proporción que establece este inciso, el empleador deberá pagar dichos días en el respectivo finiquito. Este pago deberá efectuarse con el recargo contemplado en el inciso tercero del artículo 32 y no podrá ser imputado al pago del feriado proporcional, en su caso[87].

Cuando se acumule más de un día de descanso en la semana por aplicación de lo dispuesto en los incisos tercero, cuarto y quinto, las partes podrán acordar una especial forma de distribución o de remuneración de los días de descanso que excedan de uno semanal. En este último caso, la remuneración no podrá ser inferior a la prevista en el artículo 32[88].

Con todo, en casos calificados, el Director del Trabajo podrá autorizar, previo acuerdo de los trabajadores involucrados, si los hubiere, y mediante resolución fundada que deberá emitirse dentro de los treinta días hábiles siguientes a la solicitud, el establecimiento de sistemas excepcionales de distribución de jornadas de trabajo y descansos, cuando lo dispuesto en este artículo no pudiere aplicarse, atendidas las especiales características de la prestación de servicios y se hubiere constatado, mediante fiscalización, que las condiciones de seguridad y salud en el trabajo son compatibles con el referido sistema[89].

La vigencia de la resolución será por el plazo de hasta tres años. No obstante, el Director del Trabajo podrá renovarla si se verifica que los requisitos que justificaron su otorgamiento se mantienen. Tratándose de las

---

87 Inciso modificado (parte agregada en azul) por el artículo 1, Nº 14 de la Ley Nº 21.561.

88 Inciso modificado por el artículo 1º, Nº 3º, número ii) de la Ley Nº 20.918.

89 Inciso modificado (parte agregada en azul) por el artículo 1, Nº 14 de la Ley Nº 21.561.

obras o faenas, la vigencia de la resolución no podrá exceder el plazo de ejecución de las mismas, con un máximo de hasta tres años.

Un reglamento dictado por intermedio del Ministro del Trabajo y Previsión Social, previo informe de la Dirección del Trabajo, determinará los límites y parámetros de distribución de los sistemas excepcionales de jornada de trabajo y descanso[90] [91].

---

[90] Inciso incluido por el artículo 1, N° 14 de la Ley N° 21.561. Véase Decreto N° 48 del Ministerio del Trabajo y Previsión Social que aprueba Reglamento que determina los límites y parámetros de distribución de los sistemas excepcionales de jornadas de trabajo y descanso, conforme con lo establecido por el artículo 38 del Código del Trabajo (Prom. 29/09/23; D.O. 20/04/24).

[91] A contar del 27/04/2028 el texto en vigor de este artículo será el siguiente (véase artículo 1°, N° 14 y artículos 1° y 5° transitorios de la Ley N° 21.561:

Art. 38. Exceptúanse de lo ordenado en los artículos anteriores los trabajadores que se desempeñen:

1.- en las faenas destinadas a reparar deterioros causados por fuerza mayor o caso fortuito, siempre que la reparación sea impostergable;

2.- en las explotaciones, labores o servicios que exijan continuidad por la naturaleza de sus procesos, por razones de carácter técnico, por las necesidades que satisfacen o para evitar notables perjuicios al interés público o de la industria;

3.- en las obras o labores que por su naturaleza no puedan ejecutarse sino en estaciones o períodos determinados;

4.- en los trabajos necesarios e impostergables para la buena marcha de la empresa;

5.- a bordo de naves;

6.- en las faenas portuarias;

7.- en los establecimientos de comercio y de servicios que atiendan directamente al público, respecto de los trabajadores que realicen dicha atención y según las modalidades del establecimiento respectivo. Con todo, esta excepción no será aplicable a los trabajadores de centros o complejos comerciales administrados bajo una misma razón social o personalidad jurídica, en lo relativo al feriado legal establecido en el artículo 169 de la ley N° 18.700 y en el artículo 106 de la Ley Orgánica Constitucional de Municipalidades;

8.- en calidad de deportistas profesionales o de trabajadores o trabajadoras que desempeñan actividades conexas, y

9.- como dependientes en las empresas de plataformas digitales de servicios, reguladas en el Capítulo X del Título II del Libro I del presente Código.

Las empresas exceptuadas de este descanso podrán distribuir la jornada normal de trabajo, en forma que incluya los días domingo y festivos. Las horas trabajadas en dichos días se pagarán como extraordinarias siempre que excedan de la jornada ordinaria semanal. En el caso de los trabajadores a que se refiere el número 7 del inciso anterior, sea cual fuere la jornada de trabajo en la que se desempeñen, las horas ordinarias trabajadas en día domingo deberán ser remuneradas con un recargo de, a lo menos, un 30%, calculado sobre el sueldo convenido para la jornada ordinaria. Dicho recargo deberá liquidarse y pagarse conjuntamente con las remuneraciones del respectivo período. El valor de la hora ordinaria y el recargo señalado serán la base de cálculo a efectos de la determinación, en su caso, del valor de la hora extraordinaria trabajada en dichos días domingo.

Las empresas exceptuadas del descanso dominical deberán otorgar un día de descanso a la semana en compensación a las actividades desarrolladas en día domingo, y otro por cada festivo en que los trabajadores debieron prestar servicios, aplicándose la norma del artículo 36. Estos descansos podrán ser comunes para todos los trabajadores, o por turnos para no paralizar el curso de las labores.

No obstante, en los casos a que se refieren los números 2 y 7 del inciso primero, al menos dos de los días de descanso en el respectivo mes calendario deberán necesariamente otorgarse en día domingo. Esta norma no se aplicará respecto de los trabajadores que se contraten por un plazo de treinta días o menos, y de aquellos cuya jornada ordinaria no sea superior a veinte horas semanales o se contraten exclusivamente para trabajar los días sábado, domingo o festivos. Tampoco se aplicará a las trabajadoras y a los trabajadores contratados en los servicios de transporte público urbano o rural durante los meses en que se desarrollen elecciones populares o plebiscitos. En estos casos, las empresas deberán otorgarles descansos compensatorios en uno o más domingos del mes calendario anterior o siguiente a aquél en que se verifiquen las referidas elecciones o plebiscitos.

En el caso de los trabajadores de casinos de juego, hoteles, pubs, discotecas, restaurantes, clubes, bares y similares, y de los operadores de turismo, la distribución de la jornada ordinaria semanal deberá sujetarse a lo dispuesto en los incisos tercero y cuarto, salvo que las partes acuerden distribuir la jornada semanal de tal forma que el trabajador cuente con, a lo menos, veintinueve domingos de descanso en el lapso de un año o, alternativamente, con quince domingos de descanso en el lapso de seis meses. La distribución de los días domingos deberá ser acordada por escrito en el contrato de trabajo o en un anexo del mismo y no podrá considerar la prestación de servicios por más de tres domingos en forma consecutiva. Con todo, en el caso de pacto anual, las partes podrán acordar alternativamente que, una vez al año, ocho domingos o, en tres oportunidades discontinuas al año, cuatro domingos, puedan

---

ser considerados en forma consecutiva. Si a la fecha de terminación del contrato, el trabajador no hubiere hecho uso de los descansos en día domingo a que tiene derecho conforme la proporción que establece este inciso, el empleador deberá pagar dichos días en el respectivo finiquito. Este pago deberá efectuarse con el recargo contemplado en el inciso tercero del artículo 32 y no podrá ser imputado al pago del feriado proporcional, en su caso.

Cuando se acumule más de un día de descanso en la semana por aplicación de lo dispuesto en los incisos tercero, cuarto y quinto las partes podrán acordar una especial forma de distribución o de remuneración de los días de descanso que excedan de uno semanal. En este último caso, la remuneración no podrá ser inferior a la prevista en el artículo 32.

Con todo, en casos calificados, el Director del Trabajo podrá autorizar, previo acuerdo de los trabajadores involucrados, si los hubiere, y mediante resolución fundada que deberá emitirse dentro de los treinta días hábiles siguientes a la solicitud, el establecimiento de sistemas excepcionales de distribución de jornadas de trabajo y descansos, cuando lo dispuesto en este artículo no pudiere aplicarse, atendidas las especiales características de la prestación de servicios y se hubiere constatado, mediante fiscalización, que las condiciones de seguridad y salud en el trabajo son compatibles con el referido sistema.

Sin perjuicio de lo anterior, se podrán autorizar sistemas excepcionales cuyo promedio máximo de horas semanales de trabajo, en el ciclo respectivo, no superen las cuarenta y dos horas promedio semanal. En estos casos, los trabajadores tendrán derecho a la cantidad de días de descanso anual adicional que corresponda en razón de la diferencia que se produzca en cada caso con la jornada establecida en el inciso primero del artículo 22, en promedio, los que, por acuerdo de las partes, podrán ser compensados en dinero. En caso de que al término de la relación laboral existan días pendientes de utilizar, éstos se compensarán en conformidad con lo dispuesto en el artículo 73.

La vigencia de la resolución será por el plazo de hasta tres años. No obstante, el Director del Trabajo podrá renovarla si se verifica que los requisitos que justificaron su otorgamiento se mantienen. Tratándose de las obras o faenas, la vigencia de la resolución no podrá exceder el plazo de ejecución de las mismas, con un máximo de hasta tres años.

Un reglamento dictado por intermedio del Ministro del Trabajo y Previsión Social, previo informe de la Dirección del Trabajo, determinará los límites y parámetros de distribución de los sistemas excepcionales de jornada de trabajo y descanso.

Iguales compensaciones a las señaladas en el inciso octavo podrán ser acordadas tratándose de los procesos de trabajo continuos contemplados en el numeral 2 del

Art. 38 bis. Sin perjuicio de lo señalado en el inciso cuarto del artículo anterior, los trabajadores a que se refiere el número 7 del inciso primero del mismo artículo gozarán, adicionalmente a ello, de siete días domingo de descanso semanal durante cada año de vigencia del contrato de trabajo. Solo mediante acuerdo escrito entre el empleador y los trabajadores, o con el o los sindicatos existentes, hasta tres de dichos domingos podrán ser reemplazados por días sábado, siempre que se distribuyan junto a un domingo también de descanso semanal. Este derecho al descanso dominical no podrá ser compensado en dinero, ni acumulado de un año a otro.

Este artículo no se aplicará a los trabajadores contratados por un plazo de treinta días o menos, ni a aquellos cuya jornada ordinaria no sea superior a veinte horas semanales o se contraten exclusivamente para trabajar los días sábado, domingo o festivos[92].

Art. 38 ter. En el caso de los trabajadores señalados en el número 7 del artículo 38, los días de descanso semanal no podrán coincidir con los días feriados establecidos en la ley N° 19.973[93].

Art. 39. En los casos en que la prestación de servicios deba efectuarse en lugares apartados de centros urbanos, las partes podrán pactar jornadas ordinarias de trabajo de hasta dos semanas ininterrumpidas, al término de las cuales deberán otorgarse los días de descanso compensatorios de los días domingo o festivos que hayan tenido lugar en dicho período bisemanal, aumentados en uno.

Art. 40. Sin perjuicio de las atribuciones de los inspectores del trabajo, los inspectores municipales y el personal de Carabineros de Chile podrán también denunciar ante la respectiva Inspección del Trabajo las infracciones a lo dispuesto en el presente párrafo de que tomen conocimiento con ocasión del ejercicio de las funciones que les son propias.

---

inciso primero, en tanto, no superen las cuarenta y dos horas semanales, y se registren en la Inspección del Trabajo.

92 Artículo incluido por el artículo único, N° 2° de la Ley N° 20.823.

93 Artículo incluido por el artículo único de la Ley N° 20.828.

Párrafo 5° Jornada parcial

Art. 40 bis. Se podrán pactar contratos de trabajo con jornada a tiempo parcial, considerándose afectos a la normativa del presente párrafo, aquéllos en que se ha convenido una jornada de trabajo no superior a treinta horas semanales[94].

Art. 40 bis A. En los contratos a tiempo parcial se permitirá el pacto de horas extraordinarias.

La base de cálculo para el pago de dichas horas extraordinarias, no podrá ser inferior al ingreso mínimo mensual que determina la ley, calculado proporcionalmente a la cantidad de horas pactadas como jornada ordinaria[95].

La jornada ordinaria diaria deberá ser continua y no podrá exceder de las 10 horas, pudiendo interrumpirse por un lapso no inferior a media hora ni superior a una hora para la colación.

Art. 40 bis B. Los trabajadores a tiempo parcial gozarán de todos los demás derechos que contempla este Código para los trabajadores a tiempo completo.

No obstante, el límite máximo de gratificación legal previsto en el artículo 50, podrá reducirse proporcionalmente, conforme a la relación que exista entre el número de horas convenidas en el contrato a tiempo parcial y el de la jornada ordinaria de trabajo.

Art. 40 bis C. Las partes podrán pactar alternativas de distribución de jornada. En este caso, el empleador, con una antelación mínima de una semana, estará facultado para determinar entre una de las alternativas pactadas, la que regirá en la semana o período superior siguiente.

Art. 40 bis D. Para los efectos del cálculo de la indemnización que pudiere corresponderle al trabajador al momento del término de sus servicios, se entenderá por última remuneración el promedio de las remuneraciones

---

94 Artículo modificado por el artículo 1°, N° 15 de la Ley N° 21.561.

95 Inciso incluido por el artículo único, letra B) de la Ley N° 19.988.

percibidas por el trabajador durante la vigencia de su contrato o de los últimos once años del mismo. Para este fin, cada una de las remuneraciones que abarque el período de cálculo deberá ser reajustada por la variación experimentada por el índice de precios al consumidor, entre el mes anterior al pago de la remuneración respectiva y el mes anterior al término del contrato. Con todo, si la indemnización que le correspondiere por aplicación del artículo 163 fuere superior, se le aplicará ésta.

Art. 40 bis E. Sin perjuicio de lo dispuesto en los artículos anteriores, las partes podrán acordar una jornada parcial alternativa de trabajo y descansos para estudiantes trabajadores, de conformidad con las reglas precedentes y las siguientes reglas especiales:

a) Se entenderá para estos efectos como estudiante trabajador a toda persona que tenga entre 18 y 24 años de edad inclusive, que se encuentre cursando estudios regulares o en proceso de titulación en una institución de educación superior universitaria, profesional o técnica reconocida por el Estado o en entidades ejecutoras de programas de nivelación de estudios.

b) La calidad de alumno regular o en proceso de titulación deberá acreditarse dentro del plazo para hacer constar por escrito el contrato de trabajo, en conformidad a lo dispuesto en el artículo 9, mediante certificado emitido por la institución educacional respectiva. Ésta tendrá la obligación de emitir el certificado para dicho fin, de manera gratuita, dentro del plazo de tres días hábiles de solicitado, sin que pueda excusarse de ello ni aun por encontrarse el estudiante en mora o por cualquier otro motivo. El certificado deberá anexarse al contrato individual de trabajo, se considerará como parte integrante del mismo y deberá mantenerse en un registro especial que, para estos efectos, llevará el empleador. Igual certificación deberá acompañarse cada seis meses, mientras subsista la relación laboral.

c) En caso de que el estudiante trabajador deje de cumplir con los requisitos señalados en la letra a), se aplicarán las normas generales de este Código.

Con todo, el estudiante trabajador deberá informar de inmediato al empleador sobre los cambios en su calidad de estudiante.

d) Tratándose de estudiantes trabajadores, la jornada ordinaria diaria será continua. Con todo, las partes podrán pactar sólo una interrupción diaria, la que en ningún caso podrá afectar el derecho a colación del cual goza el trabajador. La interrupción deberá ser concordante con el horario académico lectivo vigente del estudiante y se justificará anexando éste en el respectivo contrato de trabajo.

Entre el inicio y el término de la jornada diaria no podrán transcurrir más de doce horas, sumados los períodos trabajados, en jornada ordinaria y extraordinaria, más la interrupción señalada en el párrafo anterior. Las horas efectivamente trabajadas no podrán ser superiores a diez horas diarias.

Lo anterior, sin perjuicio de lo establecido en el inciso quinto del artículo 34 bis, en lo que corresponda.

De conformidad con lo dispuesto en la ley Nº 16.744, y tratándose de estudiantes trabajadores regidos por la presente jornada, se entenderá que son accidentes del trabajo los ocurridos en el trayecto directo, de ida o regreso, entre el establecimiento educacional y el lugar de trabajo.

e) El estudiante trabajador tendrá derecho a un permiso sin goce de remuneración con ocasión de rendir sus exámenes académicos. Para ejercer este derecho, el estudiante trabajador deberá informar al empleador, por escrito, con al menos siete días corridos de anticipación, la forma en que hará uso del permiso para efectos de rendir dichos exámenes.

f) Durante los períodos en los que el estudiante trabajador se encuentre en receso por vacaciones académicas, las partes podrán acordar por escrito alguna de las siguientes alternativas:

i. Mantener la prestación de servicios de acuerdo a las disposiciones del presente artículo.

ii. Suspender el contrato de trabajo. En este caso, se entenderá vigente la relación laboral, pero suspendida la obligación del trabajador de prestar servicios y la obligación del empleador de pagar cualquier remuneración que tenga su origen en el contrato de trabajo, salvo aquellas devengadas con anterioridad a la suspensión.

iii. Pactar una jornada de trabajo ordinaria.

g) Los estudiantes trabajadores que sean beneficiarios del régimen de prestaciones de salud conforme a lo dispuesto en las letras b) y c) del artículo 136 del decreto con fuerza de ley Nº 1, de 2005, del Ministerio de Salud, que fija texto refundido, coordinado y sistematizado del decreto ley Nº 2.763, de 1979 y de las leyes Nº 18.933 y Nº 18.469, podrán optar por:

i. Adquirir la calidad de cotizantes del régimen de prestaciones de salud conforme a la letra a) del artículo 135 del decreto con fuerza de ley antes indicado, en cuyo caso el empleador deberá enterar las cotizaciones de salud del estudiante trabajador conforme a las reglas generales.

ii. Mantener la calidad de beneficiario con aporte en la institución de salud previsional en la cual sea carga. En este caso, el empleador deberá enterar las cotizaciones de salud del estudiante trabajador a la institución de salud previsional respectiva, conforme a lo dispuesto en el inciso tercero del artículo 202 del decreto con fuerza de ley antes indicado. La institución de salud previsional deberá reconocer y mantener la calidad de beneficiario con aporte del estudiante trabajador.

h) No podrán pactar esta jornada de trabajo especial aquellas empresas que durante el año calendario anterior registren accidentes graves o fatales en los que el empleador hubiere sido condenado por culpa o negligencia[96].

CAPÍTULO V
DE LAS REMUNERACIONES

Art. 41. Se entiende por remuneración las contraprestaciones en dinero y las adicionales en especie avaluables en dinero que debe percibir el trabajador del empleador por causa del contrato de trabajo.

No constituyen remuneración las asignaciones de movilización, de pérdida de caja, de desgaste de herramientas y de colación, los viáticos, las prestaciones familiares otorgadas en conformidad a la ley, las indemnizaciones establecidas en el artículo 163 y las demás que proceda pagar

---

[96] Artículo incluido por el artículo 1º de la Ley Nº 21.165.

al extinguirse la relación contractual ni, en general, las devoluciones de gastos en que se incurra por causa del trabajo[97].

Art. 42. Constituyen remuneración, entre otras, las siguientes:

a) sueldo, o sueldo base, que es el estipendio obligatorio y fijo, en dinero, pagado por períodos iguales, determinados en el contrato, que recibe el trabajador por la prestación de sus servicios en una jornada ordinaria de trabajo, sin perjuicio de lo señalado en el inciso segundo del artículo 10. El sueldo, no podrá ser inferior a un ingreso mínimo mensual. Se exceptúan de esta norma aquellos trabajadores exentos del cumplimiento de jornada. Sin perjuicio de lo dispuesto en el inciso segundo del artículo 22, se presumirá que el trabajador está afecto a cumplimiento de jornada cuando debiere registrar por cualquier medio y en cualquier momento del día el ingreso o egreso a sus labores, o bien cuando el empleador efectuare descuentos por atrasos en que incurriere el trabajador. Asimismo, se presumirá que el trabajador está afecto a la jornada ordinaria, cuando el empleador, por intermedio de un superior jerárquico, ejerciere una supervisión o control funcional y directo sobre la forma y oportunidad en que se desarrollen las labores, entendiéndose que no existe tal funcionalidad cuando el trabajador sólo entrega resultados de sus gestiones y se reporta esporádicamente, especialmente en el caso de desarrollar sus labores en Regiones diferentes de la del domicilio del empleador[98].

b) sobresueldo, que consiste en la remuneración de horas extraordinarias de trabajo;

c) comisión, que es el porcentaje sobre el precio de las ventas o compras, o sobre el monto de otras operaciones, que el empleador efectúa con la colaboración del trabajador;

d) participación, que es la proporción en las utilidades de un negocio determinado o de una empresa o sólo de la de una o más secciones o sucursales de la misma, y

---

[97] Inciso modificado por el artículo 1°, N° 2° de la Ley N° 21.122.

[98] Letra reemplazada por el artículo único, N° 1° de la Ley N° 20.281.

e) gratificación, que corresponde a la parte de utilidades con que el empleador beneficia el sueldo del trabajador.

Art. 43. Los reajustes legales no se aplicarán a las remuneraciones y beneficios estipulados en contratos y convenios colectivos de trabajo, en acuerdos de grupo negociador o en fallos arbitrales recaídos en una negociación colectiva[99].

Art. 44. La remuneración podrá fijarse por unidad de tiempo, día, semana, quincena o mes o bien por pieza, medida u obra, sin perjuicio de lo señalado en la letra a) del artículo 42[100].

En ningún caso la unidad de tiempo podrá exceder de un mes.

El monto mensual del sueldo no podrá ser inferior al ingreso mínimo mensual. Si se convinieren jornadas parciales de trabajo, el sueldo no podrá ser inferior al mínimo vigente, proporcionalmente calculada en relación con la jornada ordinaria de trabajo[101].

En los contratos que tengan una duración de treinta días o menos, se entenderá incluida en la remuneración que se convenga con el trabajador todo lo que a éste debe pagarse por feriado y demás derechos que se devenguen en proporción al tiempo servido.

Lo dispuesto en el inciso anterior no regirá respecto de aquellas prórrogas que, sumadas al período inicial del contrato, excedan de sesenta días.

Art. 45. El trabajador remunerado exclusivamente por día tendrá derecho a la remuneración en dinero por los días domingo y festivos, la que equivaldrá al promedio de lo devengado en el respectivo período de pago, el que se determinará dividiendo la suma total de las remuneraciones diarias devengadas por el número de días en que legalmente debió laborar en la semana. Igual derecho tendrá el trabajador remunerado por sueldo

---

[99] Artículo modificado por el artículo 1°, N° 6 de la Ley N° 20.940.

[100] Inciso modificado por el artículo único, N° 2°, letra a) de la Ley N° 20.281.

[101] Inciso modificado por el artículo único N° 2°, letra b) de la Ley N° 20.281.

mensual y remuneraciones variables, tales como comisiones o tratos, pero, en este caso, el promedio se calculará sólo en relación a la parte variable de sus remuneraciones[102].

No se considerarán para los efectos indicados en el inciso anterior las remuneraciones que tengan carácter accesorio o extraordinario, tales como gratificaciones, aguinaldos, bonificaciones u otras.

Para los efectos de lo dispuesto en el inciso tercero del artículo 32, el sueldo diario de los trabajadores a que se refiere este artículo, incluirá lo pagado por este título en los días domingo y festivos comprendidos en el período en que se liquiden las horas extraordinarias, cuya base de cálculo en ningún caso podrá ser inferior al ingreso mínimo mensual. Toda estipulación en contrario se tendrá por no escrita[103].

Lo dispuesto en los incisos precedentes se aplicará, en cuanto corresponda, a los días de descanso que tienen los trabajadores exceptuados del descanso a que se refiere el artículo 35.

Art. 46. Si las partes convinieren un sistema de gratificaciones, éstas no podrán ser inferiores a las que resulten de la aplicación de las normas siguientes.

Art. 47. Los establecimientos mineros, industriales, comerciales o agrícolas, empresas y cualesquiera otros que persigan fines de lucro, y las cooperativas, que estén obligados a llevar libros de contabilidad y que obtengan utilidades o excedentes líquidos en sus giros, tendrán la obligación de gratificar anualmente a sus trabajadores en proporción no inferior al treinta por ciento de dichas utilidades o excedentes. La gratificación de cada trabajador con derecho a ella será determinada en forma proporcional a lo devengado por cada trabajador en el respectivo período anual, incluidos los que no tengan derecho.

---

102 Inciso modificado por el artículo único, Nº 3 de la Ley Nº 20.281.

103 Inciso modificado por el artículo único, letra C) de la Ley Nº 19.988.

Art. 48. Para estos efectos se considerará utilidad la que resulte de la liquidación que practique el Servicio de Impuestos Internos para la determinación del impuesto a la renta, aplicando el régimen de depreciación normal que establece el número 5 del artículo 31 de la ley sobre Impuesto a la Renta, sin deducir las pérdidas de ejercicios anteriores; y por utilidad líquida se entenderá la que arroje dicha liquidación deducido el diez por ciento del valor del capital propio del empleador, por interés de dicho capital[104].

Respecto de los empleadores exceptuados del impuesto a la renta, el Servicio de Impuestos Internos practicará, también, la liquidación a que se refiere este artículo para los efectos del otorgamiento de gratificaciones.

Los empleadores estarán obligados a pagar las gratificaciones al personal con el carácter de anticipo sobre la base del balance o liquidación presentada al Servicio de Impuestos Internos, en tanto se practica la liquidación definitiva.

Art. 49. Para los efectos del pago de gratificaciones, el Servicio de Impuestos Internos determinará, en la liquidación, el capital propio del empleador invertido en la empresa y calculará el monto de la utilidad líquida que deberá servir de base para el pago de gratificaciones. El referido Servicio comunicará este antecedente al Juzgado de Letras del Trabajo o a la Dirección del Trabajo, cuando éstos lo soliciten. Asimismo, deberá otorgar certificaciones en igual sentido a los empleadores o sindicatos de trabajadores cuando ellos lo requieran, dentro del plazo de treinta días hábiles, contado desde el momento en que el empleador haya entregado todos los antecedentes necesarios y suficientes para la determinación de la utilidad conforme al artículo precedente[105].

Art. 50. El empleador que abone o pague a sus trabajadores el veinticinco por ciento de lo devengado en el respectivo ejercicio comercial por concepto de remuneraciones mensuales, quedará eximido de la obligación

---

[104] Inciso modificado por el artículo 10° de la Ley N° 20.899.

[105] Artículo modificado por el artículo 1°, N° 7 de la Ley N° 20.940.

establecida en el artículo 47, sea cual fuere la utilidad líquida que obtuviere. En este caso, la gratificación de cada trabajador no excederá de cuatro y tres cuartos (4,75) ingresos mínimos mensuales. Para determinar el veinticinco por ciento anterior, se ajustarán las remuneraciones mensuales percibidas durante el ejercicio comercial conforme a los porcentajes de variación que hayan experimentado tales remuneraciones dentro del mismo.

Art. 51. En todo caso, se deducirán de las gratificaciones legales cualesquiera otras remuneraciones que se convengan con imputación expresa a las utilidades de la empresa.

Art. 52. Los trabajadores que no alcanzaren a completar un año de servicios tendrán derecho a la gratificación en proporción a los meses trabajados.

Art. 53. El empleador estará obligado a pagar al trabajador los gastos razonables de ida y vuelta si para prestar servicios lo hizo cambiar de residencia, lo que no constituirá remuneración. Se comprende en los gastos de traslado del trabajador, los de su familia que viva con él. No existirá la obligación del presente artículo cuando la terminación del contrato se produjere por culpa o por la sola voluntad del trabajador.

CAPÍTULO VI
DE LA PROTECCIÓN A LAS REMUNERACIONES

Art. 54. Las remuneraciones se pagarán en moneda de curso legal, sin perjuicio de lo establecido en el inciso segundo del artículo 10 y de lo preceptuado para los trabajadores agrícolas[106].

A solicitud del trabajador, podrá pagarse con cheque o vale vista bancario a su nombre, o transferencia electrónica a la cuenta bancaria del trabajador, sin que ello importe costo alguno para él[107].

---

106 Inciso modificado por el artículo único, N° 1° de la Ley N° 20.786.

107 Inciso modificado el artículo 1°, N° 3 de la Ley N° 21.327.

Junto con el pago, el empleador deberá entregar al trabajador un comprobante con indicación del monto pagado, de la forma como se determinó y de las deducciones efectuadas.

Art. 54 bis. Las remuneraciones devengadas se incorporan al patrimonio del trabajador, teniéndose por no escrita cualquier cláusula que implique su devolución, reintegro o compensación por parte del trabajador al empleador, ante la ocurrencia de hechos posteriores a la oportunidad en que la remuneración se devengó, salvo que dichos hechos posteriores se originen en el incumplimiento por parte del trabajador de las obligaciones contenidas en su contrato de trabajo.

Con todo, se podrán pactar premios o bonos por hechos futuros, tales como la permanencia durante un tiempo determinado del cliente que ha contratado un servicio o producto a la empresa o bien la puntualidad del mismo en los pagos del referido servicio u otros, siempre que la ocurrencia de estos hechos dependa del cumplimiento por parte del trabajador de las obligaciones contenidas en su contrato de trabajo.

Sin perjuicio de lo dispuesto en el artículo anterior, y conforme a lo señalado en los incisos precedentes, las liquidaciones de remuneraciones deberán contener en un anexo, que constituye parte integrante de las mismas, los montos de cada comisión, bono, premio u otro incentivo que recibe el trabajador, junto al detalle de cada operación que le dio origen y la forma empleada para su cálculo.

El empleador no podrá condicionar la contratación de un trabajador, su permanencia, la renovación de su contrato, o la promoción o movilidad en su empleo, a la suscripción de instrumentos representativos de obligaciones, tales como pagarés en cualquiera de sus formas, letras de cambios o compromisos de pago de cualquier naturaleza, para responder de remuneraciones ya devengadas[108].

Art. 55. Las remuneraciones se pagarán con la periodicidad estipulada en el contrato, pero los períodos que se convengan no podrán exceder de

---

[108] Artículo incluido por el artículo único, N° 1° de la Ley N° 20.611.

un mes. En caso que la remuneración del trabajador se componga total o parcialmente de comisiones e independientemente de las condiciones de pago que la empresa pacte con el cliente, aquéllas se entenderán devengadas y deberán ser liquidadas y pagadas conjuntamente con las demás remuneraciones ordinarias del período en que se efectuaron las operaciones u ocurrieron los hechos que les dieron origen, salvo que, por razones técnicas ello no sea posible, caso en el cual deberán ser liquidadas y pagadas conjuntamente con las remuneraciones del mes siguiente. La cláusula que difiera el pago de comisiones al trabajador, infringiendo los límites establecidos en este artículo, se tendrá por no escrita[109].

Si nada se dijere en el contrato, deberán darse anticipos quincenales en los trabajos por pieza, obra o medida y en los de temporada.

Art. 56. Las remuneraciones deberán pagarse en día de trabajo, entre lunes y viernes, en el lugar en que el trabajador preste sus servicios y dentro de la hora siguiente a la terminación de la jornada. Las partes podrán acordar otros días u horas de pago.

Art. 57. Las remuneraciones de los trabajadores y las cotizaciones de seguridad social serán inembargables. No obstante, podrán ser embargadas las remuneraciones en la parte que excedan de cincuenta y seis unidades de fomento.

Con todo, tratándose de pensiones alimenticias debidas por ley y decretadas judicialmente, de defraudación, hurto o robo cometidos por el trabajador en contra del empleador en ejercicio de su cargo, o de remuneraciones adeudadas por el trabajador a las personas que hayan estado a su servicio en calidad de trabajador, podrá embargarse hasta el cincuenta por ciento de las remuneraciones.

Art. 58. El empleador deberá deducir de las remuneraciones los impuestos que las graven, las cotizaciones de seguridad social, las cuotas

---

[109] Inciso modificado por el artículo único, N° 2° de la Ley N° 20.611.

sindicales en conformidad a la legislación respectiva y las obligaciones con instituciones de previsión o con organismos públicos[110].

Asimismo, con acuerdo del empleador y del trabajador, que deberá constar por escrito, el empleador podrá descontar de las remuneraciones cuotas destinadas al pago de la adquisición de viviendas, cantidades para ser depositadas en una cuenta de ahorro para la vivienda y sumas destinadas a la educación del trabajador, su cónyuge, conviviente civil o alguno de sus hijos. Para estos efectos, se autoriza al empleador a otorgar mutuos o créditos sin interés, respecto de los cuales el empleador podrá hacerse pago deduciendo hasta el 30% del total de la remuneración mensual del trabajador. Sin embargo, el empleador sólo podrá realizar tal deducción si paga directamente la cuota del mutuo o crédito a la institución financiera o servicio educacional respectivo[111].

Sólo con acuerdo del empleador y del trabajador que deberá constar por escrito, podrán deducirse de las remuneraciones sumas o porcentajes determinados, destinados a efectuar pagos de cualquier naturaleza. Con todo, las deducciones a que se refiere este inciso, no podrán exceder del quince por ciento de la remuneración total del trabajador.

Cualquiera sea el fundamento de las deducciones realizadas a las remuneraciones por parte del empleador, o el origen de los préstamos otorgados, en ningún caso aquéllas podrán exceder, en conjunto, del 45% de la remuneración total del trabajador[112].

El empleador no podrá deducir, retener o compensar suma alguna que rebaje el monto de las remuneraciones por arriendo de habitación, luz, entrega de agua, uso de herramientas, entrega de medicinas, atención médica u otras prestaciones en especie, o por concepto de multas que no estén autorizadas en el reglamento interno de la empresa.

Asimismo, no podrá deducir, retener o compensar suma alguna por el no pago de efectos de comercio que el empleador hubiera autorizado reci-

---

110 Inciso modificado por el artículo único, N° 1° de la Ley N° 20.540.

111 Inciso modificado por el artículo 41°, número ii) de la Ley N° 20.830.

112 Inciso incluido por el artículo único, N° 3 de la Ley N° 20.540.

bir como medio de pago por los bienes suministrados o servicios prestados a terceros en su establecimiento[113].

La autorización del empleador, señalada en el inciso anterior, deberá constar por escrito, así como también los procedimientos que el trabajador debe cumplir para recibir como forma de pago los respectivos efectos de comercio[114].

En caso de robo, hurto, pérdida o destrucción por parte de terceros de bienes de la empresa sin que haya mediado responsabilidad del trabajador, el empleador no podrá descontar de la remuneración del o de los trabajadores el monto de lo robado, hurtado, perdido o dañado[115].

La infracción a esta prohibición será sancionada con la restitución obligatoria, por parte del empleador, de la cifra descontada, debidamente reajustada, sin perjuicio de las multas que procedan de conformidad a este Código.

Art. 59. En el contrato podrá establecerse la cantidad que el trabajador asigne para la mantención de su familia.

El cónyuge puede percibir hasta el cincuenta por ciento de la remuneración del otro cónyuge, declarado vicioso por el respectivo Juez de Letras del Trabajo[116].

En los casos de los incisos anteriores, el empleador estará obligado a efectuar los descuentos respectivos y pagar las sumas al asignatario.

Art. 60. En caso de fallecimiento del trabajador, las remuneraciones que se adeudaren serán pagadas por el empleador a la persona que se hizo cargo de sus funerales, hasta concurrencia del costo de los mismos.

El saldo, si lo hubiere, y las demás prestaciones pendientes a la fecha del fallecimiento se pagarán, en orden de precedencia, al cónyuge o conviviente civil, a los hijos o a los padres del fallecido[117].

---

113 Inciso incluido por el artículo único de la Ley N° 20.425.

114 Inciso incluido por el artículo único de la Ley N° 20.425.

115 Inciso incluido por el artículo único de la Ley N° 20.425.

116 Inciso modificado por el artículo 5, N° 1 de la Ley N° 21.400.

117 Inciso reemplazado por el artículo 41°, número iii) de la Ley N° 20.830.

Lo dispuesto en el inciso precedente sólo operará tratándose de sumas no superiores a cinco unidades tributarias anuales.

Art. 61. Gozan del privilegio del artículo 2472 del Código Civil, las remuneraciones adeudadas a los trabajadores y sus asignaciones familiares, las imposiciones o cotizaciones y demás aportes que corresponda percibir a los organismos o entidades de previsión o de seguridad social, los impuestos fiscales devengados de retención o recargo, y las indemnizaciones legales y convencionales de origen laboral que corresponda a los trabajadores; todo ello conforme al artículo 2473 y demás pertinentes del mismo Código.

Estos privilegios cubrirán los reajustes, intereses y multas que correspondan al respectivo crédito.

Para los efectos de lo dispuesto en el número 5 del artículo 2472 del Código Civil, se entiende por remuneraciones, además de las señaladas en el inciso primero del artículo 41, las compensaciones en dinero que corresponda hacer a los trabajadores por feriado anual o descansos no otorgados.

El privilegio por las indemnizaciones legales y convencionales previsto en el número 8 del artículo 2472 del Código Civil, se regirá por lo establecido en dicha norma. Si hubiere pagos parciales, éstos se imputarán al máximo referido[118].

Sólo gozarán de privilegio estos créditos de los trabajadores que estén devengados a la fecha en que se hagan valer.

Los tribunales apreciarán en conciencia la prueba que se rinda acerca de los créditos privilegiados a que se refiere el presente artículo.

Art. 62. Todo empleador con cinco o más trabajadores deberá llevar un libro auxiliar de remuneraciones, el que deberá ser timbrado por el Servicio de Impuestos Internos.

---

118 Inciso modificado por el artículo 350°, N° 1° de la Ley N° 20.720.

Las remuneraciones que figuren en el libro a que se refiere el inciso anterior serán las únicas que podrán considerarse como gastos por remuneraciones en la contabilidad de la empresa[119].

Art. 62 bis. El empleador deberá dar cumplimiento al principio de igualdad de remuneraciones entre hombres y mujeres que presten un mismo trabajo, no siendo consideradas arbitrarias las diferencias objetivas en las remuneraciones que se funden, entre otras razones, en las capacidades, calificaciones, idoneidad, responsabilidad o productividad.

Las denuncias que se realicen invocando el presente artículo, se sustanciarán en conformidad al Párrafo 6° del Capítulo II del Título I del Libro V de este Código, una vez que se encuentre concluido el procedimiento de reclamación previsto para estos efectos en el reglamento interno de la empresa.

Art. 63. Las sumas que los empleadores adeudaren a los trabajadores por concepto de remuneraciones, indemnizaciones o cualquier otro, devengadas con motivo de la prestación de servicios, se pagarán reajustadas en el mismo porcentaje en que haya variado el Índice de Precios al Consumidor determinado por el Instituto Nacional de Estadísticas, entre el mes anterior a aquel en que debió efectuarse el pago y el precedente a aquel en que efectivamente se realice.

Idéntico reajuste experimentarán los anticipos, abonos o pagos parciales que hubiera hecho el empleador.

Las sumas a que se refiere el inciso primero de este artículo, reajustadas en la forma allí indicada, devengarán el máximo interés permitido para operaciones reajustables a partir de la fecha en que se hizo exigible la obligación.

Art. 63 bis. En caso de término del contrato de trabajo, el empleador estará obligado a pagar todas las remuneraciones que se adeudaren al trabajador en un solo acto al momento de extender el finiquito. Sin per-

---

[119] Artículo incluido por el artículo 1°, N° 1° de la Ley N° 20.348.

juicio de ello, las partes podrán acordar el fraccionamiento del pago de las remuneraciones adeudadas y dicho pacto se regirá por lo dispuesto en la letra a) del artículo 169[120].

Art. 64. En los establecimientos que atiendan público a través de garzones, como restaurantes, pubs, bares, cafeterías, discotecas, fondas y similares, el empleador deberá sugerir, en cada cuenta de consumo, el monto correspondiente a una propina de a lo menos el 10% del mismo, la que deberá pagarse por el cliente, salvo que éste manifieste su voluntad en contrario[121].

Los trabajadores tendrán derecho a percibir todas aquellas sumas que por concepto de propinas entreguen los clientes de dichos establecimientos, sea en forma directa y en dinero en efectivo al trabajador, como también y a su elección a través de los medios de pago aceptados por el empleador, tales como tarjetas de crédito, de débito, cheques u otros títulos de crédito. El empleador no podrá disponer de ellas, deberá entregarlas íntegramente a los trabajadores y no podrá efectuar descuentos de ninguna naturaleza sobre las mismas. Tampoco podrá distribuir las propinas, facultad que sólo recae en los trabajadores que las reciben del cliente, las que se entenderán de su propiedad[122].

Tratándose de pagos con tarjetas de crédito u otros títulos de crédito, el empleador deberá liquidar y enterar dichas sumas en la fecha en que acuerde con sus trabajadores, plazo que no podrá exceder de siete días hábiles desde que se recibieron del cliente. En estos casos, el empleador deberá entregar al trabajador copia del vale o comprobante en que conste la cantidad total pagada y el valor del servicio o producto adquirido. Tratándose de eventos especiales organizados por el empleador y que sean pagados con posterioridad a su celebración, este plazo se extenderá hasta

---

[120] Artículo incluido por el artículo único, N° 1° de la Ley N° 20.058.

[121] Artículo incluido por el artículo único de la Ley N° 20.729.

[122] Inciso modificado por el artículo único, N° 1° de la Ley N° 21.009.

la fecha de pago de la respectiva factura, cuando la propina esté incorporada a ella[123].

Si las propinas no son pagadas en efectivo, los plazos contenidos en el inciso anterior podrán extenderse excepcionalmente cuando, producto del aislamiento geográfico de la zona en que se encuentre el establecimiento, unido ello a la falta de medios electrónicos de pago, no sea posible entregar las propinas en el tiempo establecido[124].

Las normas contenidas en los incisos segundo, tercero y cuarto de este artículo serán también aplicables, en lo pertinente, en aquellos establecimientos de atención al público en los que se deje propina, como las estaciones de expendio de combustibles u otros. Los establecimientos que acepten medios electrónicos de pago deberán permitir que la propina también pueda ser pagada por los mismos medios[125].

Art. 64 bis. Derogado[126].

Art. 65. Habrá libertad de comercio en los recintos de las empresas mineras y salitreras.

No podrán ejercer este comercio los trabajadores que hubieran sido despedidos de la respectiva empresa, a menos que el empleador los autorice previamente.

CAPÍTULO VII
DEL FERIADO ANUAL Y DE LOS PERMISOS

Art. 66. En caso de muerte de un hijo, todo trabajador tendrá derecho a diez días corridos de permiso pagado. En caso de la muerte del cónyuge o conviviente civil, todo trabajador tendrá derecho a un permiso similar, por

---

123 Inciso incluido por el artículo 1°, N° 4 de la Ley N° 20.918.

124 Inciso incluido por el artículo 1°, N° 4 de la Ley N° 20.918.

125 Inciso incluido por el artículo único, N° 2° de la Ley N° 21.009.

126 Artículo eliminado por el artículo 1° de la Ley 20.123.

siete días corridos. En ambos casos, este permiso será adicional al feriado anual, independientemente del tiempo de servicio[127].

Igual permiso se aplicará, por siete días hábiles, en el caso de muerte de un hijo en período de gestación. En el caso de muerte de un hermano, del padre o de la madre del trabajador, dicho permiso se extenderá por cuatro días hábiles[128].

Estos permisos deberán hacerse efectivos a partir del día del respectivo fallecimiento. No obstante, tratándose de una defunción fetal, el permiso se hará efectivo desde el momento de acreditarse la muerte, con el respectivo certificado de defunción fetal.

El trabajador al que se refiere el inciso primero gozará de fuero laboral por un mes, a contar del respectivo fallecimiento. Sin embargo, tratándose de trabajadores cuyos contratos de trabajo sean a plazo fijo o por obra o servicio determinado, el fuero los amparará sólo durante la vigencia del respectivo contrato si éste fuera menor a un mes, sin que se requiera solicitar su desafuero al término de cada uno de ellos.

Los días de permiso consagrados en este artículo no podrán ser compensados en dinero[129].

Art. 66 bis. Las trabajadoras y los trabajadores cuyos contratos de trabajo sean por un plazo superior a treinta días, tendrán derecho a medio día de permiso, una vez al año durante la vigencia de la relación laboral, para someterse a los exámenes de mamografía y próstata, respectivamente, pudiendo incluir otras prestaciones de medicina preventiva, tales como el examen de papanicolau, en las instituciones de salud públicas o privadas que corresponda. En el caso de los contratos celebrados por un plazo fijo, o para la realización de una obra o faena determinada, este derecho podrá ejercerse a partir de los treinta días de celebrado el contrato de trabajo, y en cualquier momento durante la vigencia de éste[130].

---

127 Inciso modificado por el artículo 2° de la Ley N° 21.371.

128 Inciso modificado por el artículo único de la Ley N° 21.441.

129 Artículo reemplazado por el artículo 1°, N° 1° de la Ley N° 20.137.

130 Inciso modificado por el artículo único de la Ley N° 21.382.

El tiempo para realizar los exámenes, señalado en el inciso anterior, será complementado, en su caso, con el tiempo suficiente para los traslados hacia y desde la institución médica, considerando las condiciones geográficas, de transporte y la disponibilidad de equipamiento médico necesario.

Para el ejercicio de este derecho, los trabajadores deberán dar aviso al empleador con una semana de anticipación a la realización de los exámenes; asimismo, deberán presentar con posterioridad a éstos, los comprobantes suficientes que acrediten que se los realizaron en la fecha estipulada.

El tiempo en el que los trabajadores se realicen los exámenes, será considerado como trabajado para todos los efectos legales; asimismo, este permiso no podrá ser compensado en dinero, ni durante ni al término de la relación laboral, entendiéndose por no escrita cualquier estipulación en contrario.

Si los trabajadores estuvieren afectos a un instrumento colectivo que considerare un permiso análogo, se entenderá cumplida la obligación legal por parte del empleador[131].

Art. 66 ter. En los casos de programas o campañas públicas de inmunización a través de vacunas u otros medios, para el control y prevención de enfermedades transmisibles, todo trabajador o toda trabajadora que se encuentre dentro de la población objetivo de dichas campañas tendrá derecho a medio día de permiso laboral para su vacunación. A este derecho le serán aplicables las reglas de los incisos segundo y siguientes del artículo anterior, salvo que el aviso al empleador deberá darse con al menos dos días de anticipación[132].

Art. 66 quáter. Los trabajadores dependientes regidos por el Código del Trabajo y aquellos regidos por el Estatuto Administrativo contenido en la ley Nº 18.834, y por el Estatuto Administrativo para Funcionarios Muni-

---

[131] Artículo incluido por el artículo único de la Ley Nº 20.769.

[132] Artículo incorporado por el artículo único de la Ley Nº 21.347.

cipales contenido en la ley N° 18.883, que se desempeñen adicionalmente como voluntarios del Cuerpo de Bomberos estarán facultados para acudir a llamados de emergencia ante accidentes, incendios u otros siniestros que ocurran durante su jornada laboral.

El tiempo que estos trabajadores destinen a la atención de estas emergencias será considerado como trabajado para todos los efectos legales. El empleador no podrá, en ningún caso, calificar esta salida como intempestiva e injustificada para configurar la causal de abandono de trabajo establecida en el artículo 160, número 4, letra a), de este Código, o como fundamento de una investigación sumaria o de un sumario administrativo, en su caso.

El empleador podrá solicitar a la Comandancia de Bomberos respectiva la acreditación de la circunstancia señalada en este artículo[133].

Art. 66 quinquies. Los trabajadores dependientes regidos por el Código del Trabajo, aquellos regidos por la ley N° 18.834, sobre Estatuto Administrativo, cuyo texto refundido, coordinado y sistematizado fue fijado por el decreto con fuerza de ley N° 29, de 2004, del Ministerio de Hacienda y por la ley N° 18.883, que aprueba Estatuto Administrativo para Funcionarios Municipales, que sean padres, madres o tutores legales de menores de edad debidamente diagnosticados con trastorno del espectro autista, estarán facultados para acudir a emergencias respecto a su integridad en los establecimientos educacionales en los cuales cursen su enseñanza parvularia, básica o media.

El tiempo que estos trabajadores destinen a la atención de estas emergencias será considerado como trabajado para todos los efectos legales. El empleador no podrá, en caso alguno, calificar esta salida como intempestiva e injustificada para configurar la causal de abandono de trabajo establecida en la letra a) del número 4 del artículo 160, o como fundamento de una investigación sumaria o de un sumario administrativo, en su caso.

---

133 Título del artículo modificado por el artículo único de la Ley N° 21.347.

El trabajador deberá dar aviso a la Inspección del Trabajo del territorio respectivo respecto a la circunstancia de tener un hijo, hija o menor bajo su tutela legal, diagnosticado con trastorno del espectro autista[134].

Art. 67. Los trabajadores con más de un año de servicio tendrán derecho a un feriado anual de quince días hábiles, con remuneración íntegra que se otorgará de acuerdo con las formalidades que establezca el reglamento.

Igual derecho asistirá al trabajador que preste servicios continuos al mismo empleador en virtud de dos o más contratos celebrados por obra o faena determinada y que sobrepasen el año. Con todo, y sólo para estos efectos, el trabajador podrá optar por que el pago de su feriado proporcional se difiera al momento de hacerlo efectivo en las condiciones señaladas en este inciso, debiendo dejar constancia expresa de ello en el respectivo finiquito. En caso de que los contratos no sobrepasen el año y el trabajador hubiere diferido el pago de los feriados conforme lo señala este inciso, el empleador deberá pagar en el último finiquito la totalidad de los feriados adeudados[135].

Los trabajadores que presten servicios en la Duodécima Región de Magallanes y de la Antártica Chilena, en la Undécima Región de Aysén del General Carlos Ibáñez del Campo, y en la Provincia de Palena, tendrán derecho a un feriado anual de veinte días hábiles[136].

El feriado se concederá de preferencia en primavera o verano, considerándose las necesidades del servicio.

Del mismo modo, el feriado se concederá preferentemente durante el periodo de vacaciones definidas por el Ministerio de Educación, conforme al calendario del año escolar respectivo, a las personas trabajadoras que tengan el cuidado personal de un niño o niña menor de catorce años o adolescente menor de dieciocho años con discapacidad o en situación de dependencia severa o moderada, por sobre otros trabajadores sin tales

---

[134] Artículo incorporado por el artículo 25 de la Ley N° 21.545.

[135] Inciso incluido por el artículo 1°, N° de la Ley N° 21.122.

[136] Inciso incluido por el artículo único, N° 2° de la Ley N° 20.058.

obligaciones. Para estos efectos, la persona trabajadora hará la solicitud, al menos, con treinta días de anticipación, y deberá acompañar el certificado de nacimiento que acredite la filiación respecto de un niño o niña; o la resolución judicial de un tribunal que otorga el cuidado personal de éstos o éstas; o el certificado de inscripción en el Registro Nacional de la Discapacidad, conforme a lo dispuesto en la letra b) del artículo 56 de la ley N° 20.422; o el documento emitido por el Ministerio de Desarrollo Social y Familia, conforme a la información contenida en el instrumento establecido en el artículo 5° de la ley N° 20.379, o a través del instrumento que lo reemplace, que dé cuenta de la calidad de cuidador o cuidadora, según corresponda[137].

Art. 68. Todo trabajador, con diez años de trabajo, para uno o más empleadores, continuos o no, tendrá derecho a un día adicional de feriado por cada tres nuevos años trabajados, y este exceso será susceptible de negociación individual o colectiva.

Con todo, sólo podrán hacerse valer hasta diez años de trabajo prestados a empleadores anteriores.

Art. 69. Para los efectos del feriado, el día sábado se considerará siempre inhábil.

Art. 70. El feriado deberá ser continuo, pero el exceso sobre diez días hábiles podrá fraccionarse de común acuerdo.

El feriado también podrá acumularse por acuerdo de las partes, pero sólo hasta por dos períodos consecutivos.

El empleador cuyo trabajador tenga acumulados dos períodos consecutivos, deberá en todo caso otorgar al menos el primero de éstos, antes de completar el año que le da derecho a un nuevo período.

---

[137] Inciso incluido por el artículo único, N° 1 de la Ley N° 21.645.

Art. 71. Durante el feriado, la remuneración íntegra estará constituida por el sueldo en el caso de trabajadores sujetos al sistema de remuneración fija.

En el caso de trabajadores con remuneraciones variables, la remuneración íntegra será el promedio de lo ganado en los últimos tres meses trabajados.

Se entenderá por remuneraciones variables los tratos, comisiones, primas y otras que con arreglo al contrato de trabajo impliquen la posibilidad de que el resultado mensual total no sea constante entre uno y otro mes.

Si el trabajador estuviere remunerado con sueldo y estipendios variables, la remuneración íntegra estará constituida por la suma de aquél y el promedio de las restantes.

Asimismo, la remuneración íntegra durante el feriado deberá incluir la remuneración establecida en el inciso primero del artículo 45, según corresponda[138].

Sin perjuicio de lo dispuesto en los incisos anteriores, durante el feriado deberá pagarse también toda otra remuneración o beneficio cuya cancelación corresponda efectuar durante el mismo y que no haya sido considerado para el cálculo de la remuneración íntegra.

Art. 72. Si durante el feriado se produce un reajuste legal, convencional o voluntario de remuneraciones, este reajuste afectará también a la remuneración íntegra que corresponde pagar durante el feriado, a partir de la fecha de entrada en vigencia del correspondiente reajuste.

Art. 73. El feriado establecido en el artículo 67 no podrá compensarse en dinero[139].

Sólo si el trabajador, teniendo los requisitos necesarios para hacer uso del feriado, deja de pertenecer por cualquiera circunstancia a la empresa, el empleador deberá compensarle el tiempo que por concepto de feriado le habría correspondido.

---

138 Inciso incluido por el artículo único de la Ley Nº 20.613.

139 Inciso modificado por el artículo único, letra c) de la Ley Nº 19.630.

Con todo, el trabajador cuyo contrato termine antes de completar el año de servicio que da derecho a feriado, percibirá una indemnización por ese beneficio, equivalente a la remuneración íntegra calculada en forma proporcional al tiempo que medie entre su contratación o la fecha que enteró la última anualidad y el término de sus funciones.

En los casos a que se refieren los dos incisos anteriores, y en la compensación del exceso a que alude el artículo 68, las sumas que se paguen por estas causas al trabajador no podrán ser inferiores a las que resulten de aplicar lo dispuesto en el artículo 71.

Art. 74. No tendrán derecho a feriado los trabajadores de las empresas o establecimientos que, por la naturaleza de las actividades que desarrollan, dejen de funcionar durante ciertos períodos del año, siempre que el tiempo de la interrupción no sea inferior al feriado que les corresponda de acuerdo a las disposiciones de este Código y que durante dicho período hayan disfrutado normalmente de la remuneración establecida en el contrato.

Art. 75. Cualquiera sea el sistema de contratación del personal docente de los establecimientos de educación básica, parvularia y media o su equivalente, los contratos de trabajo vigentes al mes de diciembre se entenderán prorrogados por los meses de enero y febrero, siempre que el docente tenga más de seis meses continuos de servicio en el mismo establecimiento[140].

Art. 75 bis. La regla dispuesta en el artículo anterior será igualmente aplicable por los meses de diciembre, enero y febrero a los trabajadores que se hayan desempeñado a lo menos durante seis meses en forma continua como manipuladores de alimentos para empresas que presten los servicios de alimentación en establecimientos de educación parvularia, escolar y preescolar de conformidad con la ley Nº 19.886, y cuyos contratos de trabajo se encontraren vigentes al mes de noviembre.

---

140 Inciso modificado por el artículo 9º de la Ley Nº 20.903.

Asimismo, si el contrato de los trabajadores señalados en el inciso anterior terminare por aplicación de la causal contenida en el inciso primero del artículo 161, el trabajador tendrá derecho, además de la indemnización por años de servicio respectiva, a las remuneraciones correspondientes a la totalidad del plazo que va entre la fecha de terminación y el día anterior al mes de inicio del siguiente año escolar, siempre que el contrato hubiere estado vigente a lo menos por seis meses en forma continua dentro del respectivo año escolar[141].

Art. 76. Los empleadores podrán determinar que en sus empresas o establecimientos, o en parte de ellos, se proceda anualmente a su cierre por un mínimo de quince días hábiles para que el personal respectivo haga uso del feriado en forma colectiva.

En este caso, deberá concederse el feriado a todos los trabajadores de la respectiva empresa o sección, aun cuando individualmente no cumplan con los requisitos para tener derecho a él, entendiéndose que a éstos se les anticipa.

Art. 76 bis. Durante el periodo de vacaciones definidas por el Ministerio de Educación, conforme al calendario escolar respectivo, y cuando la naturaleza de sus funciones lo permita y la empresa funcione en un horario que sea compatible, las personas trabajadoras señaladas en el inciso final del artículo 67 tendrán derecho a que se modifiquen transitoriamente los turnos o la distribución de la jornada diaria y semanal.

La persona trabajadora deberá acompañar los documentos señalados en el inciso final del artículo 67, según corresponda, y efectuará una propuesta al empleador con treinta días de anticipación, a lo menos, a fin de que se pronuncie respecto de dicha circunstancia. El empleador dará su respuesta dentro de los diez días siguientes a su presentación, pudiendo ofrecer una fórmula alternativa o rechazar la propuesta, en cuyo caso, deberá acreditar la o las circunstancias que la justifican.

---

141 Artículo incluido por el artículo 2° de la Ley N° 20.787.

El empleador deberá dejar constancia en un documento anexo al contrato de trabajo, de la modificación transitoria, la que en ningún caso implicará una alteración en la duración de la jornada de trabajo semanal, la naturaleza de los servicios prestados y en la remuneración de la persona trabajadora, o que el empleador tenga que disponer de un reemplazo o cambios de horarios o funciones de otros trabajadores[142].

TÍTULO II
DE LOS CONTRATOS ESPECIALES

Art. 77. Respecto de los trabajadores a que se refiere este título, el contrato de trabajo se someterá preferentemente a las normas de los artículos siguientes.

CAPÍTULO I
DEL CONTRATO DE APRENDIZAJE

Art. 78. Contrato de trabajo de aprendizaje es la convención en virtud de la cual un empleador se obliga a impartir a un aprendiz, por sí o a través de un tercero, en un tiempo y en condiciones determinados, los conocimientos y habilidades de un oficio calificado, según un programa establecido, y el aprendiz a cumplirlo y a trabajar mediante una remuneración convenida.

Art. 79. Sólo podrán celebrar contrato de aprendizaje los trabajadores menores de veintiún años de edad.

Art. 80. El contrato de trabajo de aprendizaje deberá contener a lo menos las estipulaciones establecidas en el artículo 10 y la indicación expresa del plan a desarrollar por el aprendiz.

Art. 81. La remuneración del aprendiz no estará sujeta a lo dispuesto en el inciso tercero del artículo 44 y será libremente convenida por las partes.

---

[142] Artículo incluido por el artículo único, N° 2 de la Ley N° 21.645.

Art. 82. En ningún caso las remuneraciones de los aprendices podrán ser reguladas a través de convenios o contratos colectivos, acuerdos de grupo negociador o fallos arbitrales recaídos en una negociación colectiva[143].

Art. 83. Serán obligaciones especiales del empleador las siguientes:

1.- ocupar al aprendiz solamente en los trabajos propios del programa de aprendizaje, proporcionando los elementos de trabajo adecuados;

2.- permitir los controles que al Servicio Nacional de Capacitación y Empleo le correspondan en los contratos de esta especie, y

3.- designar un trabajador de la empresa como maestro guía del aprendiz para que lo conduzca en este proceso.

Art. 84. El contrato a que se refiere este capítulo tendrá vigencia hasta la terminación del plan de aprendizaje, el que no podrá exceder de dos años.

Art. 85. El porcentaje de aprendices no podrá exceder del diez por ciento del total de trabajadores ocupados a jornada completa en la respectiva empresa.

Art. 86. Las infracciones a las disposiciones del presente capítulo serán sancionadas con las multas a que se refiere el artículo 506[144].

CAPÍTULO II
DEL CONTRATO DE TRABAJADORES AGRÍCOLAS

Párrafo 1° Normas generales

Art. 87. Se aplicarán las normas de este capítulo a los trabajadores que laboren en el cultivo de la tierra y a todos los que desempeñen actividades agrícolas bajo las órdenes de un empleador y que no pertenezcan

---

143 Artículo modificado por el artículo 1°, N° 8 de la Ley N° 20.940.

144 Artículo modificado por el artículo único, N° 4 de la Ley N° 20.087.

a empresas comerciales o industriales derivadas de la agricultura. El reglamento determinará las empresas que revisten tal carácter.

No se les aplicarán las disposiciones de este capítulo a aquellos trabajadores que se encuentren empleados en faenas agrícolas y que no laboren directamente en el cultivo de la tierra, tales como administradores, contadores o que, en general, desempeñen labores administrativas.

No se aplicarán las normas de este Código a los contratos de arriendo, mediería, aparcería u otros en virtud de los cuales las personas exploten por su cuenta y riesgo predios agrícolas.

No son trabajadores agrícolas los que laboran en aserraderos y plantas de explotación de maderas, salvo los que lo hagan en aserraderos móviles que se instalen para faenas temporales en las inmediaciones de los bosques en explotación.

La calificación, en caso de duda, se hará por el inspector del trabajo de la localidad, de cuya resolución se podrá reclamar ante el Director del Trabajo, sin ulterior recurso.

Art. 88. Las normas sobre limitación de la jornada de trabajo que se establecen en otras disposiciones de este Código, se aplicarán a los trabajadores agrícolas a que se refiere este capítulo, con las modalidades que señale el reglamento, de acuerdo a las características de la zona o región, condiciones climáticas y demás circunstancias propias de la agricultura.

El reglamento deberá considerar las modalidades que, dentro de un promedio anual que no exceda de ocho horas diarias permitan la variación diaria o semanal, según alguna de las causas a que se hace referencia en el inciso precedente. Asimismo, señalará la forma y procedencia del pago de las horas extraordinarias con el respectivo recargo legal[145].

---

145 El inc. 2° del art. 88 será reemplazado por el siguiente texto el 27 de abril de 2028: "El reglamento deberá considerar las modalidades que, dentro de un promedio anual que no exceda de seis horas y cuarenta minutos diarios permitan la variación diaria o semanal, según alguna de las causas a que se hace referencia en el inciso precedente. Asimismo, señalará la forma y procedencia del pago de las horas extraordinarias con el respectivo recargo legal". Este inciso se modifica por el articulo 1°, N°

Art. 89. Los trabajadores agrícolas que por las condiciones climáticas no pudieren realizar su labor, tendrán derecho al total de la remuneración en dinero y en regalías, siempre que no hayan faltado injustificadamente al trabajo el día anterior.

En el caso previsto en el inciso anterior, los trabajadores deberán efectuar las labores agrícolas compatibles con las condiciones climáticas que les encomiende el empleador, aun cuando no sean las determinadas en los respectivos contratos de trabajo.

El reglamento determinará la aplicación y modalidades del presente artículo.

Art. 90. Las labores agrícolas de riego y aquellas que se realizan en épocas de siembra o cosecha, se entenderán incluidas dentro del número 2 del artículo 38.

Art. 91. La remuneración de los trabajadores agrícolas podrá estipularse en dinero y en regalías.

En ningún caso podrá pactarse que el valor de las regalías exceda del cincuenta por ciento de la remuneración.

Si la remuneración se pagare parte en dinero y parte en regalías, las variaciones que sufriere por reajustes legales o convencionales o por diferentes avaluaciones de las regalías, se aplicarán separadamente al dinero y a las especies, sin que la variación de alguno de estos factores determine la alteración del otro, aunque de ello se derive la modificación del porcentaje indicado en el inciso anterior.

Para los efectos de este artículo, se entenderán por regalías el cerco, la ración de tierra, los talajes, la casa habitación higiénica y adecuada y otras retribuciones en especie a que el empleador se obligue para con el trabajador.

Por resolución del Ministerio del Trabajo y Previsión Social, se fijará el valor de las regalías agrícolas o las normas para su determinación, de

---

16 de la Ley N° 21.561 (su entrada en vigencia se contiene en el artículo transitorio 1°, N° 2 de la ley recién citada).

acuerdo con las características de las respectivas zonas del país, la que será de aplicación obligatoria. Sin embargo, si el valor así asignado no se ajustare a la realidad, cualquiera de las partes podrá acudir al Juzgado de Letras del Trabajo para que haga su determinación, previo informe de dos peritos designados por el juez respectivo.

Art. 92. En el contrato de los trabajadores permanentes, se entenderá siempre incluida la obligación del empleador de proporcionar al trabajador y su familia habitación higiénica y adecuada, salvo que éste ocupe o puede ocupar una casa habitación en un lugar que, atendida la distancia y medios de comunicación, le permita desempeñar sus labores.

El empleador deberá, en todo caso, prestar al trabajador que realice labores en las que tenga contacto con pesticidas, plaguicidas o productos fitosanitarios tóxicos, según clasificación de la Organización Mundial de la Salud contenida en resolución del Ministerio de Salud, información suficiente sobre su correcto uso y manipulación, eliminación de residuos y envases vacíos, riesgos derivados de su exposición y acerca de los síntomas que pudiere presentar y que revelen su inadecuada utilización. Asimismo, deberá proporcionar al trabajador los implementos y medidas de seguridad necesarios para protegerse de ellos, como también los productos de aseo indispensables para su completa remoción y que no fueren los de uso corriente[146].

Art. 92 bis. Las personas que se desempeñen como intermediarias de trabajadores agrícolas y de aquellos que presten servicios en empresas comerciales o agroindustriales derivadas de la agricultura, de la explotación de madera u otras afines, deberán inscribirse en un Registro especial que para esos efectos llevará la Inspección del Trabajo respectiva.

Las empresas que utilicen servicios de intermediarios agrícolas o de empresas contratistas no inscritas en la forma que señala el inciso prece-

---

146 Inciso incluido por el artículo 3°, N° 1° de la Ley N° 20.308.

dente, serán sancionadas con multa a beneficio fiscal de conformidad a lo dispuesto en el artículo 477[147].

Cuando los servicios prestados se limiten sólo a la intermediación de trabajadores a una faena, se aplicará lo dispuesto en el inciso segundo del artículo 183-A, debiendo entenderse que dichos trabajadores son dependientes del dueño de la obra, empresa o faena[148] [149].

Párrafo 2º Normas especiales para los trabajadores agrícolas de temporada

Art. 93. Para los efectos de este párrafo, se entiende por trabajadores agrícolas de temporada, todos aquellos que desempeñen faenas transitorias o de temporada en actividades de cultivo de la tierra, comerciales o industriales derivadas de la agricultura y en aserraderos y plantas de explotación de madera y otras afines.

Art. 94. El contrato de los trabajadores agrícolas de temporada deberá escriturarse en cuatro ejemplares, dentro de los cinco días siguientes a la incorporación del trabajador.

Cuando la duración de las faenas para las que se contrata sea superior a veintiocho días, los empleadores deberán remitir una copia del contrato a la respectiva Inspección del Trabajo, dentro de los cinco días siguientes a su escrituración.

En el caso de existir saldos de remuneración que no hayan sido pagados al trabajador, los empleadores deberán depositarlos, dentro del plazo de 60 días, contado desde la fecha de término de la relación laboral, en la cuenta individual del seguro de desempleo creado por la ley Nº 19.728, salvo que el trabajador disponga por escrito de otra forma. Los dineros depositados conforme a este inciso serán siempre de libre disposición para el trabajador. Los mandantes responderán de estos pagos de conformidad a lo establecido en los artículos 64 y 64 bis[150].

---

147 Inciso incluido por el artículo 2º de la Ley Nº 20.123.

148 Inciso incluido por el artículo 2º de la Ley Nº 20.123.

149 Artículo incluido por el artículo único, Nº 14 de la Ley Nº 19.759.

150 Inciso incluido por el artículo único, letra D) de la Ley Nº 19.988.

Art. 95. En el contrato de los trabajadores transitorios o de temporada, se entenderá siempre incluida la obligación del empleador de proporcionar al trabajador condiciones adecuadas e higiénicas de alojamiento, de acuerdo a las características de la zona, condiciones climáticas y demás propias de la faena de temporada de que se trate, salvo que éste acceda o pueda acceder a su residencia o a un lugar de alojamiento adecuado e higiénico que, atendida la distancia y medios de comunicación, le permita desempeñar sus labores.

En las faenas de temporada, el empleador deberá proporcionar a los trabajadores, las condiciones higiénicas y adecuadas que les permitan mantener, preparar y consumir los alimentos. En el caso que, por la distancia o las dificultades de transporte no sea posible a los trabajadores adquirir sus alimentos, el empleador deberá, además, proporcionárselos.

Asimismo, el empleador deberá prestar al trabajador que realice labores en las que tenga contacto con pesticidas, plaguicidas o productos fitosanitarios tóxicos, según clasificación de la Organización Mundial de la Salud contenida en resolución del Ministerio de Salud, información suficiente sobre su correcto uso y manipulación, eliminación de residuos y envases vacíos, riesgos derivados de su exposición y acerca de los síntomas que pudiere presentar y que revelen su inadecuada utilización. Deberá proporcionar al trabajador, además, los implementos y medidas de seguridad necesarios para protegerse de ellos, como también los productos de aseo indispensables para su completa remoción y que no fueren los de uso corriente[151].

En el caso que entre la ubicación de las faenas y el lugar donde el trabajador aloje o pueda alojar de conformidad al inciso primero de este artículo, medie una distancia igual o superior a tres kilómetros y no existiesen medios de transporte público, el empleador deberá proporcionar entre ambos puntos los medios de movilización necesarios, que reúnan los requisitos de seguridad que determine el reglamento.

---

151 Inciso incluido por el artículo 3°, N° 2° de la Ley N° 20.308.

Las obligaciones que establece este artículo son de costo del empleador y no serán compensables en dinero ni constituirán en ningún caso remuneración[152].

Art. 95 bis. Para dar cumplimiento a la obligación contenida en el artículo 203, los empleadores cuyos predios o recintos de empaque se encuentren dentro de una misma comuna, podrán habilitar y mantener durante la respectiva temporada, uno o más servicios comunes de sala cuna[153].

CAPÍTULO III
DEL CONTRATO DE LOS TRABAJADORES EMBARCADOS O GENTE DE MAR Y DE LOS TRABAJADORES PORTUARIOS EVENTUALES

Párrafo 1º Del contrato de embarco de los oficiales y tripulantes de las Naves de la Marina Mercante Nacional

Art. 96. Se entiende por personal embarcado o gente de mar el que, mediando contrato de embarco, ejerce profesiones, oficios u ocupaciones a bordo de naves o artefactos navales.

Art. 97. La gente de mar, para desempeñarse a bordo, deberá estar en posesión de un título y una licencia o una matrícula, según corresponda, documentos todos de vigencia nacional, otorgados por la Dirección General del Territorio Marítimo y de Marina Mercante, de acuerdo a normas reglamentarias que permitan calificar los conocimientos e idoneidad profesional del interesado. Los documentos mencionados en este inciso se otorgarán a toda persona que los solicite y que reúna los requisitos reglamentarios.

La gente de mar que firme un contrato de trabajo deberá tener la oportunidad de examinar el acuerdo y pedir asesoramiento al respecto antes de firmarlo, y disponer de todas las facilidades necesarias para garantizar que

---

152 Inciso modificado por el artículo único, Nº 15 de la Ley Nº 19.759.

153 Artículo incluido por el artículo único, Nº 16 de la Ley Nº 19.579.

ha concertado libremente un acuerdo habiendo comprendido cabalmente sus derechos y responsabilidades[154].

El ingreso a las naves y su permanencia en ellas será controlado por la autoridad marítima, la cual por razones de orden y seguridad podrá impedir el acceso de cualquier persona[155].

Art. 98. El contrato de embarco es el que celebran los hombres de mar con el naviero, sea que éste obre personalmente o representado por el capitán, en virtud del cual aquéllos convienen en prestar a bordo de una o varias naves del naviero, servicios propios de la navegación marítima, y éste a recibirlos en la nave, alimentarlos y pagarles el sueldo o remuneración que se hubiere convenido.

Dicho contrato debe ser autorizado en la Capitanía de Puerto en el litoral y en los consulados de Chile cuando se celebre en el extranjero. Las partes se regirán, además, por las disposiciones especiales que establezcan las leyes sobre navegación.

Las cláusulas del contrato de embarco se entenderán incorporadas al respectivo contrato de trabajo, aun cuando éste no conste por escrito.

Art. 99. Los hombres de mar contratados para el servicio de una nave constituyen su dotación.

Art. 100. La dotación de la nave se compone del capitán, oficiales y tripulantes.

Los oficiales, atendiendo su especialidad, se clasifican en personal de cubierta, personal de máquina y servicio general, y los tripulantes en personal de cubierta y personal de máquina.

---

[154] Este inciso entrará en vigencia el 1° de abril de 2022. Fue incorporado por el artículo único, N° 1 de la Ley N° 21.376.

[155] Este inciso es el segundo actualmente, pasará a ser el tercero a partir del 1° de abril de 2022. Este cambio se contempla en el artículo único, N° 1 de la Ley N° 21.376.

Los oficiales y tripulantes desempeñarán a bordo de las naves las funciones que les sean señaladas por el capitán, en conformidad a lo convenido por las partes.

Art. 101. Sólo en caso de fuerza mayor, calificada por el capitán de la nave y de la cual deberá dejar expresa constancia en el cuaderno de bitácora de ésta, la dotación estará obligada a efectuar otras labores, aparte de las indicadas en el artículo 100, sin sujeción a las condiciones establecidas en el artículo 12.

Art. 102. Es empleador, para los efectos de este párrafo, todo dueño o armador u operador a cualquier título de un buque mercante nacional.

Art. 103. El contrato de embarco deberá contener las cláusulas señaladas en el artículo 10 y, adicionalmente, las siguientes:

a) Lugar de nacimiento del trabajador.

b) Número de días de feriado anual al que tiene derecho la gente de mar conforme a lo dispuesto en los artículos 67 y siguientes y, en el caso de que se les deba aplicar el Convenio Marítimo, MLC, 2006, se deberá garantizar un número de días en base de un mínimo de 2,5 días corridos por mes de empleo.

c) Las prestaciones de protección de la salud y de seguridad social que el armador ha de proporcionar al trabajador.

d) Nombre y matrícula de la nave o naves en la que el trabajador prestará servicios.

e) Asignaciones y viáticos que se pactaren entre las partes.

f) Puerto donde el trabajador deberá ser restituido y, en su caso, demás condiciones de repatriación pactadas.

El armador siempre deberá mantener un ejemplar del contrato de trabajo y del contrato de embarco a bordo de la nave en que el trabajador preste servicios, inclusive en aquellos casos en que el empleador haya sido autorizado por la Dirección del Trabajo a centralizar la documentación laboral y previsional, conforme lo dispuesto en el inciso sexto del artículo 9.

Asimismo, el armador deberá mantener a bordo de la nave un modelo de contrato de trabajo y un modelo de contrato de embarco en lengua inglesa. En caso de existir convenio colectivo vigente, se deberá, además, mantener a bordo un ejemplar de dicho instrumento junto a una copia en lengua inglesa de las partes del documento que traten materias que puedan ser objeto de inspecciones por parte del Estado rector del puerto respectivo. Lo regulado en este inciso no regirá para naves que naveguen exclusivamente entre puertos nacionales.

Adicionalmente, el empleador deberá proporcionar al trabajador, junto con el contrato de trabajo, una descripción de los servicios con que contará a bordo de la nave[156].

Art. 104. El capitán sólo tomará oficiales o tripulantes que en sus libretas tengan anotado el desembarco de la nave en que hubieren servido anteriormente. Esta anotación deberá llevar la firma de la autoridad marítima, o del cónsul respectivo si el desembarco hubiere acaecido en el extranjero.

Art. 105. Si por motivos extraordinarios la nave se hiciere a la mar con algún oficial o tripulante que no hubiere firmado su contrato de embarco, el capitán deberá subsanar esta omisión en el primer puerto en que recalare, con la intervención de la autoridad marítima de éste; pero, en todo caso, el individuo embarcado deberá haber sido registrado en el rol de la nave.

Si por falta de convenio provisional escrito entre el hombre de mar embarcado en estas condiciones y el capitán, no hubiere acuerdo entre las partes al legalizar el contrato, la autoridad marítima investigará el caso para autorizar el desembarco y restitución del individuo al puerto de su procedencia, si éste así lo solicitare. De todos modos, el hombre de mar tendrá derecho a que se le pague el tiempo servido, en las condiciones del contrato de los que desempeñen una plaza igual o análoga; en defecto de

[156] Este artículo entrará en vigencia el 1° de abril de 2022. Fue incorporado por el artículo único, N° 2 de la Ley N° 21.376.

éstas, se estará a las condiciones en que hubiere servido su antecesor; y si no lo hubiere habido, a las que sean de costumbre estipular en el puerto de embarco para el desempeño de análogo cargo.

Art. 106. La jornada semanal de la gente de mar será de cincuenta y seis horas distribuidas en ocho horas diarias.

Las partes podrán pactar horas extraordinarias sin sujeción al máximo establecido en el artículo 31. No obstante lo anterior, siempre se deberán respetar los descansos mínimos establecidos en el art. 116[157].

Sin perjuicio de lo señalado en el inciso primero y sólo para los efectos del cálculo y pago de las remuneraciones, el exceso de cuarenta y cuatro horas semanales se pagará siempre con el recargo establecido en el inciso tercero del artículo 32[158].

Art. 107. El armador, directamente o por intermedio del capitán, hará la distribución de las jornadas de que trata el artículo anterior.

Art. 108. La disposición del artículo 106 no es aplicable al capitán, o a quien lo reemplazare, debiendo considerarse sus funciones como de labor continua y sostenida mientras permanezca a bordo.

Tampoco se aplicará dicha disposición al ingeniero jefe, al comisario, al médico, al telegrafista a cargo de la estación de radio y a cualquier otro oficial que, de acuerdo con el reglamento de trabajo a bordo, se desempeñe como jefe de un departamento o servicio de la nave y que, en tal carácter, deba fiscalizar los trabajos ordinarios y extraordinarios de sus subordinados.

Art. 109. No será obligatorio el trabajo en días domingo o festivos cuando la nave se encuentre fondeada en puerto. La duración del trabajo

---

157 Inciso modificado por el artículo único, N° 3 de la Ley N° 21.376.

158 Inciso modificado por el artículo 1°, N° 17 de la Ley N° 21.561. El exceso de tiempo mencionado tendrá una reducción progresiva de la siguiente forma: 2024-2025: 44 horas; 2025-2026: 42 horas; a partir del 27 de abril de 2028: 40 horas; véase artículo 1° transitorio, N° 1° de la Ley N° 21.561.

en la semana correspondiente no podrá en este caso exceder de cuarenta y ocho horas, la que se calculará de forma proporcional por los días en que la nave esté fondeada en puerto.

Sin perjuicio de lo señalado precedentemente y sólo para los efectos del cálculo y pago de las remuneraciones, el exceso de cuarenta y cuatro horas semanales se pagará siempre con el recargo establecido en el inciso tercero del artículo 32[159].

Art. 110. En los días domingo o festivos no se exigirán a la dotación otros trabajos que aquellos que no puedan postergarse y que sean indispensables para el servicio, seguridad, higiene y limpieza de la nave.

Art. 111. El descanso dominical que se establece por el artículo anterior, no tendrá efecto en los días domingo o festivos en que la nave entre a puerto o salga de él, en los casos de fuerza mayor ni respecto del personal encargado de la atención de los pasajeros o de los trabajadores que permanezcan a bordo de la nave.

El empleador deberá otorgar al término del período de embarque, un día de descanso en compensación a las actividades realizadas en todos los días domingo y festivos en que los trabajadores debieron prestar servicios durante el período respectivo. Cuando se hubiera acumulado más de un día de descanso en una semana, se aplicará lo dispuesto en el inciso quinto del artículo 38.

Art. 112. Para la distribución de la jornada de trabajo y los turnos, así como para determinar específicamente en el reglamento de trabajo a bordo, las labores que deban pagarse como sobretiempo, el servicio a bordo se dividirá en servicio de mar y servicio de puerto.

Las reglas del servicio de mar podrán aplicarse no solamente cuando la nave se encuentra en el mar o en rada abierta, sino también todas las ve-

---

[159] Artículo modificado por el artículo 1°, N° 18 de la Ley N° 21.561. El exceso de tiempo mencionado tendrá una reducción progresiva de la siguiente forma: 2024-2025: 44 horas; 2025-2026: 42 horas; a partir del 27 de abril de 2028: 40 horas; véase artículo 1° transitorio, N° 1° de la Ley N° 21.561.

ces que la nave permanezca menos de veinticuatro horas en rada abrigada o puerto de escala.

A la inversa, las reglas del servicio de puerto podrán ser aplicables cada vez que la nave permanezca más de veinticuatro horas en rada abrigada o puerto de escala, o en los casos en que la nave pase la noche o parte de la noche en el puerto de matrícula o en el puerto de término de línea o de retorno habitual del viaje.

Sin embargo, el servicio de mar, en todo o parte, se conservará durante la salida y entrada a puerto y en los pasos peligrosos, durante el tiempo necesario para la ejecución de los trabajos de seguridad (fondear, levar, amarrar, encender los fuegos, etc.), y atención del movimiento de los pasajeros en los días de llegada y salida.

Art. 113. Para el servicio de mar el personal de oficiales de cubierta y de máquina se distribuirá en turnos, y en equipos el personal de oficiales de servicio general. Asimismo, los tripulantes deberán trabajar en turnos o equipos según lo determine el capitán.

La distribución del trabajo en la mar puede comprender igualmente las atenciones y labores de día y de noche, colectivas y discontinuas, que tengan por objeto asegurar la higiene y limpieza de la nave, el buen estado de funcionamiento de las máquinas, del aparejo, del material en general y de ciertos servicios especiales que el reglamento especificará.

Art. 114. Para el servicio de puerto, toda la dotación se agrupará por categorías para realizar la jornada de trabajo, exceptuado el personal de vigilancia nocturna y el que tenga a su cargo los servicios que exijan un funcionamiento permanente (calderas, frigoríficos, dínamos, servicios de pasajeros, etc.), que se desempeñará distribuido en turnos o equipos, de día y de noche, sin interrupción.

Los trabajadores que se encuentren cumpliendo turnos de guardia de puerto estarán a disposición del empleador durante veinticuatro horas, debiendo, en consecuencia, permanecer a bordo.

Art. 115. El cuadro regulador de trabajo, tanto en la mar como en puerto, dentro de los límites de la jornada legal y de acuerdo con las modalidades del presente artículo, será preparado y firmado por el capitán, visado por la autoridad marítima para establecer su concordancia con el reglamento del trabajo a bordo, y fijado en un lugar de la nave, de libre y fácil acceso.

En el caso de naves que realicen viajes entre puertos nacionales e internacionales, deberán, además, llevar un ejemplar en lengua inglesa del cuadro regulador, que se deberá fijar junto a la versión en castellano[160].

El empleador deberá registrar las horas diarias de trabajo y descanso a través de un formato entregado por la Dirección del Trabajo[161].

Las modificaciones a este cuadro, que fuere indispensable introducir durante el viaje, serán anotadas en el diario de la nave y comunicadas a la autoridad marítima para su aprobación o sanción de las alteraciones injustificadas que se hubieren hecho.

La Dirección del Trabajo, mediante resolución fundada, en coordinación con la respectiva autoridad marítima, establecerá un sistema especial de control de las horas de trabajo y de descanso y de la determinación de las remuneraciones correspondientes al servicio prestado. Asimismo, establecerá el mecanismo por el cual los trabajadores podrán presentar sus reclamos y quejas a bordo y en tierra respecto de estas materias. En todo caso, el empleador deberá poner a disposición de los trabajadores los medios electrónicos que permitan la presentación de dichos reclamos y quejas, según corresponda[162].

Art. 116. El descanso mínimo de los trabajadores a que se refiere este párrafo no podrá ser inferior a diez horas dentro de cada período de veinticuatro horas.

Las horas de descanso podrán agruparse, previo acuerdo de las partes, en dos períodos como máximo, uno de los cuales deberá ser de, al menos,

---

160 Inciso incorporado por el artículo único, N° 4, letra a) de la Ley N° 21.376.

161 Inciso incorporado por el artículo único, N° 4, letra a) de la Ley N° 21.376.

162 Inciso incorporado por el artículo único, N° 4, letra b) de la Ley N° 21.376.

ocho horas ininterrumpidas, y el intervalo entre dos períodos consecutivos de descanso no podrá exceder de catorce horas.

En caso de suspensión del período de descanso necesario para garantizar la seguridad inmediata del buque, de las personas a bordo o de la carga o para socorrer a otros buques o personas que corran peligro en el mar, tan pronto como sea factible, una vez establecida la normalidad, el capitán o quien lo reemplace deberá velar porque se conceda un período adecuado de descanso a todo marino que haya trabajado durante su horario normal de descanso. A su vez, los ejercicios de lucha contra incendios y salvamento y otros ejercicios similares deberán realizarse de forma que perturben lo menos posible los períodos de descansos y que no provoquen fatiga u otra afectación al trabajador[163].

Art. 117. No dan derecho a remuneración por sobretiempo las horas de trabajo extraordinario que ordene el capitán en las siguientes circunstancias:

a) cuando esté en peligro la seguridad de la nave o de las personas embarcadas por circunstancias de fuerza mayor;

b) cuando sea necesario salvar otra nave o embarcación cualquiera o para evitar la pérdida de vidas humanas. En estos casos las indemnizaciones que se perciban se repartirán en conformidad a lo pactado o en subsidio, a la costumbre internacional, y

c) cuando sea necesario instruir al personal en zafarranchos de incendio, botes salvavidas y otras maniobras y ejercicios de salvamento.

Art. 118. El trabajo extraordinario que sea necesario ejecutar fuera de turno para seguridad de la nave o cumplimiento del itinerario del viaje, no dará derecho a sobretiempo al oficial responsable, cuando tenga por causa errores náuticos o profesionales o negligencia de su parte, sea en la conducción o mantenimiento de la nave en la mar, o en la estiba, entrega o recepción de la carga; sin perjuicio de las sanciones disciplinarias que los reglamentos marítimos autoricen.

---

163 Artículo modificado por el artículo único, N° 5 de la Ley N° 21.376.

Tampoco tendrán derecho a sobretiempo por trabajos fuera de turnos, los oficiales de máquinas, cuando por circunstancias similares sean responsables de desperfectos o errores ocurridos durante su respectivo turno.

Art. 119. Las horas de comida no serán consideradas para los efectos de la jornada ordinaria de trabajo.

Art. 120. Ninguna persona de la dotación de una nave podrá dejar su empleo sin la intervención de la autoridad marítima o consular del puerto en que se encuentre la nave.

Art. 121. Si la nave emprendiere un viaje cuya duración hubiere de exceder en un mes o más al término del contrato, el contratado podrá desahuciarlo con cuatro días de anticipación, por lo menos, a la salida de la nave, al cabo de los cuales quedará resuelto el contrato.

Cuando la expiración del contrato ocurra en alta mar, se entenderá prorrogado hasta la llegada de la nave al puerto de su matrícula o aquel en que deba ser restituido el contratado. Pero, si antes de esto tocare la nave en algún puerto nacional y hubiere de tardar más de quince días en llegar al de restitución o de matrícula de la nave, cualquiera de las partes podrá dar por terminado el contrato, siendo restituido el contratado por cuenta del armador.

Art. 122. Cuando algún individuo de la dotación sea llamado al servicio militar, quedará terminado el contrato y el armador o el capitán, en su representación, estará obligado a costear el pasaje hasta el puerto de conscripción.

Art. 123. Si una nave se perdiere por naufragio, incendio u otros siniestros semejantes, el empleador deberá pagar a la gente de mar una indemnización equivalente a dos meses de remuneración. Esta indemnización se imputará a cualquier otra de naturaleza semejante que pudiera estar estipulada en los contratos de trabajo.

Además, el hombre de mar tendrá derecho a que se le indemnice la pérdida de sus efectos personales.

Art. 124. En los casos en que la nave perdida por naufragio u otra causa esté asegurada, se pagarán con el seguro, de preferencia a toda otra deuda, las sumas que se deban a la tripulación por remuneraciones, desahucios e indemnizaciones.

En el caso de desahucio e indemnizaciones, la preferencia se limitará al monto establecido en el inciso cuarto del artículo 61.

Art. 125. A los oficiales y tripulantes que después del naufragio hubieren trabajado para recoger los restos de la nave o lo posible de la carga se les pagará, además una gratificación proporcionada a los esfuerzos hechos y a los riesgos arrostrados para conseguir el salvamento.

Art. 126. En los casos de enfermedad, todo el personal de dotación será asistido por cuenta del armador durante su permanencia a bordo.

Cuando la enfermedad no se halle comprendida entre los accidentes del trabajo, se regirá por las siguientes normas:

1.- el enfermo será desembarcado al llegar a puerto, si el capitán, previo informe médico, lo juzga necesario y serán de cuenta del armador los gastos de enfermedad en tierra, a menos que el desembarco se realice en puerto chileno en que existan servicios de atención médica sostenidos por los sistemas de previsión a que el enfermo se encuentre afecto. Los gastos de pasaje al puerto de restitución serán de cuenta del armador, y

2.- cuando la enfermedad sea perjudicial para la salud de los que van a bordo, el enfermo será desembarcado en el primer puerto en que toque la nave, si no se negare a recibirlo, y tendrá los mismos derechos establecidos en el número anterior.

En caso de fallecimiento de algún miembro de la dotación, los gastos de traslado de los restos hasta el punto de origen serán de cuenta del armador.

Art. 127. No perderán la continuidad de sus servicios aquellos oficiales o tripulantes que hubieren servido al dueño de la nave y que, por arrendamiento de ésta, pasaren a prestar servicios al arrendatario o armador.

Art. 128. Los sueldos de los oficiales y tripulantes serán pagados en moneda nacional o en su equivalente en moneda extranjera.

Los pagos de las remuneraciones se efectuarán conforme a lo establecido en el artículo 44.

En el caso de aquellas naves que realicen viajes que contemplen en su ruta un puerto o puertos extranjeros, el armador deberá asegurar medios pertinentes para que el personal a bordo pueda realizar transferencias de toda o parte de su remuneración en el momento y a quien estime pertinente[164].

Art. 129. Cuando por cualquier circunstancia, estando la nave en puerto, el empleador no pueda proporcionar alojamiento, alimentación o movilización a la gente de mar, en el país o en el extranjero, deberá pagarles viático para cubrir todos o algunos de estos gastos según el caso.

Art. 130. Las disposiciones de este párrafo y las demás propias de la operación de la nave se aplicarán también a los oficiales y tripulantes nacionales embarcados a bordo de naves extranjeras, mientras éstas sean arrendadas o fletadas con compromisos de compra por navieros chilenos, o embarcados en naves chilenas arrendadas o fletadas por navieros extranjeros.

Art. 131. No se aplicarán las disposiciones de este párrafo a los trabajadores embarcados en naves menores, salvo acuerdo de las partes.

Art. 132. El Presidente de la República fijará en el reglamento, los requisitos mínimos necesarios de orden y disciplina, para la seguridad de las personas y de la nave. En lo tocante al régimen de trabajo en la nave, corresponderá al empleador dictar el respectivo reglamento interno, en conformidad a los artículos 153 y siguientes de este Código, cualquiera que sea el número de componentes de la dotación de la nave.

---

[164] Artículo modificado por el artículo único, Nº 6 de la Ley Nº 21.376.

Párrafo 2º Del contrato de los trabajadores portuarios eventuales

Art. 133. Se entiende por trabajador portuario, todo aquel que realiza funciones de carga y descarga de mercancías y demás faenas propias de la actividad portuaria, tanto a bordo de naves y artefactos navales que se encuentren en los puertos de la República, como en los recintos portuarios.

Las funciones y faenas a que se refiere el inciso anterior sólo podrán ser realizadas por trabajadores portuarios permanentes, por trabajadores afectos a un convenio de provisión de puestos de trabajo y por otros trabajadores eventuales[165].

El trabajador portuario, para desempeñar las funciones a que se refiere el inciso primero, deberá efectuar un curso básico de seguridad en faenas portuarias en un Organismo Técnico de Ejecución autorizado por el Servicio Nacional de Capacitación y Empleo, el que deberá tener los requisitos y la duración que fije el reglamento.

El ingreso a los recintos portuarios y su permanencia en ellos será controlado por la autoridad marítima, la cual, por razones fundadas de orden y seguridad, podrá impedir el acceso de cualquier persona

Sin perjuicio de las facultades a que se refiere el inciso anterior, las empresas concesionarias de frentes de atraque que administren terminales portuarios y las empresas de muellaje que operen en puertos privados deberán cumplir las obligaciones que le imponga el Sistema de Control de Cumplimiento de la Normativa Laboral Portuaria, a que se refiere el artículo siguiente[166].

Art. 133 bis. La Dirección del Trabajo coordinará con la autoridad marítima un Sistema de Control de Cumplimiento de la Normativa Laboral Portuaria, destinado a controlar el acceso y permanencia de los trabajadores a que se refiere este párrafo a los recintos portuarios, velando porque la prestación de los servicios que realicen se efectúe de manera segura y

---

165 Inciso modificado por el artículo 1º, Nº 1º, letra a) de la Ley Nº 20.773.

166 Inciso incluido por el artículo 1º, Nº 1º, letra b) de la Ley Nº 20.773.

lo sea en virtud de alguna de las modalidades contractuales previstas en el inciso segundo del artículo anterior[167].

Art. 134. El contrato de los trabajadores portuarios eventuales es el que celebra el trabajador portuario con un empleador, en virtud del cual aquél conviene en ejecutar una o más labores específicas y transitorias de carga y descarga de mercancías y demás faenas propias de la actividad portuaria, a bordo de las naves, artefactos navales y recintos portuarios y cuya duración no es superior a veinte días.

El contrato a que se refiere el inciso anterior podrá celebrarse en cumplimiento de un convenio sobre provisión de puestos de trabajo suscrito entre uno o más empleadores y uno o más trabajadores portuarios, o entre aquél o aquéllos y uno o más sindicatos de trabajadores eventuales o transitorios.

Los convenios a que se refiere el inciso anterior se regirán por lo dispuesto en el artículo 142 y no tendrán carácter de contrato de trabajo para ningún efecto legal, sin perjuicio de los contratos individuales de trabajo a que ellos den origen.

Art. 135. Para los efectos de este contrato, será aplicable la presunción de derecho que establece el artículo 4°, respecto de la persona que haya concurrido a su celebración o ejecución, por mandato del empleador, aun cuando no reúna el requisito de habitualidad exigido por dicho precepto.

Art. 136. El empleador que contrate a uno o más trabajadores portuarios eventuales deberá tener oficina establecida en cada lugar donde desarrolle sus actividades, cumplir con las condiciones y mantener el capital propio o las garantías que señale el reglamento, el que será expedido a través del Ministerio del Trabajo y Previsión Social y llevará, además, la firma del Ministro de Defensa Nacional.

---

167 Artículo incluido por el artículo 1°, N° 2° de la Ley N° 20.733.

Para los efectos de este artículo, el empleador, sus representantes o apoderados deberán ser chilenos. Si el empleador fuere una sociedad o una comunidad, se considerará chilena siempre que tenga en Chile su domicilio principal y su sede real y efectiva; que sus administradores, presidente, gerente o directores, según el caso, sean chilenos; y que más del cincuenta por ciento del capital social o del haber de la comunidad pertenezca a personas naturales o jurídicas chilenas.

Art. 137. El contrato a que se refiere este párrafo estará sujeto además a las siguientes reglas especiales:

a) Deberá pactarse por escrito y con la anticipación requerida por la autoridad marítima. Esta anticipación no podrá ser inferior a ocho horas ni superior a doce, contadas desde el inicio del turno respectivo. Sin embargo, ella no se exigirá cuando el contrato fuere celebrado en cumplimiento de un convenio de los señalados en los incisos segundo y tercero del artículo 134.

En caso que los trabajadores afectos a un convenio de provisión de puestos de trabajo se negaren a celebrar el contrato de trabajo o a cumplir el turno correspondiente en las condiciones establecidas en aquéllos, el empleador podrá contratar a otros sin la anticipación requerida, dando cuenta de este hecho, a la autoridad marítima y a la Inspección del Trabajo correspondiente.

En el contrato deberá dejarse constancia de la hora de su celebración;

b) la jornada ordinaria de trabajo se realizará por turno, tendrá la duración que las partes convengan y no podrá ser superior a ocho ni inferior a cuatro horas diarias.

Tratándose de turnos de más de cuatro horas, los trabajadores portuarios, independientemente de su modalidad contractual, tendrán derecho a un descanso de media hora, irrenunciable, conforme a lo señalado en el inciso primero del artículo 34. Sin perjuicio de lo anterior, no se podrá extender la duración de los turnos definidos de conformidad con la normativa vigente[168].

---

[168] Párrafo incluido por el artículo 1°, N° 3 de la Ley N° 20.733.

El descanso deberá otorgarse simultánea o alternadamente a todos los trabajadores, permitiéndoles empezar el descanso para colación en el período de tiempo comprendido entre las 3,5 y 5 horas de iniciado el turno, resguardando la seguridad de los trabajadores y de las faenas en el recinto portuario. Los empleadores deberán concordar cualquiera de estas modalidades con las organizaciones representativas de los trabajadores a quienes afecten. En todo caso, las dotaciones asignadas en una nave deberán tomar el descanso en forma que se garantice siempre la seguridad y salud de los trabajadores.

Será responsabilidad del concesionario del frente de atraque, de las empresas de muellaje en aquellos frentes multioperados y, en el caso de los puertos privados, de las empresas de muellaje que operen dicho puerto, mantener instalaciones adecuadas para que los trabajadores portuarios puedan hacer uso efectivo del descanso señalado en el párrafo segundo. Las empresas mencionadas deberán registrar el otorgamiento del descanso mediante el sistema a que se refiere el artículo 33.

El empleador podrá extender la jornada ordinaria sobre lo pactado siempre que deban terminarse las faenas de carga y descarga, sin que, en ningún caso, ésta pueda exceder de diez horas diarias.

Las horas trabajadas en exceso sobre la jornada pactada se considerarán extraordinarias, se pagarán con un recargo del cincuenta por ciento de la remuneración convenida y deberán liquidarse y pagarse conjuntamente con la remuneración ordinaria del respectivo turno;

c) se entenderá que el contrato expira si se produjere caso fortuito o fuerza mayor que impida al empleador proporcionar el trabajo convenido, caso en que aquél deberá pagar al trabajador la remuneración correspondiente a un medio turno, y

d) si una vez iniciado el turno hubiere precipitaciones, el empleador decidirá si prosigue o no su ejecución. Si opta por la primera alternativa, pagará al trabajador un recargo de veinticinco por ciento sobre la remuneración correspondiente a las horas trabajadas durante las precipitaciones. Si decide la suspensión de las faenas, pagará al trabajador las remuneraciones correspondientes a las horas efectivamente servidas, las que no podrán ser inferiores a un medio turno.

Art. 138. Si el trabajo hubiere de efectuarse en naves que se encuentran a la gira, serán de cargo del empleador los gastos que demande el transporte entre el muelle y la nave respectiva.

Art. 139. El pago de las remuneraciones deberá efectuarse dentro de las veinticuatro horas siguientes al término del turno o jornada respectivos, exceptuándose para el cómputo de este plazo las horas correspondientes a días domingo y festivos.

No obstante, si el contrato se hubiese celebrado en cumplimiento de un convenio de provisión de puestos de trabajo, el pago se hará con la periodicidad que en éste se haya estipulado, la que en ningún caso podrá exceder de un mes.

Art. 140. Constituirá incumplimiento grave de las obligaciones que impone el contrato y habilitará en consecuencia al empleador a ponerle término a éste, el atraso en que incurra el trabajador en la presentación a las faenas.

Art. 141. Si el empleador pusiere término al respectivo contrato de trabajo en cualquier tiempo, y sin expresión de causa, pagará al trabajador las remuneraciones que le hubieren correspondido por el cumplimiento íntegro del contrato.

Art. 142. Los convenios de provisión de puestos de trabajo a que se refiere el artículo 134, se regirán por las siguientes normas:

a) Deberán contener, por parte del o de los empleadores que lo suscriban, la garantía de un número de ofertas de acceso al puesto de trabajo suficientes para asegurar mensualmente, al menos, el equivalente al valor del ingreso mínimo mensual, para cada uno de los trabajadores que formen parte del convenio[169].

b) Un empleador y un trabajador podrán suscribir los convenios de provisión de puestos de trabajo que estimen conveniente.

---

169 Letra modificada por el artículo 1°, N° 4 de la Ley N° 20.733.

c) Si el convenio fuese suscrito por dos o más empleadores, éstos serán solidariamente responsables de su cumplimiento en lo que respecta a las ofertas de acceso al puesto de trabajo garantidas por el convenio.

d) Los convenios serán suscritos por todas las partes que intervengan. Si los trabajadores involucrados en un convenio pertenecieran a uno o más sindicatos de trabajadores eventuales o transitorios podrán ser suscritos por los directorios respectivos.

e) Los convenios deberán contener, al menos, las siguientes estipulaciones:

1.- la individualización precisa del o los empleadores y del o los trabajadores que formen parte de él;

2.- las remuneraciones por turno o jornada que se convengan y la periodicidad de su pago;

3.- el mecanismo de acceso al puesto de trabajo que las partes acuerden y un sistema de aviso que permita a los trabajadores tener conocimiento anticipado de la oferta respectiva, dejándose además, constancia de ésta, y

4.- el modo como se efectuará la liquidación y pago de la diferencia entre las ofertas de acceso al puesto de trabajo garantidas por el convenio y las efectivamente formuladas durante el respectivo período.

f) Los convenios tendrán una duración de uno o más períodos de tres meses. Podrán también suscribirse convenios de duración indefinida, los que en todo caso, deberán contemplar el sistema de término anticipado que las partes convengan, el que deberá considerar siempre el término del respectivo período trimestral que se encuentre en curso.

g) Para los efectos de verificar la sujeción de los contratos individuales a los convenios de provisión de puestos de trabajo que les den origen, el o los empleadores deberán remitir a la Inspección del Trabajo correspondiente una copia de los convenios que suscriban y de sus anexos si los hubiere, con indicación de las partes que lo hayan suscrito, dentro de las veinticuatro horas siguientes a su celebración. Dichos documentos tendrán carácter público y podrán ser consultados por los empleadores y trabajadores interesados del sector portuario.

Art. 143. Para los efectos de lo dispuesto en el inciso cuarto del artículo 133, el empleador deberá remitir a la autoridad marítima una copia de los documentos señalados en la letra g) del artículo anterior, dentro de las veinticuatro horas siguientes a su celebración. A falta de estos instrumentos, deberá presentar a esa autoridad, con la anticipación que ella señale, una nómina que contenga la individualización de los trabajadores contratados para la ejecución de un mismo turno, debiendo la autoridad marítima dejar constancia de la hora de recepción.

En casos calificados, la autoridad marítima podrá eximir al empleador del envío anticipado de la nómina a que se refiere el inciso anterior.

Art. 144. El empleador deberá mantener en su oficina o en otro lugar habilitado expresamente al efecto y ubicado fuera del recinto portuario, la información de los turnos y de los trabajadores que los integren.

Art. 145. La infracción a lo dispuesto en el artículo 136 se sancionará con una multa a beneficio fiscal de cinco a veinticinco unidades tributarias mensuales, que se duplicará en caso de reincidencia.

CAPÍTULO IV
DEL CONTRATO DE LOS TRABAJADORES DE ARTES Y ESPECTÁCULOS[170]

Art. 145-A. El presente Capítulo regula la relación de trabajo, bajo dependencia o subordinación, entre los trabajadores de artes y espectáculos y su empleador, la que deberá tener una duración determinada, pudiendo pactarse por un plazo fijo, por una o más funciones, por obra, por temporada o por proyecto. Los contratos de trabajo de duración indefinida se regirán por las normas comunes de este Código.

Se entenderá por trabajadores de artes y espectáculos, entre otros, a los actores de teatro, radio, cine, internet y televisión; folcloristas; artistas circenses; animadores de marionetas y títeres; coreógrafos e intérpretes de danza, cantantes, directores y ejecutantes musicales; escenógrafos,

170 Capítulo incluido por el artículo único de la Ley N° 19.889.

profesionales, técnicos y asistentes cinematográficos, audiovisuales, de artes escénicas de diseño y montaje; autores, dramaturgos, libretistas, guionistas, doblajistas, compositores y, en general, a las personas que, teniendo estas calidades, trabajen en circo, radio, teatro, televisión, cine, salas de grabaciones o doblaje, estudios cinematográficos, centros nocturnos o de variedades o en cualquier otro lugar donde se presente, proyecte, transmita, fotografíe o digitalice la imagen del artista o del músico o donde se transmita o quede grabada la voz o la música, mediante procedimientos electrónicos, virtuales o de otra naturaleza, y cualquiera sea el fin a obtener, sea éste cultural, comercial, publicitario o de otra especie.

Tratándose de la creación de una obra, el contrato de trabajo, en ningún caso, podrá afectar la libertad de creación del artista contratado, sin perjuicio de su obligación de cumplir con los servicios en los términos estipulados en el contrato.

Art. 145-B. Tratándose de contratos de trabajo por una o más funciones, por obra, por temporada, o por proyecto, de duración inferior a treinta días, el plazo de escrituración será de tres días incorporado el trabajador. Si el contrato se celebrare por un lapso inferior a tres días, deberá constar por escrito al momento de iniciarse la prestación de los servicios.

Art. 145-C. Lo dispuesto en el inciso primero del artículo 22 de este Código no será aplicable a los trabajadores comprendidos en este Capítulo IV. Con todo, la jornada ordinaria diaria de trabajo no podrá exceder de diez horas.

Art. 145-D. Los trabajadores de artes y espectáculos están exceptuados del descanso en domingo y festivos, debiendo el empleador otorgar en tales casos un día de descanso compensatorio por las actividades desarrolladas en cada uno de esos días, aplicándose a su respecto lo dispuesto en el artículo 36 de este Código. El descanso señalado en dicho artículo tendrá una duración de treinta y tres horas continuas.

Cuando se acumule más de un día de descanso a la semana, las partes podrán acordar una especial forma de distribución o de remuneración de los días de descanso que excedan de uno semanal. En este último caso, la remuneración no podrá ser inferior a la prevista en el artículo 32 de este Código.

Art. 145-E. La determinación del horario y plan de trabajo para cada jornada laboral deberá efectuarse con la suficiente anticipación al inicio de la prestación de los respectivos servicios.

Art. 145-F. El empleador deberá costear o proveer el traslado, alimentación y alojamiento del trabajador, en condiciones adecuadas de higiene y seguridad, cuando las obras artísticas o proyectos deban realizarse en una ciudad distinta a aquella en que el trabajador tiene su domicilio.

Art. 145-G. En los contratos de trabajo de duración inferior a treinta días, las remuneraciones se pagarán con la periodicidad estipulada en el contrato de trabajo, pero los períodos que se convengan no podrán exceder de su fecha de término.

Art. 145-H. Cuando el empleador ejecute la obra artística o proyecto por cuenta de otra empresa, cualquiera sea la naturaleza jurídica del vínculo contractual, será aplicable lo dispuesto en los artículos 64 y 64 bis de este Código.

Art. 145-I. El uso y explotación comercial de la imagen de los trabajadores de artes y espectáculos, para fines distintos al objeto principal de la prestación de servicios, por parte de sus empleadores, requerirá de su autorización expresa. En cuanto a los beneficios pecuniarios para el trabajador, se estará a lo que se determine en el contrato individual o instrumento colectivo, según corresponda.

Art. 145-J. No se podrá, de manera arbitraria, excluir al trabajador de artes y espectáculos de los correspondientes ensayos ni de las demás actividades preparatorias para el ejercicio de su actividad artística.

Art. 145-K. Los derechos de propiedad intelectual de los autores y compositores, artistas, intérpretes y ejecutantes, en ningún caso se verán afectados por las disposiciones contenidas en el presente Capítulo IV.

Art. 145-L. Derogado[171].

CAPÍTULO V
DEL CONTRATO DE TRABAJADORES DE CASA PARTICULAR

Art. 146. Son trabajadores de casa particular las personas naturales que se dediquen en forma continua, a jornada completa o parcial, al servicio de una o más personas naturales o de una familia, en trabajos de aseo y asistencia propios o inherentes al hogar.

Con todo, son trabajadores sujetos a las normas especiales de este capítulo, las personas que realizan labores iguales o similares a las señaladas en el inciso anterior en instituciones de beneficencia cuya finalidad sea atender a personas con necesidades especiales de protección o asistencia, proporcionándoles los beneficios propios de un hogar.

En caso de duda, la calificación se hará por el inspector del trabajo respectivo, de cuya resolución podrá reclamarse al Director del Trabajo, sin ulterior recurso.

Se aplicarán también las disposiciones de este capítulo a los choferes de casa particular.

Art. 146 bis. Sin perjuicio de lo dispuesto en el número 3 del artículo 10, el contrato de los trabajadores de casa particular deberá indicar el tipo de labor a realizar y el domicilio específico donde deberán prestarse los servicios, así como también, en su caso, la obligación de asistencia a personas que requieran atención o cuidados especiales[172].

Art. 146 ter. El empleador deberá entregar una copia del contrato de trabajo debidamente firmado al trabajador. Asimismo, deberá registrarlo

---

171 Artículo derogado por el artículo 19 de la Ley N° 21.210.

172 Artículo incluido por el artículo único, N° 2° de la Ley N° 20.786.

dentro de los quince días siguientes a su celebración en la sede o en el sitio electrónico de la respectiva Inspección del Trabajo, con indicación de las mismas estipulaciones pactadas, a fin de facilitar la fiscalización de la existencia de la relación laboral y de las condiciones de empleo. La Inspección del Trabajo mantendrá la reserva de la identidad de las partes y del domicilio en que se prestan los servicios y sólo podrá utilizar la información disponible para la finalidad de fiscalización o para proporcionarla a los tribunales de justicia, previo requerimiento.

El empleador que sea requerido en el domicilio indicado por un inspector del trabajo en ejercicio de sus facultades de fiscalización, relativas a las condiciones laborales de los trabajadores de casa particular, podrá aceptar su ingreso a este domicilio o solicitar la fijación de otro día y hora para acudir a las dependencias de la Inspección del Trabajo con la documentación que le sea requerida[173].

Art. 147. Las dos primeras semanas de trabajo se estimarán como período de prueba y durante ese lapso podrá resolverse el contrato a voluntad de cualquiera de las partes siempre que se dé un aviso con tres días de anticipación, a lo menos, y se pague el tiempo servido.

Art. 148. Al fallecimiento del jefe de hogar, el contrato subsistirá con los parientes que hayan vivido en la casa de aquél y continúen viviendo en ella después de su muerte, los que serán solidariamente responsables del cumplimiento de las obligaciones emanadas del contrato.

Art. 149. La jornada de los trabajadores de casa particular que no vivan en la casa del empleador estará sujeta a las siguientes reglas:

a) No podrá exceder de cuarenta y cuatro horas semanales, sin perjuicio de lo establecido en la letra d).

b) Se podrá distribuir hasta en un máximo de seis días.

c) Le será aplicable lo dispuesto en el inciso primero del artículo 34.

---

[173] Artículo incluido por el artículo único, Nº 2º de la Ley Nº 20.786.

d) Si la jornada semanal se extiende hasta por treinta horas, las partes podrán acordar por escrito hasta un máximo de doce horas semanales adicionales de trabajo, no acumulables a otras semanas, las que serán pagadas con un recargo no inferior al señalado en el inciso tercero del artículo 32.

e) El período que medie entre el inicio y el término de las labores en ningún caso podrá exceder de doce horas continuas, considerando tanto la jornada como el descanso dentro de ella.

Cuando vivan en la casa del empleador no estarán sujetos a horario, sino que éste será determinado por la naturaleza de su labor, debiendo tener normalmente un descanso absoluto mínimo de 12 horas diarias. Entre el término de la jornada diaria y el inicio de la siguiente, el descanso será ininterrumpido y, normalmente, de un mínimo de 9 horas. El exceso podrá fraccionarse durante la jornada y en él se entenderá incluido el lapso destinado a las comidas del trabajador[174].

Art. 150. El descanso semanal de los trabajadores de casa particular que no vivan en la casa del empleador, se regirá por las normas generales del párrafo 4, Capítulo IV, Título I, de este Libro.

Tratándose de trabajadores que vivan en la casa del empleador se aplicarán las siguientes normas:

a) Tendrán derecho a descanso semanal los días domingo.

b) Tendrán derecho a descanso los días sábado, los cuales, de común acuerdo, podrán acumularse, fraccionarse o intercambiarse por otros días de la semana. En caso de acumularse, dichos días deberán ser otorgados por el empleador dentro del respectivo mes calendario. Estos descansos no podrán ser compensados en dinero mientras la relación laboral se encuentre vigente.

---

174 Artículo modificado por el artículo 1°, N° 19 de la Ley N° 21.561. La jornada mencionada en la letra a) tendrá una reducción progresiva de la siguiente forma: 2024-2025: 44 horas; 2025-2026: 42 horas; a partir del 27 de abril de 2028: 40 horas; véase artículo 1° transitorio, N° 1° de la Ley N° 21.561.

c) Tendrán derecho a descanso todos los días que la ley declare festivos. No obstante, las partes, con anterioridad a ellos, podrán pactar por escrito que el descanso se efectúe en un día distinto que no podrá fijarse más allá de los noventa días siguientes al respectivo festivo. Este derecho caducará si no se ejerce dentro de dicho plazo y no podrá compensarse en dinero, salvo que el contrato de trabajo termine antes de haberse ejercido el descanso.

d) Tendrán derecho a dos días de libre disposición en cada mes calendario, los que serán remunerados, les permitirán ausentarse de sus labores y no podrán compensarse en dinero. De común acuerdo estos días libres podrán acumularse dentro de un periodo de tres meses. Al término de la relación laboral, en caso de existir días pendientes de utilizar en el respectivo mes, se compensarán en conformidad a lo establecido en el artículo 73.

Los días de descanso facultan a los trabajadores a no reiniciar sus labores hasta el comienzo de la jornada diaria siguiente[175].

Art. 151. La remuneración de los trabajadores de casa particular se fijará de común acuerdo entre las partes y en moneda de curso legal, sin que pueda comprender los alimentos y la habitación, los cuales siempre serán de cargo del empleador[176].

Art. 151 bis. Ningún empleador podrá condicionar la contratación de trabajadores de casa particular, su permanencia o renovación de contrato, o la promoción o movilidad en su empleo, al uso de uniformes, delantales o cualquier otro distintivo o vestimenta identificadores en espacios, lugares o establecimientos públicos como parques, plazas, playas, restaurantes, hoteles, locales comerciales, clubes sociales y otros de similar naturaleza[177].

---

175 Artículo modificado por artículo 1°, N° 20 de la Ley 21.561.

176 Inciso modificado por el artículo único, N° 5, letra a) de la Ley N° 20.786.

177 Artículo incluido por el artículo único, N° 6 de la Ley N° 20.786.

Art. 152. En los casos de enfermedad del trabajador, el empleador deberá dar de inmediato aviso al organismo de seguridad social respectivo y estará además, obligado a conservarle el cargo, sin derecho a remuneración, por ocho días, si tuviera menos de seis meses de servicios; durante quince días, si hubiera servido más de un semestre y menos de un año, y por un período de hasta treinta días, si hubiera trabajado más de doce meses.

Toda enfermedad contagiosa, clínicamente calificada, de una de las partes o de las personas que habiten la casa, da derecho a la otra parte para poner término al contrato.

Art. 152 bis. Tratándose de los trabajadores de los Cuerpos de Bomberos que vivan en dependencias de su empleador, les será aplicable la norma contenida en el inciso segundo del artículo 149 de este Código.

El descanso entre jornadas diarias podrá ser interrumpido cuando estos trabajadores deban concurrir a un acto de servicio o emergencia relacionado con sus funciones, debiendo el empleador compensar adecuadamente ese lapso otorgando un tiempo de descanso en la jornada diaria siguiente.

Tratándose de los cuarteleros conductores de los Cuerpos de Bomberos que no vivan en dependencias de su empleador, su jornada de trabajo no podrá exceder de 12 horas diarias y tendrán, dentro de esa jornada, un descanso no inferior a una hora imputable a ella. Con todo, dicho descanso podrá ser interrumpido en los mismos casos y bajo las mismas condiciones previstas en el inciso anterior[178].

---

178 Artículo incluido por el artículo único de la Ley N° 20.118.

CAPÍTULO VI
DEL CONTRATO DE LOS Y LAS DEPORTISTAS PROFESIONALES Y TRABAJADORES Y TRABAJADORAS QUE DESEMPEÑAN ACTIVIDADES CONEXAS[179]

Art. 152 bis A. El presente Capítulo regula la relación de trabajo, bajo dependencia o subordinación, entre los trabajadores y las trabajadoras que se dedican a la práctica del fútbol profesional y aquellos que desempeñan actividades conexas, con su empleador[180].

Párrafo 1° Definiciones

Art. 152 bis B. Para los efectos de la aplicación del presente Capítulo, las expresiones que a continuación se indican tendrán el significado que para cada caso se señalan:

a) Deportista profesional, es toda persona natural que, en virtud de un contrato de trabajo, se dedica a la práctica de un deporte, bajo dependencia y subordinación de una entidad deportiva, recibiendo por ello una remuneración.

b) Trabajador o trabajadora que desempeña actividades conexas, es aquel que en forma remunerada ejerce como entrenador, auxiliar técnico, o cualquier otra calidad directamente vinculada a la práctica del deporte profesional[181].

c) Entidad deportiva, es la persona natural o jurídica que utiliza los servicios de un o una deportista profesional, o de un trabajador o trabajadora que desempeña actividades conexas, en virtud de un contrato de trabajo[182].

d) Entidad superior de la respectiva disciplina deportiva chilena, son aquellas entidades que organizan las competencias deportivas profesionales de carácter internacional, nacional, regional o local.

---

179 Epígrafe modificado por el artículo 2°, N° 3 de la Ley N° 21.436.

180 Artículo modificado por el artículo 2°, N° 4 de la Ley N° 21.436.

181 Letra modificada por el artículo 2°, N° 5, letra a) de la Ley N° 21.436.

182 Letra modificada por el artículo 2°, N° 5, letra b) de la Ley N° 21.436.

e) Temporada, es el período en el cual se desarrollan el o los Campeonatos Oficiales organizados por la entidad superior de la respectiva disciplina deportiva. Se entiende que el término de la temporada, para cada entidad deportiva, es la fecha en que ésta disputó su última competición oficial.

Párrafo 2º Forma, contenido y duración del contrato de trabajo

Art. 152 bis C. Sin perjuicio de lo dispuesto en el artículo 9º, el contrato de trabajo se firmará en triplicado, entregándose un ejemplar al o la deportista profesional o trabajador o trabajadora que desempeñe actividades conexas, en el acto de la firma; otro quedará en poder del empleador y el tercero se registrará, dentro del plazo de 10 días hábiles de suscrito el contrato, ante la entidad superior correspondiente[183].

Dicho contrato mencionará todo beneficio o prestación que reciba el o la deportista profesional, y que tenga como causa el contrato de trabajo[184].

Art. 152 bis D. El contrato de trabajo de los o las deportistas profesionales y trabajadores o trabajadoras que desempeñen actividades conexas se celebrará por tiempo determinado. La duración del primer contrato de trabajo que se celebre con una entidad deportiva no podrá ser inferior a una temporada, o lo que reste de ésta, si se ha iniciado, ni superior a cinco años[185].

La renovación de dicho contrato deberá contar con el acuerdo expreso y por escrito del trabajador o trabajadora, en cada oportunidad, y tendrá una duración mínima de seis meses[186].

Art. 152 bis E. Cuando un o una deportista celebre su primer contrato de trabajo en calidad de profesional con una entidad deportiva distinta a la o las participantes en su formación y educación, aquélla deberá pagar a

---

183 Inciso modificado por el artículo 2º, Nº 6, letra a) de la Ley Nº 21.436.

184 Inciso modificado por el artículo 2º, Nº 6, letra b) de la Ley Nº 21.436.

185 Inciso modificado por el artículo 2º, Nº 7, letra a) de la Ley Nº 21.436.

186 Inciso modificado por el artículo 2º, Nº 7, letra b) de la Ley Nº 21.436.

estas últimas una indemnización en razón de la labor formativa realizada, de acuerdo a las normas fijadas por la entidad superior de la respectiva disciplina deportiva[187].

Dicho pago estará dirigido únicamente a compensar la formación del o la deportista, y deberá tener en cuenta, al fijar la referida indemnización, la participación proporcional entre las distintas entidades deportivas participantes en la formación y educación de estos deportistas[188].

Art. 152 bis F. El uso y explotación comercial de la imagen de los o las deportistas profesionales y de los trabajadores y trabajadoras que desempeñan actividades conexas, por parte de sus empleadores, para fines distintos al objeto principal de la prestación de servicios, y en cada caso en que ésta deba ser utilizada, requerirá de su autorización expresa[189].

En cuanto a los beneficios pecuniarios para el trabajador o trabajadora, se estará a lo que se determine en el contrato individual o instrumento colectivo, según corresponda[190].

Art. 152 bis G. La entidad deportiva que utilizando cualquier subterfugio, oculte o simule beneficios o prestaciones laborales que tengan como causa el contrato de trabajo, será sancionada de conformidad a lo establecido en el artículo 152 bis L.

Párrafo 3° De la periodicidad en el pago de las remuneraciones

Art. 152 bis H. Las remuneraciones se pagarán con la periodicidad estipulada en el contrato de trabajo, pero los períodos que se convengan no podrán exceder de un mes.

Con todo, los emolumentos que las partes convengan en calidad de incentivos o premios por el logro de objetivos deportivos, deberán ser pagados dentro de los noventa días siguientes a la ocurrencia del hecho que

---

187 Inciso modificado por el artículo 2°, N° 8, letra a) de la Ley N° 21.436.

188 Inciso modificado por el artículo 2°, N° 8, letra b) de la Ley N° 21.436.

189 Inciso modificado por el artículo 2°, N° 9, letra a) de la Ley N° 21.436.

190 Inciso modificado por el artículo 2°, N° 9, letra b) de la Ley N° 21.436.

los originó. En todo caso, si el contrato de trabajo termina con anterioridad a la llegada de este plazo, los emolumentos pactados como premios e incentivos deberán pagarse a la fecha de terminación del contrato.

Párrafo 4° Cesiones temporales y definitivas

Art. 152 bis I. Durante la vigencia del contrato, la entidad deportiva podrá convenir con otra la cesión temporal de los servicios del o la deportista profesional o una indemnización por terminación anticipada del contrato de trabajo, para cuyos efectos deberá contar con la aceptación expresa de éste. El contrato respectivo deberá otorgarse por escrito[191].

La cesión temporal suspende los efectos del contrato de trabajo entre la cedente y el trabajador o trabajadora, pero no interrumpe ni suspende el tiempo de duración pactado en dicho contrato. Cumplido el plazo de la cesión temporal, el o la deportista profesional se reincorporará al servicio de la entidad deportiva cedente[192].

En virtud del contrato de cesión temporal, la entidad cedente responderá subsidiariamente por el cumplimiento de las obligaciones económicas del cesionario, hasta el monto de lo pactado en el contrato original.

Se entiende por indemnización por terminación anticipada del contrato de trabajo, el monto de dinero que una entidad deportiva paga a otra para que ésta acceda a terminar anticipadamente el contrato de trabajo que la vincula con un o una deportista profesional, y que, por tanto, pone fin a dicho contrato[193].

A lo menos un diez por ciento del monto de esta indemnización le corresponderá al o la deportista profesional[194].

La terminación del contrato de trabajo produce la libertad de acción del o la deportista profesional[195].

---

191 Inciso modificado por el artículo 2°, N° 10, letra a) de la Ley N° 21.436.

192 Inciso modificado por el artículo 2°, N° 10, letra b) de la Ley N° 21.436.

193 Inciso modificado por el artículo 2°, N° 10, letra c) de la Ley N° 21.436.

194 Inciso modificado por el artículo 2°, N° 10, letra d) de la Ley N° 21.436.

195 Inciso modificado por el artículo 2°, N° 10, letra e) de la Ley N° 21.436.

Párrafo 5º Del derecho de información y pago por subrogación

Art. 152 bis J. La entidad superior de la respectiva disciplina deportiva chilena deberá ser informada, por las entidades deportivas que participan en las competencias que organiza, sobre el monto y estado de cumplimiento de las obligaciones laborales y previsionales que a éstos correspondan respecto de los y las deportistas profesionales y trabajadores y trabajadoras que desempeñan actividades conexas que laboren para ellas[196].

En el caso que la entidad deportiva no acredite oportunamente el cumplimiento íntegro de esas obligaciones, la entidad superior de la respectiva disciplina deportiva, a requerimiento del o los trabajadores o trabajadoras afectados, deberá retener de las obligaciones que tenga a favor de aquélla las sumas que se adeuden y pagar por subrogación al o la deportista profesional o trabajador o trabajadora que desempeña actividades conexas o institución previsional acreedora[197].

El monto y estado de cumplimiento de las obligaciones laborales y previsionales a que se refiere el inciso primero de este artículo, será acreditado en la forma establecida en el inciso segundo del artículo 183-C de este Código.

Párrafo 6º Del reglamento interno de orden, higiene y seguridad

Art. 152 bis K. Las entidades deportivas estarán obligadas a confeccionar un reglamento interno de orden, higiene y seguridad que contenga las obligaciones y prohibiciones a que deben sujetarse los y las deportistas profesionales y los trabajadores y trabajadoras que desempeñan actividades conexas, en los términos establecidos en el Título III, del Libro I[198].

En ningún caso podrán imponerse sanciones por situaciones o conductas extradeportivas. Tampoco podrán imponerse sanciones que consistan

---

196 Inciso modificado por el artículo 2º, Nº 11, letra a) de la Ley Nº 21.436.

197 Inciso modificado por el artículo 2º, Nº 11, letra b) de la Ley Nº 21.436.

198 Inciso modificado por el artículo 2º, Nº 12, letra a) de la Ley Nº 21.436.

en la reducción de las vacaciones o cualquier descanso, así como la exclusión de los entrenamientos con el plantel profesional.

Los y las deportistas profesionales y trabajadores y trabajadoras que desempeñan actividades conexas tendrán derecho a manifestar libremente sus opiniones sobre temas relacionados con su profesión[199].

Art. 152 bis L. Las infracciones a lo dispuesto en el presente Capítulo serán sancionadas con las multas señaladas en el inciso segundo del artículo 506 de este Código[200].

CAPÍTULO VII
DEL CONTRATO DE TRIPULANTES DE VUELO Y DE TRIPULANTES DE CABINA DE AERONAVES COMERCIALES DE PASAJEROS Y CARGA[201]

Art. 152 ter. Las normas del presente Capítulo, se aplicarán al personal tripulante de vuelo y de cabina de las empresas que presten servicios de transporte de pasajeros o carga, sin perjuicio de su sujeción a normas de seguridad en los vuelos, diferentes a las impartidas por la Dirección General de Aeronáutica Civil.

Asimismo, les serán aplicables todas las normas del presente Código, en tanto no sean incompatibles o contradictorias con las normas de este Capítulo.

Art. 152 ter A. Para efectos del presente Capítulo, se entenderá por:

a) Tripulación de Vuelo: Son aquellos trabajadores poseedores de licencia que permita asignarles obligaciones esenciales para la operación de una aeronave durante el tiempo de vuelo. No perderá su condición laboral de tripulante de vuelo, el trabajador que, contratado como tal, le sean asignadas funciones en tierra. En caso de que la mantención de la respectiva licencia requiera un número mínimo de horas de vuelo, el empleador

---

199 Inciso modificado por el artículo 2°, N° 12, letra b) de la Ley N° 21.436.

200 Inciso modificado por el artículo 1°, N° 4 de la Ley N° 21.327.

201 Capítulo incluido por el artículo único de la Ley N° 20.321.

estará obligado a planificar los Roles de Vuelo de tal forma que se cumpla a lo menos con dichas horas;

b) Tripulación de Cabina: Son aquellos trabajadores que, contando con su respectiva licencia, participan de las labores de servicio y atención de pasajeros, así como del cuidado y seguridad de las personas o cosas que se transporten en la aeronave. No perderá su condición laboral de tripulante de cabina, el trabajador que contratado como tal, le sean asignadas funciones en tierra;

c) Período de Servicio de Vuelo: Corresponde al tiempo transcurrido, dentro de un período de 24 horas consecutivas, desde el momento que el tripulante de vuelo y de cabina se presenta en las dependencias aeroportuarias o lugar asignado por el operador, con el objeto de preparar, realizar y finalizar operacional y administrativamente un vuelo, hasta que el tripulante es liberado de toda función.

También se comprenderán como Período de Servicio de Vuelo las horas destinadas a reentrenamientos periódicos en avión y entrenadores sintéticos de vuelo, prácticas periódicas de evacuación en tierra o en el mar (*ditching*), como asimismo traslado en vuelo por conveniencia del operador;

d) Período de Servicio: Es el tiempo correspondiente a cualquier actividad asignada por el Operador a un tripulante, ajena al vuelo mismo;

e) Tiempo de Vuelo: Tiempo total transcurrido desde que el avión inicia su movimiento con el propósito de despegar, hasta que se detiene completamente al finalizar el vuelo, y

f) Rol de Vuelo: Es el instrumento de planificación de vuelos que corresponde a la jornada en turnos de trabajo de los tripulantes, y que cumple las funciones señaladas en el numeral 5 del artículo 10 del presente Código.

Art. 152 ter B. La jornada mensual de trabajo de los tripulantes de vuelo y de cabina podrá ser ordinaria o especial, en su caso.

Art. 152 ter C. El empleador o el operador, en su caso, deberá entregar con una anticipación de a lo menos cinco días el Rol de Vuelo que regirá la jornada de los trabajadores durante el mes siguiente. El empleador podrá modificar, por cualquier causa, dicho Rol de Vuelo dentro de su período de vigencia, en tanto no se afecten con ello los días libres programados del trabajador.

Si el cambio de un Rol de Vuelo implica un número menor de horas de vuelo, el trabajador tendrá derecho a que se le remunere en conformidad a las horas originalmente programadas; si implica un número superior de horas de vuelo, éstas deberán ser pagadas en su totalidad. Esta norma se aplicará sólo a los trabajadores cuyas remuneraciones se calculan total o parcialmente sobre la base de horas efectivas de vuelo.

Si en caso de fuerza mayor o caso fortuito los días libres programados fueran afectados estando el trabajador fuera de su lugar de residencia, estos deberán ser compensados de común acuerdo.

No será considerado cambio de Rol de Vuelo aquella alteración producto de la solicitud del propio trabajador.

Art. 152 ter D. La jornada mensual de trabajo de los tripulantes de vuelo y de cabina no excederá de ciento sesenta horas, salvo que la Dirección General de Aeronáutica Civil, por razones de seguridad, determine establecer una jornada menor. Su distribución se efectuará por medio de los Roles de Vuelo. Si las labores de período de servicio en tierra se desarrollan por siete días o más en el mes calendario, la jornada mensual no podrá superar las ciento ochenta horas ordinarias[202].

La jornada ordinaria no podrá superar las doce horas continuas de labores. Sin perjuicio de ello, la jornada ordinaria podrá extenderse hasta catorce horas ante la ocurrencia, en el respectivo vuelo, de contingencias metereológicas, emergencias médicas o necesidades calificadas de mantenimiento de la aeronave, las cuales se entiende que tienen el carácter

---

[202] El tenor de este inciso 2° será reemplazado el 27 de abril de 2028 por el siguiente: "Su distribución se efectuará por medio de los Roles de Vuelo. Si las labores de período de servicio en tierra se desarrollan por siete días o más en el mes calendario, la jornada mensual no podrá superar cuarenta horas promedio semanal ordinarias". Este inciso fue modificado por el artículo 1°, N° 21 de la Ley 21.561, sobre su entrada en vigor véase artículo 1° transitorio, N° 2 de la ley recién citada.

de tales al encontrarse consignadas en el Minimun Equipment List (MEL), actualizado por la Dirección General de Aeronáutica Civil o la entidad a la cual la empresa se encuentre sujeta en cuanto a la seguridad de vuelo.

Las horas que por estas circunstancias extiendan la jornada ordinaria, deberán ser pagadas a lo menos con el recargo señalado en el artículo 32 de este Código.

Los sistemas de descanso compensatorio después de servicios de vuelo en la jornada ordinaria, serán los siguientes:

Tripulantes de Vuelo	
Período de Servicio de Vuelo	**Horas de Descanso**
7	10
8	12
9	13
10	14
11	15
12	15

Tripulantes de Cabina	
Período de Servicio de Vuelo	**Horas de Descanso**
7	10
8	11
9	12
10	13
11	14
12	15

Con todo, si un Período de Servicio de Vuelo se desarrolla en siete horas o menos, no se podrá llevar a cabo otro vuelo dentro de las veinticuatro horas de iniciado el primero, salvo que entre el inicio del primero y el término del segundo no se excedan las doce horas.

Si la jornada ordinaria se desarrolla en tierra, sólo en labores relativas a Período de Servicio, la jornada diaria no podrá superar las ocho horas continuas, imputándose este período al límite mensual señalado en el inciso primero, y para iniciar un Período de Servicio de Vuelo, deberá mediar previamente un descanso mínimo de once horas. Si las labores en tierra se extienden por un mes calendario, el promedio de horas ordinarias efectivas trabajadas no podrá exceder de cuarenta y cuatro semanales[203].

Art. 152 ter E. Toda prestación de servicios en tierra que no se encuentre comprendida en las labores propias del Período de Servicio de Vuelo, será considerada como Período de Servicio y deberá ser remunerada conforme al promedio correspondiente a los tres últimos meses de la remuneración del trabajador. Esta norma se aplicará sólo a los trabajadores cuyas remuneraciones se calculan total o parcialmente sobre la base de horas efectivas de vuelo.

Asimismo, sin perjuicio de los viáticos y traslados que el empleador deba proveer para la prestación de servicios en tierra, pero en el extranjero, con motivo de la realización de eventos tales como ferias, promociones o congresos, el trabajador tendrá derecho a que ese período sea remunerado en la forma señalada en el inciso anterior.

Art. 152 ter F. La jornada especial es aquella que se desarrolla por más de doce horas para alcanzar destinos más lejanos, no pudiendo exceder en caso alguno de veinte horas en un lapso de veinticuatro horas, requiriéndose adicionar a la tripulación mínima, un número determinado de tripulantes. En estos vuelos, las Tripulaciones de Cabina deberán descansar a bordo en forma rotativa a lo menos una hora cuando el Período de Servicio de Vuelo supere las doce horas, no pudiendo en tal caso el trabajador desarrollar labores efectivas por un lapso superior a las catorce

---

[203] El texto el azul entrará en vigor el 27 de abril de 2028. Este inciso fue modificado por el artículo 1°, N° 21 de la Ley 21.561. El límite de exceso de promedio de jornada semanal mencionado tendrá una reducción progresiva de la siguiente forma: 2024-2025: 44 horas; 2025-2026: 42 horas; a partir del 27 de abril de 2028: 40 horas; véase artículo 1° transitorio, N° 1° de la Ley N° 21.561.

horas. Asimismo, en esta jornada, se deberán otorgar descansos a bordo de la aeronave en condiciones confortables, según las normas técnicas impartidas por la Dirección General de Aeronáutica Civil. Adicionalmente a las condiciones que determine dicha norma técnica, las partes podrán pactar mejoramientos físicos para este descanso, así como otro tipo de compensaciones acordes con la naturaleza de esta jornada.

El empleador podrá programar vuelos o rutas de largo alcance que, excepcionalmente, consideren la ida y el regreso al mismo lugar con una misma tripulación en una jornada especial, concurriendo los siguientes requisitos:

a) Que no existan reparos a la seguridad de vuelo por parte de la Dirección General de Aeronáutica Civil, y

b) Que exista acuerdo con los trabajadores involucrados y que dicho acuerdo sea registrado en la Dirección del Trabajo, el cual tendrá una vigencia de dos años.

Art. 152 ter G. A los Tripulantes de Vuelo, cuando sean relevados de sus funciones en los controles de vuelo, deberá otorgárseles reposo a bordo con el objeto de no sobrepasar los límites establecidos para el Tiempo de Vuelo y Período de Servicio de Vuelo que, por razones de seguridad, imparta la Dirección General de Aeronáutica Civil. Los Tripulantes de Vuelo no podrán estar al mando de los controles por más de ocho horas, continuas o discontinuas, dentro de un Período de Servicio de Vuelo, sin perjuicio de que la Dirección de Aeronáutica Civil establezca un número inferior de horas.

Los períodos de descanso después de una jornada especial se regirán por la siguiente Tabla:

Tripulantes de Vuelo	
Período de Servicio de Vuelo	**Horas de Descanso**
12	15
13	16
14	17
15	17

Tripulantes de Vuelo	
Período de Servicio de Vuelo	**Horas de Descanso**
16	18
17	19
18	20
19	22
20	24

Tripulantes de Cabina	
Período de Servicio de Vuelo	**Horas de Descanso**
12	15
13	16
14	17
15	18
16	19
17	20
18	21
19	22
20	24

Art. 152 ter H. En ningún caso, la distribución de la jornada ordinaria y especial podrá implicar que mensualmente el trabajador permanezca más de dieciocho noches fuera de su lugar de residencia, salvo el caso de comisiones especiales u ocasionales en el extranjero.

Si las labores de un tripulante se desarrollan por espacio de hasta cinco días continuos, tendrá derecho a un descanso mínimo de dos días. Asimismo, tendrá derecho a un descanso de cuatro días en caso de que las labores se desarrollen por espacio de seis y hasta diez días en forma continua. Con todo, ningún trabajador podrá prestar servicios por más de diez días en forma continuada.

Excepcionalmente, no será aplicable lo dispuesto en el inciso anterior, a los trabajadores que tengan pactadas en sus contratos de trabajo cláusulas que determinen su libertad de elegir mensualmente la distribución de sus Roles de Vuelo y con ello la distribución de días de trabajo y de descanso.

Art. 152 ter I. El empleador podrá establecer turnos de llamada o período de retén, por el cual el trabajador estará obligado a encontrarse disponible para un vuelo en caso de que deba reemplazar a otro miembro de la tripulación o se presente una emergencia similar. Dicho período no podrá exceder de doce horas continuas ni ser consecutivo con otro, y no podrá establecerse dentro del período de descanso. El período de retén deberá ser compensado, de común acuerdo entre las partes o bien por acuerdo colectivo, salvo que se encuentre expresamente incluido en la remuneración del trabajador.

Art. 152 ter J. Tanto en la jornada ordinaria, como en la jornada especial, o en el período de retén, no procederá pactar horas extraordinarias. Esta limitación no regirá para los tripulantes de cabina y de vuelo cuando desarrollen sus labores en tierra.

Asimismo, los días de descanso y las horas de retén, no podrán imputarse al feriado anual del trabajador ni aun con consentimiento de éste.

Art. 152 ter K. Los trabajadores cuyos contratos se rigen por el presente Capítulo, gozarán del derecho a descanso dominical, bajo la modalidad que se señala en el inciso siguiente.

El trabajador tendrá derecho, a lo menos por una vez en cada mes calendario, a un descanso de 106 horas, las que deben comprender cuatro días íntegros y consecutivos e incluir días sábado y domingo, en la base de su residencia habitual. Dichos descansos no podrán iniciarse después de las cero horas del primer día.

Excepcionalmente, no será aplicable lo dispuesto en el inciso anterior, a los trabajadores que tengan pactadas en sus contratos de trabajo cláusulas que determinen su libertad de elegir mensualmente la distribución de sus Roles de Vuelo y con ello la distribución de días de trabajo y de descanso.

Art. 152 ter L. Si los Roles de Vuelo implicaren la prestación de servicios durante días feriados, el empleador deberá otorgar los respectivos descansos compensatorios adicionales dentro de los siguientes sesenta días, pudiendo, con todo, acordarse su compensación en dinero, pero con un recargo no inferior al señalado en el artículo 32 del presente Código y sin afectar las disposiciones de seguridad que imparte la Dirección General de Aeronáutica Civil al respecto.

Art. 152 ter M. Las trabajadoras cuyos contratos se rijan por este Capítulo, al retomar sus funciones después de hacer uso de su permiso de maternidad, gozarán de los derechos de alimentación en los términos del Título II del Libro II de este Código. Para ello, se deberán pactar individual o colectivamente con ocho trabajadoras o más, las condiciones de trabajo que permitan ejercer dichos derechos hasta que el menor cumpla dos años, pudiendo con ello variarse las alternativas que señala el artículo 206 de este Código incluyendo el lapso de una hora consignado en dicha disposición. El empleador podrá hacer extensivas las condiciones pactadas colectivamente a las trabajadoras que se integren a la empresa con posterioridad a dicho acuerdo.

En ningún caso las alternativas que se pacten, en uno u otro evento, podrán implicar una disminución de las remuneraciones de la trabajadora.

CAPÍTULO VIII
DEL CONTRATO DE LOS TELEOPERADORES[204]

Art. 152 quáter. Se regirán por las normas del presente Capítulo los contratos de trabajo cuyo objeto sea la prestación de servicios para contactar o ser contactados con terceros, sea por la vía telefónica, medios

---

[204] Capítulo incluido por el artículo único de la Ley N° 21.142.

telemáticos, aplicación de tecnología digital o cualquier otro medio electrónico, para la atención, información o asesoramiento de soporte técnico, comerciales o administrativos, venta o promoción de productos o servicios, en un lugar habilitado por el empleador, denominado centro de contacto o llamadas.

Art. 152 quáter A. El contrato de los trabajadores regidos por este Capítulo deberá contener las estipulaciones que señala el artículo 10.

Todas las operaciones por las cuales el trabajador perciba remuneraciones fijas o variables deberán ser acordadas por las partes y estar contenidas en el contrato de trabajo. Las remuneraciones variables deberán construirse sobre la base de parámetros individuales, objetivos y verificables, sin perjuicio de las metas colectivas que se puedan pactar. No se podrá imponer al trabajador el cumplimiento de metas, servicios o tareas que no reúnan tales condiciones, ni aun bajo promesa de la entrega de bonos o premios especiales. Tampoco se podrán efectuar descuentos arbitrarios o perjudicar cualquier clase de calificación del trabajador por el incumplimiento de obligaciones objetivas que no se encuentren acordadas en conformidad a este inciso.

Toda modificación de la remuneración variable y de su base de cálculo deberá quedar establecida en un anexo al contrato de trabajo, la que empezará a regir al mes siguiente de suscrito dicho anexo.

Para la aplicación de lo dispuesto en el inciso tercero del artículo 54 bis, el empleador deberá detallar en la respectiva liquidación de remuneraciones, todas y cada una de las operaciones por las que el trabajador percibe remuneraciones fijas y variables, en especial las horas de conexión o el número de contactos efectuados, las ventas de productos tangibles o intangibles y el detalle de cualquier acción que, estando consignada en el contrato de trabajo, deba ser remunerada conforme a la ley.

Art. 152 quáter B. Las empresas que desarrollen sus procesos conforme lo señalado en el numeral 2 del inciso primero del artículo 38 deberán fijar los turnos respectivos con a lo menos una semana de anticipación, de manera que comenzarán a regir en la semana o período siguiente. Se entenderán exceptuados aquellos trabajadores que sean contratados expresamente para desempeñarse en horario nocturno.

Art. 152 quáter C. Los trabajadores de un centro de contacto o llamadas que estén sujetos a conexión continua tendrán derecho a una interrupción de diez segundos entre cada atención. Asimismo, tendrán derecho a descansos en la jornada de trabajo por un total de treinta minutos durante el día, los que serán planificados en acuerdo con el empleador. Estos descansos no podrán acordarse en fracciones inferiores a diez minutos ni por la totalidad de su duración.

Las interrupciones y descansos señalados en el inciso anterior, así como aquellos destinados para que los trabajadores acudan a los servicios higiénicos, no podrán significar en ningún caso un menoscabo a sus remuneraciones y se considerarán trabajados para todos los efectos legales.

Lo anterior, sin perjuicio del derecho a colación consagrado en el artículo 34.

Art. 152 quáter D. Las claves para la utilización de los sistemas de conexión constituyen una herramienta de trabajo, siendo secretas y personales del trabajador de un centro de contacto o llamadas. Cualquier contravención a lo anterior se sujetará a las normas del procedimiento de tutela de derechos fundamentales regulado en el Párrafo 6º del Capítulo II del Título I del Libro V de este Código.

Art. 152 quáter E. Un reglamento conjunto de los Ministerios de Salud y del Trabajo y Previsión Social establecerá las condiciones ambientales, de seguridad y salud en el trabajo que deberán cumplir los establecimientos destinados a prestar servicios como centros de contacto o llamadas.

Art. 152 quáter F. Los trabajadores de un centro de contacto o llamadas, que lleven seis meses prestando servicios al empleador de forma continua, tendrán derecho a realizarse exámenes médicos preventivos anuales cuyo objetivo será detectar de forma temprana enfermedades profesionales asociadas a la actividad en la cual se desempeñan. Dichos exámenes médicos serán efectuados por el respectivo organismo administrador del seguro de accidentes del trabajo y enfermedades profesionales de la ley N° 16.744.

Un reglamento dictado por el Ministerio del Trabajo y Previsión Social determinará las condiciones físicas y ergonómicas en que deberán prestar servicios los trabajadores regidos por este Capítulo, así como los exámenes preventivos que deberán realizarse periódicamente.

El tiempo que el trabajador emplee en la realización de los exámenes señalados en el inciso anterior será considerado como trabajado para todos los efectos legales. Asimismo, el empleador deberá pagar el valor de los pasajes por el transporte que deba utilizar el trabajador para concurrir al centro asistencial donde se le efectuarán los exámenes.

CAPÍTULO IX
DEL TRABAJO A DISTANCIA Y TELETRABAJO[205]

Art. 152 quáter G. Las partes podrán pactar, al inicio o durante la vigencia de la relación laboral, en el contrato de trabajo o en documento anexo al mismo, la modalidad de trabajo a distancia o teletrabajo, la que se sujetará a las normas del presente Capítulo. En ningún caso dichos pactos podrán implicar un menoscabo de los derechos que este Código reconoce al trabajador, en especial, en su remuneración.

Es trabajo a distancia aquel en el que el trabajador presta sus servicios, total o parcialmente, desde su domicilio u otro lugar o lugares distintos de los establecimientos, instalaciones o faenas de la empresa.

Se denominará teletrabajo si los servicios son prestados mediante la utilización de medios tecnológicos, informáticos o de telecomunicaciones o si tales servicios deben reportarse mediante estos medios.

Los trabajadores que prestan servicios a distancia o teletrabajo gozarán de todos los derechos individuales y colectivos contenidos en este Código, cuyas normas les serán aplicables en tanto no sean incompatibles con las contenidas en el presente Capítulo.

---

205 Capítulo incluido por el artículo único, N° 2 de la Ley N° 21.220.

Art. 152 quáter H. Las partes deberán determinar el lugar donde el trabajador prestará los servicios, que podrá ser el domicilio del trabajador u otro sitio determinado. Con todo, si los servicios, por su naturaleza, fueran susceptibles de prestarse en distintos lugares, podrán acordar que el trabajador elija libremente dónde ejercerá sus funciones.

No se considerará trabajo a distancia o teletrabajo si el trabajador presta servicios en lugares designados y habilitados por el empleador, aun cuando se encuentren ubicados fuera de las dependencias de la empresa.

Art. 152 quáter I. En caso de que la modalidad de trabajo a distancia o teletrabajo se acuerde con posterioridad al inicio de la relación laboral, cualquiera de las partes podrá unilateralmente volver a las condiciones originalmente pactadas en el contrato de trabajo, previo aviso por escrito a la otra con una anticipación mínima de treinta días.

Si la relación laboral se inició conforme a las normas de este Capítulo, será siempre necesario el acuerdo de ambas partes para adoptar la modalidad de trabajo presencial.

Art. 152 quáter J. La modalidad de trabajo a distancia o teletrabajo podrá abarcar todo o parte de la jornada laboral, combinando tiempos de trabajo de forma presencial en establecimientos, instalaciones o faenas de la empresa con tiempos de trabajo fuera de ella.

El trabajo a distancia estará sujeto a las reglas generales de jornada de trabajo contenidas en el Capítulo IV del Libro I, con las excepciones y modalidades establecidas en el presente artículo. El empleador, cuando corresponda, deberá implementar a su costo un mecanismo fidedigno de registro de cumplimiento de jornada de trabajo a distancia, conforme a lo prescrito en el artículo 33.

Si la naturaleza de las funciones del trabajador a distancia lo permite, las partes podrán pactar que el trabajador distribuya libremente su jornada en los horarios que mejor se adapten a sus necesidades, respetando siempre los límites máximos de la jornada diaria y semanal, sujetándose a las normas sobre duración de la jornada de los artículos 22 y 28 y las relativas al descanso semanal del Párrafo 4° del Capítulo IV del Libro Primero.

Con todo, en el caso del teletrabajo las partes podrán acordar que el trabajador quede excluido de la limitación de jornada de trabajo en tanto se ajuste a lo dispuesto en el inciso segundo del artículo 22. Sin embargo, se presumirá que el trabajador está afecto a la jornada ordinaria cuando el empleador ejerciere una supervisión o control funcional sobre la forma y oportunidad en que se desarrollen las labores[206].

En aquellos casos en que se pacte la combinación de tiempos de trabajo de forma presencial en establecimientos, instalaciones o faenas de la empresa con tiempos de trabajo fuera de ella, podrán acordarse alternativas de combinación de dichos tiempos por los que podrá optar el trabajador, quien deberá comunicar la alternativa escogida con a lo menos una semana de anticipación.

Tratándose de trabajadores a distancia que distribuyan libremente su horario o de teletrabajadores excluidos de la limitación de jornada de trabajo, el empleador deberá respetar su derecho a desconexión, garantizando el tiempo en el cual ellos no estarán obligados a responder sus comunicaciones, órdenes u otros requerimientos. El tiempo de desconexión deberá ser de, al menos, doce horas continuas en un periodo de veinticuatro horas. Igualmente, en ningún caso el empleador podrá establecer comunicaciones ni formular órdenes u otros requerimientos en días de descanso, permisos o feriado anual de los trabajadores.

Art. 152 quáter K. Además de las estipulaciones previstas en el artículo 10, el contrato de trabajo de los trabajadores regidos por este Capítulo deberá contener lo siguiente:

1. Indicación expresa de que las partes han acordado la modalidad de trabajo a distancia o teletrabajo, especificando si será de forma total o parcial y, en este último caso, la fórmula de combinación entre trabajo presencial y trabajo a distancia o teletrabajo.

2. El lugar o los lugares donde se prestarán los servicios, salvo que las partes hayan acordado que el trabajador elegirá libremente dónde ejercerá

---

206 Inciso modificado por el artículo 1°, N° 22 de la Ley N° 21561.

sus funciones, en conformidad a lo prescrito en el inciso primero del artículo 152 quáter H, lo que deberá expresarse.

3. El período de duración del acuerdo de trabajo a distancia o teletrabajo, el cual podrá ser indefinido o por un tiempo determinado, sin perjuicio de lo establecido en el artículo 152 quáter I.

4. Los mecanismos de supervisión o control que utilizará el empleador respecto de los servicios convenidos con el trabajador.

5. La circunstancia de haberse acordado que el trabajador a distancia podrá distribuir su jornada en el horario que mejor se adapte a sus necesidades o que el teletrabajador se encuentra excluido de la limitación de jornada de trabajo.

6. El tiempo de desconexión.

Art. 152 quáter L. Los equipos, las herramientas y los materiales para el trabajo a distancia o para el teletrabajo, incluidos los elementos de protección personal, deberán ser proporcionados por el empleador al trabajador, y este último no podrá ser obligado a utilizar elementos de su propiedad. Igualmente, los costos de operación, funcionamiento, mantenimiento y reparación de equipos serán siempre de cargo del empleador.

Art. 152 quáter M. Las condiciones específicas de seguridad y salud a que deben sujetarse los trabajadores regidos por este Capítulo serán reguladas por un reglamento que dictará el Ministerio del Trabajo y Previsión Social.

En aquellos casos en que las partes estipulen que los servicios se prestarán desde el domicilio del trabajador u otro lugar previamente determinado, el empleador comunicará al trabajador las condiciones de seguridad y salud que el puesto de trabajo debe cumplir de acuerdo al inciso anterior, debiendo, en todo caso, velar por el cumplimiento de dichas condiciones, conforme al deber de protección consagrado en el artículo 184.

En caso de que la prestación de los servicios se realice en el domicilio del trabajador o de un tercero, el empleador no podrá ingresar a él sin previa autorización de uno u otro, en su caso.

En todo caso, el empleador podrá siempre requerir al respectivo organismo administrador del seguro de la ley Nº 16.744 que, previa autorización del trabajador, acceda al domicilio de éste e informe acerca de si el puesto de trabajo cumple con todas las condiciones de seguridad y salud reguladas en el reglamento señalado en el inciso primero y demás normas vigentes sobre la materia.

Sin perjuicio de lo anterior, en cualquier tiempo, la Dirección del Trabajo, previa autorización del trabajador, podrá fiscalizar el debido cumplimiento de la normativa laboral en el puesto de trabajo a distancia o teletrabajo.

Art. 152 quáter N. Conforme al deber de protección que tiene el empleador, siempre deberá informar por escrito al trabajador a distancia o teletrabajador acerca de los riesgos que entrañan sus labores, de las medidas preventivas y de los medios de trabajo correctos según cada caso en particular, de conformidad a la normativa vigente.

Adicionalmente, en forma previa al inicio de las labores a distancia o teletrabajo, el empleador deberá efectuar una capacitación al trabajador acerca de las principales medidas de seguridad y salud que debe tener presente para desempeñar dichas labores. Esta capacitación podrá realizarla directamente el empleador o a través del organismo administrador del seguro de la ley Nº 16.744, según estime conveniente.

El empleador deberá, además, informar por escrito al trabajador de la existencia o no de sindicatos legalmente constituidos en la empresa en el momento del inicio de las labores. Asimismo, en caso de que se constituya un sindicato con posterioridad al inicio de las labores, el empleador deberá informar este hecho a los trabajadores sometidos a este contrato dentro de los diez días siguientes de recibida la comunicación establecida en el artículo 225.

Art. 152 quáter Ñ. El trabajador sujeto a las normas de este Capítulo siempre podrá acceder a las instalaciones de la empresa y, en cualquier caso, el empleador deberá garantizar que pueda participar en las actividadesdes colectivas que se realicen, siendo de cargo del empleador los gastos de traslado de los trabajadores.

Art. 152 quáter O. Dentro de los quince días siguientes a que las partes acuerden la modalidad de trabajo a distancia o teletrabajo, el empleador deberá registrar dicho pacto de manera electrónica en la Dirección del Trabajo. A su vez, la Dirección del Trabajo remitirá copia de dicho registro a la Superintendencia de Seguridad Social y al organismo administrador del seguro de la ley N° 16.744 al que se encuentre adherido la entidad empleadora.

El Director del Trabajo determinará la forma, condiciones y características del registro de dichos acuerdos y las demás normas necesarias para verificar el cumplimiento de los requisitos contemplados en los artículos anteriores.

La fiscalización del cumplimiento de los acuerdos de trabajo a distancia o teletrabajo corresponderá a la Dirección del Trabajo, sin perjuicio de las facultades conferidas a otros servicios del Estado en virtud de las leyes que los rijan.

Del derecho al trabajo a distancia o teletrabajo de las personas trabajadoras que desempeñan labores de cuidado no remunerado[207].

Art. 152 quáter O bis. El empleador deberá ofrecer a la persona trabajadora que, durante la vigencia de la relación laboral, tenga el cuidado personal de un niño o niña menor de catorce años o que tenga a su cargo el cuidado de una persona con discapacidad o en situación de dependencia severa o moderada, no importando la edad de quien se cuida, sin recibir remuneración por dicha actividad, que todo o parte de su jornada diaria o semanal pueda ser desarrollada bajo modalidad de trabajo a distancia o teletrabajo, en la medida que la naturaleza de sus funciones lo permita.

La circunstancia de encontrarse en alguna de las situaciones señaladas precedentemente deberá acreditarse mediante certificado de naci-

[207] Epígrafe incluido por el artículo único, N° 3 de la Ley N° 21.645.

miento que acredite la filiación respecto de un niño o niña; o la resolución judicial de un tribunal que otorga el cuidado personal de éstos o éstas; o el certificado de inscripción en el Registro Nacional de la Discapacidad, conforme a lo dispuesto en la letra b) del artículo 56 de la ley N° 20.422; o el documento emitido por el Ministerio de Desarrollo Social y Familia, conforme a la información contenida en el instrumento establecido en el artículo 5° de la ley N° 20.379, o a través del instrumento que lo reemplace, que dé cuenta de la calidad de cuidador o cuidadora, según corresponda.

Lo dispuesto en este artículo no se aplicará a los trabajadores que tengan poder para representar al empleador, tales como gerentes, subgerentes, agentes o apoderados[208].

Art. 152 quáter O ter. La obligación del empleador señalada en el artículo anterior, se regirá por las siguientes reglas:

1.- La persona trabajadora deberá presentar su requerimiento por escrito, acompañando los documentos señalados en el artículo precedente, y formulando una propuesta en la que se contenga la combinación fija de tiempos de trabajo presencial en el establecimiento, instalación o faena de la empresa, y de tiempos de trabajo fuera de ellas, pudiendo distribuir tiempos presenciales y a distancia durante la jornada diaria o semanal, los que no podrán superar los límites diarios y semanales de trabajo.

El empleador deberá dar su respuesta dentro de los quince días siguientes a dicha presentación, pudiendo ofrecer una fórmula alternativa o rechazar la propuesta, en cuyo evento deberá acreditar que la naturaleza de las funciones de la persona trabajadora no permite la modalidad de trabajo a distancia o teletrabajo, como en el caso de labores que requieran que la persona trabajadora se encuentre presencialmente en su puesto de trabajo, o la atención presencial de público, o que por necesidades organizativas sean requeridas para la realización de los servicios de otros trabajadores, o de atención de servicios de urgencia, guardias o similares. Igualmente, el empleador podrá negarse cuando no existan condiciones de conectividad en el lugar en el que se desarrollarán las labores, o el orga-

---

208 Artículo incluido por el artículo único, N° 4 de la Ley N° 21.645.

nismo administrador del seguro determine que dicho lugar no cumple con condiciones de seguridad y salud en el trabajo adecuadas, de conformidad a lo previsto en el inciso cuarto del artículo 152 quáter M.

En ningún caso, el ejercicio de este derecho por parte de la persona trabajadora implicará una alteración en las condiciones pactadas, o que el empleador tenga que disponer de un reemplazo o cambios de horarios o funciones de otros trabajadores.

2.- Si la persona trabajadora requiere realizar una modificación a la distribución establecida, deberá dar aviso por escrito al empleador con una anticipación mínima de treinta días, quien deberá pronunciarse de conformidad al procedimiento establecido precedentemente.

3.- Por causa sobreviniente, la persona trabajadora podrá volver unilateralmente a las condiciones originalmente pactadas en el contrato de trabajo. Igual derecho le corresponde al empleador cuando concurra alguna de las circunstancias contempladas en el párrafo segundo del numeral 1. Para estos efectos, deberán dar aviso por escrito con una anticipación mínima de treinta días.

4.- El empleador deberá consignar en un documento anexo al contrato de trabajo, lo siguiente:

a) La identificación del trabajo de cuidado no remunerado de la persona trabajadora y el medio de acreditación de los señalados en el artículo 152 quáter O bis que habilita el ejercicio del presente derecho, y

b) La fórmula de combinación de tiempos de trabajo presencial en establecimientos, instalaciones o faenas de la empresa, y de tiempos de trabajo fuera de ellas.

En todo lo demás que sea compatible se aplicarán las normas establecidas en el presente Capítulo[209].

---

[209] Artículo incluido por el artículo único, N° 4 de la Ley N° 21.645.

CAPÍTULO X
DEL TRABAJO MEDIANTE PLATAFORMAS DIGITALES DE SERVICIOS[210]

Párrafo I. Definiciones

Artículo 152 quáter P. Ámbito de aplicación. El presente Capítulo regula las relaciones entre trabajadores de plataformas digitales, dependientes e independientes, y empresas de plataformas digitales de servicios prestados en el territorio.

Artículo 152 quáter Q. Definiciones. Para los efectos de este Capítulo, se entenderá por:

a) Empresa de plataforma digital de servicios: Aquella organización que, a título oneroso, administra o gestiona un sistema informático o de tecnología ejecutable en aplicaciones de dispositivos móviles o fijos que permite que un trabajador de plataformas digitales ejecute servicios, para los usuarios de dicho sistema informático o tecnológico, en un territorio geográfico específico, tales como el retiro, distribución y/o reparto de bienes o mercaderías, el transporte menor de pasajeros, u otros.

No se considerarán como empresas de plataformas digitales de servicios para los efectos de este Capítulo, aquellas plataformas que se limiten a publicar anuncios de prestación de servicios de personas naturales o jurídicas, o bien anuncios de venta o arriendo de bienes muebles o inmuebles, aun cuando la contratación de dichos servicios pueda hacerse a través de la plataforma.

b) Trabajador de plataformas digitales: Aquel que ejecuta servicios personales, sea a cuenta propia o ajena, solicitados por usuarios de una aplicación administrada o gestionada por una empresa de plataforma digital de servicios.

El trabajador de plataformas digitales será considerado como trabajador dependiente o trabajador independiente, según concurran o no los requisitos establecidos en el artículo 7° del presente Código.

---

[210] Capítulo incluido por el artículo único de la Ley N° 21.431.

Párrafo II. Del Contrato de Trabajo de los trabajadores de plataformas digitales dependientes

Artículo 152 quáter R. De los servicios prestados por trabajadores de plataformas digitales dependientes. Los trabajadores de plataformas digitales que, en conformidad al artículo 7°, presten servicios personales para una empresa de plataforma digital de servicios bajo vínculo de subordinación y dependencia, se regirán por las normas de los Párrafos I, II y IV de este Capítulo y también les serán aplicables las normas generales del presente Código, en tanto no sean incompatibles o contradictorias con las normas de los mencionados Párrafos.

Artículo 152 quáter S. Estipulaciones del contrato de trabajo. Sin perjuicio de lo dispuesto en el artículo 10 del presente Código, el contrato de trabajo de los trabajadores de plataformas digitales dependientes deberá indicar:

a) La determinación de la naturaleza de los servicios y los términos y condiciones bajo los cuales deben prestarse, lo que deberá incluir, entre otros, el tratamiento de los datos personales del trabajador y el impacto que tienen las calificaciones que le asignen los usuarios.

b) El método de cálculo para la determinación de la remuneración, forma y período de pago.

c) La designación de un canal oficial donde el trabajador pueda presentar sus objeciones, reclamos o requerimientos respecto de los pagos recibidos, el registro de sus labores, la asignación de las mismas y la evaluación que los clientes realizan acerca de su labor, el que siempre deberá ser atendido por una persona si el trabajador lo requiere. El canal indicado deberá contar con un lugar físico de atención, un teléfono local y un representante de la empresa asignado como responsable de atender los fines descritos.

d) La determinación de la zona geográfica en que debe prestar servicios el trabajador, o bien la forma en que dicha zona se determinará. En caso de que dicha determinación quede a libre voluntad del trabajador, deberá consignarse en el contrato la forma y momento en que se deba notificar el territorio en donde se prestarán los servicios.

e) Los criterios utilizados para establecer el contacto y coordinación entre el trabajador y los usuarios de la plataforma, los que deberán ser transparentes y objetivos.

Para los efectos de lo dispuesto en el número 3 del artículo 10 del presente Código, se entenderá por lugar de trabajo la zona determinada en el contrato individual, conforme a la letra d) precedente.

Por su parte, para los efectos de lo dispuesto en el número 5 del artículo 10 del presente Código, el contrato deberá señalar si el trabajador de plataformas digitales dependiente podrá distribuir su jornada en el horario que mejor se adapte a sus necesidades o quedará sujeto a las reglas generales de jornada. En el primer caso, el contrato deberá indicar, además, las obligaciones que deberá cumplir el trabajador una vez conectado a la plataforma, así como también la antelación con que éste deberá informar a la empresa de plataforma digital de servicios el momento en que se desconectará de la misma, a efectos de permitir la adecuada organización de los servicios prestados a los usuarios.

Artículo 152 quáter T. Deber de protección. Conforme al deber de protección que tiene el empleador, la empresa de plataforma digital de servicios deberá informar por escrito al trabajador de plataformas digitales dependiente acerca de los riesgos que entrañan sus labores, de las medidas preventivas y de los medios de trabajo correctos según cada caso en particular de conformidad a la normativa vigente.

Artículo 152 quáter U. Jornada de trabajo. Para los fines de este Capítulo, se considera jornada de trabajo todo el tiempo durante el cual el trabajador se encuentre a disposición de la empresa de plataforma digital de servicios, a partir del acceso a la infraestructura digital y hasta que se desconecte voluntariamente.

Los y las trabajadoras podrán distribuir libremente su jornada en los horarios que mejor se adapten a sus necesidades. Se deberá respetar siempre el límite máximo de la jornada ordinaria semanal y diaria, y las normas relativas al descanso semanal establecidas en este Código.

Las plataformas digitales deberán implementar a su costo un mecanismo fidedigno de registro de la jornada de los trabajadores de plataformas digitales de servicios prestados en el territorio, que cumpla con lo dispuesto en el artículo 33.

El registro a que se refiere el inciso anterior deberá, asimismo, identificar claramente entre las horas de jornada pasiva, esto es, el tiempo en que el trabajador o la trabajadora se encuentra a disposición de la empresa de plataforma digital de servicios sin realizar labores por causas que no le son imputables, de las horas de trabajo efectivamente realizado, es decir, aquellas que median entre el inicio del servicio asignado y su conclusión en los términos pactados.

Artículo 152 quáter V. De la remuneración. Tratándose de trabajadores de plataformas digitales dependientes que distribuyan libremente su jornada en los horarios que mejor se adapten a sus necesidades, las partes podrán pactar remuneraciones conforme a lo dispuesto en el artículo 44 de este Código o bien por los servicios efectivamente prestados, tales como un porcentaje de la tarifa que cobra la empresa de plataforma digital de servicios a sus usuarios u otro parámetro objetivo asimilable.

En cualquier caso, la remuneración por hora efectivamente trabajada no podrá ser inferior a la proporción del ingreso mínimo mensual determinado por ley, incrementado en un veinte por ciento, el que tendrá por objeto remunerar los tiempos de espera, así como cualquier otro tiempo de trabajo no efectivo a los que pueda estar sujeto el trabajador de plataformas digitales dependiente. Para estos efectos, se dividirá el valor del ingreso mínimo mensual por el número resultante de la multiplicación por cuatro del máximo de jornada semanal ordinaria establecido en el artículo 22 del presente Código. La empresa, en el respectivo período de pago, deberá verificar que las remuneraciones devengadas por los servicios efectivamente prestados cumplan con estos valores mínimos y, en caso de no alcanzarlos, deberá pagar al trabajador la diferencia.

Si se remunera en razón de los servicios efectivamente prestados a los usuarios de la plataforma, la liquidación de remuneraciones se deberá contener en un anexo, que constituye parte integrante de la misma, el detalle de cada operación que le dio origen y la forma empleada para su cálculo.

Las remuneraciones se pagarán con la periodicidad estipulada en el contrato. A falta de estipulación, la remuneración se pagará semanalmente.

Párrafo III. Del Contrato de los trabajadores de plataformas digitales independientes

Artículo 152 quáter W. De los servicios prestados por trabajadores de plataformas digitales independientes. Se regirán por las disposiciones del presente Párrafo y de los Párrafos I y IV de este Capítulo, los servicios que se presten a través de una empresa de plataforma digital por trabajadores de plataformas digitales independientes, es decir, aquellos que no se realicen en los términos señalados en el artículo 7° del presente Código.

Para estos efectos, la empresa de plataforma digital de servicios deberá limitarse a coordinar el contacto entre el trabajador de plataformas digitales independiente y los usuarios de ésta, sin perjuicio de establecer los términos y condiciones generales que permitan operar a través de sus sistemas informáticos o tecnológicos.

Artículo 152 quáter X. Del contrato de prestación de servicios de trabajadores de plataformas digitales independientes. El contrato de prestación de servicios que une al trabajador de plataformas digitales independiente con la empresa de plataforma digital de servicios deberá constar por escrito e indicar, en un lenguaje claro, sencillo y en idioma castellano, a lo menos, lo siguiente:

a) La individualización de las partes.

b) Los términos y condiciones para determinar el precio o tarifa de los servicios del trabajador de plataformas digitales independiente y de los demás incentivos pecuniarios que se apliquen, expresando su valor en pesos chilenos y detallando todas las variables que se considerarán para su determinación.

c) Los criterios utilizados para establecer el contacto y coordinación entre el trabajador independiente y los usuarios, los que deberán ser transparentes y objetivos.

d) La determinación de la zona geográfica en que debe prestar servicios el trabajador independiente, o bien la forma en que dicha zona se determinará. A falta de estipulación, se entiende que queda a libre voluntad del trabajador independiente.

e) Las reglas de protección de datos personales del trabajador de plataformas digitales independiente a que tiene acceso la empresa de plataforma digital de servicios de conformidad con la legislación vigente.

f) Los tiempos máximos de conexión continua y la obligación de desconexión por parte de la empresa de plataforma digital de servicios.

g) La designación de un domicilio en el país solo para efectos de comunicaciones y notificaciones judiciales, administrativas o de naturaleza análoga.

h) La designación de un canal oficial donde el trabajador independiente pueda presentar sus objeciones, reclamos o requerimientos respecto de los pagos recibidos, el registro de sus labores, la oferta de las mismas y la evaluación que los clientes realizan acerca de su labor. El mencionado canal deberá contar con un lugar físico de atención, un teléfono local y un representante de la empresa asignado como responsable de atender los fines descritos.

i) Las causales de terminación del contrato, la forma de comunicación, los plazos y mecanismos dispuestos en la plataforma digital para reclamar este término.

j) Las condiciones generales de prestación de los servicios a través de la plataforma digital de servicios y demás pactos que acuerden las partes.

La empresa de plataforma digital de servicios solo podrá habilitar al trabajador de plataformas digitales independiente en sus sistemas, una vez que éste haya declarado expresamente su conformidad con los términos y condiciones del contrato. Cualquier modificación del contrato deberá ser informada y aceptada por el trabajador de plataformas digitales independiente, para ser aplicable.

Una copia del contrato deberá ser entregada, física o electrónicamente, al trabajador de plataformas digitales independiente y otra deberá mantenerse a disposición de las partes en el sistema informático de la empresa de plataforma digital de servicios para que el trabajador independiente pueda leerla mediante la aplicación o descargarla para su archivo y uso personal en el dispositivo que estime conveniente en cualquier momento.

Artículo 152 quáter Y. De los honorarios de los trabajadores de plataformas digitales independientes y el acceso al sistema de seguridad social. Dentro del respectivo período de pago, el que no podrá exceder de un mes, la empresa de plataforma digital de servicios deberá pagar al trabajador de plataformas digitales independiente los honorarios que correspondan por los servicios efectivamente prestados a sus usuarios. Para estos efectos, la empresa de plataforma digital de servicios deberá otorgar todas las facilidades de registro de información, sistemas de transferencias de pago y otros aspectos operativos necesarios.

Para efectos de determinar el tratamiento tributario que corresponda al trabajador independiente, se estará a lo dispuesto en el artículo 42, número 2, de la Ley sobre Impuesto a la Renta, contenida en el artículo 1° del decreto ley N° 824, de 1974 y, según corresponda, a las restantes disposiciones aplicables de dicha ley. Por su parte, respecto de la obligación de retención aplicable a la empresa de plataforma digital de servicios constituida, domiciliada o residente en Chile, se estará a lo que establece el artículo 74, número 2, de la Ley sobre Impuesto a la Renta, o si corresponde, a las otras disposiciones de dicha ley.

Las empresas de plataforma digital de servicios deberán exigir que el trabajador de plataformas digitales independiente extienda la documentación tributaria que corresponde, tal como la respectiva boleta de honorarios por los servicios prestados a los usuarios, salvo que el Servicio de Impuestos Internos establezca, mediante resolución, otra forma de documentar la operación.

Los honorarios por cada hora de servicios efectivamente realizados no podrán ser inferiores a la proporción del ingreso mínimo mensual determinado por ley, aumentado en un veinte por ciento. Para su cálculo se dividirá el valor del ingreso mínimo mensual en ciento setenta y seis horas[211]. La empresa, en el respectivo período de pago, deberá verificar que los honorarios devengados por los servicios efectivamente prestados cumplan con estos valores mínimos y, en caso de no alcanzarlos, deberá pagar al trabajador la diferencia[212].

El trabajador de plataformas digitales independiente tendrá derecho a acceder a cobertura de seguridad social, cotizando según resulte aplicable. Para tal efecto, se estará a lo señalado en el artículo 92 del decreto ley N° 3.500, de 1980, sin perjuicio del derecho a cotizar mensualmente de conformidad al inciso tercero de la citada norma, u otras normas que resulten aplicables de dicho decreto ley. Por consiguiente, tendrá derecho a cobertura de salud, de pensiones de vejez, de reconocimiento de cargas familiares, para el seguro de accidentes del trabajo y enfermedades profesionales, seguro de invalidez y sobrevivencia, y para el seguro de acompañamiento de niños y niñas afectados por una condición grave de salud, y las demás aplicables conforme a la normativa vigente.

Artículo 152 quáter Z. De la obligación de desconectar al trabajador de plataformas digitales independiente. La empresa de plataforma digital de servicios deberá resguardar el cumplimiento de un tiempo de desconexión mínimo del trabajador de plataformas digitales independiente de doce horas continuas dentro de un período de veinticuatro horas.

La empresa de plataforma digital de servicios sólo podrá desconectar temporalmente al trabajador de plataforma digital independiente para hacer efectivo este derecho y no podrá efectuar desconexiones temporales u otras medidas de sanción basadas en hechos como el rechazo del trabaja-

---

211 Las horas mencionadas en azul tendrá una reducción progresiva de la siguiente forma: 2024-2025: 176 horas; 2025-2026: 174 horas; a partir del 27 de abril de 2028: 172 horas; véase artículo 1° transitorio, N° 2° de la Ley N° 21.561.

212 Inciso modificado por el artículo 1°, N° 23 de la Ley N° 21.561.

dor independiente del servicio ofrecido o la no conexión a la plataforma digital de servicios en un determinado período de tiempo.

Artículo 152 quinquies A. Del aviso previo por terminación del contrato del trabajador de plataformas digitales independiente. La empresa de plataforma digital de servicios deberá comunicar por escrito el término del contrato al trabajador de plataformas digitales independiente que ha prestado servicios continuos por seis meses o más a través de su plataforma, con al menos treinta días de anticipación. No será exigible tal anticipación cuando el término del contrato se deba a conductas descritas en el mismo que constituyan un incumplimiento grave por parte del trabajador independiente.

En cualquier caso, el trabajador de plataformas digitales independiente podrá reclamar de dicha terminación de acuerdo con el procedimiento establecido en el contrato, en conformidad a la letra i) del artículo 152 quáter X, sin perjuicio de las demás acciones que sean procedentes.

Artículo 152 quinquies B. De los derechos fundamentales de los trabajadores de plataformas digitales independientes. La empresa de plataforma digital deberá respetar las garantías constitucionales del trabajador de plataformas digitales independiente.

Sin perjuicio de las reglas generales en la materia, en el caso de trabajadores de plataformas digitales independientes que, durante los últimos tres meses hayan prestado servicios a través de una determinada plataforma por, a lo menos, 30 horas promedio cada semana, será aplicable el procedimiento contenido en el Párrafo 6° del Capítulo II del Título I del Libro V del presente Código respecto de las cuestiones que afecten los derechos fundamentales a los que se refiere el artículo 485 de dicho cuerpo legal, cuando aquellos resulten lesionados por la empresa de plataforma digital de servicios, o en caso de terminación del contrato del trabajador en represalia por afiliarse a un sindicato, participar de actividades sindicales o de negociación colectiva.

Para efectos de determinar la cantidad de horas por semana en que el trabajador de plataformas digitales independiente ha prestado servicios, se considerará el tiempo por los servicios efectivamente realizados, en los términos del inciso cuarto del artículo 152 quáter Y.

Párrafo IV. De las normas comunes aplicables a los trabajadores de plataformas digitales dependientes e independientes

Artículo 152 quinquies C. De la obligación de informar sobre el servicio ofrecido. La empresa de plataforma digital de servicios deberá informar al trabajador de plataforma digital, al momento de ofrecer un servicio y previo a su aceptación, del lugar de realización, la identidad del usuario del servicio y el medio de pago que se utilizará. Tratándose de entregas, deberá indicar el domicilio donde se realizará y, en el caso de los servicios de transporte, los domicilios de origen y destino.

Artículo 152 quinquies D. Transparencia y derecho a la información. Los datos del trabajador o la trabajadora son de carácter estrictamente reservado y sólo podrán ser utilizados por la empresa de plataforma digital de servicios en el contexto de los servicios que la misma empresa presta. Podrán ser liberados, en todo caso y exclusivamente para los fines solicitados, por medio de una resolución judicial.

No obstante lo anterior, el trabajador o la trabajadora tendrá derecho a solicitar a la empresa de plataforma digital de servicios, en cualquier momento, el acceso a sus datos personales, en particular a aquellos relacionados con su calificación e impacten en el desempeño de su trabajo. Los datos deberán ser entregados por la plataforma en el plazo de quince días hábiles contado desde la fecha de la solicitud.

El trabajador o trabajadora tendrán derecho a solicitar la portabilidad de sus datos en un formato estructurado, genérico y de uso común, que permita ser operado por distintos sistemas informáticos.

Para efectos de una correcta fiscalización de las autoridades competentes, las empresas de plataformas digitales de servicios si fuere requerido, deberán permitir el acceso a la programación del algoritmo, a explicaciones completas y suficientes sobre la forma en que toma sus decisiones, los datos con los que fue entrenado y todo otro factor relevante para el cumplimiento íntegro de la ley.

Artículo 152 quinquies E. Prohibición de discriminación por mecanismos automatizados de toma de decisiones. En la implementación de los algoritmos, la empresa de plataforma digital de servicios deberá respetar el principio de igualdad y el de no discriminación. Para ello, tomará todas las medidas y resguardos que sean necesarios con el fin de evitar cualquier tipo de discriminación entre los trabajadores, particularmente en la asignación de trabajo, oferta de bonos e incentivos, cálculo de remuneraciones, entre otros.

También será considerada discriminación la conducta del empleador aparentemente neutra, y cuyo resultado afecte desproporcionadamente a uno o más trabajadores.

La empresa de plataforma digital de servicios deberá informar a sus trabajadores sobre los mecanismos y procedimientos que adopte con el fin de dar cumplimiento a esta norma.

Artículo 152 quinquies F. De la capacitación y los elementos de protección a los trabajadores de plataformas digitales. La empresa de plataforma digital de servicios deberá proporcionar al trabajador:

a) Una capacitación adecuada y oportuna que considere los criterios de seguridad y salud definidos por la autoridad competente para la actividad que se realiza.

b) Un casco de protección, rodilleras y coderas para el trabajador de plataformas digitales que utilice una bicicleta o motocicleta para prestar sus servicios, los que deberán cumplir con las certificaciones y normativa vigente, conforme a la Ley de Tránsito. Al término de los servicios, el trabajador deberá devolver a la empresa de plataforma digital de servicios los elementos proporcionados conforme sea acordado.

c) Un seguro de daños que asegure los bienes personales que utiliza el trabajador de plataformas digitales en la prestación del servicio, con una cobertura mínima anual de 50 unidades de fomento.

El cumplimiento de estas obligaciones no constituirá un indicio de subordinación y dependencia respecto de los trabajadores de plataformas digitales independientes.

Artículo 152 quinquies G. Base de cálculo de indemnizaciones legales. Para la determinación de las indemnizaciones legales que correspondan con ocasión del término del contrato de trabajo, se considerará como base de cálculo la remuneración promedio del último año trabajado, se excluirán aquellos meses no trabajados y se tendrán en consideración los años de servicio. Con todo, si la indemnización que correspondiere por aplicación del artículo 163 fuere superior, se aplicará ésta.

Artículo 152 quinquies H. Derechos colectivos de los trabajadores de plataformas digitales. Los trabajadores de plataformas digitales de servicios, en conformidad a lo preceptuado en el artículo 216, tendrán el derecho de constituir, sin autorización previa, las organizaciones sindicales que estimen convenientes, con la sola condición de sujetarse a la ley y a los estatutos de las mismas y gozarán de todos los derechos y deberes consagrados para ellas en este Código.

Sin perjuicio de las demás normas establecidas en el Libro IV del presente Código, las organizaciones sindicales que afilien a trabajadores dependientes e independientes de plataformas digitales o únicamente a estos últimos, podrán negociar conforme a lo dispuesto en el artículo 314 con las empresas de plataformas digitales. En el caso de que el proyecto de convenio colectivo se presente a dos o más empresas y cada una de éstas acceda a negociar, cada empresa deberá decidir si negocia en forma conjunta o separada, y comunicará su decisión a la comisión negociadora sindical en su respuesta al proyecto de convenio colectivo.

Artículo 152 quinquies I. La Dirección del Trabajo fiscalizará, dentro del ámbito de su competencia, el cumplimiento de las normas de este Capítulo, especialmente, las obligaciones establecidas en los artículos 152 quáter Z y 152 quinquies E. Las infracciones a este respecto se sancionarán con las multas a que se refiere el artículo 506, las que se duplicarán en caso de reincidencia.

TÍTULO III
DEL REGLAMENTO INTERNO Y LA INCLUSIÓN LABORAL DE PERSONAS CON DISCAPACIDAD Y/O ASIGNATARIAS DE UNA PENSIÓN DE INVALIDEZ[213]

CAPÍTULO I
DEL REGLAMENTO INTERNO[214]

Art. 153. Las empresas, establecimientos, faenas o unidades económicas que ocupen normalmente diez o más trabajadores permanentes, contados todos los que presten servicios en las distintas fábricas o secciones, aunque estén situadas en localidades diferentes, estarán obligadas a confeccionar un reglamento interno de orden, higiene y seguridad que contenga las obligaciones y prohibiciones a que deben sujetarse los trabajadores, en relación con sus labores, permanencia y vida en las dependencias de la respectiva empresa o establecimiento[215].

Especialmente, se deberán estipular las normas que se deben observar para garantizar un ambiente laboral digno y de mutuo respeto entre los trabajadores.

Una copia del reglamento deberá remitirse al Ministerio de Salud y a la Dirección del Trabajo dentro de los cinco días siguientes a la vigencia del mismo.

Cualquier trabajador o las organizaciones sindicales de la empresa respectiva podrán impugnar las disposiciones del reglamento interno que estimaren ilegales, mediante presentación efectuada ante la autoridad de salud o ante la Dirección del Trabajo, según corresponda. De igual modo, esa autoridad o esa Dirección podrán, de oficio, exigir modificaciones al

---

213 Título modificado por el artículo 1°, N° 1° de la Ley N° 21.690.

214 Capítulo incluido por el artículo 3°, Nº 2º de la Ley Nº 21.015.

215 Inciso modificado por el artículo único, Nº 18, letra a) de la Ley Nº 19.759.

referido reglamento en razón de ilegalidad. Asimismo, podrán exigir que se incorporen las disposiciones que le son obligatorias de conformidad al artículo siguiente[216].

Art. 154. El reglamento interno deberá contener, a lo menos, las siguientes disposiciones:

1.- las horas en que empieza y termina el trabajo y las de cada turno, si aquél se efectúa por equipos;

2.- los descansos;

3.- los diversos tipos de remuneraciones;

4.- el lugar, día y hora de pago;

5.- las obligaciones y prohibiciones a que estén sujetos los trabajadores;

6.- la designación de los cargos ejecutivos o dependientes del establecimiento ante quienes los trabajadores deban plantear sus peticiones, reclamos, consultas y sugerencias, y en el caso de empresas de doscientos trabajadores o más, un registro que consigne los diversos cargos o funciones en la empresa y sus características técnicas esenciales[217];

7.- las normas especiales que correspondan a las diversas clases de faenas o actividades, de acuerdo con la edad, sexo, género o ubicación geográfica de los trabajadores y trabajadoras; y las medidas de accesibilidad, realización de ajustes necesarios y prevención de conductas de acoso hacia los trabajadores o trabajadoras con discapacidad y/o asignatarios de una pensión de invalidez[218];

8.- la forma de comprobación del cumplimiento de las leyes de previsión, de servicio militar obligatorio, de cédula de identidad y, en el caso de menores, de haberse cumplido la obligación escolar;

9.- las normas e instrucciones de prevención, higiene y seguridad que deban observarse en la empresa o establecimiento;

---

[216] Inciso modificado por el artículo 1°, N° 9 de la Ley N° 20.940.

[217] Número modificado por el artículo 1°, N° 2°, letra a) de la Ley N° 20.348.

[218] Número modificado por el artículo 1°, N° 2° de la Ley N° 21.690.

10.- las sanciones que podrán aplicarse por infracción a las obligaciones que señale este reglamento, las que sólo podrán consistir en amonestación verbal o escrita y multa de hasta el veinticinco por ciento de la remuneración diaria[219];

11.- el procedimiento a que se someterá la aplicación de las sanciones referidas en el número anterior[220];

12.- el protocolo de prevención respecto del acoso sexual, laboral y la violencia en el trabajo, y el procedimiento al que se someterán las trabajadoras y los trabajadores, en conformidad a lo dispuesto en el Título IV del Libro II, el que considerará las medidas de resguardo que se adopten respecto de los involucrados y las sanciones que se aplicarán.

En el caso de las denuncias sobre acoso sexual, laboral o violencia en el trabajo, el empleador que, ante una denuncia del trabajador afectado, cumpla íntegramente con el procedimiento establecido en el Título IV del Libro II, no estará afecto al aumento señalado en la letra c) del inciso primero del artículo 168, y[221]

13.- El procedimiento a que se someterán los reclamos que se deduzcan por infracción al artículo 62 bis. En todo caso, el reclamo y la respuesta del empleador deberán constar por escrito y estar debidamente fundados. La respuesta del empleador deberá ser entregada dentro de un plazo no mayor a treinta días de efectuado el reclamo por parte del trabajador[222].

Las obligaciones y prohibiciones a que hace referencia el número 5 de este artículo, y, en general, toda medida de control, sólo podrán efectuarse por medios idóneos y concordantes con la naturaleza de la relación laboral y, en todo caso, su aplicación deberá ser general, garantizándose la impersonalidad de la medida, para respetar la dignidad del trabajador[223].

---

219 Número modificado por el artículo 1°, N° 3°, letra a) de la Ley N° 20.005.

220 Número modificado por el artículo 1°, N° 2°, letra b) de la Ley 20.348.

221 Número modificado por el artículo 1°, N° 2 de la Ley N° 21.643.

222 Número incorporado por el artículo 1°, N° 2°, letra c) de la Ley N° 20.348.

223 Inciso incluido por el artículo único, N° 19 de la Ley N° 19.759.

Art. 154 bis. El empleador que no se encuentre obligado a confeccionar el Reglamento Interno al que se refiere el presente Capítulo deberá poner en conocimiento de las trabajadoras y de los trabajadores el protocolo de prevención respecto del acoso sexual, laboral y la violencia en el trabajo y el procedimiento de investigación y sanción al que se someterán dichas conductas, al momento de la suscripción del contrato de trabajo, en conformidad a lo dispuesto en el Título IV del Libro II, el que considerará las medidas de resguardo que se adopten respecto de los involucrados y las sanciones que se aplicarán. Lo anterior deberá constar por escrito y se incorporará en el Reglamento a que se refiere el artículo 67 de la ley N° 16.744. Para efectos de la elaboración del procedimiento de investigación y sanción, el empleador podrá contar con la asistencia técnica del organismo administrador de la ley referida al que se encuentre afiliado[224].

Art. 154 ter. El empleador deberá mantener reserva de toda la información y datos privados del trabajador a que tenga acceso con ocasión de la relación laboral[225].

Art. 155. Las respuestas que dé el empleador a las cuestiones planteadas en conformidad al número 6 del artículo 154 podrán ser verbales o mediante cartas individuales o notas circulares, pudiendo acompañar a ellas los antecedentes que la empresa estime necesarios para la mejor información de los trabajadores[226].

Art. 156. Los reglamentos internos y sus modificaciones deberán ponerse en conocimiento de los trabajadores treinta días antes de la fecha en que comiencen a regir, y fijarse, a lo menos, en dos sitios visibles del lugar de las faenas con la misma anticipación. Deberá también entregar-

---

224 Artículo incluido por el artículo 1°, N° 3 de la Ley N° 21.643.

225 La numeración de este artículo fue modificada por el artículo 1°, N° 3° de la Ley N° 21.643. El artículo original fue incorporado por el artículo único, N° 20 de la Ley N° 19.759.

226 Artículo modificado por el artículo único, N° 21 de la Ley N° 19.759.

se una copia a los sindicatos y a los Comités Paritarios existentes en la empresa[227].

Además, el empleador deberá entregar gratuitamente a los trabajadores un ejemplar impreso que contenga en un texto el reglamento interno de la empresa y el reglamento a que se refiere la Ley Nº 16.744[228].

Art. 157. En los casos en que las infracciones por parte de los trabajadores a las normas de los reglamentos internos se sancionen con multa, ésta no podrá exceder de la cuarta parte de la remuneración diaria del infractor, y de su aplicación podrá reclamarse ante la Inspección del Trabajo que corresponda.

Las multas serán destinadas a incrementar los fondos de bienestar que la empresa respectiva tenga para los trabajadores o de los servicios de bienestar social de las organizaciones sindicales cuyos afiliados laboren en la empresa, a prorrata de la afiliación y en el orden señalado. A falta de esos fondos o entidades, el producto de las multas pasará al Servicio Nacional de Capacitación y Empleo, y se le entregará tan pronto como hayan sido aplicadas.

CAPÍTULO II
DE LA INCLUSIÓN LABORAL DE PERSONAS CON DISCAPACIDAD Y/O ASIGNATARIAS DE UNA PENSIÓN DE INVALIDEZ[229]

Art. 157 bis. Las empresas de 100 o más trabajadores deberán contratar o mantener contratados, según corresponda, al menos el 1% de personas con discapacidad o que sean asignatarias de una pensión de invalidez de cualquier régimen previsional, en relación al total de sus trabajadores[230].

Las personas con discapacidad deberán contar con la calificación y certificación señaladas en el artículo 13 de la ley Nº 20.422.

---

227 Inciso modificado por el artículo 1º, Nº 10 de la Ley Nº 20.940.

228 Inciso modificado por el artículo único, Nº 22 de la Ley Nº 19.759.

229 Nombre del capítulo modificado por el artículo 1°, N° 3 de la Ley N° 21.690.

230 El porcentaje del 1% podrá subir al 2% (véase artículo 1°, N° 4 Ley N° 21.690) el 1° enero de 2026 si se cumplen los criterios dispuestos en el 1° transitorio de la Ley N° 21.690.

El empleador deberá registrar los contratos de trabajo celebrados con personas con discapacidad o asignatarios de una pensión de invalidez de cualquier régimen previsional, así como sus modificaciones o términos, dentro de los quince días siguientes a su celebración a través del sitio electrónico de la Dirección del Trabajo, la que llevará un registro actualizado de lo anterior, debiendo mantener reserva de dicha información.

La fiscalización de lo dispuesto en este capítulo corresponderá a la Dirección del Trabajo, salvo lo dispuesto en el inciso cuarto del artículo siguiente, en lo relativo a la reglamentación de la letra b) de ese mismo artículo.

Un reglamento dictado por el Ministerio del Trabajo y Previsión Social y suscrito por los ministros de Hacienda y de Desarrollo Social, establecerá los parámetros, procedimientos y demás elementos necesarios para dar cumplimiento a lo establecido en este capítulo[231].

Art. 157 ter. Las empresas que, por razones fundadas, no puedan cumplir total o parcialmente la obligación establecida en el inciso primero del artículo anterior, deberán darle cumplimiento en forma subsidiaria, ejecutando alguna de las siguientes medidas:

a) Celebrar contratos de prestación de servicios con empresas que tengan contratadas personas con discapacidad y/o asignatarios de una pensión de invalidez.

Para cumplir la obligación legal de contratación se requiere que las personas con discapacidad y/o asignatarios de una pensión de invalidez contratadas, de cualquier régimen previsional, presten servicios de manera efectiva para la empresa principal. De esta forma, para determinar el cumplimiento de la obligación de contratación que tiene la empresa principal se deberá sumar el número de personas con discapacidad y/o asignatarios de una pensión de invalidez, que presten servicios de forma efectiva, a través de esta alternativa, y las contratadas de forma directa.

Las empresas que presten servicios a las empresas obligadas deberán registrar los contratos de las personas con discapacidad y/o asignatarias de una pensión de invalidez, en el registro establecido en el artículo 157 bis.

---

231 Artículo incluido por el artículo 3°, N° 3 de la Ley N° 21.015.

Las personas con discapacidad y/o asignatarias de una pensión de invalidez, de cualquier régimen previsional, contratadas por empresas que presten servicios y que sean, a su vez, empresas obligadas al cumplimiento de la reserva establecida en el artículo 157 bis, sólo podrán ser consideradas para el cumplimiento subsidiario de otras empresas obligadas por los contratos que excedan del número de trabajadores exigido para su propio cumplimiento[232].

b) Efectuar donaciones en dinero a proyectos o programas de asociaciones, corporaciones o fundaciones a las que se refiere el artículo 2 de la ley Nº 19.885[233].

Sólo se considerarán razones fundadas aquellas derivadas de la naturaleza de las funciones que desarrolla la empresa o la falta de personas interesadas en las ofertas de trabajo que se hayan formulado. No se considerará que existe razón fundada derivada de la naturaleza de las funciones que desarrolla la empresa, la sola invocación de su giro[234].

El monto anual de los contratos celebrados de conformidad a la letra a) de este artículo no podrá ser inferior al equivalente a veinticuatro ingresos mínimos mensuales respecto de cada trabajador que debía ser contratado por la empresa.

Las donaciones establecidas en la letra b) de este artículo deberán sujetarse a lo dispuesto en la ley Nº 19.885, en lo que resulte aplicable, y con las excepciones que se señalan a continuación:

1.- Estas donaciones no darán derecho a los créditos y beneficios tributarios establecidos en los artículos 1 y 1 bis. Sin embargo, para efectos de lo establecido en la Ley sobre Impuesto a la Renta, contenida en el

---

232 Letra modificada por el artículo 1°, N° 5 de la Ley N° 21.690.

233 La letra b) podrá ser modificada el 1° enero de 2026 (véase artículo 1°, N° 5 Ley N° 21.690), si se cumplen los criterios dispuestos en el 1° transitorio de la Ley N° 21.690, por el siguiente tenor: "b) Efectuar donaciones en dinero a proyectos o programas de asociaciones, corporaciones o fundaciones a las que se refiere el artículo 2 de la ley N° 19.885, por el monto anual de donaciones establecida en el inciso cuarto, numeral 4, del presente artículo, y hasta el equivalente al 1% del total de sus trabajadores.

234 Inciso modificado por el artículo 1°, N° 5 de la Ley N° 21.690.

artículo 1 del decreto ley N° 824, de 1974, tendrán la calidad de gasto necesario para producir la renta de acuerdo a lo establecido en el artículo 31 del referido cuerpo legal.

2.- Las donaciones deberán dirigirse a proyectos o programas que tengan por objeto la inclusión laboral, la intermediación laboral, la capacitación, rehabilitación, promoción y fomento para la creación de empleos, la contratación o inserción laboral de las personas con discapacidad, presentados por asociaciones, corporaciones o fundaciones que establezcan uno o más de dichos fines en su objeto social. Asimismo, las donaciones podrán dirigirse a proyectos o programas presentados por iguales organizaciones, que tengan por objeto alguno de los señalados anteriormente y busquen mejorar la calidad u oportunidades de vida de personas con discapacidad, con inclusión de aquellas con discapacidad severa o profunda, así como el apoyo para mejorar las condiciones de empleabilidad, el desarrollo de ocupaciones u oficios o el ejercicio de actividades como trabajadores independientes[235].

3.- Las donaciones no podrán efectuarse a instituciones en cuyo directorio participe el donante, su cónyuge, su conviviente civil o sus parientes ascendientes o descendientes hasta el tercer grado de consanguinidad o afinidad. En caso de que el donante sea una persona jurídica, no podrá efectuar donaciones a instituciones en cuyo directorio participen sus socios, directores, administradores, gerentes, ejecutivos principales o los accionistas que posean el 10% o más del capital social, o los cónyuges, convivientes civiles o parientes ascendientes o descendientes hasta el tercer grado de consanguinidad o afinidad de dichos socios, directores administradores, gerentes, ejecutivos principales o accionistas[236].

4.- El monto anual de las donaciones efectuadas no podrá ser inferior al equivalente a veinticuatro ingresos mínimos mensuales ni superior a doce veces el límite máximo imponible establecido en el artículo 16 del decreto ley N° 3.500, de 1980, respecto de cada trabajador que debía ser contratado por la empresa.

---

[235] Numeral modificado por el artículo 1°, N° 5 de la Ley N° 21.690.

[236] Numeral modificado por el artículo 1°, N° 5 de la Ley N° 21.690.

5.- No se aplicará a las donaciones a que se refiere esta ley el límite global absoluto establecido en el artículo 10.

6.- Las empresas obligadas no podrán destinar más del 50% de los recursos que deban donar a una única organización de aquellas inscritas en el Registro de Donatarios a las que se refiere el artículo 2° de la ley N° 19.885. Adicionalmente, los recursos que donen deberán destinarse, al menos, a un proyecto o programa a ejecutar en una región distinta de la Región Metropolitana, en la cual, la institución ejecutora deberá tener domicilio acreditable.

A efectos de acreditar el cumplimiento de dicha última obligación, las instituciones donatarias que reciban recursos para ejecutar proyectos o programas fuera de la Región Metropolitana, deberán extender el certificado N° 60 dispuesto por el Servicio de Impuestos Internos o el documento que lo reemplace, y entregarlo al empleador donante, precisando en este documento el nombre del proyecto o programa al que se destinarán los recursos, región y plazo en que se ejecutará y domicilio de la donataria en dicha región. En todo caso, el domicilio consignado por la institución donataria en el certificado N° 60 o el documento que lo reemplace, deberá concordar con el que figura inscrito en el Registro de Donatarios de la ley N° 19.885.

Las empresas obligadas que utilicen esta medida subsidiaria deberán adjuntar el certificado N° 60 o el documento que lo reemplace a la comunicación electrónica referida en el inciso final de este artículo[237].

Las empresas que ejecuten alguna de las medidas de cumplimiento subsidiario señaladas en las letras a) y b) de este artículo deberán remitir una comunicación electrónica a la Dirección del Trabajo, con copia a la Subsecretaría de Evaluación Social del Ministerio de Desarrollo Social, al Servicio Nacional de la Discapacidad y al Servicio de Impuestos Internos. La empresa deberá indicar en esta comunicación la razón invocada y la medida adoptada. Esta comunicación deberá ser efectuada durante el mes de enero de cada año y tendrá una vigencia de doce meses.

---

[237] Numeral incluido por el artículo 1°, N° 5 de la Ley N° 21.690.

El reglamento a que hace referencia el inciso final del artículo 157 bis determinará el contenido de la comunicación electrónica que deberán remitir las empresas de conformidad al inciso anterior. Asimismo, establecerá los objetivos, requisitos y características que deberán cumplir los proyectos y programas de asociaciones, corporaciones o fundaciones para percibir las donaciones conforme a lo establecido en el literal b) del inciso primero[238].

Art. 157 quáter. Al menos uno de los trabajadores que se desempeñe en funciones relacionadas con recursos humanos dentro de las empresas contempladas en el supuesto del artículo 157 bis deberá contar con conocimientos específicos en materias que fomenten la inclusión laboral de las personas con discapacidad. Se entenderá que tienen estos conocimientos los trabajadores que cuenten con una certificación al respecto, otorgada por el Sistema Nacional de Certificación de Competencias Laborales establecido en la ley N° 20.267.

Las empresas señaladas en el inciso anterior deberán promover en su interior políticas en materias de inclusión, las que serán informadas anualmente a la Dirección del Trabajo, de conformidad al reglamento a que se refiere el inciso final del artículo 157 bis. También deberán elaborar y ejecutar anualmente programas de capacitación de su personal, con el objeto de otorgarles herramientas para una efectiva inclusión laboral dentro de la empresa, y proporcionar un protocolo de ambientes laborales acordes a los parámetros establecidos en la ley N° 20.422, el que deberá ser entregado anualmente a las personas trabajadoras[239].

Las actividades realizadas durante la jornada de trabajo o fuera de ella deberán considerar las normas sobre igualdad de oportunidades e inclusión social de personas con discapacidad a que se refiere la ley N° 20.422, como también los principios generales contenidos en las demás normas vigentes sobre la materia[240].

---

238 Inciso incluido por el artículo 1°, N° 5 de la Ley N° 21.690.

239 Inciso modificado por el artículo 1°, N° 6 de la Ley N° 21.690.

240 Artículo incluido por el artículo único de la Ley N° 21.275.

Art. 157 quinquies. Las empresas sujetas a la obligación establecida en el artículo 157 bis deberán realizar los ajustes necesarios para adecuar sus mecanismos, procedimientos y prácticas de reclutamiento y selección de personal, en todo cuanto se requiera, para resguardar la igualdad de oportunidades de las personas con discapacidad que participen en ellos, de conformidad a lo dispuesto en el artículo 24 de la ley N° 20.422[241].

Art. 157 sexies. La infracción a la obligación establecida en el inciso primero del artículo 157 bis se sancionará con multa equivalente a veinte unidades tributarias mensuales en el caso de medianas empresas y a treinta unidades tributarias mensuales en el caso de grandes empresas, de conformidad a la clasificación establecida en el artículo 505 bis. La multa será aplicada por cada mes en el que el empleador incurra en dicha infracción y respecto de cada persona con discapacidad y/o asignataria de una pensión de invalidez que, en virtud del número de trabajadores de la empresa, debió estar contratada.

Si el empleador optó por cumplir mediante alguna de las medidas establecidas en el artículo 157 ter y la Dirección del Trabajo rechaza las razones invocadas como fundamento, de acuerdo con el inciso segundo de dicho artículo, aplicará la misma sanción establecida en el inciso anterior respecto a cada persona con discapacidad y/o asignataria de una pensión de invalidez que, en virtud del número de trabajadores de la empresa, debió estar contratada.

Igual sanción se aplicará en caso de que el empleador, habiendo optado por las medidas establecidas en el artículo 157 ter, no cumple con las condiciones establecidas en dicha disposición. Para efectos de determinar la multa a aplicar, se tendrá por cumplida la obligación del inciso primero del artículo 157 bis en la proporción que representan las donaciones efectuadas o los contratos celebrados, en su caso, en relación con el monto anual exigido.

Para el resto de las infracciones a las obligaciones del presente Capítulo no reguladas en este artículo, se aplicarán las reglas generales

---

[241] Artículo incluido por el artículo 1, N° 7 de la Ley N° 21.690.

establecidas en el Libro V, Título Final, sobre fiscalización, sanciones y prescripción[242].

TÍTULO IV
DEL SERVICIO MILITAR OBLIGATORIO

Art. 158. El trabajador conservará la propiedad de su empleo, sin derecho a remuneración, mientras hiciere el servicio militar o formare parte de las reservas nacionales movilizadas o llamadas a instrucción.

Con todo, el personal de reserva llamado a servicio por períodos inferiores a treinta días, tendrá derecho a que se le pague por ese período, el total de las remuneraciones que estuviere percibiendo a la fecha de ser llamado, las que serán de cargo del empleador, a menos que, por decreto supremo, se disponga expresamente que serán de cargo fiscal.

El servicio militar no interrumpe la antigüedad del trabajador para todos los efectos legales.

La obligación impuesta al empleador de conservar el empleo del trabajador que deba concurrir a cumplir sus deberes militares, se entenderá satisfecha si le da otro cargo de iguales grado y remuneraciones al que anteriormente desempeñaba, siempre que el trabajador esté capacitado para ello.

Esta obligación se extingue un mes después de la fecha del respectivo certificado de licenciamiento y, en caso de enfermedad, comprobada con certificado médico, se extenderá hasta un máximo de cuatro meses

TÍTULO V
DE LA TERMINACIÓN DEL CONTRATO DE TRABAJO Y ESTABILIDAD EN EL EMPLEO

Art. 159. El contrato de trabajo terminará en los siguientes casos:

---

[242] Artículo incluido por el artículo 1°, N° 7 de la Ley N° 21.690; sobre su entrada en vigencia véase el art. 4° transitorio de la Ley N° 21.690. Sobre que el art. 157 sexies entró en vigencia el 1° de enero de 2025, véase el Dictamen N° 693/26 de 23/01/2024 de la Dirección del Trabajo.

1.- Mutuo acuerdo de las partes.

2.- Renuncia del trabajador, dando aviso a su empleador con treinta días de anticipación, a lo menos.

3.- Muerte del trabajador.

4.- Vencimiento del plazo convenido en el contrato. La duración del contrato de plazo fijo no podrá exceder de un año.

El trabajador que hubiere prestado servicios discontinuos en virtud de más de dos contratos a plazo, durante doce meses o más en un período de quince meses, contados desde la primera contratación, se presumirá legalmente que ha sido contratado por una duración indefinida.

Tratándose de gerentes o personas que tengan un título profesional o técnico otorgado por una institución de educación superior del Estado o reconocida por éste, la duración del contrato no podrá exceder de dos años.

El hecho de continuar el trabajador prestando servicios con conocimiento del empleador después de expirado el plazo, lo transforma en contrato de duración indefinida. Igual efecto producirá la segunda renovación de un contrato de plazo fijo.

5.- Conclusión del trabajo o servicio que dio origen al contrato.

6.- Caso fortuito o fuerza mayor.

Art. 160. El contrato de trabajo termina sin derecho a indemnización alguna cuando el empleador le ponga término invocando una o más de las siguientes causales:

1.- Alguna de las conductas indebidas de carácter grave, debidamente comprobadas, que a continuación se señalan[243]:

a) Falta de probidad del trabajador en el desempeño de sus funciones;

b) Conductas de acoso sexual[244];

c) Vías de hecho ejercidas por el trabajador en contra del empleador o de cualquier trabajador que se desempeñe en la misma empresa;

---

243 Número sustituido por el artículo único, N° 23 de la Ley N° 19.759.

244 Letra incluida por el artículo 1°, N° 4 de la Ley N° 20.005.

d) Injurias proferidas por el trabajador al empleador[245];

e) Conducta inmoral del trabajador que afecte a la empresa donde se desempeña, y[246]

f) Conductas de acoso laboral[247].

2.- Negociaciones que ejecute el trabajador dentro del giro del negocio y que hubieren sido prohibidas por escrito en el respectivo contrato por el empleador.

3.- No concurrencia del trabajador a sus labores sin causa justificada durante dos días seguidos, dos lunes en el mes o un total de tres días durante igual período de tiempo; asimismo, la falta injustificada, o sin aviso previo de parte del trabajador que tuviere a su cargo una actividad, faena o máquina cuyo abandono o paralización signifique una perturbación grave en la marcha de la obra.

4.- Abandono del trabajo por parte del trabajador, entendiéndose por tal:

a) la salida intempestiva e injustificada del trabajador del sitio de la faena y durante las horas de trabajo, sin permiso del empleador o de quien lo represente, y

b) la negativa a trabajar sin causa justificada en las faenas convenidas en el contrato.

5.- Actos, omisiones o imprudencias temerarias que afecten a la seguridad o al funcionamiento del establecimiento, a la seguridad o a la actividad de los trabajadores, o a la salud de éstos.

6.- El perjuicio material causado intencionalmente en las instalaciones, maquinarias, herramientas, útiles de trabajo, productos o mercaderías.

7.- Incumplimiento grave de las obligaciones que impone el contrato.

Art. 161. Sin perjuicio de lo señalado en los artículos precedentes, el empleador podrá poner término al contrato de trabajo invocando como causal las necesidades de la empresa, establecimiento o servicio, tales

---

245 Letra modificada por el artículo 1°, N° 2°, letra a) de la Ley N° 20.607.

246 Letra modificada por el artículo 1°, N° 2°, letra b) de la Ley N° 20.607.

247 Letra incluida por el artículo 1°, N° 2°, letra c) de la Ley N° 20.607.

como las derivadas de la racionalización o modernización de los mismos, bajas en la productividad, cambios en las condiciones del mercado o de la economía, que hagan necesaria la separación de uno o más trabajadores. La eventual impugnación de las causales señaladas, se regirá por lo dispuesto en el artículo 168[248].

En el caso de los trabajadores que tengan poder para representar al empleador, tales como gerentes, subgerentes, agentes o apoderados, siempre que, en todos estos casos, estén dotados, a lo menos, de facultades generales de administración, y en el caso de los trabajadores de casa particular, el contrato de trabajo podrá, además, terminar por desahucio escrito del empleador, el que deberá darse con treinta días de anticipación, a lo menos, con copia a la Inspección del Trabajo respectiva. Sin embargo, no se requerirá esta anticipación cuando el empleador pagare al trabajador, al momento de la terminación, una indemnización en dinero efectivo equivalente a la última remuneración mensual devengada. Regirá también esta norma tratándose de cargos o empleos de la exclusiva confianza del empleador, cuyo carácter de tales emane de la naturaleza de los mismos.

Las causales señaladas en los incisos anteriores no podrán ser invocadas con respecto a trabajadores que gocen de licencia por enfermedad común, accidente del trabajo o enfermedad profesional, otorgada en conformidad a las normas legales vigentes que regulan la materia.

Art. 161 bis. La invalidez, total o parcial, no es justa causa para el término del contrato de trabajo. El trabajador que fuere separado de sus funciones por tal motivo, tendrá derecho a la indemnización establecida en los incisos primero o segundo del artículo 163, según correspondiere, con el incremento señalado en la letra b) del artículo 168[249].

Art. 162. Si el contrato de trabajo termina de acuerdo con los números 4, 5 o 6 del artículo 159, o si el empleador le pusiere término por aplicación de una o más de las causales señaladas en el artículo 160, deberá co-

---

248 Inciso modificado por el artículo único, N° 24, letras a) y b) de la Ley N° 19.759.

249 Artículo incluido por el artículo único, N° 25 de la Ley N° 19.759.

municarlo por escrito al trabajador, personalmente o por carta certificada enviada al domicilio señalado en el contrato, expresando la o las causales invocadas y los hechos en que se funda[250].

Esta comunicación se entregará o deberá enviarse, dentro de los tres días hábiles siguientes al de la separación del trabajador. Si se tratare de la causal señalada en el número 6 del artículo 159, el plazo será de seis días hábiles.

Deberá enviarse copia del aviso mencionado en el inciso anterior a la respectiva Inspección del Trabajo, dentro del mismo plazo. Las Inspecciones del Trabajo, tendrán un registro de las comunicaciones de terminación de contrato que se les envíen, el que se mantendrá actualizado con los avisos recibidos en los últimos treinta días hábiles.

Cuando el empleador invoque la causal señalada en el inciso primero del artículo 161, el aviso deberá darse al trabajador, con copia a la Inspección del Trabajo respectiva, a lo menos con treinta días de anticipación. Sin embargo, no se requerirá esta anticipación cuando el empleador pagare al trabajador una indemnización en dinero efectivo sustitutiva del aviso previo, equivalente a la última remuneración mensual devengada. La comunicación al trabajador deberá, además, indicar, precisamente, el monto total a pagar de conformidad con lo dispuesto en el artículo siguiente. Igual indicación deberá contener la comunicación de la terminación del contrato celebrado para una obra o faena determinada, cuando corresponda el pago de indemnización por el tiempo servido, en conformidad a lo dispuesto en el artículo 163[251].

Para proceder al despido de un trabajador por alguna de las causales a que se refieren los incisos precedentes o el artículo anterior, el empleador le deberá informar por escrito el estado de pago de las cotizaciones previsionales devengadas hasta el último día del mes anterior al del despido, adjuntando los comprobantes que lo justifiquen. Si el empleador no hubiere efectuado el integro de dichas cotizaciones previsionales al momento

---

250 Inciso modificado por el artículo único, N° 1°, letras a) y b) de la Ley N° 19.631.

251 Inciso modificado por el artículo 1, N° 4 de la Ley N° 21.122.

del despido, éste no producirá el efecto de poner término al contrato de trabajo[252].

Con todo, el empleador podrá convalidar el despido mediante el pago de las imposiciones morosas del trabajador, lo que comunicará a éste mediante carta certificada acompañada de la documentación emitida por las instituciones previsionales correspondientes, en que conste la recepción de dicho pago[253].

Sin perjuicio de lo anterior, el empleador deberá pagar al trabajador las remuneraciones y demás prestaciones consignadas en el contrato de trabajo durante el período comprendido entre la fecha del despido y la fecha de envío o entrega de la referida comunicación al trabajador. No será exigible esta obligación del empleador cuando el monto adeudado por concepto de imposiciones morosas no exceda de la cantidad menor entre el 10% del total de la deuda previsional o 2 unidades tributarias mensuales, y siempre que dicho monto sea pagado por el empleador dentro del plazo de 15 días hábiles contado desde la notificación de la respectiva demanda[254].

El empleador deberá informar en el aviso de término del contrato si otorgará y pagará el finiquito laboral en forma presencial o electrónica, indicando expresamente que es voluntario para el trabajador aceptar, firmar y recibir el pago en forma electrónica y que siempre podrá optar por la actuación presencial ante un ministro de fe. En dicho aviso, el empleador deberá informar al trabajador que, al momento de suscribir el finiquito, si lo estima necesario podrá formular reserva de derechos[255].

Los errores u omisiones en que se incurra con ocasión de estas comunicaciones que no tengan relación con la obligación de pago íntegro de las imposiciones previsionales, no invalidarán la terminación del contrato, sin perjuicio de las sanciones administrativas que establece el artículo 506 de este Código[256].

---

[252] Inciso incluido por el artículo único, N° 1°, letra c) de la Ley N° 19.631.

[253] Inciso incluido por el artículo único, N° 1°, letra c) de la Ley 19.631.

[254] Inciso modificado por el artículo 2° de la Ley N° 20.194,

[255] Inciso incluido por el artículo único, N° 1° de la Ley N° 21.361.

[256] Inciso modificado por el artículo único, N° 5 de la Ley N° 20.087.

La Inspección del Trabajo, de oficio o a petición de parte, estará especialmente facultada para exigir al empleador la acreditación del pago de cotizaciones previsionales al momento del despido, en los casos a que se refieren los incisos precedentes. Asimismo, estará facultada para exigir el pago de las cotizaciones devengadas durante el lapso a que se refiere el inciso séptimo. Las infracciones a este inciso se sancionarán con multa de 2 a 20 UTM[257].

Art. 163. Si el contrato hubiere estado vigente un año o más y el empleador le pusiere término en conformidad al artículo 161, deberá pagar al trabajador, la indemnización por años de servicio que las partes hayan convenido individual o colectivamente, siempre que ésta fuere de un monto superior a la establecida en el inciso siguiente[258].

A falta de esta estipulación, entendiéndose además por tal la que no cumpla con el requisito señalado en el inciso precedente, el empleador deberá pagar al trabajador una indemnización equivalente a treinta días de la última remuneración mensual devengada por cada año de servicio y fracción superior a seis meses, prestados continuamente a dicho empleador. Esta indemnización tendrá un límite máximo de trescientos treinta días de remuneración.

Si el contrato celebrado para una obra o faena determinada hubiere estado vigente por un mes o más, el empleador podrá ponerle término en forma justificada en tanto pague al trabajador, en el momento de su terminación, una indemnización equivalente a dos y medio días de remuneración por cada mes trabajado y fracción superior a quince días, en la forma y modalidad señalada en el artículo 23 transitorio de este Código. Esta indemnización será calculada en conformidad a lo establecido en el artículo 172, y le será aplicable lo dispuesto en el inciso segundo del artículo 13 de la ley N° 19.728. Sólo corresponderá el pago de la prestación antes señalada, si se pusiere término al contrato por la causal contemplada en el número 5 del artículo 159. El ejercicio del derecho establecido en este

---

257 Inciso incluido por el artículo 1°, N° 1°, letra e) de la Ley 19.631.

258 Inciso modificado por el artículo único, N° 1° de la Ley N° 20.684.

inciso por parte del trabajador es incompatible con las acciones derivadas de la aplicación del inciso primero del artículo 168, sin perjuicio de las acciones señaladas en el artículo 485 de este Código[259].

La indemnización a que se refiere este artículo será compatible con la sustitutiva del aviso previo que corresponda al trabajador, según lo establecido en el inciso segundo del artículo 161 y en el inciso cuarto del artículo 162 de este Código.

Lo dispuesto en los incisos anteriores no se aplicará en el caso de terminación del contrato de los trabajadores de casa particular, respecto de los cuales regirán las siguientes normas:

a) Tendrán derecho, cualquiera que sea la causa que origine la terminación del contrato, a una indemnización a todo evento que se financiará con un aporte del empleador, equivalente al 1,11% de la remuneración mensual imponible, la que se regirá, en cuanto corresponda, por las disposiciones de los artículos 165 y 166 de este Código, y

b) La obligación de efectuar el aporte tendrá una duración de once años en relación con cada trabajador, plazo que se contará desde el 1° de enero de 1991, o desde la fecha de inicio de la relación laboral, si ésta fuere posterior. El monto de la indemnización quedará determinado por los aportes correspondientes al período respectivo, más la rentabilidad que se haya obtenido de ellos[260].

Art. 163 bis. El contrato de trabajo terminará en caso que el empleador fuere sometido a un procedimiento concursal de liquidación. Para todos los efectos legales, la fecha de término del contrato de trabajo será la fecha de dictación de la resolución de liquidación. En este caso, se aplicarán las siguientes reglas:

1.- El liquidador deberá comunicar al trabajador, personalmente o por carta certificada enviada al domicilio señalado en el contrato de trabajo, el término de la relación laboral en virtud de la causal señalada en este artículo, adjuntando a dicha comunicación un certificado emitido por la

---

[259] Inciso incluido por el artículo 1°, N° 5 de la Ley N° 21.122.

[260] Inciso modificado por el art. 2° de la Ley N° 21.269.

Superintendencia de Insolvencia y Reemprendimiento que deberá indicar el inicio de un procedimiento concursal de liquidación respecto del empleador, así como el tribunal competente, la individualización del proceso y la fecha en que se dictó la resolución de liquidación correspondiente. El liquidador deberá realizar esta comunicación dentro de un plazo no superior a seis días hábiles contado desde la fecha de notificación de la resolución de liquidación por el tribunal que conoce el procedimiento concursal de liquidación. El error u omisión en que se incurra con ocasión de esta comunicación no invalidará el término de la relación laboral en virtud de la causal señalada en este artículo.

Dentro del mismo plazo, el liquidador deberá enviar copia de la comunicación mencionada en el inciso anterior a la respectiva Inspección del Trabajo. Las Inspecciones del Trabajo tendrán un registro de las comunicaciones de término de contrato de trabajo que se les envíen, el que se mantendrá actualizado con las comunicaciones recibidas en los últimos treinta días hábiles.

La Inspección del Trabajo, de oficio o a petición de parte, constatará el cumplimiento de lo establecido en este número. En caso de incumplimiento por parte del liquidador, la Inspección del Trabajo deberá informar a la Superintendencia de Insolvencia y Reemprendimiento, la que podrá sancionar los hechos imputables al liquidador, de conformidad con lo establecido en el artículo 338 de la Ley de Reorganización y Liquidación de Activos de Empresas y Personas, sin perjuicio de la responsabilidad que le pueda corresponder en virtud del Párrafo 7 del Título IX del Libro Segundo del Código Penal.

Estas normas se aplicarán de forma preferente a lo establecido en el artículo 162 y en ningún caso se producirá el efecto establecido en el inciso quinto de dicho artículo.

2.- El liquidador, en representación del deudor, deberá pagar al trabajador una indemnización en dinero, sustitutiva del aviso previo, equivalente al promedio de las tres últimas remuneraciones mensuales devengadas, si es que las hubiere. En el caso de que existan menos de tres remuneraciones mensuales devengadas, se indemnizará por un monto equivalente al promedio de las últimas dos o, en defecto de lo anterior, el monto a indemnizar equivaldrá a la última remuneración mensual devengada.

3.- Si el contrato de trabajo hubiere estado vigente un año o más, el liquidador, en representación del deudor, deberá pagar al trabajador una indemnización por años de servicio equivalente a aquella que el empleador estaría obligado a pagar en caso de que el contrato terminare por alguna de las causales señaladas en el artículo 161. El monto de esta indemnización se determinará de conformidad a lo establecido en los incisos primero y segundo del artículo 163. Esta indemnización será compatible con la establecida en el número 2 anterior.

4.- No se requerirá solicitar la autorización previa del juez competente respecto de los trabajadores que al momento del término del contrato de trabajo tuvieren fuero.

Con todo, tratándose de trabajadores que estuvieren gozando del fuero maternal señalado en el artículo 201, el liquidador, en representación del deudor, deberá pagar una indemnización equivalente a la última remuneración mensual devengada por cada uno de los meses que restare de fuero. Si el término de contrato ocurriere en virtud de este artículo, mientras el trabajador se encontrare haciendo uso de los descansos y permisos a que se refiere el artículo 198, no se considerarán para el cálculo de esta indemnización las semanas durante las cuales el trabajador tenga derecho a los subsidios derivados de aquéllos. Esta indemnización será compatible con la indemnización por años de servicio que deba pagarse en conformidad al número 3 anterior, y no lo será respecto de aquella indemnización regulada en el número 2 precedente.

5.- El liquidador deberá poner a disposición del trabajador el respectivo finiquito a lo menos diez días antes de la expiración del período de verificación ordinaria de créditos que establece la Ley de Reorganización y Liquidación de Activos de Empresas y Personas.

El finiquito suscrito por el trabajador se entenderá como antecedente documentario suficiente para justificar un pago administrativo, sin perjuicio de los otros documentos que sirven de fundamento para su pago conforme al artículo 244 de la Ley de Reorganización y Liquidación de Activos de Empresas y Personas.

El finiquito suscrito por el trabajador deberá ser autorizado por un ministro de fe, sea éste Notario Público o Inspector del Trabajo, aun cuando las cotizaciones previsionales se encuentren impagas. Deberá, además, ser acompañado por el liquidador al Tribunal que conoce del procedimiento concursal de liquidación, dentro de los dos días siguientes a su suscripción. Este finiquito se regirá por las siguientes reglas:

a) Se entenderá como suficiente verificación de los créditos por remuneraciones, asignaciones compensatorias e indemnizaciones que consten en dicho instrumento;

b) Si el trabajador hiciere reserva de acciones al suscribir el finiquito, la verificación o pago administrativo estará limitada a las cantidades aceptadas por el trabajador, y

c) Cualquier estipulación que haga entender que el trabajador renuncia total o parcialmente a sus cotizaciones previsionales se tendrá por no escrita.

Con todo, el liquidador deberá reservar fondos, si los hubiere, respecto de aquellos finiquitos no suscritos por los trabajadores o no acompañados por el liquidador al tribunal que conoce del procedimiento concursal de liquidación dentro del plazo señalado en el párrafo tercero de este número, por un período de treinta días contado desde la fecha en que el correspondiente finiquito fue puesto a disposición del respectivo trabajador[261].

Art. 164. No obstante lo señalado en el artículo anterior, las partes podrán, a contar del inicio del séptimo año de la relación laboral, sustituir la indemnización que allí se establece por una indemnización a todo evento, esto es, pagadera con motivo de la terminación del contrato de trabajo, cualquiera que sea la causa que la origine, exclusivamente en lo que se refiera al lapso posterior a los primeros seis años de servicios y hasta el término del undécimo año de la relación laboral.

El pacto de la indemnización sustitutiva deberá constar por escrito y el aporte no podrá ser inferior al equivalente a un 4,11% de las remuneraciones mensuales de naturaleza imponible que devengue el trabajador

---

[261] Artículo incluido por el artículo 350, N° 2° de la Ley N° 20.720.

a partir de la fecha del acuerdo. Este porcentaje se aplicará hasta una remuneración máxima de noventa unidades de fomento.

Art. 165. En los casos en que se pacte la indemnización sustitutiva prevista en el artículo anterior, el empleador deberá depositar mensualmente, en la administradora de fondos de pensiones a que se encuentre afiliado el trabajador, el porcentaje de las remuneraciones mensuales de naturaleza imponible de éste que se hubiere fijado en el pacto correspondiente, el que será de cargo del empleador.

Dichos aportes se depositarán en una cuenta de ahorro especial que abrirá la administradora de fondos de pensiones a cada trabajador, la que se regirá por lo dispuesto en el párrafo 2° del Título III del Decreto Ley N° 3.500, de 1980, con las siguientes excepciones:

a) Los fondos de la cuenta especial sólo podrán ser girados una vez que el trabajador acredite que ha dejado de prestar servicios en la empresa de que se trate, cualquiera que sea la causa de tal terminación y sólo serán embargables en los casos previstos en el inciso segundo del artículo 57, una vez terminado el contrato.

b) En caso de muerte del trabajador, los fondos de la cuenta especial se pagarán a las personas y en la forma indicada en los incisos segundo y tercero del artículo 60. El saldo, si lo hubiere, incrementará la masa de bienes de la herencia.

c) Los aportes que deba efectuar el empleador tendrán el carácter de cotizaciones previsionales para los efectos de su cobro. Al respecto, se aplicarán las normas contenidas en el artículo 19 del Decreto Ley N° 3.500, de 1980.

d) Los referidos aportes, siempre que no excedan de un 8,33% de la remuneración mensual de naturaleza imponible del trabajador y la rentabilidad que se obtenga de ellos, no constituirán renta para ningún efecto tributario. El retiro de estos aportes no estará afecto a impuesto.

e) En caso de incapacidad temporal del trabajador, el empleador deberá efectuar los aportes sobre el monto de los subsidios que perciba aquél, y

f) Las administradoras de fondos de pensiones podrán cobrar una comisión porcentual, de carácter uniforme, sobre los depósitos que se efectúen en estas cuentas.

Art. 166. Los trabajadores no afectos al sistema de pensiones del Decreto Ley Nº 3.500, de 1980, se afiliarán a alguna administradora de fondos de pensiones en los términos previstos en el artículo 2º de dicho cuerpo legal, para el solo efecto del cobro y administración del aporte a que se refiere el artículo precedente.

Art. 167. El pacto a que se refiere el artículo 164 podrá también referirse a períodos de servicios anteriores a su fecha, siempre que no afecte la indemnización legal que corresponda por los primeros seis años de servicios, conforme lo dispuesto en el artículo 163.

En tal caso, el empleador deberá depositar en la cuenta de ahorro especial un aporte no inferior al 4,11% de la última remuneración mensual de naturaleza imponible por cada mes de servicios que se haya considerado en el pacto. Este aporte se calculará hasta por una remuneración máxima de 90 unidades de fomento y deberá efectuarse de una sola vez, conjuntamente con las cotizaciones correspondientes a las remuneraciones devengadas en el primer mes de vigencia del pacto.

Podrán suscribirse uno o más pactos para este efecto, hasta cubrir la totalidad del período que exceda de los primeros seis años de servicios.

Art. 168. El trabajador cuyo contrato termine por aplicación de una o más de las causales establecidas en los artículos 159, 160 y 161, y que considere que dicha aplicación es injustificada, indebida o improcedente, o que no se haya invocado ninguna causal legal, podrá recurrir al juzgado competente, dentro del plazo de sesenta días hábiles, contado desde la separación, a fin de que éste así lo declare. En este caso, el juez ordenará el pago de la indemnización a que se refiere el inciso cuarto del artículo 162 y la de los incisos primero o segundo del artículo 163, según correspondiere, aumentada esta última de acuerdo a las siguientes reglas:

a) En un treinta por ciento, si se hubiere dado término por aplicación improcedente del artículo 161;

b) En un cincuenta por ciento, si se hubiere dado término por aplicación injustificada de las causales del artículo 159 o no se hubiere invocado ninguna causa legal para dicho término;

c) En un ochenta por ciento, si se hubiere dado término por aplicación indebida de las causales del artículo 160.

Si el empleador hubiese invocado las causales señaladas en los números 1, 5 y 6 del artículo 160 y el despido fuere además declarado carente de motivo plausible por el tribunal, la indemnización establecida en los incisos primero o segundo del artículo 163, según correspondiere, se incrementará en un cien por ciento.

En el caso de las denuncias de acoso sexual, el empleador que haya cumplido con su obligación en los términos que señalan el artículo 153, inciso segundo, y el Título IV del Libro II, no estará afecto al recargo de la indemnización a que hubiere lugar, en caso de que el despido sea declarado injusto, indebido o improcedente[262].

Si el juez estableciere que la aplicación de una o más de las causales de terminación del contrato establecidas en los artículos 159 y 160 no ha sido acreditada, de conformidad a lo dispuesto en este artículo, se entenderá que el término del contrato se ha producido por alguna de las causales señaladas en el artículo 161, en la fecha en que se invocó la causal, y habrá derecho a los incrementos legales que corresponda en conformidad a lo dispuesto en los incisos anteriores.

El plazo contemplado en el inciso primero se suspenderá cuando, dentro de éste, el trabajador interponga un reclamo por cualquiera de las causales indicadas, ante la Inspección del Trabajo respectiva. Dicho plazo seguirá corriendo una vez concluido este trámite ante dicha Inspección. No obstante lo anterior, en ningún caso podrá recurrirse al tribunal transcurridos noventa días hábiles desde la separación del trabajador[263].

---

262 Inciso incluido por el artículo 1°, N° 5 de la Ley N° 20.005.

263 Artículo reemplazado por el artículo único, N° 26 de la Ley N° 19.759.

Art. 169. Si el contrato terminare por aplicación de la causal del inciso primero del artículo 161 de este código, se observarán las reglas siguientes:

a) La comunicación que el empleador dirija al trabajador de acuerdo al inciso cuarto del artículo 162, supondrá una oferta irrevocable de pago de la indemnización por años de servicios y de la sustitutiva de aviso previo, en caso de que éste no se haya dado, previstas en los artículos 162, inciso cuarto, y 163, incisos primero o segundo, según corresponda.

El empleador estará obligado a pagar las indemnizaciones a que se refiere el inciso anterior en un solo acto al momento de extender el finiquito.

Sin perjuicio de lo establecido en el inciso anterior, las partes podrán acordar el fraccionamiento del pago de las indemnizaciones; en este caso, las cuotas deberán consignar los intereses y reajustes del período. Dicho pacto deberá ser ratificado ante la Inspección del Trabajo. El simple incumplimiento del pacto hará inmediatamente exigible el total de la deuda y será sancionado con multa administrativa.

Si tales indemnizaciones no se pagaren al trabajador, éste podrá recurrir al tribunal que corresponda, para que en procedimiento ejecutivo se cumpla dicho pago, pudiendo el juez en este caso incrementarlas hasta en un 150%, sirviendo para tal efecto de correspondiente título, la carta aviso a que alude el inciso cuarto del artículo 162, y[264]

b) Si el trabajador estima que la aplicación de esta causal es improcedente, y no ha hecho aceptación de ella del modo previsto en la letra anterior, podrá recurrir al tribunal mencionado en el artículo precedente, en los mismos términos y con el mismo objeto allí indicado. Si el Tribunal rechazare la reclamación del trabajador, éste sólo tendrá derecho a las indemnizaciones señaladas en los artículos 162, inciso cuarto, y 163 incisos primero o segundo, según corresponda, con el reajuste indicado en el artículo 173, sin intereses.

Lo dispuesto en la letra a) de este artículo se aplicará a la indemnización que el empleador está obligado a pagar al trabajador por causa de

[264] Inciso modificado por el artículo único, Nº 6 de la Ley Nº 20.087.

la terminación del contrato celebrado para una obra o faena determinada, de conformidad a lo establecido en el inciso tercero del artículo 163[265].

Art. 170. Los trabajadores cuyos contratos terminaren en virtud de lo dispuesto en el inciso segundo del artículo 161, que tengan derecho a la indemnización señalada en los incisos primero o segundo del artículo 163, según corresponda, podrán instar por su pago y por la del aviso previo, si fuese el caso, dentro de los sesenta días hábiles contados desde la fecha de la separación, en el caso de que no se les hubiere efectuado dicho pago en la forma indicada en el párrafo segundo de la letra a) del artículo anterior. A dicho plazo le será aplicable lo dispuesto en el inciso final del artículo 168[266].

Art. 171. Si quien incurriere en las causales de los números 1, 5 o 7 del artículo 160 fuere el empleador, el trabajador podrá poner término al contrato y recurrir al juzgado respectivo, dentro del plazo de sesenta días hábiles, contado desde la terminación, para que éste ordene el pago de las indemnizaciones establecidas en el inciso cuarto del artículo 162, y en los incisos primero o segundo del artículo 163, según corresponda, aumentada en un cincuenta por ciento en el caso de la causal del número 7; en el caso de las causales de los números 1 y 5, la indemnización podrá ser aumentada hasta en un ochenta por ciento[267].

Tratándose de la aplicación de las causales de las letras a), b) y f) del número 1 del artículo 160, el trabajador afectado podrá reclamar del empleador, simultáneamente con el ejercicio de la acción que concede el inciso anterior, las otras indemnizaciones a que tenga derecho[268].

Cuando el empleador no hubiera observado el procedimiento establecido en el Título IV del Libro II, responderá en conformidad a los incisos primero y segundo precedentes[269].

---

[265] Inciso incluido por el artículo 1°, N° 6 de la Ley N° 21.122.

[266] Artículo modificado por el artículo único, N° 28 de la Ley N° 19.759.

[267] Inciso modificado por el artículo único, N° 29 de la Ley N° 19.759.

[268] Inciso modificado por el artículo 1°, N° 3°, letra a) de la Ley N° 20.607.

[269] Inciso incluido por el artículo 1°, N° 6, letra a) de la Ley N° 20.005.

El trabajador deberá dar los avisos a que se refiere el artículo 162 en la forma y oportunidad allí señalados.

Si el Tribunal rechazare el reclamo del trabajador, se entenderá que el contrato ha terminado por renuncia de éste.

Si el trabajador hubiese invocado la causal de la letra b) o f) del número 1 del artículo 160, falsamente o con el propósito de lesionar la honra de la persona demandada y el tribunal hubiese declarado su demanda carente de motivo plausible, estará obligado a indemnizar los perjuicios que cause al afectado. En el evento que la causal haya sido invocada maliciosamente, además de la indemnización de los perjuicios, quedará sujeto a las otras acciones legales que procedan[270].

Art. 172. Para los efectos del pago de las indemnizaciones a que se refieren los artículos 163, 163 bis, 168, 169, 170 y 171, la última remuneración mensual comprenderá toda cantidad que estuviere percibiendo el trabajador por la prestación de sus servicios al momento de terminar el contrato, incluidas las imposiciones y cotizaciones de previsión o seguridad social de cargo del trabajador y las regalías o especies avaluadas en dinero, con exclusión de la asignación familiar legal, pagos por sobretiempo y beneficios o asignaciones que se otorguen en forma esporádica o por una sola vez al año, tales como gratificaciones y aguinaldos de navidad[271].

Si se tratare de remuneraciones variables, la indemnización se calculará sobre la base del promedio percibido por el trabajador en los últimos tres meses calendario.

Con todo, para los efectos de las indemnizaciones establecidas en este título, no se considerará una remuneración mensual superior a 90 unidades de fomento del último día del mes anterior al pago, limitándose a dicho monto la base de cálculo.

Art. 173. Las indemnizaciones a que se refieren los artículos 163, 168, 169, 170 y 171 se reajustarán conforme a la variación que experimente

---

270 Inciso modificado por el artículo 1°, N° 3°, letra b) de la Ley N° 20.607.

271 Inciso modificado por el artículo 1°, N° 7 de la Ley N° 21.122.

el Índice de Precios al Consumidor determinado por el Instituto Nacional de Estadísticas, entre el mes anterior a aquel en que se puso término al contrato y el que antecede a aquel en que se efectúe el pago. Desde el término del contrato, la indemnización así reajustada devengará también el máximo interés permitido para operaciones reajustables[272].

Art. 174. En el caso de los trabajadores sujetos a fuero laboral, el empleador no podrá poner término al contrato sino con autorización previa del juez competente, quien podrá concederla en los casos de las causales señaladas en los números 4 y 5 del artículo 159 y en las del artículo 160.

El juez, como medida prejudicial y en cualquier estado del juicio, podrá decretar, en forma excepcional y fundadamente, la separación provisional del trabajador de sus labores, con o sin derecho a remuneración. Si el tribunal no diere autorización para poner término al contrato de trabajo, ordenará la inmediata reincorporación del que hubiere sido suspendido de sus funciones. Asimismo, dispondrá el pago íntegro de las remuneraciones y beneficios, debidamente reajustados y con el interés señalado en el artículo precedente, correspondientes al período de suspensión, si la separación se hubiese decretado sin derecho a remuneración. El período de separación se entenderá efectivamente trabajado para todos los efectos legales y contractuales.

Art. 175. Si se hubiere estipulado por las partes la indemnización convencional sustitutiva de conformidad con lo dispuesto en los artículos 164 y siguientes, las indemnizaciones previstas en los artículos 168, 169, 170 y 171 se limitarán a aquella parte correspondiente al período que no haya sido objeto de estipulación.

Art. 176. La indemnización que deba pagarse en conformidad al artículo 163, será incompatible con toda otra indemnización que, por concepto de término del contrato o de los años de servicio pudiere corresponder al trabajador, cualquiera sea su origen, y a cuyo pago concurra el emplea-

---

[272] Inciso modificado por el artículo 1°, N° 8 de la Ley N° 21.122.

dor total o parcialmente en la parte que es de cargo de este último, con excepción de las establecidas en los artículos 164 y siguientes.

En caso de incompatibilidad, deberá pagarse al trabajador la indemnización por la que opte.

Art. 177. El finiquito, la renuncia y el mutuo acuerdo deberán constar por escrito[273]. El instrumento respectivo que no fuere firmado por el interesado y por el presidente del sindicato o el delegado sindical respectivos, o que no fuere ratificado por el trabajador ante el inspector del trabajo, no podrá ser invocado por el empleador. El finiquito deberá ser otorgado por el empleador y puesto su pago a disposición del trabajador dentro de diez días hábiles, contados desde la separación del trabajador. Las partes podrán pactar el pago en cuotas de conformidad con los artículos 63 bis y 169[274].

Para estos efectos, podrán actuar también como ministros de fe, un notario público de la localidad, el oficial del registro civil de la respectiva comuna o sección de comuna o el secretario municipal correspondiente.

Se considerará como ratificado ante el inspector del trabajo el finiquito que sea otorgado por el empleador en el sitio electrónico de la Dirección del Trabajo, que cumpla la normativa legal correspondiente y sea firmado electrónicamente por el trabajador en el mismo sitio. Este finiquito deberá dar cuenta, a lo menos, de la causal de terminación invocada, los pagos a que hubiere dado lugar y, en su caso, las sumas que hubieren quedado pendientes y la reserva de derechos que el trabajador hubiere formulado.

---

[273] Es importante tener en cuenta que el empleador tiene la obligación de dar cuenta al tribunal de familia del término de la relación laboral del trabajador que tenga la calidad de alimentante. Asimismo, debe efectuar retenciones sobre las indemnizaciones por término de contrato, lo que será verificado por el ministro de fe ante quien se ratifique el finiquito, véase art. 7 del DFL N° 1 del Ministerio de Justicia (D.O. 30/05/2000), que fija el texto refundido, coordinado y sistematizado de la Ley N° 14.908 sobre abandono de familia y pago de pensiones alimenticias entre otros. A este respecto, véase el art. 13 de la ley antes citada (que fue modificado por el art. 1, N° 13 de la Ley N° 21.389).

[274] Inciso modificado por el artículo 1°, N° 11 de la Ley N° 20.490.

Igual consideración tendrá la renuncia y el mutuo acuerdo firmados electrónicamente por el trabajador en el sitio electrónico de la Dirección del Trabajo[275].

El Director del Trabajo, mediante resolución, establecerá el procedimiento aplicable para el adecuado funcionamiento de la ratificación del finiquito, la renuncia y el mutuo acuerdo en el portal electrónico de la Dirección del Trabajo; asimismo, deberá señalar el procedimiento por el que se deberá exigir al empleador el pago y cumplimiento oportuno e íntegro de las obligaciones que de éstos emanen, así como también la regulación aplicable en caso de reserva de derechos por parte del trabajador en el finiquito electrónico. Para estos efectos, la recepción, recaudación y, en su caso, el resguardo, de los pagos correspondientes hasta hacer entrega de los mismos al respectivo trabajador, corresponderá al Servicio de Tesorerías, o a otras entidades que se dediquen a estas actividades de acuerdo a la normativa vigente. Asimismo, dicho servicio o entidades deberán habilitar los medios electrónicos que sean necesarios para asegurar la correcta ejecución de la transacción, sin que ello irrogue un costo para el trabajador. La formulación de reserva de derechos por el trabajador al suscribir el finiquito no impedirá en ningún caso el pago de las sumas no disputadas, lo que deberá exigirse al empleador por la Dirección del Trabajo[276].

La suscripción del finiquito de la forma establecida en el inciso tercero será siempre facultativa para el trabajador. En caso que éste rechace el finiquito electrónico otorgado por el empleador, este último se encontrará obligado a poner a disposición del trabajador el respectivo finiquito de manera presencial, dentro del plazo establecido en el inciso primero o, si hubiese expirado dicho plazo estando pendiente la suscripción electrónica del trabajador, en el plazo máximo de tres días hábiles contado desde el rechazo del trabajador[277].

---

[275] Inciso incluido el artículo único, N° 2, a) de la ley N° 21.361.

[276] Inciso incluido el artículo único, N° 2, a) de la ley N° 21.361. Véase Resolución Exenta N° 1340 de la Dirección del Trabajo (pub. 12/11/2021).

[277] Inciso incluido el artículo único, N° 2, a) de la ley N° 21.361.

El trabajador que haya aceptado la suscripción del finiquito podrá consignar que se reserva el derecho a accionar judicialmente contra su ex empleador[278].

El trabajador que, habiendo firmado la renuncia, el mutuo acuerdo o el finiquito, considere que ha existido a su respecto error, fuerza o dolo, podrá reclamarlo judicialmente, dentro del plazo establecido en el inciso primero del artículo 168, el que se suspenderá en la forma a que se refiere el inciso final del mismo artículo[279].

En el despido de un trabajador por alguna de las causales a que se refiere el inciso quinto del artículo 162, los ministros de fe, previo a la ratificación del finiquito por parte del trabajador, deberán requerir al empleador que les acredite, mediante certificados de los organismos competentes o con las copias de las respectivas planillas de pago, que se ha dado cumplimiento íntegro al pago de todas las cotizaciones para fondos de pensiones, de salud y de seguro de desempleo si correspondiera, hasta el último día del mes anterior al del despido. Con todo, deberán dejar constancia de que el finiquito no producirá el efecto de poner término al contrato de trabajo si el empleador no hubiera efectuado el integro de dichas cotizaciones previsionales[280].

Los organismos a que se refiere el inciso precedente, a requerimiento del empleador o de quien lo represente, deberán emitir un documento denominado "Certificado de Cotizaciones Previsionales Pagadas", que deberá contener las cotizaciones que hubieran sido pagadas por el respectivo empleador durante la relación laboral con el trabajador afectado, certificado que se deberá poner a disposición del empleador de inmediato o, a más tardar, dentro del plazo de 3 días hábiles contados desde la fecha de recepción de la solicitud. No obstante, en el caso de las cotizaciones de salud, si la relación laboral se hubiera extendido por más de un año el certificado se limitará a los doce meses anteriores al del despido[281].

---

[278] Inciso incluido el artículo único, N° 2, a) de la ley N° 21.361.

[279] Inciso incluido el artículo único, N° 2, a) de la ley N° 21.361.

[280] Inciso incluido por el artículo único de la Ley N° 19.844.

[281] Inciso incluido por el artículo único de la Ley N° 19.844.

Si existen cotizaciones adeudadas, el organismo requerido no emitirá el certificado solicitado, debiendo informar al empleador acerca del período al que corresponden las obligaciones impagas e indicar el monto actual de las mismas, considerando los reajustes, intereses y multas que correspondan[282].

Si los certificados emitidos por los organismos previsionales no consideraran el mes inmediatamente anterior al del despido, estas cotizaciones podrán acreditarse con las copias de las respectivas planillas de pago[283].

No tendrá lugar lo dispuesto en el inciso primero en el caso de contratos de duración no superior a treinta días salvo que se prorrogaren por más de treinta días o que, vencido este plazo máximo, el trabajador continuare prestando servicios al empleador con conocimiento de éste.

El finiquito ratificado por el trabajador ante el inspector del trabajo o ante alguno de los funcionarios a que se refiere el inciso segundo, así como sus copias autorizadas, tendrá mérito ejecutivo respecto de las obligaciones pendientes que se hubieren consignado en él.

El poder liberatorio del finiquito se restringirá sólo a aquello en que las partes concuerden expresamente y no se extenderá a los aspectos en que el consentimiento no se forme[284].

Art. 178. Las indemnizaciones por término de funciones o de contratos de trabajo establecidas por ley, las pactadas en contratos colectivos de trabajo o en convenios colectivos o en acuerdos de grupo negociador que complementen, modifiquen o reemplacen estipulaciones de contratos colectivos, no constituirán renta para ningún efecto tributario.

Sin perjuicio de lo dispuesto en el inciso anterior, cuando por terminación de funciones o de contrato de trabajo, se pagaren además otras indemnizaciones a las precitadas, deberán sumarse éstas a aquéllas con el único objeto de aplicarles lo dispuesto en el Nº 13 del artículo 17 de la Ley

---

[282] Inciso incluido por el artículo único de la Ley Nº 19.844.

[283] Inciso incluido por el artículo único de la Ley Nº 19.844.

[284] Inciso incluido por el artículo único, Nº 2, b) de la ley Nº 21.361.

sobre Impuesto a la Renta a las indemnizaciones que no estén mencionadas en el inciso primero de este artículo.

TÍTULO VI
DE LA CAPACITACIÓN OCUPACIONAL

Art. 179. La empresa es responsable de las actividades relacionadas con la capacitación ocupacional de sus trabajadores, entendiéndose por tal, el proceso destinado a promover, facilitar, fomentar y desarrollar las aptitudes, habilidades o grados de conocimientos de los trabajadores, con el fin de permitirles mejores oportunidades y condiciones de vida y de trabajo; y a incrementar la productividad nacional, procurando la necesaria adaptación de los trabajadores a los procesos tecnológicos y a las modificaciones estructurales de la economía, sin perjuicio de las acciones que en conformidad a la ley competen al Servicio Nacional de Capacitación y Empleo y a los servicios e instituciones del sector público.

Art. 180. Las actividades de capacitación que realicen las empresas, deberán efectuarse en los términos que establece el Estatuto de Capacitación y Empleo contenido en el Decreto Ley Nº 1.446, de 1976.

Art. 181. Los trabajadores beneficiarios de las acciones de capacitación ocupacional mantendrán íntegramente sus remuneraciones, cualquiera fuere la modificación de sus jornadas de trabajo. No obstante, las horas extraordinarias destinadas a capacitación no darán derecho a remuneración.

El accidente que sufriere el trabajador a causa o con ocasión de estos estudios, quedará comprendido dentro del concepto que para tal efecto establece la ley Nº 16.744 sobre Seguro Social contra Riesgos de Accidentes del Trabajo y Enfermedades Profesionales, y dará derecho a las prestaciones consiguientes.

Art. 182. Prohíbese a los empleadores adoptar medidas que limiten, entraben o perturben el derecho de los trabajadores seleccionados para seguir los cursos de capacitación ocupacional que cumplan con los requisitos señalados en el Estatuto de Capacitación y Empleo. La infracción a esta prohibición se sancionará en conformidad a este último cuerpo legal.

Art. 183. Los desembolsos que demanden las actividades de capacitación de los trabajadores son de cargo de las respectivas empresas. Estas pueden compensar tales desembolsos, así como los aportes que efectúan a los organismos técnicos intermedios, con las obligaciones tributarias que las afectan, en la forma y condiciones que se expresan en el Estatuto de Capacitación y Empleo.

Art. 183 bis. En los casos en que el empleador proporcione capacitación al trabajador menor de 24 años de edad podrá, con el consentimiento del trabajador, imputar el costo directo de ella a las indemnizaciones por término de contrato que pudieren corresponderle, con un límite de 30 días de indemnización.

Cumplida la anualidad del respectivo contrato, y dentro de los siguientes sesenta días, el empleador procederá a liquidar, a efectos de determinar el número de días de indemnización que se imputan, el costo de la capacitación proporcionada, la que entregará al trabajador para su conocimiento. La omisión de esta obligación en la oportunidad indicada, hará inimputable dicho costo a la indemnización que eventualmente le corresponda al trabajador.

Las horas que el trabajador destine a estas actividades de capacitación, se considerarán como parte de la jornada de trabajo y serán imputables a ésta para los efectos de su cómputo y pago.

La capacitación a que se refiere este artículo deberá estar debidamente autorizada por el Servicio Nacional de Capacitación y Empleo.

Esta modalidad anualmente estará limitada a un treinta por ciento de los trabajadores de la empresa, si en ésta trabajan cincuenta o menos trabajadores; a un veinte por ciento si en ella laboran doscientos cuarenta y nueve o menos; y, a un diez por ciento, en aquéllas en que trabajan doscientos cincuenta o más trabajadores[285].

---

[285] Artículo incluido por el artículo único, Nº 30 de la Ley Nº 19.759.

TÍTULO VII
DEL TRABAJO EN RÉGIMEN DE SUBCONTRATACIÓN Y DEL TRABAJO EN EMPRESAS DE SERVICIOS TRANSITORIOS[286]

Párrafo 1° Del trabajo en régimen de subcontratación

Art. 183-A. Es trabajo en régimen de subcontratación, aquél realizado en virtud de un contrato de trabajo por un trabajador para un empleador, denominado contratista o subcontratista, cuando éste, en razón de un acuerdo contractual, se encarga de ejecutar obras o servicios, por su cuenta y riesgo y con trabajadores bajo su dependencia, para una tercera persona natural o jurídica dueña de la obra, empresa o faena, denominada la empresa principal, en la que se desarrollan los servicios o ejecutan las obras contratadas. Con todo, no quedarán sujetos a las normas de este Párrafo las obras o los servicios que se ejecutan o prestan de manera discontinua o esporádica.

Si los servicios prestados se realizan sin sujeción a los requisitos señalados en el inciso anterior o se limitan sólo a la intermediación de trabajadores a una faena, se entenderá que el empleador es el dueño de la obra, empresa o faena, sin perjuicio de las sanciones que correspondan por aplicación del artículo 506[287].

Art. 183-B. La empresa principal será solidariamente responsable de las obligaciones laborales y previsionales de dar que afecten a los contratistas en favor de los trabajadores de éstos, incluidas las eventuales indemnizaciones legales que correspondan por término de la relación laboral. Tal responsabilidad estará limitada al tiempo o período durante el cual el o los trabajadores prestaron servicios en régimen de subcontratación para la empresa principal.

---

[286] Título incluido por el artículo 3° de la Ley N° 20.123.

[287] Inciso modificado por el artículo 1°, N° 5 de la Ley N° 21.327.

En los mismos términos, el contratista será solidariamente responsable de las obligaciones que afecten a sus subcontratistas, a favor de los trabajadores de éstos.

La empresa principal responderá de iguales obligaciones que afecten a los subcontratistas, cuando no pudiere hacerse efectiva la responsabilidad a que se refiere el inciso siguiente.

El trabajador, al entablar la demanda en contra de su empleador directo, podrá hacerlo en contra de todos aquellos que puedan responder de sus derechos, en conformidad a las normas de este Párrafo.

En los casos de construcción de edificaciones por un precio único prefijado, no procederán estas responsabilidades cuando quien encargue la obra sea una persona natural.

Art. 183-C. La empresa principal, cuando así lo solicite, tendrá derecho a ser informada por los contratistas sobre el monto y estado de cumplimiento de las obligaciones laborales y previsionales que a éstos correspondan respecto a sus trabajadores, como asimismo de igual tipo de obligaciones que tengan los subcontratistas con sus trabajadores. El mismo derecho tendrán los contratistas respecto de sus subcontratistas.

El monto y estado de cumplimiento de las obligaciones laborales y previsionales a que se refiere el inciso anterior, deberá ser acreditado mediante certificados emitidos por la respectiva Inspección del Trabajo, o bien por medios idóneos que garanticen la veracidad de dicho monto y estado de cumplimiento. El Ministerio del Trabajo y Previsión Social deberá dictar, dentro de un plazo de 90 días, un reglamento que fije el procedimiento, plazo y efectos con que la Inspección del Trabajo respectiva emitirá dichos certificados. Asimismo, el reglamento definirá la forma o mecanismos a través de los cuales las entidades o instituciones competentes podrán certificar debidamente, por medios idóneos, el cumplimiento de obligaciones laborales y previsionales de los contratistas respecto de sus trabajadores.

En el caso que el contratista o subcontratista no acredite oportunamente el cumplimiento íntegro de las obligaciones laborales y previsionales en la forma señalada, la empresa principal podrá retener de las obligaciones que tenga a favor de aquél o aquéllos, el monto de que es responsable en conformidad a este Párrafo. El mismo derecho tendrá el contratista respecto de sus subcontratistas. Si se efectuara dicha retención, quien la haga estará obligado a pagar con ella al trabajador o institución previsional acreedora.

En todo caso, la empresa principal o el contratista, en su caso, podrá pagar por subrogación al trabajador o institución previsional acreedora.

La Dirección del Trabajo deberá poner en conocimiento de la empresa principal, las infracciones a la legislación laboral y previsional que se constaten en las fiscalizaciones que se practiquen a sus contratistas o subcontratistas. Igual obligación tendrá para con los contratistas, respecto de sus subcontratistas.

Art. 183-D. Si la empresa principal hiciere efectivo el derecho a ser informada y el derecho de retención a que se refieren los incisos primero y tercero del artículo anterior, responderá subsidiariamente de aquellas obligaciones laborales y previsionales que afecten a los contratistas y subcontratistas en favor de los trabajadores de éstos, incluidas las eventuales indemnizaciones legales que correspondan por el término de la relación laboral. Tal responsabilidad estará limitada al tiempo o período durante el cual el o los trabajadores del contratista o subcontratista prestaron servicios en régimen de subcontratación para el dueño de la obra, empresa o faena. Igual responsabilidad asumirá el contratista respecto de las obligaciones que afecten a sus subcontratistas, a favor de los trabajadores de éstos.

Se aplicará también, lo dispuesto en el inciso precedente, en el caso que, habiendo sido notificada por la Dirección del Trabajo de las infracciones a la legislación laboral y previsional que se constaten en las fiscalizaciones que se practiquen a sus contratistas o subcontratistas, la empresa principal o contratista, según corresponda, hiciere efectivo el derecho de retención a que se refiere el inciso tercero del artículo precedente.

Art. 183-E. Sin perjuicio de las obligaciones de la empresa principal, contratista y subcontratista respecto de sus propios trabajadores en virtud de lo dispuesto en el artículo 184, la empresa principal deberá adoptar las medidas necesarias para proteger eficazmente la vida y salud de todos los trabajadores que laboran en su obra, empresa o faena, cualquiera sea su dependencia, en conformidad a lo dispuesto en el artículo 66 bis de la ley N° 16.744 y el artículo 3° del Decreto Supremo N° 594, de 1999, del Ministerio de Salud.

En los casos de construcción de edificaciones por un precio único prefijado, no procederán las obligaciones y responsabilidades señaladas en el inciso precedente, cuando quien encargue la obra sea una persona natural.

Sin perjuicio de los derechos que se reconocen en este Párrafo 1° al trabajador en régimen de subcontratación, respecto del dueño de la obra, empresa o faena, el trabajador gozará de todos los derechos que las leyes del trabajo le reconocen en relación con su empleador.

Párrafo 2° De las empresas de servicios transitorios, del contrato de puesta a disposición de trabajadores y del contrato de trabajo de servicios transitorios

Art. 183-F. Para los fines de este Código, se entiende por:

a) Empresa de Servicios Transitorios: toda persona jurídica, inscrita en el registro respectivo, que tenga por objeto social exclusivo poner a disposición de terceros denominados para estos efectos empresas usuarias, trabajadores para cumplir en estas últimas, tareas de carácter transitorio u ocasional, como asimismo la selección, capacitación y formación de trabajadores, así como otras actividades afines en el ámbito de los recursos humanos.

b) Usuaria: toda persona natural o jurídica que contrata con una empresa de servicios transitorios, la puesta a disposición de trabajadores para realizar labores o tareas transitorias u ocasionales, cuando concurra alguna de las circunstancias enumeradas en el artículo 183-Ñ de este Código.

c) Trabajador de Servicios Transitorios: todo aquel que ha convenido un contrato de trabajo con una empresa de servicios transitorios para ser puesto a disposición de una o más usuarias de aquélla, de acuerdo a las disposiciones de este Párrafo 2°.

Art. 183-G. La Dirección del Trabajo fiscalizará el cumplimiento de las normas de este Párrafo 2° en el o los lugares de la prestación de los servicios, como en la empresa de servicios transitorios. Asimismo, podrá revisar los contenidos del Contrato de Servicios Transitorios, o puesta a disposición, entre ambas empresas, a fin de fiscalizar los supuestos que habilitan la celebración de un contrato de trabajo de servicios transitorios.

Art. 183-H. Las cuestiones suscitadas entre las partes de un contrato de trabajo de servicios transitorios, o entre los trabajadores y la o las usuarias de sus servicios, serán de competencia de los Juzgados de Letras del Trabajo.

De las Empresas de Servicios Transitorios

Art. 183-I. Las empresas de servicios transitorios no podrán ser matrices, filiales, coligadas, relacionadas ni tener interés directo o indirecto, participación o relación societaria de ningún tipo, con empresas usuarias que contraten sus servicios.

La infracción a la presente norma se sancionará con su cancelación en el Registro de Empresas de Servicios Transitorios y con una multa a la usuaria de 10 unidades tributarias mensuales por cada trabajador contratado, mediante resolución fundada del Director del Trabajo.

La empresa afectada por dicha resolución, podrá pedir su reposición al Director del Trabajo, dentro del plazo de cinco días. La resolución que niegue lugar a esta solicitud será reclamable, dentro del plazo de cinco días, ante la Corte de Apelaciones respectiva.

Art. 183-J. Toda empresa de servicios transitorios deberá constituir una garantía permanente a nombre de la Dirección del Trabajo, cuyo monto será de 250 unidades de fomento, aumentada en una unidad de fomento por cada trabajador transitorio adicional contratado por sobre 100 trabajadores; 0,7 unidad de fomento por cada trabajador transitorio contratado por sobre 150 trabajadores, y 0,3 unidad de fomento por cada trabajador transitorio contratado por sobre 200.

El monto de la garantía se ajustará cada doce meses, considerando el número de trabajadores transitorios que se encuentren contratados en dicho momento.

La garantía estará destinada preferentemente a responder, en lo sucesivo, por las obligaciones legales y contractuales de la empresa con sus trabajadores transitorios, devengadas con motivo de los servicios prestados por éstos en las empresas usuarias, y luego las multas que se le apliquen por infracción a las normas de este Código.

La garantía deberá constituirse a través de una boleta de garantía, u otro instrumento de similar liquidez, a nombre de la Dirección del Trabajo y tener un plazo de vencimiento no inferior a 120 días, y será devuelta dentro de los 10 días siguientes a la presentación de la nueva boleta.

La garantía constituye un patrimonio de afectación a los fines establecidos en este artículo y estará excluida del derecho de prenda general de los acreedores.

La sentencia ejecutoriada que ordene el pago de remuneraciones y/o cotizaciones previsionales adeudadas, el acta suscrita ante el Inspector del Trabajo en que se reconozca la deuda de dichas remuneraciones, así como la resolución administrativa ejecutoriada que ordene el pago de una multa, se podrá hacer efectiva sobre la garantía, previa resolución del Director del Trabajo, que ordene los pagos a quien corresponda. Contra dicha resolución no procederá recurso alguno.

En caso de término de la empresa de servicios transitorios el Director del Trabajo, una vez que se le acredite el cumplimiento de las obligaciones laborales de origen legal o contractual y de seguridad social pertinentes, deberá proceder a la devolución de la garantía dentro del plazo de seis meses, contados desde el término de la empresa.

La resolución que ordene la constitución de dicha garantía, no será susceptible de ser impugnada por recurso alguno.

Art. 183-K. Las empresas de servicios transitorios deberán inscribirse en un registro especial y público que al efecto llevará la Dirección del Trabajo. Al solicitar su inscripción en tal registro, la empresa respectiva deberá acompañar los antecedentes que acrediten su personalidad jurídica, su objeto social y la individualización de sus representantes legales. Su nombre o razón social deberá incluir la expresión "Empresa de Servicios Transitorios" o la sigla "EST".

La Dirección del Trabajo, en un plazo de sesenta días, podrá observar la inscripción en el registro si faltara alguno de los requisitos mencionados en el inciso precedente, o por no cumplir la solicitante los requisitos establecidos en el artículo 183-F, letra a), al cabo de los cuales la solicitud se entenderá aprobada si no se le hubieran formulado observaciones.

En igual plazo, la empresa de servicios transitorios podrá subsanar las observaciones que se le hubieran formulado, bajo apercibimiento de tenerse por desistida de su solicitud por el solo ministerio de la ley. Podrá asimismo, dentro de los quince días siguientes a su notificación, reclamar de dichas observaciones o de la resolución que rechace la reposición, ante la Corte de Apelaciones del domicilio del reclamante para que ésta ordene su inscripción en el registro.

La Corte conocerá de la reclamación a que se refiere el inciso anterior, en única instancia, con los antecedentes que el solicitante proporcione, y oyendo a la Dirección del Trabajo, la que podrá hacerse parte en el respectivo procedimiento.

Inmediatamente después de practicada la inscripción y antes de empezar a operar, la empresa deberá constituir la garantía a que se refiere el artículo anterior.

Art. 183-L. Toda persona natural o jurídica que actúe como empresa de servicios transitorios sin ajustar su constitución y funcionamiento a las exigencias establecidas en este Código, será sancionada con una multa a beneficio fiscal de ochenta a quinientas unidades tributarias mensuales, aplicada mediante resolución fundada del Director del Trabajo, la que será reclamable ante el Juzgado del Trabajo competente, dentro de quinto día de notificada.

Art. 183-M. El Director del Trabajo podrá, por resolución fundada, ordenar la cancelación de la inscripción del registro de una empresa de servicios transitorios, en los siguientes casos:

a) por incumplimientos reiterados y graves de la legislación laboral o previsional, o

b) por tener la empresa de servicios transitorios la calidad de deudora en un procedimiento concursal de liquidación, salvo que se decrete la continuidad de sus actividades económicas[288].

Para los efectos de la letra a) precedente, se entenderá que una empresa incurre en infracciones reiteradas cuando ha sido objeto de tres o más sanciones aplicadas por la autoridad administrativa o judicial, como consecuencia del incumplimiento de una o más obligaciones legales, en el plazo de un año. Se considerarán graves todas aquellas infracciones que, atendidos la materia involucrada y el número de trabajadores afectados, perjudiquen notablemente el ejercicio de los derechos establecidos en las leyes laborales, especialmente las infracciones a las normas contenidas en los Capítulos II, V y VI del Título I del Libro I de este Código, como asimismo las cometidas a las normas del Título II del Libro II del mismo texto legal.

De la resolución de que trata este artículo, se podrá pedir su reposición dentro de cinco días. La resolución que niegue lugar a esta solicitud será reclamable, dentro del plazo de diez días, ante la Corte de Apelaciones del domicilio del reclamante.

Del contrato de puesta a disposición de trabajadores

Art. 183-N. La puesta a disposición de trabajadores de servicios transitorios a una usuaria por una empresa de servicios transitorios, deberá constar por escrito en un contrato de puesta a disposición de trabajadores de servicios transitorios, que deberá indicar la causal invocada para la contratación de servicios transitorios de conformidad con el artículo siguiente, los puestos de trabajo para los cuales se realiza, la duración de la misma y el precio convenido.

Asimismo, el contrato de puesta a disposición de trabajadores de servicios transitorios deberá señalar si los trabajadores puestos a disposición

---

[288] Letra incluida por el artículo 350°, N° 4 de la Ley 20.720.

tendrán o no derecho, durante la vigencia de dicho contrato, a la utilización de transporte e instalaciones colectivas que existan en la usuaria.

La individualización de las partes deberá hacerse con indicación del nombre, domicilio y número de cédula de identidad o rol único tributario de los contratantes. En el caso de personas jurídicas, se deberá, además, individualizar a el o los representantes legales.

La escrituración del contrato de puesta a disposición de trabajadores de servicios transitorios deberá suscribirse dentro de los cinco días siguientes a la incorporación del trabajador. Cuando la duración del mismo sea inferior a cinco días, la escrituración deberá hacerse dentro de los dos días de iniciada la prestación de servicios.

La falta de contrato escrito de puesta a disposición de trabajadores de servicios transitorios excluirá a la usuaria de la aplicación de las normas del presente Párrafo 2°. En consecuencia, el trabajador se considerará como dependiente de la usuaria, vínculo que se regirá por las normas de la legislación laboral común, sin perjuicio de las demás sanciones que correspondiera aplicar conforme a este Código.

Art. 183-Ñ. Podrá celebrarse un contrato de puesta a disposición de trabajadores de servicios transitorios cuando en la usuaria se dé alguna de las circunstancias siguientes:

a) suspensión del contrato de trabajo o de la obligación de prestar servicios, según corresponda, de uno o más trabajadores por licencias médicas, descansos de maternidad o feriados;

b) eventos extraordinarios, tales como la organización de congresos, conferencias, ferias, exposiciones u otros de similar naturaleza;

c) proyectos nuevos y específicos de la usuaria, tales como la construcción de nuevas instalaciones, la ampliación de las ya existentes o expansión a nuevos mercados;

d) período de inicio de actividades en empresas nuevas;

e) aumentos ocasionales, sean o no periódicos, o extraordinarios de actividad en una determinada sección, faena o establecimiento de la usuaria; o

f) trabajos urgentes, precisos e impostergables que requieran una ejecución inmediata, tales como reparaciones en las instalaciones y servicios de la usuaria.

Art. 183-O. El plazo del contrato de puesta a disposición de trabajadores de servicios transitorios deberá ajustarse a las siguientes normas.

En el caso señalado en la letra a) del artículo anterior, la puesta a disposición del trabajador podrá cubrir el tiempo de duración de la ausencia del trabajador reemplazado, por la suspensión del contrato o de la obligación de prestar servicios, según sea el caso.

En los casos señalados en las letras b) y e) del artículo anterior, el contrato de trabajo para prestar servicios en una misma usuaria no podrá exceder de 90 días. En el caso de las letras c) y d) dicho plazo será de 180 días, no siendo ambos casos susceptibles de renovación. Sin embargo, si al tiempo de la terminación del contrato de trabajo subsisten las circunstancias que motivaron su celebración, se podrá prorrogar el contrato hasta completar los 90 ó 180 días en su caso.

Art. 183-P. Sin perjuicio de lo señalado en el artículo 183-Ñ, no se podrá contratar la puesta a disposición de trabajadores de servicios transitorios, en los siguientes casos:

a) para realizar tareas en las cuales se tenga la facultad de representar a la usuaria, tales como los gerentes, subgerentes, agentes o apoderados;

b) para reemplazar a trabajadores que han declarado la huelga legal en el respectivo proceso de negociación colectiva; o

c) para ceder trabajadores a otras empresas de servicios transitorios.

La contravención a lo dispuesto en este artículo excluirá a la usuaria de la aplicación de las normas del presente Párrafo 2°. En consecuencia, el trabajador se considerará como dependiente de la usuaria, vínculo que se regirá por las normas de la legislación laboral común.

Además, la usuaria será sancionada administrativamente por la Inspección del Trabajo respectiva, con una multa equivalente a 10 unidades tributarias mensuales por cada trabajador contratado.

Art. 183-Q. Será nula la cláusula del contrato de puesta a disposición de trabajadores de servicios transitorios que prohíba la contratación del trabajador por la usuaria a la finalización de dicho contrato.

Del contrato de trabajo de servicios transitorios

Art. 183-R. El contrato de trabajo de servicios transitorios es una convención en virtud de la cual un trabajador y una empresa de servicios transitorios se obligan recíprocamente, aquél a ejecutar labores específicas para una usuaria de dicha empresa, y ésta a pagar la remuneración determinada por el tiempo servido.

El contrato de trabajo de servicios transitorios deberá celebrarse por escrito y contendrá, a lo menos, las menciones exigidas por el artículo 10 de este Código.

La escrituración del contrato de trabajo de servicios transitorios deberá realizarse dentro de los cinco días siguientes a la incorporación del trabajador. Cuando la duración del mismo sea inferior a cinco días, la escrituración deberá hacerse dentro de dos días de iniciada la prestación de servicios.

Una copia del contrato de trabajo deberá ser enviada a la usuaria a la que el trabajador prestará servicios.

Art. 183-S. En ningún caso la empresa de servicios transitorios podrá exigir ni efectuar cobro de ninguna naturaleza al trabajador, ya sea por concepto de capacitación o de su puesta a disposición en una usuaria.

Art. 183-T. En caso de que el trabajador continúe prestando servicios después de expirado el plazo de su contrato de trabajo, éste se transformará en uno de plazo indefinido, pasando la usuaria a ser su empleador y contándose la antigüedad del trabajador, para todos los efectos legales, desde la fecha del inicio de la prestación de servicios a la usuaria.

Art. 183-U. Los contratos de trabajo celebrados en supuestos distintos a aquellos que justifican la contratación de servicios transitorios de conformidad con el artículo 183-Ñ, o que tengan por objeto encubrir una relación de trabajo de carácter permanente con la usuaria, se entenderán celebrados en fraude a la ley, excluyendo a la usuaria de la aplicación de las normas del presente Párrafo 2°. En consecuencia, el trabajador se considerará como dependiente de la usuaria, vínculo que se regirá por las normas de la legislación laboral común, sin perjuicio de las demás sanciones que correspondan.

Art. 183-V. El trabajador de servicios transitorios que haya prestado servicios, continua o discontinuamente, en virtud de uno o más contratos de trabajo celebrados con una misma empresa de servicios transitorios, durante a lo menos 30 días en los doce meses siguientes a la fecha del primer contrato, tendrá derecho a una indemnización compensatoria del feriado.

Por cada nuevo período de doce meses contado desde que se devengó la última compensación del feriado, el trabajador de servicios transitorios tendrá derecho a ésta.

La indemnización será equivalente a la remuneración íntegra de los días de feriado que proporcionalmente le correspondan al trabajador según los días trabajados en la respectiva anualidad. La remuneración se determinará considerando el promedio de lo devengado por el trabajador durante los últimos 90 días efectivamente trabajados. Si el trabajador hubiera trabajado menos de 90 días en la respectiva anualidad, se considerará la remuneración de los días efectivamente trabajados para la determinación de la remuneración.

Art. 183-W. Será obligación de la usuaria controlar la asistencia del trabajador de servicios transitorios y poner a disposición de la empresa de servicios transitorios copia del registro respectivo.

En el registro se indicará, a lo menos, el nombre y apellido del trabajador de servicios transitorios, nombre o razón social y domicilio de la empresa de servicios transitorios y de la usuaria, y diariamente las horas de ingreso y salida del trabajador.

Art. 183-X. La usuaria tendrá la facultad de organizar y dirigir el trabajo, dentro del ámbito de las funciones para las cuales el trabajador fue puesto a su disposición por la empresa de servicios transitorios. Además, el trabajador de servicios transitorios quedará sujeto al reglamento de orden, seguridad e higiene de la usuaria, el que deberá ser puesto en su conocimiento mediante la entrega de un ejemplar impreso, en conformidad a lo dispuesto en el inciso segundo del artículo 156 de este Código.

La usuaria deberá cumplir íntegramente con las condiciones convenidas entre el trabajador y la empresa de servicios transitorios relativas a la prestación de los servicios, tales como duración de la jornada de trabajo, descansos diarios y semanales, naturaleza de los servicios y lugar de prestación de los mismos.

Sólo podrán pactarse horas extraordinarias entre el trabajador de servicios transitorios y la empresa de servicios transitorios al tenor del artículo 32 de este Código.

Art. 183-Y. El ejercicio de las facultades que la ley le reconoce a la usuaria tiene como límite el respeto a las garantías constitucionales de los trabajadores, en especial cuando pudieran afectar la intimidad, la vida privada o la honra de éstos.

La usuaria deberá mantener reserva de toda la información y datos privados del trabajador a que tenga acceso con ocasión de la relación laboral.

Art. 183-Z. En la remuneración convenida, se considerará la gratificación legal, el desahucio, las indemnizaciones por años de servicios y sustitutiva del aviso previo, y cualquier otro concepto que se devengue en proporción al tiempo servido, salvo la compensación del feriado que establece el artículo 183-V.

Art. 183-AA. La usuaria que contrate a un trabajador de servicios transitorios por intermedio de empresas no inscritas en el registro que para tales efectos llevará la Dirección del Trabajo, quedará, respecto de dicho trabajador, excluida de la aplicación de las normas del presente Párrafo 2°. En consecuencia, el trabajador se considerará como dependiente de la usuaria, vínculo que se regirá por las normas de la legislación laboral común.

Además, la usuaria será sancionada administrativamente por la Inspección del Trabajo respectiva, con una multa equivalente a 10 unidades tributarias mensuales por cada trabajador contratado.

Art. 183-AB. La usuaria será subsidiariamente responsable de las obligaciones laborales y previsionales que afecten a las empresas de servicios transitorios a favor de los trabajadores de éstas, en los términos previstos en este Párrafo.

No obstante lo dispuesto en el inciso precedente, será de responsabilidad directa de la usuaria el cumplimiento de las normas referidas a la higiene y seguridad en el trabajo, incluidas las disposiciones legales y reglamentarias relativas al Seguro Social contra Riesgos de Accidentes del Trabajo y Enfermedades Profesionales de la ley N° 16.744, especialmente las medidas de prevención de riesgos que deba adoptar respecto de sus trabajadores permanentes. Asimismo, deberá observar lo dispuesto en el inciso tercero del artículo 66 bis de la ley N° 16.744.

Para efectos de dar cumplimiento a lo dispuesto en el artículo 76 de la ley N° 16.744, la usuaria denunciará inmediatamente al organismo administrador al que se encuentra afiliada o adherida la respectiva empresa de servicios transitorios, la ocurrencia de cualquiera de los hechos indicados en la norma legal antes citada. Al mismo tiempo, deberá notificar el siniestro a la empresa de servicios transitorios.

Serán también de responsabilidad de la usuaria, las indemnizaciones a que se refiere el artículo 69 de la ley N° 16.744. Sin perjuicio de lo anterior, la empresa de servicios transitorios deberá constatar que el estado de salud del trabajador sea compatible con la actividad específica que desempeñará.

Normas Generales

Art. 183-AC. En el caso de los trabajadores con discapacidad, el plazo máximo de duración del contrato de puesta a disposición de trabajadores de servicios transitorios establecido en el párrafo segundo del inciso primero del artículo 183-O, será de seis meses renovables.

Art. 183-AD. Las empresas de servicios transitorios estarán obligadas a proporcionar capacitación cada año calendario, al menos al 10% de los trabajadores que pongan a disposición en el mismo período, a través de alguno de los mecanismos previstos en el Párrafo 4º del Título I de la ley Nº 19.518.

La Dirección del Trabajo verificará el cumplimiento de la obligación establecida en este artículo.

Art. 183-AE. Las trabajadoras contratadas bajo el régimen contemplado en este Párrafo, gozarán del fuero maternal señalado en el inciso primero del artículo 201, cesando éste de pleno derecho al término de los servicios en la usuaria.

Si por alguna de las causales que establece el presente Párrafo se determinare que la trabajadora es dependiente de la usuaria, el fuero maternal se extenderá por todo el período que corresponda, conforme a las reglas generales del presente Código.

LIBRO II
DE LA PROTECCIÓN A LOS TRABAJADORES

TÍTULO I
NORMAS GENERALES

Art. 184. El empleador estará obligado a tomar todas las medidas necesarias para proteger eficazmente la vida y salud de los trabajadores, informando de los posibles riesgos y manteniendo las condiciones adecuadas de higiene y seguridad en las faenas, como también los implementos necesarios para prevenir accidentes y enfermedades profesionales[289].

Deberá asimismo prestar o garantizar los elementos necesarios para que los trabajadores en caso de accidente o emergencia puedan acceder a una oportuna y adecuada atención médica, hospitalaria y farmacéutica.

Los organismos administradores del seguro de la ley N° 16.744, deberán informar a sus empresas afiliadas sobre los riesgos asociados al uso de pesticidas, plaguicidas y, en general, de productos fitosanitarios[290].

Corresponderá también a la Dirección del Trabajo fiscalizar el cumplimiento de normas de higiene y seguridad en el trabajo, en los términos señalados en el artículo 191, sin perjuicio de las facultades conferidas a otros servicios del Estado en virtud de las leyes que los rigen[291].

La Dirección del Trabajo deberá poner en conocimiento del respectivo Organismo Administrador de la ley N° 16.744, todas aquellas infracciones o deficiencias en materia de higiene y seguridad, que se constaten en las fiscalizaciones que se practiquen a las empresas. Copia de esta comunicación deberá remitirse a la Superintendencia de Seguridad Social[292].

El referido Organismo Administrador deberá, en el plazo de 30 días contado desde la notificación, informar a la Dirección del Trabajo y a la Superintendencia de Seguridad Social, acerca de las medidas de seguridad

---

289 Inciso modificado por el artículo 3°, N° 3°, letra a) de la Ley N° 20.308.

290 Inciso incluido por el artículo 3°, N° 3°, letra b) de la Ley N° 20.308.

291 Inciso incluido por el artículo 1°, N° 1° de la Ley N° 19.481.

292 Inciso incluido por el artículo 4° de la Ley N° 20.123.

específicas que hubiere prescrito a la empresa infractora para corregir tales infracciones o deficiencias. Corresponderá a la Superintendencia de Seguridad Social velar por el cumplimiento de esta obligación por parte de los Organismos Administradores[293].

Art. 184 bis. Sin perjuicio de lo establecido en el artículo precedente, cuando en el lugar de trabajo sobrevenga un riesgo grave e inminente para la vida o salud de los trabajadores, el empleador deberá:

a) Informar inmediatamente a todos los trabajadores afectados sobre la existencia del mencionado riesgo, así como las medidas adoptadas para eliminarlo o atenuarlo.

b) Adoptar medidas para la suspensión inmediata de las faenas afectadas y la evacuación de los trabajadores, en caso de que el riesgo no se pueda eliminar o atenuar.

Con todo, el trabajador tendrá derecho a interrumpir sus labores y, de ser necesario, abandonar el lugar de trabajo cuando considere, por motivos razonables, que continuar con ellas implica un riesgo grave e inminente para su vida o salud. El trabajador que interrumpa sus labores deberá dar cuenta de ese hecho al empleador dentro del más breve plazo, el que deberá informar de la suspensión de las mismas a la Inspección del Trabajo respectiva.

Los trabajadores no podrán sufrir perjuicio o menoscabo alguno derivado de la adopción de las medidas señaladas en este artículo, y podrán siempre ejercer la acción contenida en el Párrafo 6° del Capítulo II del Título I del Libro V del Código del Trabajo.

En caso de que la autoridad competente ordene la evacuación de los lugares afectados por una emergencia, catástrofe o desastre, el empleador deberá suspender las labores de forma inmediata y proceder a la evacuación de los trabajadores. La reanudación de las labores sólo podrá efectuarse cuando se garanticen condiciones seguras y adecuadas para la prestación de los servicios.

---

293 Inciso incluido por el artículo 4° de la Ley N° 20.123.

Corresponderá a la Dirección del Trabajo fiscalizar el cumplimiento de lo dispuesto en este artículo[294].

Art. 185. El reglamento señalará las industrias o trabajos peligrosos o insalubres y fijará las normas necesarias para dar cumplimiento a lo dispuesto en el artículo 184.

Art. 186. Para trabajar en las industrias o faenas a que se refiere el artículo anterior, los trabajadores necesitarán un certificado médico de aptitud.

Art. 187. No podrá exigirse ni admitirse el desempeño de un trabajador en faenas calificadas como superiores a sus fuerzas o que puedan comprometer su salud o seguridad.

La calificación a que se refiere el inciso precedente, será realizada por los organismos competentes de conformidad a la ley, teniendo en vista la opinión de entidades de reconocida especialización en la materia de que se trate, sean públicas o privadas.

Art. 188. Los trabajos de carga y descarga, reparaciones y conservación de naves y demás faenas que se practiquen en los puertos, diques, desembarcaderos, muelles y espigones de atraque, y que se consulten en los reglamentos de este título, se supervigilarán por la autoridad marítima.

Art. 189. Los trabajos subterráneos que se efectúen en terrenos compuestos de capas filtrantes, húmedas, disgregantes y generalmente inconsistentes; en túneles, esclusas y cámaras subterráneas, y la aplicación de explosivos en estas faenas y en la explotación de las minas, canteras y salitreras, se regirán por las disposiciones del reglamento correspondiente.

Art. 190. Los Servicios de Salud fijarán en cada caso las reformas o medidas mínimas de higiene y seguridad que los trabajos y la salud de los trabajadores aconsejen. Para este efecto podrán disponer que funcionarios

---

[294] Artículo incluido por el artículo único de la Ley Nº 21.012.

competentes visiten los establecimientos y faenas respectivos en las horas y oportunidades que estimen conveniente, y fijarán el plazo dentro del cual deben efectuarse esas reformas o medidas[295].

Dicha visita podrá motivarse, también, en una denuncia realizada por cualquier persona que informe de la existencia de un hecho o circunstancia que ponga en grave riesgo la salud de los trabajadores[296].

Art. 191. Las disposiciones de los tres artículos anteriores se entenderán sin perjuicio de las facultades de fiscalización que en la materia corresponden a la Dirección del Trabajo.

La Dirección del Trabajo respecto de las materias que trata este Título, podrá controlar el cumplimiento de las medidas básicas legalmente exigibles relativas al adecuado funcionamiento de instalaciones, máquinas, equipos e instrumentos de trabajo.

Cada vez que uno de los servicios facultados para fiscalizar la aplicación de normas de higiene y seguridad, se constituya en visita inspectiva en un centro, obra o puesto de trabajo, los demás servicios deberán abstenerse de intervenir respecto de las materias que están siendo fiscalizadas, en tanto no se haya dado total término al respectivo procedimiento.

Con todo, en caso que el Inspector del Trabajo aplique multas por infracciones a dichas normas y el afectado, sin perjuicio de su facultad de recurrir al tribunal competente, presente un reclamo fundado en razones de orden técnico ante el Director del Trabajo, éste deberá solicitar un informe a la autoridad especializada en la materia y resolverá en lo técnico en conformidad a dicho informe[297].

Art. 192. Se concede acción popular para denunciar las infracciones a este título y estarán especialmente obligados a efectuar las denuncias, además de los inspectores del trabajo, el personal de Carabineros de Chile, los conductores de medios de transporte terrestre, los capitanes de naves

---

[295] Inciso modificado por el artículo 3°, N° 4°, letra a) de la Ley N° 20.308.

[296] Inciso incluido por el artículo 3°, N° 4°, letra b) de la Ley N° 20.308.

[297] Artículo reemplazado por el artículo 1°, N° 3 de la Ley N° 19.481.

mercantes chilenas o extranjeras, los funcionarios de aduana y los encargados de las labores de carga y descarga en los puertos.

Art. 193. En los almacenes, tiendas, bazares, bodegas, depósitos de mercaderías y demás establecimientos comerciales semejantes, aunque funcionen como anexos de establecimientos de otro orden, el empleador mantendrá el número suficiente de asientos o sillas a disposición de los dependientes o trabajadores.

La disposición precedente será aplicable en los establecimientos industriales, y a los trabajadores del comercio, cuando las funciones que éstos desempeñen lo permitan.

La forma y condiciones en que se ejercerá este derecho deberá constar en el reglamento interno.

Cada infracción a las disposiciones del presente artículo será penada con multa de una a dos unidades tributarias mensuales.

Será aplicable en este caso lo dispuesto en el artículo 40.

TÍTULO II
DE LA PROTECCIÓN A LA MATERNIDAD Y LA PATERNIDAD Y A LA CONCILIACIÓN DE LA VIDA PERSONAL, FAMILIAR Y LABORAL[298]

Art. 194. El presente Título se regirá por el principio de parentalidad positiva, que incluye las capacidades prácticas y funciones propias de las y los adultos responsables para cuidar, proteger, educar y asegurar el sano desarrollo a sus hijos e hijas; el principio de corresponsabilidad social, que comprende la promoción en la sociedad de la conciliación de la vida personal, familiar y laboral, especialmente de las personas trabajadoras que ejercen labores de cuidado no remunerado, y el principio de protección a la maternidad y la paternidad, promoviendo la igualdad de oportunidades y de trato entre las mujeres y los hombres, buscando preservar tanto la salud y bienestar de los niños y niñas, como el de sus progenitores y progenitoras. Dichos principios deberán aplicarse siempre en concordancia

---

298 Título sustituido por el artículo único, N° 5 de la Ley N° 21.645.

con las responsabilidades y facultades de administración que este Código reconoce al empleador[299].

Los empleadores, teniendo en consideración, en cada caso, la naturaleza de la relación laboral y los servicios prestados, deberán promover el equilibrio entre el trabajo y la vida privada, realizando acciones destinadas a informar, educar y sensibilizar sobre la importancia de la conciliación de la vida personal, familiar y laboral, por medio de campañas de sensibilización y difusión realizadas directamente por el empleador o a través de los organismos administradores de la ley N° 16.744. La Superintendencia de Seguridad Social, mediante una norma de carácter general, entregará las directrices para la ejecución de estas acciones y para la entrega de información por parte de las entidades administradoras de la ley N° 16.744[300].

La protección a la maternidad y la paternidad y la conciliación de la vida personal, familiar y laboral se regirá por las disposiciones del presente título y quedan sujetos a ellas los servicios de la administración pública, los servicios semifiscales, de administración autónoma, de las municipalidades y todos los servicios y establecimientos, cooperativas o empresas industriales, extractivas, agrícolas o comerciales, sean de propiedad fiscal, semifiscal, de administración autónoma o independiente, municipal o particular o perteneciente a una corporación de derecho público o privado[301].

Las disposiciones anteriores comprenden las sucursales o dependencias de los establecimientos, empresas o servicios indicados.

Estas disposiciones beneficiarán a todos los trabajadores que dependan de cualquier empleador, comprendidos aquellos que trabajan en su domicilio y, en general, a todos los que estén acogidos a algún sistema previsional[302].

Ningún empleador podrá condicionar la contratación de trabajadoras, su permanencia o renovación de contrato, o la promoción o movilidad en su empleo, a la ausencia o existencia de embarazo, ni exigir para dichos

---

299 Inciso incluido por el artículo único, N° 6, letra a) de la Ley N° 21.645.

300 Inciso incluido por el artículo único, N° 6, letra a) de la Ley N° 21.645.

301 Inciso modificado por el artículo único, N° 6, letra b) de la Ley N° 21.645.

302 Inciso reemplazado por el artículo 1°, N° 2°, letra b) de la Ley N° 20.764.

fines certificado o examen alguno para verificar si se encuentra o no en estado de gravidez[303].

Art. 195. Las trabajadoras tendrán derecho a un descanso de maternidad de seis semanas antes del parto y doce semanas después de él.

El padre tendrá derecho a un permiso pagado de cinco días en caso de nacimiento de un hijo, el que podrá utilizar a su elección desde el momento del parto, y en este caso será de forma continua, excluyendo el descanso semanal, o distribuirlo dentro del primer mes desde la fecha del nacimiento. Este permiso también se otorgará al padre que se encuentre en proceso de adopción, y se contará a partir de la notificación de la resolución que otorgue el cuidado personal o acoja la adopción del menor, en conformidad a los artículos 19 y 24 de la ley Nº 19.620. Este derecho es irrenunciable.

Si la madre muriera en el parto o durante el período de permiso posterior a éste, dicho permiso o el resto de él que sea destinado al cuidado del hijo corresponderá al padre o a quien le fuere otorgada la custodia del menor, quien gozará del fuero establecido en el artículo 201 de este Código y tendrá derecho al subsidio a que se refiere el artículo 198.

El padre que sea privado por sentencia judicial del cuidado personal del menor perderá el derecho a fuero y subsidio establecidos en el inciso anterior.

Los derechos referidos en el inciso primero no podrán renunciarse y durante los períodos de descanso queda prohibido el trabajo de las mujeres embarazadas y puérperas.

Asimismo, no obstante cualquier estipulación en contrario, deberán conservárseles sus empleos o puestos durante dichos períodos, incluido el período establecido en el artículo 197 bis[304].

Art. 196. Si durante el embarazo se produjere enfermedad como consecuencia de éste, comprobada con certificado médico, la trabajadora

---

303 Inciso incluido por el artículo único, Nº 1º de la Ley Nº 19.591.

304 Artículo reemplazado por el artículo 1º, Nº 1º de la Ley Nº 20.545.

tendrá derecho a un descanso prenatal suplementario cuya duración será fijada, en su caso, por los servicios que tengan a su cargo las atenciones médicas preventivas o curativas.

Si el parto se produjere después de las seis semanas siguientes a la fecha en que la mujer hubiere comenzado el descanso de maternidad, el descanso prenatal se entenderá prorrogado hasta el alumbramiento y desde la fecha de éste se contará el descanso puerperal, lo que deberá ser comprobado, antes de expirar el plazo, con el correspondiente certificado médico o de la matrona.

Si como consecuencia del alumbramiento se produjere enfermedad comprobada con certificado médico, que impidiere regresar al trabajo por un plazo superior al descanso postnatal, el descanso puerperal será prolongado por el tiempo que fije, en su caso, el servicio encargado de la atención médica preventiva o curativa.

Cuando el parto se produjere antes de iniciada la trigésimo tercera semana de gestación, o si el niño al nacer pesare menos de 1.500 gramos, el descanso postnatal del inciso primero del artículo 195 será de dieciocho semanas[305].

En caso de partos de dos o más niños, el período de descanso postnatal establecido en el inciso primero del artículo 195 se incrementará en siete días corridos por cada niño nacido a partir del segundo[306].

Cuando concurrieren simultáneamente las circunstancias establecidas en los incisos cuarto y quinto de este artículo, la duración del descanso postnatal será la de aquel que posea una mayor extensión[307].

Los certificados a que se refiere este artículo serán expedidos gratuitamente, cuando sean solicitados a médicos o matronas que por cualquier concepto perciban remuneraciones del Estado.

Art. 197. Para hacer uso del descanso de maternidad, señalado en el artículo 195, deberá presentarse al jefe del establecimiento, empresa,

---

305 Inciso incluido por el artículo 1°, N° 2) de la Ley N° 20.545.

306 Inciso incluido por el artículo 1°, N° 2) de la Ley N° 20.545.

307 Inciso incluido por el artículo 1°, N° 2) de la Ley N° 20.545.

servicio o empleador un certificado médico o de matrona que acredite que el estado de embarazo ha llegado al período fijado para obtenerlo.

El descanso se concederá de acuerdo con las formalidades que especifique el reglamento.

Estos certificados serán expedidos gratuitamente por los médicos o matronas a que se refiere el inciso final del artículo anterior.

Art. 197 bis. Las trabajadoras tendrán derecho a un permiso postnatal parental de doce semanas a continuación del período postnatal, durante el cual recibirán un subsidio cuya base de cálculo será la misma del subsidio por descanso de maternidad a que se refiere el inciso primero del artículo 195.

Con todo, la trabajadora podrá reincorporarse a sus labores una vez terminado el permiso postnatal, por la mitad de su jornada, en cuyo caso el permiso postnatal parental se extenderá a dieciocho semanas. En este caso, percibirá el cincuenta por ciento del subsidio que le hubiere correspondido conforme al inciso anterior y, a lo menos, el cincuenta por ciento de los estipendios fijos establecidos en el contrato de trabajo, sin perjuicio de las demás remuneraciones de carácter variable a que tenga derecho.

Las trabajadoras exentas del límite de jornada de trabajo, de conformidad a lo establecido en el inciso segundo del artículo 22, podrán ejercer el derecho establecido en el inciso anterior, en los términos de dicho precepto y conforme a lo acordado con su empleador.

Para ejercer los derechos establecidos en los incisos segundo, tercero y octavo, la trabajadora deberá dar aviso a su empleador mediante carta certificada, enviada con a lo menos treinta días de anticipación al término del período postnatal, con copia a la Inspección del Trabajo. De no efectuar esta comunicación, la trabajadora deberá ejercer su permiso postnatal parental de acuerdo a lo establecido en el inciso primero.

El empleador estará obligado a reincorporar a la trabajadora salvo que, por la naturaleza de sus labores y las condiciones en que aquella las desempeña, estas últimas sólo puedan desarrollarse ejerciendo la jornada que la trabajadora cumplía antes de su permiso prenatal. La negativa del empleador a la reincorporación parcial deberá ser fundamentada e informada a la trabajadora, dentro de los tres días de recibida la comunicación de ésta, mediante carta certificada, con copia a la Inspección del Trabajo en el mismo acto. La trabajadora podrá reclamar de dicha negativa ante la referida entidad, dentro de tres días hábiles contados desde que tome conocimiento de la comunicación de su empleador. La Inspección del Trabajo resolverá si la naturaleza de las labores y condiciones en las que éstas son desempeñadas justifican o no la negativa del empleador.

En caso de que la trabajadora opte por reincorporarse a sus labores de conformidad a lo establecido en este artículo, el empleador deberá dar aviso a la entidad pagadora del subsidio antes del inicio del permiso postnatal parental.

Con todo, cuando la madre hubiere fallecido o el padre tuviere el cuidado personal del menor por sentencia judicial, le corresponderá a éste el permiso y subsidio establecidos en los incisos primero y segundo.

Si ambos padres son trabajadores, cualquiera de ellos, a elección de la madre, podrá gozar del permiso postnatal parental, a partir de la séptima semana del mismo, por el número de semanas que ésta indique. Las semanas utilizadas por el padre deberán ubicarse en el período final del permiso y darán derecho al subsidio establecido en este artículo, calculado en base a sus remuneraciones. Le será aplicable al trabajador lo dispuesto en el inciso quinto.

En caso de que el padre haga uso del permiso postnatal parental, deberá dar aviso a su empleador mediante carta certificada enviada, a lo menos, con diez días de anticipación a la fecha en que hará uso del mencionado permiso, con copia a la Inspección del Trabajo. Copia de dicha comunicación deberá ser remitida, dentro del mismo plazo, al empleador de la trabajadora. A su vez, el empleador del padre deberá dar aviso a las entidades pagadoras del subsidio que correspondan, antes del inicio del permiso postnatal parental que aquél utilice.

El subsidio derivado del permiso postnatal parental se financiará con cargo al Fondo Único de Prestaciones Familiares y Subsidio de Cesantía del Decreto con Fuerza de ley Nº 150, del Ministerio del Trabajo y Previsión Social, de 1982.

El empleador que impida el uso del permiso postnatal parental o realice cualquier práctica arbitraria o abusiva con el objeto de dificultar o hacer imposible el uso del permiso establecido en los incisos precedentes, será sancionado con multa a beneficio fiscal de 14 a 150 unidades tributarias mensuales. Cualquier infracción a lo dispuesto en este inciso podrá ser denunciada a la Inspección del Trabajo, entidad que también podrá proceder de oficio a este respecto[308].

Art. 198. La mujer que se encuentre en el período de descanso de maternidad a que se refiere el artículo 195, de descansos suplementarios y de plazo ampliado señalados en el artículo 196, como también los trabajadores que hagan uso del permiso postnatal parental, recibirán un subsidio calculado conforme a lo dispuesto en el Decreto con Fuerza de ley Nº 44, del Ministerio del Trabajo y Previsión Social, de 1978, y en el artículo 197 bis[309].

Art. 199. Cuando la salud de un niño menor de un año requiera de atención en el hogar con motivo de enfermedad grave, circunstancia que deberá ser acreditada mediante certificado médico otorgado o ratificado por los servicios que tengan a su cargo la atención médica de los menores, la madre trabajadora tendrá derecho al permiso y subsidio que establece el artículo anterior por el período que el respectivo servicio determine. En el caso que ambos padres sean trabajadores, cualquiera de ellos y a elección de la madre, podrá gozar del permiso y subsidio referidos. Con todo, gozará de ellos el padre, cuando la madre hubiere fallecido o él tuviere la tuición del menor por sentencia judicial.

Tendrá también derecho a este permiso y subsidio, la trabajadora o el trabajador que tenga a su cuidado un menor de edad inferior a un año, respecto de quien se le haya otorgado judicialmente la tuición o el cuidado personal como medida de protección. Este derecho se extenderá al

---

308 Artículo incluido por el artículo 1º, Nº 3 de la Ley Nº 20.545.

309 Artículo reemplazado por el artículo 1º, Nº 4 de la Ley Nº 20.545.

cónyuge o conviviente civil, en los mismos términos señalados en el inciso anterior[310].

Si los beneficios precedentes fueren obtenidos en forma indebida, los trabajadores involucrados serán solidariamente responsables de la restitución de las prestaciones pecuniarias percibidas, sin perjuicio de las sanciones penales que por este hecho les pudiere corresponder.

Art. 199 bis. Cuando la salud de un niño o niña mayor de un año y menor de dieciocho años de edad requiera el cuidado personal de su padre o madre con motivo de un accidente grave o de una enfermedad grave, aguda y con riesgo de muerte, tanto el padre como la madre trabajadores tendrán derecho a un permiso para ausentarse de su trabajo por el número de horas equivalentes a diez jornadas ordinarias de trabajo al año, distribuidas a elección del trabajador o trabajadora en jornadas completas, parciales o combinación de ambas, las que se considerarán como trabajadas para todos los efectos legales. El accidente o la enfermedad deberán ser acreditados mediante certificado otorgado por el médico que tenga a su cargo la atención del niño o niña.

Si el padre y la madre son trabajadores podrán usar este permiso conjunta o separadamente.

Cuando el cuidado personal del niño o niña lo tenga un tercero distinto del padre o la madre, otorgado por resolución judicial, sólo éste podrá hacer uso del permiso, en los mismos términos que el padre o la madre.

Cuando el o la cónyuge, el o la conviviente civil o el padre o la madre del trabajador o trabajadora estén desahuciados o en estado terminal, el trabajador o la trabajadora podrá ejercer el derecho establecido en el inciso primero de este artículo, debiendo acreditarse esta circunstancia mediante certificado médico.

El tiempo no trabajado deberá ser restituido por el trabajador o trabajadora mediante imputación a su próximo feriado anual o laborando horas extraordinarias o a través de cualquier forma que convengan libremente las partes. En estos casos se aplicará lo dispuesto en el inciso final del

---

310 Inciso modificado por el artículo 41°, numeral v) de la Ley N° 20.830.

artículo 32. Sin embargo, tratándose de trabajadores regidos por estatutos que contemplen la concesión de días administrativos, en primer lugar, el trabajador deberá hacer uso de ellos, luego podrá imputar el tiempo que debe reponer a su próximo feriado anual o a días administrativos del año siguiente al uso del permiso a que se refiere este artículo o a horas extraordinarias.

Asimismo, el trabajador y el empleador podrán utilizar y convenir directamente los mecanismos señalados en el artículo 375 y 376 de este Código para restituir y compensar el tiempo no trabajado.

En el evento de no ser posible aplicar los mecanismos señalados en los incisos anteriores se podrá descontar el tiempo equivalente al permiso obtenido de las remuneraciones mensuales del trabajador, en forma de un día por mes, lo que podrá fraccionarse según sea el sistema de pago, o en forma íntegra si el trabajador cesare en su trabajo por cualquier causa.

Iguales derechos y mecanismos de restitución serán aplicables a los padres, a la persona que tenga su cuidado personal o sea cuidador en los términos establecidos en la letra d) del artículo 6° de la ley N° 20.422, de un menor con discapacidad, debidamente inscrito en el Registro Nacional de la Discapacidad, o siendo menor de seis años, con la determinación diagnóstica del médico tratante.

Lo dispuesto en el inciso precedente se aplicará, en iguales términos, tratándose de personas mayores de dieciocho años con discapacidad mental, por causa psíquica o intelectual, multidéficit, o bien, presenten dependencia severa.

La solicitud del permiso deberá formalizarse mediante cualquier medio escrito de comunicación interna de la empresa, ya sea físico o electrónico, acompañando el certificado médico correspondiente. Cumpliéndose los requisitos establecidos en este artículo, el empleador no podrá negarse a otorgar el permiso.

En todo caso, de la ausencia al trabajo se deberá dar aviso al empleador dentro de las 24 horas siguientes al ejercicio del derecho[311].

---

311 Artículo reemplazado por el artículo 2° de la Ley N° 21.063.

Art. 200. La trabajadora o el trabajador que tenga a su cuidado un menor de edad, por habérsele otorgado judicialmente la tuición o el cuidado personal como medida de protección, o en virtud de lo previsto en los artículos 19 o 24 de la ley N° 19.620, tendrá derecho al permiso postnatal parental establecido en el artículo 197 bis. Además, cuando el menor tuviere menos de seis meses, previamente tendrá derecho a un permiso y subsidio por doce semanas.

A la correspondiente solicitud de permiso, el trabajador o la trabajadora, según corresponda, deberá acompañar necesariamente una declaración jurada de tener bajo su tuición o cuidado personal al causante del beneficio, así como un certificado del tribunal que haya otorgado la tuición o cuidado personal del menor como medida de protección, o en virtud de lo previsto en los artículos 19 o 24 de la ley N° 19.620[312].

Art. 201. Durante el período de embarazo y hasta un año después de expirado el descanso de maternidad, excluido el permiso postnatal parental establecido en el artículo 197 bis, la trabajadora gozará de fuero laboral y estará sujeta a lo dispuesto en el artículo 174. En caso de que el padre haga uso del permiso postnatal parental del artículo 197 bis también gozará de fuero laboral, por un período equivalente al doble de la duración de su permiso, a contar de los diez días anteriores al comienzo del uso del mismo. Con todo, este fuero del padre no podrá exceder de tres meses.

Tratándose de mujeres o de hombres solteros o viudos que manifiesten al tribunal su voluntad de adoptar un hijo en conformidad a las disposiciones de la ley N° 19.620, el plazo de un año establecido en el inciso primero se contará desde la fecha en que el juez, mediante resolución dictada al efecto, confíe a estos trabajadores el cuidado personal del menor en conformidad al artículo 19 de la ley N° 19.620 o bien le otorgue la tuición en los términos del inciso tercero del artículo 24 de la misma ley.

Sin perjuicio de lo antes indicado, cesará de pleno derecho el fuero establecido en el inciso precedente desde que se encuentre ejecutoriada la resolución del juez que decide poner término al cuidado personal del me-

---

312 Artículo reemplazado por el artículo 1°, N° 5 de la Ley N° 20.545.

nor o bien aquella que deniegue la solicitud de adopción. Cesará también el fuero en el caso de que la sentencia que acoja la adopción sea dejada sin efecto en virtud de otra resolución judicial.

Si por ignorancia del estado de embarazo o del cuidado personal o tuición de un menor en el plazo y condiciones indicados en el inciso segundo se hubiere dispuesto el término del contrato, en contravención a lo dispuesto en el artículo 174, la medida quedará sin efecto y la trabajadora volverá a su trabajo, para lo cual bastará la sola presentación del correspondiente certificado médico o de matrona, o bien de una copia autorizada de la resolución del tribunal que haya otorgado la tuición o cuidado personal del menor, en los términos del inciso segundo, según sea el caso, sin perjuicio del derecho a remuneración por el tiempo en que haya permanecido indebidamente fuera del trabajo, si durante ese tiempo no tuviere derecho a subsidio. La afectada deberá hacer efectivo este derecho dentro del plazo de 60 días hábiles contados desde el despido.

No obstante lo dispuesto en el inciso primero, si el término del fuero se produjere mientras la mujer estuviere gozando del descanso maternal o permiso parental a que aluden los artículos 195, 196 y 197 bis, continuará percibiendo el subsidio mencionado en el artículo 198 hasta la conclusión del período de descanso o permiso. Para los efectos del subsidio de cesantía, si hubiere lugar a él, se entenderá que el contrato de trabajo expira en el momento en que dejó de percibir el subsidio maternal[313].

Art. 202. Durante el período de embarazo, la trabajadora que esté ocupada habitualmente en trabajos considerados por la autoridad como perjudiciales para su salud, deberá ser trasladada, sin reducción de sus remuneraciones, a otro trabajo que no sea perjudicial para su estado.

Para estos efectos se entenderá, especialmente, como perjudicial para la salud todo trabajo que:

a) obligue a levantar, arrastrar o empujar grandes pesos;

b) exija un esfuerzo físico, incluido el hecho de permanecer de pie largo tiempo;

---

313 Artículo reemplazado por el artículo 1°, N° 6 de la Ley N° 20.545.

c) se ejecute en horario nocturno;

d) se realice en horas extraordinarias de trabajo, y

e) la autoridad competente declare inconveniente para el estado de gravidez.

Igualmente, si durante el período de embarazo la autoridad declarara el estado de excepción constitucional de catástrofe, por calamidad pública, o una alerta sanitaria, con ocasión de una epidemia o pandemia a causa de una enfermedad contagiosa, el empleador deberá ofrecer a la trabajadora, durante el tiempo que dure el referido estado de excepción constitucional o la referida alerta sanitaria, la modalidad de trabajo a distancia o teletrabajo, de conformidad con el Capítulo IX del Título II del Libro I de este Código, sin reducción de remuneraciones, en la medida que la naturaleza de sus funciones lo permita y la trabajadora consienta en ello. Si la naturaleza de las funciones de la trabajadora no es compatible con la modalidad de trabajo a distancia o teletrabajo, el empleador, con acuerdo de ella y sin reducir sus remuneraciones, la destinará a labores que no requieran contacto con público o con terceros que no desempeñen funciones en el lugar de trabajo, siempre que ello sea posible y no importe menoscabo para la trabajadora. La obligación señalada será exigible por el tiempo que se extienda el estado de excepción constitucional de catástrofe, por calamidad pública, o la alerta sanitaria y en el territorio en el que la autoridad haya determinado su aplicación[314].

Art. 203. Las empresas que ocupan veinte o más trabajadoras de cualquier edad o estado civil, deberán tener salas anexas e independientes del local de trabajo, en donde las mujeres puedan dar alimento a sus hijos menores de dos años y dejarlos mientras estén en el trabajo. Igual obligación corresponderá a los centros o complejos comerciales e industriales y de servicios administrados bajo una misma razón social o personalidad jurídica, cuyos establecimientos ocupen entre todos, veinte o más trabajadoras. El mayor gasto que signifique la sala cuna se entenderá común y

---

[314] Inciso modificado por el artículo único de la Ley Nº 21.498.

deberán concurrir a él todos los establecimientos en la misma proporción de los demás gastos de ese carácter[315].

Las salas cunas señaladas en el inciso anterior deberán contar con autorización de funcionamiento o reconocimiento oficial del Estado, ambos otorgados por el Ministerio de Educación[316].

Con todo, los establecimientos de las empresas a que se refiere el inciso primero, y que se encuentren en una misma área geográfica, podrán, previa autorización del Ministerio de Educación, construir o habilitar y mantener servicios comunes de salas cunas para la atención de los niños de las trabajadoras de todos ellos[317].

En los períodos de vacaciones determinados por el Ministerio de Educación, los establecimientos educacionales podrán ser facilitados para ejercer las funciones de salas cunas. Para estos efectos, la Junta Nacional de Jardines Infantiles podrá celebrar convenios con el Servicio Nacional de la Mujer, las municipalidades u otras entidades públicas o privadas.

Se entenderá que el empleador cumple con la obligación señalada en este artículo si paga los gastos de sala cuna directamente al establecimiento al que la mujer trabajadora lleve sus hijos menores de dos años.

El empleador designará la sala cuna a que se refiere el inciso anterior, de entre aquellas que cuenten con la autorización de funcionamiento o reconocimiento oficial del Ministerio de Educación[318].

El empleador pagará el valor de los pasajes por el transporte que deba emplearse para la ida y regreso del menor al respectivo establecimiento[319].

El trabajador o trabajadora a quienes, por sentencia judicial, se le haya confiado el cuidado personal del menor de dos años, tendrá los derechos establecidos en este artículo si éstos ya fueran exigibles a su empleador[320].

---

315 Inciso modificado por el artículo único de la Ley N° 19.824.

316 Inciso reemplazado por el artículo 18°, N° 1°, letra a) de la Ley N° 20.832.

317 Inciso modificado por el artículo 18°, N° 1°, letra b) de la Ley N° 20.832.

318 Inciso modificado por el artículo 18°, N° 1°, letra c) de la Ley N° 20.832.

319 Inciso modificado por el artículo único, N° 1°, letra b) de la Ley N° 20.166.

320 Inciso incluido por el artículo único de la Ley N° 20.399.

Lo anterior se aplicará, además, si la madre fallece, salvo que el padre haya sido privado del cuidado personal por sentencia judicial[321].

Art. 204. Derogado[322].

Art. 205. El mantenimiento de las salas cunas será de costo exclusivo del o los empleadores, quienes deberán tener una persona competente a cargo de la atención y cuidado de los niños, en los términos establecidos en las normas sobre autorización de funcionamiento o reconocimiento oficial, según corresponda[323].

Art. 206. Las trabajadoras tendrán derecho a disponer, a lo menos, de una hora al día, para dar alimento a sus hijos menores de dos años. Este derecho podrá ejercerse de alguna de las siguientes formas a acordar con el empleador:

a) En cualquier momento dentro de la jornada de trabajo.

b) Dividiéndolo, a solicitud de la interesada, en dos porciones.

c) Postergando o adelantando en media hora, o en una hora, el inicio o el término de la jornada de trabajo.

Este derecho podrá ser ejercido preferentemente en la sala cuna, o en el lugar en que se encuentre el menor.

Para todos los efectos legales, el tiempo utilizado se considerará como trabajado.

El derecho a alimentar consagrado en el inciso primero, no podrá ser renunciado en forma alguna y le será aplicable a toda trabajadora que tenga hijos menores de dos años, aun cuando no goce del derecho a sala cuna, según lo preceptuado en el artículo 203.

Tratándose de empresas que estén obligadas a lo preceptuado en el artículo 203, el período de tiempo a que se refiere el inciso primero se ampliará al necesario para el viaje de ida y vuelta de la madre para dar alimen-

---

321 Inciso incluido por el artículo único de la Ley Nº 20.399.

322 Artículo eliminado por el artículo único de la Ley 20.399.

323 Artículo reemplazado por el artículo 18º, Nº 3 de la Ley Nº 20.832.

tos a sus hijos. En este caso, el empleador pagará el valor de los pasajes por el transporte que deba emplearse para la ida y regreso de la madre[324].

En caso de que el padre y la madre sean trabajadores, ambos podrán acordar que sea el padre quien ejerza el derecho. Esta decisión y cualquier modificación de la misma deberán ser comunicadas por escrito a ambos empleadores con a lo menos treinta días de anticipación, mediante instrumento firmado por el padre y la madre, con copia a la respectiva Inspección del Trabajo[325].

Con todo, el padre trabajador ejercerá el referido derecho cuando tuviere la tuición del menor por sentencia judicial ejecutoriada, cuando la madre hubiere fallecido o estuviere imposibilitada de hacer uso de él[326].

Asimismo, ejercerá este derecho la trabajadora o el trabajador al que se le haya otorgado judicialmente la tuición o el cuidado personal de conformidad con la ley Nº 19.620 o como medida de protección de acuerdo con el número 2 del artículo 30 de la Ley de Menores. Este derecho se extenderá al cónyuge, en los mismos términos señalados en los incisos anteriores[327].

Art. 206 bis. Si la autoridad declarare estado de excepción constitucional de catástrofe, por calamidad pública o una alerta sanitaria con ocasión de una epidemia o pandemia a causa de una enfermedad contagiosa, el empleador deberá ofrecer al trabajador que tenga el cuidado personal de al menos un niño o niña en etapa preescolar, la modalidad de trabajo a distancia o teletrabajo, regulada en el Capítulo IX del Título II del Libro I del presente Código, en la medida que la naturaleza de sus funciones lo permitiere, sin reducción de remuneraciones. Si ambos padres son trabajadores y tienen el cuidado personal de un niño o niña, cualquiera de ellos, a elección de la madre, podrá hacer uso de esta prerrogativa.

---

324 Inciso reemplazado por el artículo único, Nº 2º de la Ley Nº 20.166.

325 Inciso incluido por el artículo único, Nº 1º de la Ley Nº 20.761.

326 Inciso incluido por el artículo único, Nº 1º de la Ley Nº 20.761.

327 Inciso incluido por el artículo único, Nº 1º de la Ley Nº 20.761.

Si la autoridad declarare estado de excepción constitucional de catástrofe, por calamidad pública, o una alerta sanitaria con ocasión de una epidemia o pandemia a causa de una enfermedad contagiosa, y adoptare medidas que impliquen el cierre de establecimientos de educación básica o impidan la asistencia a los mismos, el empleador deberá ofrecer al trabajador que tenga el cuidado personal de al menos un niño o niña menor de doce años, que se vea afectado por dichas circunstancias, la modalidad de trabajo a distancia o teletrabajo, en la medida que la naturaleza de sus funciones lo permitiere, sin reducción de remuneraciones. En este caso, el trabajador deberá entregar al empleador una declaración jurada de que dicho cuidado lo ejerce sin ayuda o concurrencia de otra persona adulta.

Esta modalidad de trabajo se mantendrá vigente durante el período de tiempo en que se mantengan las circunstancias descritas anteriormente, salvo acuerdo de las partes.

La misma regla del inciso primero se aplicará para aquellos trabajadores que tengan a su cuidado personas con discapacidad. Esta circunstancia deberá ser acreditada a través del respectivo certificado de inscripción en el Registro Nacional de la Discapacidad, conforme a lo dispuesto en la letra b) del artículo 56 de la ley Nº 20.422, al que deberá acompañarse además la correspondiente copia del certificado, credencial o inscripción de discapacidad en el referido registro, emitido por la autoridad competente en los términos de los artículos 13 y 17, ambos de la citada ley, correspondientes a la persona cuyo cuidado tengan. Podrá asimismo acreditarse la discapacidad de esta última a través de la calidad de asignatario de pensión de invalidez de cualquier régimen previsional, conforme a los registros disponibles en el Sistema Nacional de Información de Seguridad y Salud en el Trabajo de la Superintendencia de Seguridad Social[328].

Art. 207. Corresponde a la Dirección del Trabajo velar por el cumplimiento de las disposiciones de este Título, sin perjuicio de las atribuciones

---

[328] Artículo incluido por el artículo único de la Ley Nº 21.391.

que en materia de fiscalización de establecimientos de educación parvularia le competen a la Superintendencia de Educación[329].

Cualquiera persona puede denunciar ante estos organismos las infracciones de que tuviere conocimiento.

Las acciones y derechos provenientes de este título se extinguirán en el término de sesenta días contados desde la fecha de expiración del período a que se refieren los respectivos derechos[330].

Art. 207 bis. En el caso de contraer matrimonio o celebrar un acuerdo de unión civil, de conformidad con lo previsto en la ley Nº 20.830, todo trabajador tendrá derecho a cinco días hábiles continuos de permiso pagado, adicional al feriado anual, independientemente del tiempo de servicio.

Este permiso se podrá utilizar, a elección del trabajador, en el día del matrimonio o del acuerdo de unión civil y en los días inmediatamente anteriores o posteriores al de su celebración.

El trabajador deberá dar aviso a su empleador con treinta días de anticipación y presentar dentro de los treinta días siguientes a la celebración el respectivo certificado de matrimonio o de acuerdo de unión civil del Servicio de Registro Civil e Identificación[331].

Art. 207 ter. Los derechos que correspondan a la madre trabajadora referidos a la protección a la maternidad regulados en este Título, serán aplicables a la madre o persona gestante, con independencia de su sexo registral por identidad de género. A su vez, los derechos que se otorgan al padre en el presente Título, también serán aplicables al progenitor no gestante[332].

Art. 208. Las infracciones a las disposiciones de este título se sancionarán con multa de catorce a setenta unidades tributarias mensuales en vigor a la fecha de cometerse la infracción, multa que se duplicará en caso de reincidencia.

---

329 Inciso reemplazado por el artículo 18º, Nº 4 de la Ley Nº 20.832.

330 Inciso modificado por el artículo único, Nº 2º de la Ley Nº 20.761.

331 Artículo modificado por el artículo único de la Ley Nº 21.042.

332 Artículo incluido por el artículo 5, Nº 2 de la Ley Nº 21.400.

En igual sanción incurrirán los empleadores por cuya culpa las instituciones que deben pagar las prestaciones establecidas en este título no lo hagan; como asimismo aquellos empleadores que infrinjan lo dispuesto en el inciso final del artículo 194[333].

Sin perjuicio de la sanción anterior, será de cargo directo de dichos empleadores el pago de los subsidios que correspondieren a sus trabajadoras.

La fiscalización del cumplimiento de las disposiciones de este artículo corresponderá a la Dirección del Trabajo, sin perjuicio de las atribuciones que en materia de fiscalización de establecimientos de educación parvularia le competen a la Superintendencia de Educación[334].

TÍTULO III
DEL SEGURO SOCIAL CONTRA RIESGOS DE ACCIDENTES DEL TRABAJO Y ENFERMEDADES PROFESIONALES

Art. 209. El empleador es responsable de las obligaciones de afiliación y cotización que se originan del seguro social obligatorio contra riesgos de accidentes del trabajo y enfermedades profesionales regulado por la ley N° 16.744.

En los mismos términos, el dueño de la obra, empresa o faena es subsidiariamente responsable de las obligaciones que en materia de afiliación y cotización, afecten a los contratistas en relación con las obligaciones de sus subcontratistas.

Art. 210. Las empresas o entidades a que se refiere la ley N° 16.744, están obligadas a adoptar y mantener medidas de higiene y seguridad en la forma, dentro de los términos y con las sanciones que señala esa ley.

Art. 211. El seguro de accidentes del trabajo y enfermedades profesionales se financia, en la forma que prescribe la ley N° 16.744, con una cotización básica general y una cotización adicional diferenciada en fun-

---

333 Inciso modificado por el artículo único, N° 4 de la Ley N° 19.591.

334 Inciso modificado por el artículo 18°, N° 5, letra b) de la Ley N° 20.832.

ción de la actividad y riesgo de la empresa o entidad empleadora, ambas de cargo del empleador; y con el producto de las multas que apliquen los organismos administradores, las utilidades o rentas que produzcan la inversión de los fondos de reserva y con las cantidades que estos organismos obtengan por el ejercicio del derecho a repetir contra el empleador.

TÍTULO IV
DE LA PREVENCIÓN, INVESTIGACIÓN Y SANCIÓN DEL ACOSO SEXUAL, LABORAL Y LA VIOLENCIA EN EL TRABAJO[335]

Párrafo 1° De la prevención del acoso sexual, laboral y la violencia en el trabajo

Art. 211-A. Las trabajadoras y los trabajadores tienen derecho a que el empleador adopte e implemente las medidas destinadas a prevenir, investigar y sancionar las conductas de acoso sexual, laboral y la violencia en el lugar de trabajo.

Los empleadores deberán elaborar y poner a disposición de las trabajadoras y de los trabajadores un protocolo de prevención del acoso sexual, laboral y violencia en el trabajo, a través de los organismos administradores de la ley N° 16.744.

El protocolo al que hace referencia el inciso anterior incorporará, a lo menos, lo siguiente:

a) La identificación de los peligros y la evaluación de los riesgos psicosociales asociados con el acoso sexual, laboral y violencia en el trabajo, con perspectiva de género.

b) Las medidas para prevenir y controlar tales riesgos, con objetivos medibles, para controlar la eficacia de dichas medidas y velar por su mejoramiento y corrección continua.

---

[335] Este título y sus artículos han sido incorporados por el artículo 1°, N° 4 a 12 de la Ley N° 21.643.

c) Las medidas para informar y capacitar adecuadamente a los trabajadores y a las trabajadoras sobre los riesgos identificados y evaluados, así como de las medidas de prevención y protección que deban adoptarse, con inclusión de los derechos y responsabilidades de los trabajadores y las trabajadoras y los de la propia empresa.

d) Las medidas para prevenir el acoso sexual, laboral y violencia en el trabajo, conforme a la naturaleza de los servicios prestados y al funcionamiento del establecimiento o empresa.

e) Las medidas de resguardo de la privacidad y la honra de todos los involucrados en los procedimientos de investigación de acoso sexual o laboral, y las medidas frente a denuncias inconsistentes en estas materias. Asimismo, deberá contener mecanismos de prevención, formación, educación y protección destinados a resguardar la debida actuación de las trabajadoras y de los trabajadores, independiente del resultado de la investigación en estos procedimientos.

Con todo, las empleadoras y los empleadores tendrán el deber de informar semestralmente los canales que mantiene la empresa para la recepción de denuncias sobre incumplimientos relativos a la prevención, investigación y sanción del acoso sexual, laboral y la violencia en el trabajo, así como las instancias estatales para denunciar cualquier incumplimiento a la normativa laboral y para acceder a las prestaciones en materia de seguridad social.

La Superintendencia de Seguridad Social, mediante una norma de carácter general, entregará las directrices que deberán contemplarse por parte de las entidades administradoras de la ley Nº 16.744 en el ejercicio de la asistencia técnica a los empleadores en todas las materias contempladas en este artículo.

Párrafo 2º De la investigación y sanción del acoso sexual, laboral y la violencia en el trabajo

Art. 211-B. Los procedimientos de investigación regulados en este párrafo deberán sujetarse a los principios de confidencialidad, imparcialidad, celeridad y perspectiva de género.

Un Reglamento dictado por el Ministerio del Trabajo y Previsión Social, previo informe de la Dirección del Trabajo, establecerá las directrices a las que deberán ajustarse las investigaciones[336].

Art. 211-B bis. En caso de acoso sexual, laboral o violencia en el trabajo, la persona afectada deberá hacer llegar su denuncia por escrito o de manera verbal a la empresa, establecimiento o servicio, o a la respectiva Inspección del Trabajo. Si la denuncia es realizada verbalmente, la persona que la reciba deberá levantar un acta, la que será firmada por la persona denunciante. Una copia de ella deberá entregarse a la persona denunciante.

Recibida la denuncia, el empleador deberá adoptar de manera inmediata las medidas de resguardo necesarias respecto de los involucrados. Para ello deberá considerar la gravedad de los hechos imputados, la seguridad de la persona denunciante y las posibilidades derivadas de las condiciones de trabajo. Entre otras, las medidas a adoptar considerarán la separación de los espacios físicos, la redistribución del tiempo de la jornada y proporcionar a la persona denunciante atención psicológica temprana, a través de los programas que dispone el organismo administrador respectivo de la ley N° 16.744.

Si la denuncia es realizada ante la Inspección del Trabajo, ésta solicitará al empleador la adopción de una o más medidas de resguardo de las señaladas en el inciso anterior, en el plazo máximo de dos días hábiles, las que se deberán adoptar de manera inmediata, una vez que se notifiquen de conformidad con el artículo 508.

Art. 211-C. Si la denuncia es presentada en la empresa, establecimiento o servicio, el empleador dispondrá la realización de una investigación

---

336 Véase Decreto N° 21 del Ministerio del Trabjo y Previsión Social que aprueba Reglamento que establece las directrices a las cuales deberán ajustarse los procedimientos de investigación de acoso sexual, laboral o de violencia en el trabajo (Prom. 26/05/24; D.O. 03/07/24).

interna de los hechos o, en el plazo de tres días, remitirá los antecedentes a la Inspección del Trabajo respectiva.

En cualquier caso, la investigación deberá concluirse en el plazo de treinta días.

Si se opta por una investigación interna, ésta deberá constar por escrito, ser llevada en estricta reserva y garantizar que ambas partes sean oídas y puedan fundamentar sus dichos. Una vez finalizada será remitida junto a las conclusiones a la Inspección del Trabajo respectiva, la cual tendrá un plazo de treinta días para pronunciarse sobre ésta. En caso de cumplirse el plazo referido y de no existir tal pronunciamiento, se considerarán válidas las conclusiones del informe, especialmente para efectos de adoptar medidas respecto de las personas afectadas.

En el caso de las conductas establecidas en la letra c) del inciso segundo del artículo 2, las conclusiones contendrán las medidas correctivas que adoptará el empleador en relación con la causa que generó la denuncia.

Las investigaciones a las que hace referencia el presente artículo deberán ajustarse siempre a las directrices establecidas en el Reglamento al que alude el artículo 211-B. Cuando éstas se realicen por el empleador deberá designar preferentemente a un trabajador o trabajadora que cuente con formación en materias de acoso, género o derechos fundamentales.

Art. 211-D. Las conclusiones de la investigación realizada por la Inspección del Trabajo o las observaciones de ésta a aquélla practicada en forma interna, serán puestas en conocimiento del empleador, el denunciante y el denunciado.

Con todo, si la Inspección del Trabajo competente en el ejercicio de sus facultades toma conocimiento de una vulneración de derechos fundamentales deberá dar cumplimiento a lo dispuesto en el artículo 486, con excepción de lo consagrado en el inciso sexto respecto a las conductas establecidas en la letra a) del artículo 2.

Art. 211-E. En conformidad al mérito del informe de investigación en los casos de acoso sexual y laboral, el empleador deberá disponer y aplicar las medidas o sanciones que correspondan, dentro de los siguientes quince días contados desde su recepción.

Las medidas o sanciones adoptadas serán informadas dentro del plazo anteriormente referido, tanto a la persona denunciante como a la denunciada.

El empleador deberá, en los casos que corresponda, aplicar las sanciones conforme a lo establecido en las letras b) o f) del Nº 1 del artículo 160. Con todo, en el caso de lo dispuesto en la letra f) del Nº 1 deberá evaluar la gravedad de los hechos investigados, lo que consignará en las conclusiones del informe.

El trabajador despedido o la trabajadora despedida podrá impugnar dicha decisión ante el tribunal competente. Para ello deberá rendir en juicio las pruebas necesarias para desvirtuar los hechos o antecedentes contenidos en el informe del empleador o de la Inspección del Trabajo que motivaron el despido.

Adicionalmente, el empleador estará obligado a entregar información a la persona denunciante respecto de los canales de denuncias de hechos que puedan constituir eventuales delitos en el contexto del acoso sexual, laboral o la violencia en el trabajo.

TÍTULO V
DE LA PROTECCIÓN DE LOS TRABAJADORES DE CARGA Y DESCARGA DE MANIPULACIÓN MANUAL[337]

Art. 211-F. Estas normas se aplicarán a las manipulaciones manuales que impliquen riesgos a la salud o a las condiciones físicas del trabajador, asociados a las características y condiciones de la carga.

La manipulación comprende toda operación de transporte o sostén de carga cuyo levantamiento, colocación, empuje, tracción, porte o desplazamiento exija esfuerzo físico de uno o varios trabajadores.

---

[337] Título incluido por el artículo 1º de la Ley Nº 20.001.

Art. 211-G. El empleador velará para que en la organización de la faena se utilicen los medios adecuados, especialmente mecánicos, a fin de evitar la manipulación manual habitual de las cargas.

Asimismo, el empleador procurará que el trabajador que se ocupe en la manipulación manual de las cargas reciba una formación satisfactoria, respecto de los métodos de trabajo que debe utilizar, a fin de proteger su salud.

Art. 211-H. Si la manipulación manual es inevitable y las ayudas mecánicas no pueden usarse, no se permitirá que se opere con cargas superiores a 25 kilogramos. Esta carga será modificada en la medida que existan otros factores agravantes, caso en el cual, la manipulación deberá efectuarse en conformidad a lo dispuesto en el decreto supremo Nº 63, del Ministerio del Trabajo y Previsión Social, del año 2005, que aprueba reglamento para la aplicación de la ley Nº 20.001, que regula el peso máximo de carga humana, y en la Guía Técnica para la Evaluación y Control de los Riesgos Asociados al Manejo o Manipulación Manual de Carga[338].

Art. 211-I. Se prohíbe las operaciones de carga y descarga manual para la mujer embarazada.

Art. 211-J. Los menores de 18 años y las mujeres no podrán llevar, transportar, cargar, arrastrar ni empujar manualmente, y sin ayuda mecánica, cargas superiores a 20 kilogramos. Para estos trabajadores, el empleador deberá implementar medidas de seguridad y mitigación, tales como rotación de trabajadores, disminución de las alturas de levantamiento o aumento de la frecuencia con que se manipula la carga. El detalle de la implementación de dichas medidas estará contenido en la Guía Técnica para la Evaluación y Control de los Riesgos Asociados al Manejo o Manipulación Manual de Carga[339].

---

[338] Artículo reemplazado por el artículo único, Nº 1º de la Ley Nº 20.949.

[339] Artículo reemplazado por el artículo único, Nº 2º de la Ley Nº 20.949.

LIBRO III
DE LAS ORGANIZACIONES SINDICALES

TÍTULO I
DE LAS ORGANIZACIONES SINDICALES

CAPÍTULO I
DISPOSICIONES GENERALES

Art. 212. Reconócese a los trabajadores del sector privado y de las empresas del Estado, cualquiera sea su naturaleza jurídica, el derecho de constituir, sin autorización previa, las organizaciones sindicales que estimen convenientes, con la sola condición de sujetarse a la ley y a los estatutos de las mismas.

Art. 213. Las organizaciones sindicales tienen el derecho de constituir federaciones, confederaciones y centrales y afiliarse y desafiliarse de ellas.

Asimismo, todas las organizaciones sindicales indicadas en el inciso precedente, tienen el derecho de constituir organizaciones internacionales de trabajadores, afiliarse y desafiliarse de ellas en la forma que prescriban los respectivos estatutos y las normas, usos y prácticas del derecho internacional.

Art. 214. Los menores no necesitarán autorización alguna para afiliarse a un sindicato, ni para intervenir en su administración y dirección.

La afiliación a un sindicato es voluntaria, personal e indelegable.

Nadie puede ser obligado a afiliarse a una organización sindical para desempeñar un empleo o desarrollar una actividad. Tampoco podrá impedirse su desafiliación.

Un trabajador no puede pertenecer a más de un sindicato, simultáneamente, en función de un mismo empleo. Las organizaciones sindicales no podrán pertenecer a más de una organización de grado superior de un mismo nivel.

En caso de contravención a las normas del inciso precedente, la afiliación posterior producirá la caducidad de cualquiera otra anterior y, si los actos de afiliación fueren simultáneos, o si no pudiere determinarse cuál es el último, todas ellas quedarán sin efecto.

Art. 215. No se podrá condicionar el empleo de un trabajador a la afiliación o desafiliación a una organización sindical. Del mismo modo, se prohíbe impedir o dificultar su afiliación, despedirlo o perjudicarlo, en cualquier forma por causa de su afiliación sindical o de su participación en actividades sindicales.

Art. 216. Las organizaciones sindicales se constituirán y denominarán en consideración a los trabajadores que afilien. Podrán, entre otras, constituirse las siguientes[340]:

a) Sindicato de empresa: es aquel que agrupa a trabajadores de una misma empresa;

b) Sindicato interempresa: es aquel que agrupa a trabajadores de dos o más empleadores distintos;

c) Sindicato de trabajadores independientes: es aquel que agrupa a trabajadores que no dependen de empleador alguno, y

d) Sindicato de trabajadores eventuales o transitorios: es aquel constituido por trabajadores que realizan labores bajo dependencia o subordinación en períodos cíclicos o intermitentes.

Art. 217. Los funcionarios de las empresas del Estado dependientes del Ministerio de Defensa Nacional o que se relacionen con el Gobierno a través de dicho Ministerio podrán constituir organizaciones sindicales en conformidad a las disposiciones de este Libro, sin perjuicio de las normas sobre negociación colectiva contenidas en el Libro siguiente[341].

Art. 218. Para los efectos de este Libro III serán ministros de fe, además de los inspectores del trabajo, los notarios públicos, los oficiales del Registro Civil y los funcionarios de la Administración del Estado que sean designados en calidad de tales por la Dirección del Trabajo y los se-

---

340 Parte del Inciso reemplazado por artículo único, Nº 31 de la Ley Nº 19.759.

341 Artículo reemplazado por el artículo único, Nº 32 de la Ley Nº 19.759.

cretarios municipales en localidades en que no existan otros ministros de fe disponibles[342].

Respecto al acto de constitución del sindicato, los trabajadores deberán decidir quién será el ministro de fe, eligiendo alguno de los señalados en el inciso anterior. En los demás casos en que la ley requiera genéricamente un ministro de fe, tendrán tal calidad los señalados en el inciso primero, y si ésta nada dispusiere, serán ministros de fe quienes el estatuto del sindicato determine[343].

Art. 219. Cuando, en uso de sus facultades legales, el Ministerio de Economía, Fomento y Reconstrucción determine las empresas en que el Estado tenga aportes, participación o representación mayoritarios en las que se deberá negociar colectivamente por establecimiento, se entenderá que dichas unidades tendrán el carácter de empresas para todos los efectos del presente título.

Art. 220. Son fines principales de las organizaciones sindicales:

1.- Representar a los afiliados en las diversas instancias de la negociación colectiva, suscribir los instrumentos colectivos del trabajo que corresponda, velar por su cumplimiento y hacer valer los derechos que de ellos nazcan[344];

2.- Representar a los trabajadores en el ejercicio de los derechos emanados de los contratos individuales de trabajo, cuando sean requeridos por los asociados. No será necesario requerimiento de los afectados para que los representen en el ejercicio de los derechos emanados de los instrumentos colectivos de trabajo y cuando se reclame de las infracciones legales o contractuales que afecten a la generalidad de sus socios. En ningún caso podrán percibir las remuneraciones de sus afiliados[345];

---

342 Inciso modificado por el artículo 1°, N° 13 de la Ley N° 20.940.

343 Artículo reemplazado por el artículo único, N° 33 de la Ley N° 19.759.

344 Número modificado por el artículo único, N° 34, letras a) y b) de la Ley N° 19.759.

345 Número modificado por el artículo único, N° 34, letras a) y b) de la Ley N° 19.759.

3.- Velar por el cumplimiento de las leyes del trabajo o de la seguridad social, denunciar sus infracciones ante las autoridades administrativas o judiciales, actuar como parte en los juicios o reclamaciones a que den lugar la aplicación de multas u otras sanciones;

4.- Actuar como parte en los juicios o reclamaciones, de carácter judicial o administrativo, que tengan por objeto denunciar prácticas desleales. En general, asumir la representación del interés social comprometido por la inobservancia de las leyes de protección, establecidas en favor de sus afiliados, conjunta o separadamente de los servicios estatales respectivos;

5.- Prestar ayuda a sus asociados y promover la cooperación mutua entre los mismos, estimular su convivencia humana e integral y proporcionarles recreación;

6.- Promover la educación gremial, técnica y general de sus asociados;

7.- Canalizar inquietudes y necesidades de integración respecto de la empresa y de su trabajo;

8.- Propender al mejoramiento de sistemas de prevención de riesgos de accidentes del trabajo y enfermedades profesionales, sin perjuicio de la competencia de los Comités Paritarios de Higiene y Seguridad, pudiendo además, formular planteamientos y peticiones ante éstos y exigir su pronunciamiento;

9.- Constituir, concurrir a la constitución o asociarse a mutualidades, fondos u otros servicios y participar en ellos. Estos servicios pueden consistir en asesorías técnicas, jurídicas, educacionales, culturales, de promoción socioeconómica y otras;

10.- Constituir, concurrir a la constitución o asociarse a instituciones de carácter previsional o de salud, cualquiera sea su naturaleza jurídica y participar en ellas;

11.- Propender al mejoramiento del nivel de empleo y participar en funciones de colocación de trabajadores, y

12.- En general, realizar todas aquellas actividades contempladas en los estatutos y que no estuvieren prohibidas por ley.

CAPÍTULO II
DE LA CONSTITUCIÓN DE LOS SINDICATOS

Art. 221. La constitución de los sindicatos se efectuará en una asamblea que reúna los quórum a que se refieren los artículos 227 y 228 y deberá celebrarse ante un ministro de fe. Tratándose de la constitución de un sindicato interempresa, sólo podrán actuar como ministros de fe los inspectores del trabajo[346].

En tal asamblea y en votación secreta se aprobarán los estatutos del sindicato y se procederá a elegir su directorio. De la asamblea se levantará acta, en la cual constarán las actuaciones indicadas en el inciso precedente, la nómina de los asistentes, y los nombres y apellidos de los miembros del directorio.

Los trabajadores que concurran a la constitución de un sindicato de empresa o de establecimiento de empresa gozarán de fuero laboral desde los diez días anteriores a la celebración de la respectiva asamblea constitutiva y hasta treinta días de realizada. Este fuero no podrá exceder de cuarenta días[347].

Los trabajadores que concurran a la constitución de un sindicato interempresa gozarán de fuero laboral desde que se formule la solicitud reservada de ministro de fe para la asamblea constitutiva y hasta treinta días después de realizada esta. La asamblea deberá verificarse dentro de los diez días siguientes a la solicitud de ministro de fe[348].

Los trabajadores que constituyan un sindicato de trabajadores transitorios o eventuales, gozan del fuero a que se refiere el inciso tercero, hasta el día siguiente de la asamblea constitutiva y se les aplicará a su respecto, lo dispuesto en el inciso final del artículo 243. Este fuero no excederá de 15 días[349].

---

[346] Inciso modificado por el artículo 1°, N° 14, letra a) de la Ley N° 20.940.

[347] Inciso reemplazado por el artículo 1°, N° 14, letra b) de la Ley N° 20.940.

[348] Inciso incluido por el artículo 1°, N° 14, letra c) de la Ley N° 20.940.

[349] Inciso modificado por el artículo 1°, N° 14, letra d) de la Ley N° 20.940.

Se aplicará a lo establecido en los incisos tercero, cuarto y quinto precedentes, lo dispuesto en el inciso tercero del artículo 238[350].

Art. 222. El directorio sindical deberá depositar en la Inspección del Trabajo el acta original de constitución del sindicato y dos copias de sus estatutos certificadas por el ministro de fe actuante, dentro del plazo de quince días contados desde la fecha de la asamblea. La Inspección del Trabajo procederá a inscribirlos en el registro de sindicatos que se llevará al efecto. Las actuaciones a que se refiere este artículo estarán exentas de impuestos.

El registro se entenderá practicado y el sindicato adquirirá personalidad jurídica desde el momento del depósito a que se refiere el inciso anterior.

Si no se realizare el depósito dentro del plazo señalado, deberá procederse a una nueva asamblea constitutiva.

Art. 223. El ministro de fe actuante no podrá negarse a certificar el acta original y las copias a que se refiere el inciso primero del artículo 222. Deberá, asimismo, autorizar con su firma a lo menos tres copias del acta respectiva y de sus estatutos, autenticándolas. La Inspección del Trabajo respectiva entregará dichas copias a la organización sindical una vez hecho el depósito, insertándoles, además, el correspondiente número de registro.

La Inspección del Trabajo podrá, dentro del plazo de noventa días corridos contados desde la fecha del depósito del acta, formular observaciones a la constitución del sindicato si faltare cumplir algún requisito para constituirlo o si los estatutos no se ajustaren a lo prescrito por este Código.

El sindicato deberá subsanar los defectos de constitución o conformar sus estatutos a las observaciones formuladas por la Inspección del Trabajo dentro del plazo de sesenta días contados desde su notificación o, dentro del mismo plazo, reclamar de esas observaciones ante el Juzgado de Letras

---

[350] Inciso modificado por el artículo 1º, Nº 14, letra d) de la Ley Nº 20.940.

del Trabajo correspondiente, bajo apercibimiento de tener por caducada su personalidad jurídica por el solo ministerio de la ley. El directorio de las organizaciones sindicales se entenderá facultado para introducir en los estatutos las modificaciones que requiera la Inspección del Trabajo o, en su caso, el tribunal que conozca de la reclamación respectiva.

El tribunal conocerá de la reclamación a que se refiere el inciso anterior, en única instancia, sin forma de juicio, con los antecedentes que el solicitante proporcione en su presentación y oyendo a la Inspección del Trabajo respectiva. Esta última deberá evacuar su informe dentro del plazo de diez días hábiles contados desde el requerimiento del tribunal, el que se notificará por cédula, acompañando copia íntegra del reclamo.

Si el tribunal rechazare total o parcialmente la reclamación ordenará lo pertinente para subsanar los defectos de constitución, si ello fuere posible, o enmendar los estatutos en la forma y dentro del plazo que él señale, bajo apercibimiento de caducar su personalidad jurídica.

Art. 224. Desde el momento en que se realice la asamblea constitutiva, los miembros de la directiva sindical mencionada en el inciso tercero del artículo 235 gozarán del fuero a que se refiere el artículo 243[351].

No obstante, cesará dicho fuero si no se efectuare el depósito del acta constitutiva dentro del plazo establecido en el artículo 222.

Art. 225. El directorio sindical comunicará por escrito a la administración de la empresa, la celebración de la asamblea de constitución y la nómina del directorio y quienes dentro de él gozan de fuero, dentro de los tres días hábiles laborales siguientes al de su celebración[352].

Igualmente, dicha nómina deberá ser comunicada, en la forma y plazo establecido en el inciso anterior, cada vez que se elija el directorio sindical.

---

351 Inciso modificado por el artículo único, Nº 36 de la Ley Nº 19.759.

352 Inciso modificado por el artículo único, Nº 37 de la Ley Nº 19.759.

En el caso de los sindicatos interempresa, la comunicación a que se refieren los incisos anteriores deberá practicarse a través de carta certificada. Igual comunicación deberá enviarse al empleador cuando se elija al delegado sindical a que se refiere el artículo 229.

Art. 226. Cada predio agrícola se considerará como una empresa para los efectos de este Título. También se considerarán como una sola empresa los predios colindantes explotados por un mismo empleador.

Sin embargo, tratándose de empleadores que sean personas jurídicas que dentro de su giro comprendan la explotación de predios agrícolas, entendiéndose por tales los destinados a las actividades agrícolas en general, forestal, frutícola, ganadera u otra análoga, los trabajadores de los predios comprendidos en ella podrán organizarse sindicalmente, en conjunto con los demás trabajadores de la empresa, debiendo reunir los números mínimos y porcentajes que se señalan en el artículo siguiente.

Art. 227. La constitución de un sindicato en una empresa que tenga más de cincuenta trabajadores, requerirá de un mínimo de veinticinco trabajadores que representen, a lo menos, el diez por ciento del total de los que presten servicios en ella.

No obstante lo anterior, para constituir dicha organización sindical en aquellas empresas en las cuales no exista un sindicato vigente, se requerirá al menos de ocho trabajadores, debiendo completarse el quórum exigido en el inciso anterior, en el plazo máximo de un año, transcurrido el cual caducará su personalidad jurídica, por el solo ministerio de la ley, en el evento de no cumplirse con dicho requisito.

Si la empresa tiene cincuenta trabajadores o menos, podrán constituir sindicato ocho de ellos, siempre que representen como mínimo el 50% del total de trabajadores. Si la empresa tiene un número impar de trabajadores, el porcentaje señalado se calculará sobre el número par inmediatamente anterior a aquel. En las empresas donde no exista sindicato, será aplicable lo dispuesto en el inciso anterior. Para efectos del cómputo del número total de trabajadores de la empresa, se descontarán aquellos impedidos de negociar colectivamente de acuerdo al artículo

305, sin perjuicio del derecho de estos trabajadores a afiliarse a una organización sindical[353].

Si la empresa tuviere más de un establecimiento, podrán también constituir sindicato los trabajadores de cada uno de ellos, con un mínimo de veinticinco trabajadores que representen, a lo menos, el treinta por ciento de los trabajadores de dicho establecimiento.

Sin perjuicio de lo anterior, cualquiera sea el porcentaje que representen, podrán constituir sindicato doscientos cincuenta o más trabajadores de una misma empresa[354].

Art. 228. Para constituir un sindicato que no sea de aquellos a que se refiere el artículo anterior, se requerirá del concurso de un mínimo de veinticinco trabajadores para formarlo[355].

Art. 229. Los trabajadores de una empresa que estén afiliados a un sindicato interempresa o de trabajadores eventuales o transitorios, elegirán uno o más delegados sindicales de acuerdo a las siguientes reglas: de ocho a cincuenta trabajadores elegirán un delegado sindical; de cincuenta y uno a setenta y cinco elegirán dos delegados sindicales, y si fueran setenta y seis o más trabajadores, elegirán tres delegados.

Si entre los trabajadores de la empresa se hubieren elegido uno o más directores sindicales, estos cargos se rebajarán en igual proporción del número total de delegados sindicales que corresponda elegir en la respectiva empresa.

Los delegados sindicales gozarán del fuero a que se refiere el artículo 243.

Las elecciones de los delegados sindicales se realizarán en presencia de un ministro de fe y respecto de ellas se deberá hacer la comunicación a que se refiere el artículo 225, con copia a la Inspección del Trabajo respectiva.

---

353 Inciso reemplazado por el artículo 1, Nº 15 de la Ley Nº 20.940.

354 Artículo reemplazado por el artículo único, Nº 38 de la Ley Nº 19.759.

355 Artículo reemplazado por el artículo único, Nº 39 de la Ley Nº 19.759.

La alteración en el número de afiliados no modificará el número de delegados, el que deberá adecuarse en la próxima elección, sin perjuicio de informar a la Dirección del Trabajo sobre este hecho, a más tardar dentro del quinto día hábil de haberse producido la alteración.

El mandato de los delegados durará el tiempo que señalen los estatutos, y si estos no lo regulan, tendrá la misma duración que el establecido para los directores sindicales[356].

Art. 230. En los sindicatos interempresa y de trabajadores eventuales o transitorios, los socios podrán mantener su afiliación aunque no se encuentren prestando servicios.

CAPÍTULO III
DE LOS ESTATUTOS

Art. 231. El estatuto del sindicato deberá contemplar los requisitos de afiliación, de desafiliación y los derechos y obligaciones de sus miembros, los requisitos para ser elegido dirigente sindical, los mecanismos de modificación del estatuto o de fusión del sindicato, el régimen disciplinario interno y la clase y denominación de sindicato que lo identifique, que no podrá sugerir el carácter de único o exclusivo.

Las asambleas de socios serán ordinarias y extraordinarias. Las asambleas ordinarias se celebrarán con la frecuencia y en la oportunidad establecidas en los estatutos, y serán citadas por el presidente o quien los estatutos determinen. Las asambleas extraordinarias serán convocadas por el presidente o por el veinte por ciento de los socios.

El estatuto deberá incorporar un mecanismo destinado a resguardar que el directorio esté integrado por directoras en una proporción no inferior a un tercio del total de sus integrantes con derecho al fuero y a las demás prerrogativas que establece este Código, o por la proporción de

---

[356] Artículo reemplazado por el artículo 1° N° 16 de la Ley N° 20.940.

directoras que corresponda al porcentaje de afiliación de trabajadoras en el total de afiliados, en el caso de ser menor[357].

El estatuto deberá disponer los resguardos para que los socios puedan ejercer su libertad de opinión y su derecho a votar. Podrá el estatuto, además, contener normas de ponderación del voto, cuando afilie a trabajadores no permanentes.

La organización sindical deberá llevar un registro actualizado de sus miembros[358].

Art. 232. Los estatutos determinarán los órganos encargados de verificar los procedimientos electorales y los actos que deban realizarse en los que se exprese la voluntad colectiva, sin perjuicio de aquellos actos en que la ley o los propios estatutos requieran la presencia de un ministro de fe de los señalados por el artículo 218. Asimismo, los estatutos establecerán el número de votos a que tiene derecho cada miembro, debiendo resguardarse, en todo caso, el derecho de las minorías. Los estatutos serán públicos.

El estatuto regulará los mecanismos de control y de cuenta anual que el directorio sindical deberá rendir a la asamblea de socios. La cuenta anual, en lo relativo a la administración financiera y contable, deberá contar con el informe de la comisión revisora de cuentas. Deberá, además, disponer expresamente las medidas de garantía de los afiliados de acceso a la información y documentación sindical[359].

Art. 233. La reforma de los estatutos deberá aprobarse en sesión extraordinaria y se regirá, en cuanto le sean aplicables, por las normas de los artículos 221, 222 y 223. El apercibimiento del inciso quinto del artículo 223 será el de dejar sin efecto la reforma de los estatutos.

La aprobación de la reforma de los estatutos deberá acordarse por la mayoría absoluta de los afiliados que se encuentren al día en el pago de sus cuotas sindicales, en votación secreta y unipersonal.

---

[357] Inciso incluido por el artículo 1°, N° 17 de la Ley N° 20.940.

[358] Artículo reemplazado por el artículo único, N° 41 de la Ley N° 19.759.

[359] Artículo reemplazado por el artículo único, N° 42 de la Ley N° 19.759.

Art. 233 bis. La asamblea de trabajadores podrá acordar la fusión con otra organización sindical, de conformidad a las normas de este artículo. En tales casos, una vez votada favorablemente la fusión y el nuevo estatuto por cada una de ellas, se procederá a la elección del directorio de la nueva organización dentro de los diez días siguientes a la última asamblea que se celebre. Los bienes y las obligaciones de las organizaciones que se fusionan, pasarán de pleno derecho a la nueva organización. Las actas de las asambleas en que se acuerde la fusión, debidamente autorizadas ante ministro de fe, servirán de título para el traspaso de los bienes[360].

CAPÍTULO IV
DEL DIRECTORIO

Art. 234. El directorio representará judicial y extrajudicialmente al sindicato y a su presidente le será aplicable lo dispuesto en el artículo 8° del Código de Procedimiento Civil.

Art. 235. Los sindicatos de empresa que afilien a menos de veinticinco trabajadores, serán dirigidos por un Director, el que actuará en calidad de Presidente y gozará de fuero laboral.

En los demás casos, el directorio estará compuesto por el número de directores que el estatuto establezca.

Sin perjuicio de lo establecido en el inciso anterior, sólo gozarán del fuero consagrado en el artículo 243 y de los permisos y licencias establecidos en los artículos 249, 250 y 251, las más altas mayorías relativas que se establecen a continuación, quienes elegirán entre ellos al Presidente, al Secretario y al Tesorero:

a) Si el sindicato reúne entre veinticinco y doscientos cuarenta y nueve trabajadores, tres directores;

b) Si el sindicato agrupa entre doscientos cincuenta y novecientos noventa y nueve trabajadores, cinco directores;

---

[360] Artículo incluido por el artículo único, N° 43 de la Ley N° 19.759.

c) Si el sindicato afilia entre mil y dos mil novecientos noventa y nueve trabajadores, siete directores, y

d) Si el sindicato está formado por tres mil o más trabajadores, nueve directores.

En el caso de los sindicatos de empresa que tengan presencia en dos o más regiones, el número de directores se aumentará en dos, cuando se encontrare en el caso de la letra d), precedente.

El mandato sindical durará no menos de dos años ni más de cuatro y los directores podrán ser reelegidos. El estatuto determinará la forma de reemplazar al director que deje de tener tal calidad por cualquier causa.

Si el número de directores en ejercicio a que hace referencia el inciso tercero de este artículo disminuyere a una cantidad tal, que impidiere el funcionamiento del directorio, deberá procederse a una nueva elección.

Los estatutos de los sindicatos constituidos por trabajadores embarcados o gente de mar, podrán facultar a cada director sindical para designar un delegado que lo reemplace cuando se encuentre embarcado, al que no se aplicarán las normas sobre fuero sindical.

No obstante lo dispuesto en el inciso tercero de este artículo, los directores a que se refiere ese precepto podrán ceder en todo o en parte los permisos que se les reconoce en el artículo 249, a los directores electos que no gozan de dichos permisos. Dicha cesión deberá ser notificada al empleador con al menos tres días hábiles de anticipación al día en que se haga efectivo el uso del permiso a que se refiere la cesión[361].

Art. 236. Para ser elegido o desempeñarse como director sindical o delegado sindical de acuerdo a lo dispuesto en el artículo 229, se requiere cumplir con los requisitos que señalen los respectivos estatutos[362].

Art. 237. Para la primera elección de directorio, serán candidatos todos los trabajadores que concurran a la asamblea constitutiva y que reúnan los requisitos para ser director sindical.

---

361 Artículo reemplazado por el artículo único, Nº 44 de la Ley Nº 19.759.

362 Artículo reemplazado por el artículo único, Nº 45 de la Ley Nº 19.759.

En las siguientes elecciones de directorio sindical, deberán presentarse candidaturas en la forma, oportunidad y con la publicidad que señalen los estatutos. Si éstos nada dijeren, las candidaturas deberán presentarse por escrito ante el secretario del directorio no antes de quince días ni después de dos días anteriores a la fecha de la elección. En este caso, el secretario deberá comunicar por escrito o mediante carta certificada la circunstancia de haberse presentado una candidatura a la Inspección del Trabajo respectiva, dentro de los dos días hábiles siguientes a su formalización.

Resultarán elegidos quienes obtengan las más altas mayorías relativas. En los casos en que se produjere igualdad de votos, se estará a lo que disponga el estatuto y si nada dijere, se procederá sólo respecto de quienes estuvieren en tal situación, a una nueva elección[363].

Art. 238. Los trabajadores de los sindicatos de empresa, de establecimiento de empresa, interempresa y de trabajadores transitorios o eventuales, que sean candidatos en la forma prescrita en el artículo anterior, gozarán del fuero previsto en el inciso primero del artículo 243, desde que el directorio en ejercicio comunique por escrito al empleador o empleadores y a la Inspección del Trabajo que corresponda, la fecha en que deba realizarse la elección respectiva y hasta esta última. Dicha comunicación deberá practicarse con una anticipación no superior a quince días de aquel en que se efectúe la elección. Si la elección se postergare, el fuero cesará en la fecha en la que debió celebrarse aquélla.

Esta norma se aplicará también en las elecciones que se deban practicar para renovar parcialmente el directorio.

En una misma empresa, los trabajadores podrán gozar del fuero a que se refiere este artículo, sólo dos veces durante cada año calendario[364].

Art. 239. Las votaciones que deban realizarse para elegir o a que dé lugar la censura al directorio, serán secretas y deberán practicarse en presencia de un ministro de fe. El día de la votación no podrá llevarse a

---

363 Artículo reemplazado por el artículo único, N° 46 de la Ley N° 19.759.

364 Artículo reemplazado por el artículo único, N° 47 de la Ley N° 19.759.

efecto asamblea alguna del sindicato respectivo, salvo lo dispuesto en el artículo 221.

El estatuto establecerá los requisitos de antigüedad para la votación de elección y censura del directorio sindical[365].

Art. 240. Derogado[366].

Art. 241. Derogado[367].

Art. 242. Derogado[368].

Art. 243. Los directores sindicales gozarán del fuero laboral establecido en la legislación vigente desde la fecha de su elección y hasta seis meses después de haber cesado en el cargo, siempre que la cesación en él no se hubiere producido por censura de la asamblea sindical, por sanción aplicada por el tribunal competente en cuya virtud deba hacer abandono del cargo, por renuncia al sindicato o por término de la empresa. Asimismo, el fuero de los directores sindicales terminará cuando caduque la personalidad jurídica del sindicato por aplicación de lo dispuesto en el inciso tercero del artículo 223 o en el inciso segundo del artículo 227[369].

Asimismo, durante el lapso a que se refiere el inciso precedente, el empleador no podrá, salvo caso fortuito o fuerza mayor, ejercer respecto de los directores sindicales las facultades que establece el artículo 12 de este Código.

Las normas de los incisos precedentes se aplicarán a los delegados sindicales.

En las empresas obligadas a constituir Comités Paritarios de Higiene y Seguridad, gozará de fuero, hasta el término de su mandato, uno de los representantes titulares de los trabajadores. El aforado será designado por

---

[365] Artículo incluido por el artículo único, Nº 48 de la Ley Nº 19.759.

[366] Artículo eliminado por el artículo único, Nº 49 de la Ley 19.759.

[367] Artículo eliminado por el artículo único, Nº 50 de la Ley 19.759.

[368] Artículo eliminado por el artículo único, Nº 51 de la Ley 19.759.

[369] Inciso reemplazado por el artículo 1º, Nº 18 de la Ley Nº 20.940.

los propios representantes de los trabajadores en el respectivo Comité y sólo podrá ser reemplazado por otro de los representantes titulares y, en subsidio de éstos, por un suplente, por el resto del mandato, si por cualquier causa cesare en el cargo. La designación deberá ser comunicada por escrito a la administración de la empresa el día laboral siguiente a éste.

Si en una empresa existiese más de un Comité, gozará de este fuero un representante titular en el Comité Paritario Permanente de toda la empresa, si estuviese constituido; y en caso contrario, un representante titular del primer Comité que se hubiese constituido. Además, gozará también de este fuero, un representante titular de los trabajadores en los Comités Paritarios de Higiene y Seguridad constituidos en faenas, sucursales o agencias en que trabajen más de doscientas cincuenta personas.

Sin perjuicio de lo señalado en este artículo, tratándose de directores de sindicatos de trabajadores eventuales o transitorios o de los integrantes aforados de los Comités Paritarios de Higiene y Seguridad cuyos contratos de trabajo sean a plazo fijo o por obra o servicio determinado, el fuero los amparará, sólo durante la vigencia del respectivo contrato, sin que se requiera solicitar su desafuero al término de cada uno de ellos.

Art. 244. Los trabajadores afiliados al sindicato tienen derecho de censurar a su directorio.

En la votación de la censura podrán participar sólo aquellos trabajadores que tengan una antigüedad de afiliación no inferior a noventa días, salvo que el sindicato tenga una existencia menor.

La censura afectará a todo el directorio, y deberá ser aprobada por la mayoría absoluta del total de los afiliados al sindicato con derecho a voto, en votación secreta que se verificará ante un ministro de fe, previa solicitud de, a lo menos, el veinte por ciento de los socios, y a la cual se dará publicidad con no menos de dos días hábiles anteriores a su realización.

Art. 245. Derogado[370].

---

[370] Artículo eliminado por el artículo único, Nº 53 de la Ley 19.759.

Art. 246. Todas las elecciones de directorio, votaciones de censura y escrutinios de los mismos, deberán realizarse de manera simultánea en la forma que determinen los estatutos. Si éstos nada dicen, se estará a las normas que determine la Dirección del Trabajo[371].

Art. 247. El empleador deberá prestar las facilidades necesarias para practicar la elección del directorio y demás votaciones secretas que exija la ley, sin que lo anterior implique la paralización de la empresa, establecimiento o faena.

Art. 248. Derogado[372].

Art. 249. Los empleadores deberán conceder a los directores y delegados sindicales las horas de trabajo sindical necesarias para ausentarse de sus labores con el objeto de cumplir sus funciones fuera del lugar de trabajo, las que no podrán ser inferiores a seis horas semanales por cada director, ni a ocho tratándose de directores de organizaciones sindicales con 250 o más trabajadores[373].

El tiempo de las horas semanales de trabajo sindical será acumulable por cada director dentro del mes calendario correspondiente y cada director podrá ceder a uno o más de los restantes la totalidad o parte del tiempo que le correspondiere, previo aviso escrito al empleador[374].

Con todo, podrá excederse el límite indicado en los incisos anteriores cuando se trate de citaciones practicadas a los directores o delegados sindicales, en su carácter de tales, por las autoridades públicas, las que deberán acreditarse debidamente si así lo exigiere el empleador. Tales horas no se considerarán dentro de aquellas a que se refieren los incisos anteriores.

El tiempo que abarquen las horas de trabajo sindical otorgadas a directores o delegados para cumplir labores sindicales se entenderá trabajado

---

371 Artículo reemplazado por el artículo único, Nº 54 de la Ley Nº 19.759.

372 Artículo eliminado por el artículo único, Nº 55 de la Ley 19.759.

373 Inciso modificado por el artículo 1, Nº 19, letra a), numerales i) y ii) de la Ley Nº 20.940.

374 Inciso modificado por el artículo 1, Nº 19, letra b) la Ley Nº 20.940.

para todos los efectos, siendo de cargo del sindicato respectivo el pago de las remuneraciones, beneficios y cotizaciones previsionales de cargo del empleador que puedan corresponder a aquéllos durante el tiempo de permiso[375].

Las normas sobre horas de trabajo sindical y pago de remuneraciones, beneficios y cotizaciones previsionales de cargo del empleador podrán ser objeto de negociación de las partes[376].

Art. 250. Habrá derecho a las siguientes horas de trabajo sindical adicionales a las señaladas en el artículo anterior[377]:

a) Los directores sindicales, con acuerdo de la asamblea respectiva, adoptado en conformidad a sus estatutos, podrán, conservando su empleo, excusarse enteramente de su obligación de prestar servicios a su empleador siempre que sea por un lapso no inferior a seis meses y hasta la totalidad del tiempo que dure su mandato. Asimismo, el dirigente de un sindicato interempresa podrá excusarse por un lapso no superior a un mes con motivo de la negociación colectiva que tal sindicato efectúe.

b) Los directores y delegados sindicales podrán también hacer uso de hasta tres semanas de horas de trabajo sindical en el año calendario para asistir a actividades destinadas a formación y capacitación sindical, en conformidad a los estatutos del sindicato[378].

En los casos señalados en las letras precedentes, los directores o delegados sindicales comunicarán por escrito al empleador, con diez días de anticipación a lo menos, la circunstancia de que harán uso de estas franquicias.

La obligación de conservar el empleo se entenderá cumplida si el empleador asigna al trabajador otro cargo de igual grado y remuneración al que anteriormente desempeñaba.

---

[375] Inciso modificado por el artículo 1, N° 19, letra c) la Ley N° 20.940.

[376] Inciso modificado por el artículo 1, N° 19, letra d) la Ley N° 20.940.

[377] Inciso modificado por el artículo 1°, N° 20, letra a) de la Ley N° 20.940.

[378] Letra sustituida por el artículo 1°, N° 20, letra b) de la Ley N° 20.940.

Las remuneraciones, beneficios y cotizaciones previsionales de cargo del empleador, durante las horas de trabajo sindical a que se refiere este artículo y el siguiente, serán pagadas por la respectiva organización sindical, sin perjuicio del acuerdo a que puedan llegar las partes[379].

Art. 251. No obstante lo dispuesto en el artículo anterior, los empleadores podrán convenir con el directorio que uno o más de los dirigentes sindicales hagan uso de licencias sin goce de remuneraciones por el tiempo que pactaren.

Art. 252. El tiempo empleado en licencias y horas de trabajo sindical se entenderá como efectivamente trabajado para todos los efectos[380].

CAPÍTULO V
DE LAS ASAMBLEAS

Art. 253. Derogado[381].

Art. 254. Derogado[382].

Art. 255. Las reuniones ordinarias o extraordinarias de las organizaciones sindicales se efectuarán en cualquier sede sindical, fuera de las horas de trabajo, y tendrán por objeto tratar entre sus asociados materias concernientes a la respectiva entidad.

Para los efectos de este artículo, se entenderá también por sede sindical todo recinto dentro de la empresa en que habitualmente se reúna la respectiva organización.

Podrán, sin embargo, celebrarse dentro de la jornada de trabajo las reuniones que se programen previamente con el empleador o sus representantes.

---

379 Inciso modificado por el artículo 1°, N° 20, letra c) de la Ley N° 20.940.

380 Inciso modificado por el actual, en virtud del artículo 1°, N° 21 de la Ley N° 20.940.

381 Artículo eliminado por el artículo único, N° 56 de la Ley 19.759.

382 Artículo eliminado por el artículo único, N° 57 de la Ley 19.759.

En los sindicatos constituidos por gente de mar, las asambleas o votaciones podrán realizarse en los recintos señalados en los incisos anteriores y, en la misma fecha, en las naves en que los trabajadores se encuentren embarcados, a los que podrá citarse mediante avisos comunicados telegráficamente.

Las votaciones que se realicen a bordo de una nave deberán constar en un acta, en la que, como ministro de fe, quien o quienes determinen los estatutos, certificará su resultado, el día y hora de su realización, el hecho de haberse recibido la citación correspondiente y la asistencia registrada. Dicha acta será remitida al respectivo sindicato, el que enviará copia de la misma a la Inspección del Trabajo[383].

CAPÍTULO VI
DEL PATRIMONIO SINDICAL

Art. 256. El patrimonio del sindicato estará compuesto por las cuotas o aportes ordinarios o extraordinarios que la asamblea imponga a sus asociados, con arreglo a los estatutos; por el aporte o cuota sindical ordinaria del exafiliado que se mantenga afecto al instrumento colectivo negociado por la organización, en los términos del inciso segundo del artículo 323; por la cuota sindical ordinaria de los no afiliados que hayan aceptado que se les aplique la extensión de beneficios de conformidad al inciso segundo del artículo 322; por las donaciones entre vivos o asignaciones por causa de muerte que se le hicieren; por el producto de sus bienes; por el producto de la venta de sus activos; por las multas cobradas a los asociados de conformidad a los estatutos, y por las demás fuentes que prevean los estatutos[384].

Art. 257. Las organizaciones sindicales podrán adquirir, conservar y enajenar bienes de toda clase y a cualquier título.

---

383 Inciso modificado por el artículo único, Nº 58 de la Ley Nº 19.759.

384 Artículo modificado por el artículo 1º, Nº 22 de la Ley Nº 20.940.

La enajenación de bienes raíces deberá tratarse en asamblea citada al efecto por la directiva[385].

Tratándose de inmuebles cuyo avalúo fiscal exceda el equivalente a catorce unidades tributarias anuales o que siendo inferior a dicha suma, sean el único bien raíz de una organización, su enajenación, la promesa de ésta y cualquier otra convención destinada a gravarlos, donarlos, darlos íntegramente en arriendo o ceder completamente su tenencia por más de cinco años, si fueran urbanos o por más de ocho, si fueran rústicos, incluidas las prórrogas, deberá ser aprobada por el número de afiliados que expresamente dispongan los estatutos para estos efectos, el que no podrá ser inferior a la mayoría absoluta de ellos, en asamblea extraordinaria convocada al efecto, con la presencia del ministro de fe que señalen los estatutos. En dicho acuerdo, deberá dejarse constancia del destino que se dará al producto de la enajenación del inmueble respectivo[386].

Cuando se tratare de inmuebles adquiridos para el bienestar de los socios y sus familias, los ex miembros del sindicato que tuvieran derecho al mismo beneficio deberán ser escuchados en la asamblea extraordinaria a que se refiere el inciso anterior, en forma previa a la adopción del acuerdo, dejándose constancia de ello por el ministro de fe correspondiente[387].

Las organizaciones sólo podrán recibir como pago del precio, en caso de enajenación, otros inmuebles o dinero[388].

Los actos realizados en infracción a lo dispuesto en los incisos precedentes adolecerán de nulidad[389].

Art. 258. A los directores les corresponde la administración de los bienes que forman el patrimonio del sindicato[390].

---

385 Inciso reemplazado por el artículo único, Nº 59 de la Ley Nº 19.759.

386 Inciso incluido por el artículo único de la Ley Nº 20.057.

387 Inciso incluido por el artículo único de la Ley Nº 20.057.

388 Inciso incluido por el artículo único de la Ley Nº 20.057.

389 Inciso incluido por el artículo único de la Ley Nº 20.057.

390 Inciso modificado por el artículo único, Nº 60 de la Ley Nº 19.759.

Los directores responderán en forma solidaria y hasta de la culpa leve, en el ejercicio de tal administración, sin perjuicio de la responsabilidad penal, en su caso.

Art. 259. El patrimonio de una organización sindical es de su exclusivo dominio y no pertenece, en todo ni en parte, a sus asociados. Ni aún en caso de disolución, los bienes del sindicato podrán pasar a dominio de alguno de sus asociados.

Los bienes de las organizaciones sindicales deberán ser precisamente utilizados en los objetivos y finalidades señalados en la ley y los estatutos.

Disuelta una organización sindical, su patrimonio pasará a aquella que señalen sus estatutos. A falta de esa mención, el Presidente de la República determinará la organización sindical beneficiaria.

Art. 260. La cotización a las organizaciones sindicales será obligatoria respecto de los afiliados a éstas, en conformidad a sus estatutos.

Las cuotas extraordinarias se destinarán a financiar proyectos o actividades previamente determinadas y serán aprobadas por la asamblea mediante voto secreto con la voluntad conforme de la mayoría absoluta de sus afiliados.

Art. 261. Los estatutos de la organización determinarán el valor de la cuota sindical ordinaria con que los socios concurrirán a financiarla.

La asamblea del sindicato base fijará, en votación secreta, la cantidad que deberá descontarse de la respectiva cuota ordinaria, como aporte de los afiliados a la o las organizaciones de superior grado a que el sindicato se encuentre afiliado, o vaya a afiliarse. En este último caso, la asamblea será la misma en que haya de resolverse la afiliación a la o las organizaciones de superior grado.

El acuerdo a que se refiere el inciso anterior, significará que el empleador deberá proceder al descuento respectivo y a su depósito en la cuenta corriente o de ahorro de la o las organizaciones de superior grado respectivo, para lo cual se le deberá enviar copia del acta respectiva. Las copias de dichas actas tendrán mérito ejecutivo cuando estén autorizadas por un notario público o por un inspector del trabajo. Se presume que el empleador ha practicado los descuentos, por el solo hecho de haber pagado las remuneraciones del trabajador[391].

Art. 262. Los empleadores, cuando medien las situaciones descritas en el artículo anterior, a simple requerimiento del presidente o tesorero de la directiva de la organización sindical respectiva, o cuando el trabajador afiliado lo autorice por escrito, deberán deducir de las remuneraciones de sus trabajadores las cuotas mencionadas en el artículo anterior y las extraordinarias, y depositarlas en la cuenta corriente o de ahorro de la o las organizaciones sindicales beneficiarias, cuando corresponda.

Las cuotas se entregarán dentro del mismo plazo fijado para enterar las imposiciones o aportes previsionales.

Las cuotas descontadas a los trabajadores y no entregadas oportunamente se pagarán reajustadas en la forma que indica el artículo 63 de este Código. En todo caso, las sumas adeudadas devengarán, además, un interés del 3% mensual sobre la suma reajustada, todo ello sin perjuicio de la responsabilidad penal.

Art. 263. Los fondos del sindicato deberán ser depositados a medida que se perciban, en una cuenta corriente o de ahorro abierta a su nombre en un banco.

La obligación establecida en el inciso anterior no se aplicará a los sindicatos con menos de 50 trabajadores.

Contra estos fondos girarán conjuntamente el presidente y el tesorero, los que serán solidariamente responsables del cumplimiento de lo dispuesto en el inciso primero.

Art. 264. Derogado[392].

Art. 265. Derogado[393].

---

391 Inciso modificado por el artículo único, N° 61 de la Ley N° 19.759.

392 Artículo eliminado por el artículo único, N° 62 de la Ley 19.759.

393 Artículo eliminado por el artículo único, N° 63 de la Ley 19.759.

CAPÍTULO VII
DE LAS FEDERACIONES Y CONFEDERACIONES

Art. 266. Se entiende por federación la unión de tres o más sindicatos, y por confederación, la unión de tres o más federaciones o de veinte o más sindicatos[394].

Art. 267. Sin perjuicio de las finalidades que el artículo 220 reconoce a las organizaciones sindicales, las federaciones o confederaciones podrán prestar asistencia y asesoría a las organizaciones de inferior grado que agrupen.

Las federaciones sindicales podrán establecer en sus estatutos, que pasan a tener la calidad de beneficiarios de las acciones que desarrolle la organización en solidaridad, formación profesional y empleo y por el período de tiempo que se establezca, los trabajadores que dejen de tener tal calidad y que hayan sido socios a la fecha de la terminación de los servicios, de una de sus organizaciones de base[395].

Art. 268. La participación de un sindicato en la constitución de una federación, y la afiliación a ellas o la desafiliación de las mismas, deberán ser acordadas por la mayoría absoluta de sus afiliados, mediante votación secreta y en presencia de un ministro de fe[396].

El directorio deberá citar a los asociados a votación con tres días hábiles de anticipación a lo menos.

Previo a la decisión de los trabajadores afiliados, el directorio del sindicato deberá informarles acerca del contenido del proyecto de estatutos de la organización de superior grado que se propone constituir o de los estatutos de la organización a que se propone afiliar, según el caso, y del monto de las cotizaciones que el sindicato deberá efectuar a ella. Del mismo modo, si se tratare de afiliarse a una federación, deberá informárseles

---

394 Artículo reemplazado por el artículo único, Nº 64 de la Ley Nº 19.759.
395 Inciso incluido por el artículo único, Nº 65 de la Ley Nº 19.759.
396 Inciso modificado por el artículo único, Nº 66 de la Ley Nº 19.759.

acerca de si se encuentra afiliada o no a una confederación o central y, en caso de estarlo, la individualización de éstas.

Las asambleas de las federaciones y confederaciones estarán constituidas por los dirigentes de las organizaciones afiliadas, los que votarán de conformidad a lo dispuesto en el artículo 270.

En la asamblea constitutiva de las federaciones y confederaciones deberá dejarse constancia de que el directorio de estas organizaciones de superior grado se entenderá facultado para introducir a los estatutos todas las modificaciones que requiera la Inspección del Trabajo, en conformidad a lo dispuesto en el artículo 223.

La participación de una federación en la constitución de una confederación y la afiliación a ella o la desafiliación de la misma, deberán acordarse por la mayoría de los sindicatos base, los que se pronunciarán conforme a lo dispuesto en los incisos primero a tercero de este artículo.

Art. 269. En la asamblea de constitución de una federación o confederación se aprobarán los estatutos y se elegirá al directorio.

De la asamblea se levantará acta en la cual constarán las actuaciones indicadas en el inciso precedente, la nómina de los asistentes y los nombres y apellidos de los miembros del directorio.

El directorio así elegido deberá depositar en la Inspección del Trabajo respectiva, copia del acta de constitución de la federación o confederación y de los estatutos, dentro del plazo de quince días contados desde la asamblea constituyente. La Inspección mencionada procederá a inscribir a la organización en el registro de federaciones o confederaciones que llevará al efecto.

El registro se entenderá practicado y la federación o confederación adquirirá personalidad jurídica desde el momento del depósito a que se refiere el inciso anterior.

Respecto de las federaciones y confederaciones se seguirán las mismas normas establecidas en el artículo 223, con excepción de su inciso primero[397].

---

[397] Inciso modificado por el artículo único, Nº 67 de la Ley Nº 19.759.

Art. 270. Los estatutos de las federaciones y confederaciones determinarán el modo como deberá ponderarse la votación de los directores de las organizaciones afiliadas. Si éstos nada dijeren, los directores votarán en proporción directa al número de sus respectivos afiliados.

En todo caso, en la aprobación y reforma de los estatutos, los directores votarán siempre en proporción directa al número de sus respectivos afiliados.

Art. 271. Derogado[398].

Art. 272. El número de directores de las federaciones y confederaciones, y las funciones asignadas a los respectivos cargos se establecerán en sus estatutos.

Los estatutos de las federaciones y confederaciones deberán incorporar un mecanismo destinado a resguardar que sus directorios estén integrados por un número de directoras no inferior a un tercio del total de sus integrantes con derecho al fuero, horas de trabajo sindical y licencia del artículo 274, o por el número de directoras que corresponda al porcentaje de dirigentas que puedan ser electas de conformidad al artículo 273, en caso de ser menor[399].

Art. 273. Para ser elegido director de una federación o confederación se requiere estar en posesión del cargo de director de alguna de las organizaciones afiliadas.

Art. 274. Todos los miembros del directorio de una federación o confederación mantendrán el fuero laboral por el que están amparados al momento de su elección en ella por todo el período que dure su mandato y hasta seis meses después de expirado el mismo, aun cuando no conserven su calidad de dirigentes sindicales de base. Dicho fuero se prorrogará mientras el dirigente de la federación o confederación sea reelecto en períodos sucesivos.

---

398 Artículo eliminado por el artículo único, Nº 68 de la Ley 19.759.

399 Inciso incluido por el artículo 1, Nº 23 de la Ley Nº 20.940.

Los directores de las federaciones o confederaciones podrán excusarse de su obligación de prestar servicios a su empleador por todo o parte del período que dure su mandato y hasta un mes después de expirado éste, en cuyo caso se aplicará lo dispuesto en los incisos segundo y tercero del artículo 250.

El director de una federación o confederación que no haga uso de la opción contemplada en el inciso anterior, tendrá derecho a que el empleador le conceda diez horas semanales de horas de trabajo sindical para efectuar su labor sindical, acumulables dentro del mes calendario[400].

El tiempo que abarquen las horas de trabajo sindical antes señaladas se entenderá como efectivamente trabajado para todos los efectos, y las remuneraciones, beneficios y cotizaciones previsionales de cargo del empleador por tales períodos serán de cuenta de la federación o confederación, sin perjuicio del acuerdo a que puedan llegar las partes[401].

Art. 275. Derogado[402].

CAPÍTULO VIII
DE LAS CENTRALES SINDICALES

Art. 276. Reconócese el derecho de constituir centrales sindicales, sin autorización previa. Estas adquirirán personalidad jurídica por el solo registro de sus estatutos y acta de constitución en la Dirección del Trabajo, en conformidad a la ley.

Art. 277. Se entiende por central sindical toda organización nacional de representación de intereses generales de los trabajadores que la integren, de diversos sectores productivos o de servicios, constituida, indistintamente, por confederaciones, federaciones o sindicatos, asociaciones de funcionarios de la administración civil del Estado y de las municipalidades,

---

400 Inciso modificado por el artículo 1, Nº 24, letra a) de la Ley Nº 20.940.

401 Inciso modificado por el artículo 1, Nº 24, letra b) de la Ley Nº 20.940.

402 Artículo eliminado por el artículo único, Nº 69 de la Ley 19.759.

y asociaciones gremiales constituidas por personas naturales, según lo determinen sus propios estatutos.

A las centrales sindicales podrán afiliarse también organizaciones de pensionados que gocen de personalidad jurídica, en la forma y con las prerrogativas que los respectivos estatutos establezcan.

Ninguna organización podrá estar afiliada a más de una central sindical nacional simultáneamente. La afiliación de una confederación o federación a una central sindical supondrá la de sus organizaciones miembros.

Art. 278. Los objetivos, estructura, funcionamiento y administración de las centrales sindicales serán regulados por sus estatutos en conformidad a la ley.

Con todo, los estatutos deberán contemplar que la aprobación y reforma de los mismos, así como la elección del cuerpo directivo, deberán hacerse ante un ministro de fe, en votación secreta, garantizando la adecuada participación de las minorías. Los representantes de las organizaciones afiliadas votarán en proporción al número de sus asociados. La duración del directorio no podrá exceder de cuatro años.

Los estatutos deberán, también, contemplar un mecanismo que permita la remoción de todos los miembros del directorio de la central, en los términos señalados en el artículo 244.

Asimismo, los estatutos deberán incorporar un mecanismo destinado a resguardar que su cuerpo directivo esté integrado por un número de directoras no inferior al 30% del total de integrantes del directorio con derecho al fuero, inamovilidad funcionaria, horas de trabajo sindical y licencia del artículo 283[403].

Art. 279. Para constituir una central sindical se requerirá que las organizaciones sindicales y las asociaciones de funcionarios de la administración civil del Estado y de las municipalidades que la integren, representen, en su conjunto, a lo menos un cinco por ciento del total de los afiliados a ambos tipos de organizaciones en el país.

---

[403] Inciso incluido por el artículo 1°, N° 25 de la Ley N° 20.940.

Art. 280. Las entidades fundadoras concurrirán a la constitución de la central por acuerdo mayoritario de sus respectivas asambleas, en presencia de un ministro de fe. Por su parte, los integrantes de dichas asambleas requerirán acuerdo mayoritario de sus sindicatos u organizaciones de base, según corresponda. En el acto de constitución de una central, las entidades fundadoras estarán representadas, a lo menos, por la mayoría absoluta de sus directorios, cuyos miembros procederán, en presencia de un ministro de fe, a aprobar sus estatutos y a elegir el directorio. Las decisiones a que se refiere este artículo se adoptarán en votación secreta.

El Directorio deberá registrar en la Dirección del Trabajo los estatutos de la organización y el acta de su constitución dentro de los quince días siguientes a la realización del acto fundacional.

Desde el momento del registro, se entenderá que la central sindical adquiere la personalidad jurídica.

Art. 281. La afiliación o desafiliación a una central sindical, la decidirá la asamblea de la organización que se incorpora o retira, por la mayoría absoluta de sus miembros, en votación secreta y en sesión citada para este efecto, ante la presencia de un ministro de fe. En las organizaciones de grado superior, los miembros de sus asambleas requerirán acuerdo previo mayoritario de las asambleas de sus sindicatos u organizaciones de base, según sea el caso, adoptado también en votación secreta.

En la misma sesión en que se decida la afiliación, deberá ponerse previamente en conocimiento de la asamblea los estatutos que regulen la organización de la central, los que se entenderán aprobados por el solo hecho de esa afiliación.

Copia del acta de esta asamblea se remitirá a la Dirección del Trabajo dentro de los quince días siguientes a su realización. En caso contrario, deberá citarse a una nueva asamblea.

Art. 282. La Dirección del Trabajo, en el plazo de cuarenta y cinco días hábiles, contados desde el registro de los instrumentos señalados en el artículo 280, podrá formular observaciones al acto de constitución o a los estatutos de la central, si estimare que ellos no se ajustan a lo dispuesto en la ley.

La central sindical deberá subsanar los defectos de constitución o conformar sus estatutos a las observaciones formuladas por la Dirección del Trabajo dentro del referido plazo, contado desde su notificación. Si así no lo hiciere y no intentare el reclamo aludido en el inciso siguiente, caducará su personalidad jurídica por el solo ministerio de la ley.

Si la central sindical no aceptare las observaciones de la Dirección del Trabajo, podrá reclamar de ellas, dentro de igual plazo.

Si el tribunal rechazare total o parcialmente la reclamación, ordenará lo pertinente para subsanar los defectos de constitución, si ello fuera posible, o enmendar los estatutos, dentro del plazo de quince días hábiles, contados desde la notificación de la sentencia, bajo apercibimiento de caducar su personalidad jurídica.

Art. 283. Los integrantes del directorio de una central sindical que, al momento de su elección en ella, estuvieren amparados por fuero laboral o que sean directores de una asociación gremial, gozarán de este fuero durante el período por el cual dure su mandato en la central y hasta seis meses después de expirado éste. Dicho fuero se mantendrá aun cuando el director de la central deje de ser dirigente de su organización base y mientras éste sea reelecto en períodos sucesivos en el directorio de la central. Asimismo, los miembros del directorio de una central sindical que sean directores de una asociación de funcionarios de la administración civil del Estado y de las municipalidades, gozarán de inamovilidad funcionaria, durante el mismo lapso a que se refiere el párrafo anterior.

Los directores de las centrales sindicales podrán excusarse de su obligación de prestar servicios a su empleador por todo el período que dure su mandato y hasta un mes después de expirado éste, sin derecho a remuneración. Este período se considerará como efectivamente trabajado para todos los efectos legales y contractuales.

El director de una central sindical que no haga uso de la opción contemplada en el inciso anterior, tendrá derecho a que el empleador le conceda hasta veinticuatro horas semanales, acumulables dentro del mes calendario, de horas de trabajo sindical para efectuar su labor[404].

El tiempo que abarquen las horas de trabajo sindical antes señaladas se entenderá como efectivamente trabajado para todos los efectos, y las remuneraciones por ese período serán de cargo de la central sindical[405].

Las normas sobre horas de trabajo sindical y remuneraciones podrán ser modificadas de común acuerdo por las partes, sólo en cuanto excedan de los montos establecidos en los incisos precedentes[406].

Art. 284. Son finalidades de las centrales sindicales:

1) Representar los intereses generales de los trabajadores de las organizaciones afiliadas ante los poderes públicos y las organizaciones empresariales del país. En el nivel internacional esta función se extenderá a organismos sindicales, empresariales, gubernamentales y no gubernamentales y, especialmente, a la Organización Internacional del Trabajo (OIT) y demás organismos del sistema de Naciones Unidas.

2) Participar en organismos estatales o no estatales de carácter nacional, regional, sectorial o profesional, y abocarse a todo otro objetivo o finalidad que señalen sus estatutos que no sea contrario a la Constitución Política de la República o a la legislación vigente y que se inserte dentro de los fines propios y necesidades de las organizaciones de base[407].

Art. 285. Derogado[408].

Art. 286. El financiamiento de las centrales sindicales provendrá de las organizaciones afiliadas, de los asociados a éstas, en los montos y porcentajes que fijen sus estatutos, y de las demás fuentes que consulten éstos en conformidad a la ley.

---

404 Inciso modificado por el artículo 1, N° 26, letra a) de la Ley N° 20.940.
405 Inciso modificado por el artículo 1, N° 26, letra b) de la Ley N° 20.940.
406 Inciso modificado por el artículo 1, N° 26, letra c) de la Ley N° 20.940.
407 Artículo modificado por el artículo único, N° 70 de la Ley N° 19.759.
408 Artículo eliminado por el artículo único, N° 71 de la Ley 19.759.

Las cotizaciones a las centrales sindicales se descontarán y enterarán directamente a ellas, en los términos previstos en el artículo 261[409].

La administración y disposición de estos recursos deberá reflejarse en la contabilidad correspondiente, de acuerdo a las normas establecidas en este Código.

Art. 287. Las centrales sindicales se disolverán por las mismas causales establecidas con respecto a las organizaciones sindicales[410].

Art. 288. En todo lo que no sea contrario a las normas especiales que las rigen, se aplicará a las federaciones, confederaciones y centrales, las normas establecidas respecto a los sindicatos, contenidas en este Libro III[411].

CAPÍTULO IX
DE LAS PRÁCTICAS ANTISINDICALES Y DE SU SANCIÓN[412]

Art. 289. Serán consideradas prácticas antisindicales del empleador, las acciones que atenten contra la libertad sindical, entendiéndose por tales, entre otras, las siguientes[413]:

a) Obstaculizar la formación o funcionamiento de sindicatos de trabajadores negándose injustificadamente a recibir a sus dirigentes, ejerciendo presiones mediante amenazas de pérdida del empleo o de beneficios, o del cierre de la empresa, establecimiento o faena, en caso de acordarse la constitución de un sindicato; ejecutar maliciosamente actos tendientes a alterar el quórum de un sindicato o despedir a trabajadores por haber manifestado su intención de sindicalizarse[414].

---

409 Inciso incluido por el artículo único, N° 72 de la Ley N° 19.759.

410 Artículo reemplazado por el artículo único, N° 73 de la Ley N° 19.759.

411 Artículo reemplazado por el artículo único, N° 74 de la Ley N° 19.759.

412 Esta denominación fue modificada por el artículo 1°, N° 27 de la Ley N° 20.940.

413 Inciso modificado por el artículo 1°, N° 28, letra a), numerales i) y ii) de la Ley N° 20.940.

414 Inciso modificado por el artículo 1°, N° 28, letra c) de la Ley N° 20.940.

Las conductas a que alude esta letra se considerarán también prácticas desleales cuando se refieran a los Comités Paritarios de Higiene y Seguridad o a sus integrantes;

b) Negarse a proporcionar a los dirigentes del o de los sindicatos base la información a que se refieren los artículos 315 y 317[415];

c) Ofrecer u otorgar beneficios especiales que signifiquen desestimular la formación de un sindicato[416];

d) Realizar alguna de las acciones indicadas en las letras precedentes, a fin de evitar la afiliación de un trabajador a un sindicato ya existente[417];

e) Ejecutar actos de injerencia sindical, tales como intervenir activamente en la organización de un sindicato; ejercer presiones conducentes a que los trabajadores ingresen a un sindicato determinado; discriminar entre los diversos sindicatos existentes otorgando a unos y no a otros, injusta y arbitrariamente, facilidades o concesiones extracontractuales; o condicionar la contratación de un trabajador a la firma de una solicitud de afiliación a un sindicato o de una autorización de descuento de cuotas sindicales por planillas de remuneraciones[418];

f) Negarse a reincorporar en sus funciones a un dirigente sindical aforado, frente al requerimiento de un fiscalizador de la Inspección del Trabajo, salvo que el tribunal respectivo haya decretado la separación provisional del trabajador de conformidad a lo establecido en el inciso segundo del artículo 174[419];

g) Ejercer discriminaciones indebidas entre trabajadores que signifiquen incentivar o desestimular la afiliación o desafiliación sindical[420];

---

415 Letra modificada por el artículo 1°, N° 28, letra d), numerales i) y ii) de la Ley N° 20.940.

416 Letra modificada por el artículo 1°, N° 28, letra e), numerales i) y ii) de la Ley N° 20.940.

417 Letra modificada por el artículo 1°, N° 28, letra f) de la Ley N° 20.940.

418 Letra modificada por el artículo 1°, N° 28, letra g) de la Ley N° 20.940.

419 Letra incluida por el artículo 1°, N° 28, letra h) de la Ley N° 20.940.

420 Letra modificada por el artículo 1°, N° 28, letra i), numerales i), ii) y iii) de la Ley N° 20.940.

h) Otorgar o convenir con trabajadores no afiliados a la organización u organizaciones que los hubieren negociado, los mismos beneficios pactados en un instrumento colectivo, salvo lo dispuesto en el inciso final del artículo 322 de este Código.

No constituye práctica antisindical el o los acuerdos individuales entre el trabajador y el empleador sobre remuneraciones o sus incrementos que se funden en las capacidades, calificaciones, idoneidad, responsabilidad o productividad del trabajador, e[421]

i) No descontar o no integrar a la organización sindical respectiva las cuotas o aportes sindicales, ordinarios o extraordinarios, que corresponda pagar por los afiliados, o la cuota o aporte convenido en un acuerdo de extensión de conformidad al artículo 322, cuando este proceda[422].

Art. 290. Serán consideradas prácticas antisindicales del trabajador, de las organizaciones sindicales, o de éstos y del empleador en su caso, las acciones que atenten contra la libertad sindical, entendiéndose por tales, entre otras, las siguientes[423]:

a) Acordar con el empleador la ejecución por parte de éste de alguna de las prácticas antisindicales atentatorias contra la libertad sindical en conformidad al artículo precedente y el que presione indebidamente al empleador para inducirlo a ejecutar tales actos[424];

b) Acordar con el empleador el despido de un trabajador u otra medida o discriminación indebida por no haber éste pagado multas, cuotas o deudas a un sindicato y el que de cualquier modo presione al empleador en tal sentido[425];

c) Aplicar sanciones de multas o de expulsión de un afiliado por no haber acatado éste una decisión ilegal o por haber presentado cargos o dado testimonio en juicio, y los directores sindicales que se nieguen a dar

---

421 Letra sustituida por el artículo 1°, N° 28, letra j) de la Ley N° 20.940.

422 Letra incluida por el artículo 1°, N° 28, letra k), de la Ley N° 20.940.

423 Inciso modificado por el artículo 1°, N° 29, letra a) de la Ley N° 20.940.

424 Letra modificada por el artículo 1°, N° 29, letra c) de la Ley N° 20.940.

425 Letra modificada por el artículo 1°, N° 29, letra c) de la Ley N° 20.940.

curso a una queja o reclamo de un afiliado en represalia por sus críticas a la gestión de aquélla[426];

d) Presionar al empleador a fin de imponerle la designación de un determinado representante, de un directivo u otro nombramiento importante para el procedimiento de negociación y el que se niegue a negociar con los representantes del empleador exigiendo su reemplazo o la intervención personal de éste[427];

e) Divulgar a terceros ajenos a la organización sindical los documentos o la información que hayan recibido del empleador y que tengan el carácter de confidencial o reservados, y[428]

f) Ejercer los derechos sindicales o fueros que establece este Código de mala fe o con abuso del derecho[429].

Art. 291. Incurren, especialmente, en infracción que atenta contra la libertad sindical:

a) Los que ejerzan fuerza física o moral en los trabajadores a fin de obtener su afiliación o desafiliación sindical o para que un trabajador se abstenga de pertenecer a un sindicato, y los que en igual forma impidan u obliguen a un trabajador a promover la formación de una organización sindical, y

b) Los que por cualquier medio entorpezcan o impidan la libertad de opinión de los miembros de un sindicato, impidan el ingreso de los trabajadores a las asambleas o el ejercicio de su derecho a sufragio[430].

Art. 292. Las prácticas antisindicales serán sancionadas de la siguiente forma:

---

[426] Letra modificada por el artículo 1°, N° 29, letra d) de la Ley N° 20.940.

[427] Letra modificada por el artículo 1, N° 29, letra e), numerales i) y ii) de la Ley N° 20.940.

[428] Letra modificada por el artículo 1, N° 29, letra f), numerales i) y ii) de la Ley N° 20.940.

[429] Letra incluida por el artículo 1, N° 29, letra g) de la Ley N° 20.940.

[430] Letra modificada por el artículo 1, N° 30 de la Ley N° 20.940.

1. En la micro empresa con multa de cinco a veinticinco unidades tributarias mensuales.

2. En la pequeña empresa con multa de diez a cincuenta unidades tributarias mensuales.

3. En la mediana empresa con multa de quince a ciento cincuenta unidades tributarias mensuales.

4. En la gran empresa con multa de veinte a trescientas unidades tributarias mensuales[431].

La cuantía de la multa, dentro del rango respectivo, será determinada teniendo en cuenta la gravedad de la infracción y el número de trabajadores involucrados o afiliados a la organización sindical. En caso de reincidencia en las medianas y grandes empresas, se aplicará lo dispuesto en el inciso sexto del artículo 506 de este Código[432].

Las multas a que se refiere el inciso anterior serán a beneficio del Fondo de Formación Sindical y Relaciones Laborales Colaborativas, administrado por el Ministerio del Trabajo y Previsión Social.

El conocimiento y resolución de las infracciones por prácticas desleales o antisindicales se sustanciará conforme las normas establecidas en el Párrafo 6°, del Capítulo II, del Título I, del Libro V, del presente Código.

La Inspección del Trabajo deberá denunciar al tribunal competente los hechos que estime constitutivos de prácticas antisindicales o desleales, de los cuales tome conocimiento.

Si la práctica antisindical hubiere implicado el despido de un trabajador respecto de quien se haya acreditado que se encuentra amparado por el fuero establecido en los artículos 221, 224, 229, 238, 243 y 309, el juez, en su primera resolución deberá disponer, de oficio o a petición de parte, la inmediata reincorporación del trabajador a sus labores y el pago de las remuneraciones y demás prestaciones derivadas de la relación laboral durante el período comprendido entre la fecha del despido y aquélla en que se materialice la reincorporación, todo ello, bajo apercibimiento de multa de cincuenta a cien unidades tributarias mensuales.

---

431 Letra reemplazada por el artículo 1, N° 31, letra a) de la Ley N° 20.940.

432 Inciso modificado por el artículo 1°, N° 6 de la Ley N° 21.327.

Para los efectos de dar cumplimiento a lo dispuesto en el inciso precedente, el tribunal señalará en la resolución que decrete la reincorporación el día y la hora en que ésta se deberá cumplir y el funcionario que la practicará, pudiendo encargar dicha diligencia a un funcionario de la Inspección del Trabajo designado por ésta. Asimismo, dispondrá que se acredite dentro de los cinco días siguientes a la reincorporación el pago de las remuneraciones y demás prestaciones adeudadas, aplicándose a este respecto la forma de establecer las remuneraciones a que se refiere el artículo 71.

En caso de negativa del empleador a dar cumplimiento cabal a la orden de reincorporación o ante una nueva separación o no pago oportuno y debido de las remuneraciones y demás prestaciones laborales, el tribunal, de oficio, hará efectivos los apercibimientos con que se hubiese decretado la medida de reincorporación, sin perjuicio de sustituir o repetir el apremio hasta obtener el cumplimiento íntegro de la medida decretada.

Contra estas resoluciones no procederá recurso alguno[433].

Art. 293. Lo dispuesto en el artículo anterior es sin perjuicio de la responsabilidad penal en los casos en que las conductas antisindicales o desleales configuren faltas, simples delitos o crímenes.

Art. 294. Si el despido o el término de la relación laboral de trabajadores no amparados por fuero laboral se realiza en represalia de su afiliación sindical, participación en actividades sindicales o negociación colectiva, el despido o el término de la relación laboral no producirá efecto alguno, aplicándose el artículo 489, con excepción de lo dispuesto en sus incisos tercero, cuarto y quinto[434].

Art. 294 bis. La Dirección del Trabajo deberá llevar un registro de las sentencias condenatorias por prácticas antisindicales o desleales, debiendo publicar semestralmente la nómina de empresas y organizaciones

---

433 Artículo reemplazado por el artículo único, Nº 7 de la Ley 20.087.

434 Artículo reemplazado por el artículo 1º, Nº 32 de la Ley Nº 20.940.

sindicales infractoras. Para este efecto, el tribunal enviará a la Dirección del Trabajo copia de los fallos respectivos[435].

CAPÍTULO X
DE LA DISOLUCIÓN DE LAS ORGANIZACIONES SINDICALES

Art. 295. Las organizaciones sindicales no estarán sujetas a disolución o suspensión administrativa.

La disolución de una organización sindical, no afectará las obligaciones y derechos emanados que les correspondan a sus afiliados, en virtud de contratos o convenios colectivos suscritos por ella o por fallos arbitrales que le sean aplicables[436].

Art. 296. La disolución de una organización sindical procederá por el acuerdo de la mayoría absoluta de sus afiliados, celebrado en asamblea extraordinaria y citada con la anticipación establecida en su estatuto. Dicho acuerdo se registrará en la Inspección del Trabajo que corresponda[437].

Art. 297. También procederá la disolución de una organización sindical, por incumplimiento grave de las obligaciones que le impone la ley o por haber dejado de cumplir con los requisitos necesarios para su constitución, declarado por sentencia del Tribunal del Trabajo de la jurisdicción en que tenga su domicilio la respectiva organización, a solicitud fundada de la Dirección del Trabajo o por cualquiera de sus socios[438].

El empleador podrá solicitar fundadamente a la Dirección del Trabajo que ejerza la acción señalada en el inciso primero[439].

El Juez conocerá y fallará en única instancia, sin forma de juicio, con los antecedentes que proporcione en su presentación el solicitante, oyendo al directorio de la organización respectiva, o en su rebeldía. Si lo

---

[435] Artículo incluido por el artículo único, N° 78 de la Ley N° 19.759.

[436] Artículo reemplazado por el artículo único, N° 79 de la Ley N° 19.759.

[437] Artículo reemplazado por el artículo único, N° 80 de la Ley N° 19.759.

[438] Artículo reemplazado por el artículo único, N° 81 de la Ley N° 19.759.

[439] Inciso incluido por el artículo 1°, N° 33 de la Ley N° 20.940.

estima necesario abrirá un período de prueba de diez días, la que apreciará en conciencia. La sentencia deberá dictarse dentro de quince días desde que se haya notificado al presidente de la organización o a quien estatutariamente lo reemplace o desde el término del período probatorio.

La notificación al presidente de la organización sindical se hará por cédula, entregando copia íntegra de la presentación en el domicilio que tenga registrado en la Inspección del Trabajo.

La sentencia que declare disuelta la organización sindical deberá ser comunicada por el Juez a la Inspección del Trabajo respectiva, la que deberá proceder a eliminar a aquélla del registro correspondiente.

Art. 298. La resolución judicial que establezca la disolución de una organización sindical nombrará uno o varios liquidadores, si no estuvieren designados en los estatutos o éstos no determinaren la forma de su designación, o esta determinación hubiere quedado sin aplicarse o cumplirse.

Para los efectos de su liquidación, la organización sindical se reputará existente.

En todo documento que emane de una organización sindical en liquidación se indicará esta circunstancia.

CAPÍTULO XI
DE LA FISCALIZACIÓN DE LAS ORGANIZACIONES SINDICALES Y DE LAS SANCIONES

Art. 299. Derogado[440].

Art. 300. Derogado[441].

Art. 301. Derogado[442].

---

440 Artículo eliminado por el artículo único, N° 82 de la Ley 19.759.

441 Artículo eliminado por el artículo único, N° 82 de la Ley 19.759.

442 Artículo eliminado por el artículo único, N° 82 de la Ley 19.759.

TÍTULO II
DEL DELEGADO DEL PERSONAL

Art. 302. Derogado[443].

[443] Artículo eliminado por el artículo único, Nº 82 de la Ley 19.759.

LIBRO IV
DE LA NEGOCIACIÓN COLECTIVA[444]

TÍTULO I
NORMAS GENERALES

Art. 303. Partes. Las partes deben negociar de buena fe, cumpliendo con las obligaciones y plazos previstos en las disposiciones siguientes, sin poner obstáculos que limiten las opciones de entendimiento entre ambas.

Para determinar si dos o más empresas deben ser consideradas como un solo empleador para efectos de la negociación colectiva, se estará a lo dispuesto en los incisos cuarto y siguientes del artículo 3°.

Art. 304. Ámbito de aplicación. La negociación colectiva podrá tener lugar en las empresas del sector privado y en aquellas en las que el Estado tenga aportes, participación y representación.

No existirá negociación colectiva en las empresas del Estado dependientes del Ministerio de Defensa Nacional o que se relacionen con el Gobierno a través de dicho Ministerio y en aquellas en que leyes especiales la prohíban.

Tampoco podrá existir negociación colectiva en las empresas o instituciones públicas o privadas cuyos presupuestos, en cualquiera de los dos últimos años calendario, hayan sido financiadas en más del 50% por el Estado, directamente o a través de derechos o impuestos.

Lo dispuesto en el inciso anterior no tendrá lugar, sin embargo, respecto de los establecimientos educacionales particulares subvencionados en conformidad al decreto ley N° 3.476, de 1980, y sus modificaciones, ni a los establecimientos de educación técnico-profesional administrados por corporaciones privadas conforme al decreto ley N° 3.166, de 1980.

El Ministerio de Economía, Fomento y Turismo determinará las empresas en las que el Estado tenga aporte, participación o representación mayoritarios en que se deberá negociar por establecimiento, entendiéndose

---

[444] Libro sustituido por el artículo 1°, N° 36 de la Ley N° 20.940.

que dichas unidades tendrán el carácter de empresas para todos los efectos de este Código.

Art. 305. Trabajadores impedidos de ejercer el derecho a negociar colectivamente, forma y reclamo de esta condición. No podrán negociar colectivamente los trabajadores que tengan facultades de representación del empleador y que estén dotados de facultades generales de administración, tales como gerentes y subgerentes. En la micro y pequeña empresa esta prohibición se aplicará también al personal de confianza que ejerza cargos superiores de mando.

De la circunstancia a que se refiere el inciso anterior deberá además dejarse constancia escrita en el contrato de trabajo y, a falta de esta estipulación, se entenderá que el trabajador está habilitado para negociar colectivamente.

El trabajador o el sindicato al que se encuentre afiliado podrán reclamar a la Inspección del Trabajo de la circunstancia hecha constar en su contrato, de no poder negociar colectivamente. La resolución de la Inspección del Trabajo podrá reclamarse judicialmente a través del procedimiento establecido en el artículo 504, dentro del plazo de quince días contado desde su notificación.

Las micro, pequeñas y medianas empresas podrán excusarse de negociar colectivamente con los trabajadores sujetos a contrato de aprendizaje.

Art. 306. Materias de la negociación colectiva. Son materia de la negociación colectiva aquellas de interés común de las partes que afecten las relaciones mutuas entre trabajadores y empleadores, especialmente las que se refieran a remuneraciones u otros beneficios en especie o en dinero y, en general, a las condiciones comunes de trabajo.

Las negociaciones podrán incluir acuerdos para la conciliación del trabajo con las responsabilidades familiares, el ejercicio de la corresponsabilidad parental, planes de igualdad de oportunidades y equidad de género en la empresa, acciones positivas para corregir situaciones de desigualdad, acuerdos para la capacitación y reconversión productiva de los trabajadores, constitución y mantenimiento de servicios de bienestar, mecanismos de solución de controversias, entre otros.

Adicionalmente, se podrán negociar los acuerdos de extensión previstos en el artículo 322 y los pactos sobre condiciones especiales de trabajo de que trata el Título VI de este Libro.

No serán objeto de la negociación colectiva aquellas materias que restrinjan o limiten la facultad del empleador de organizar, dirigir y administrar la empresa y aquellas ajenas a la misma.

La negociación colectiva en una empresa contratista o subcontratista no afectará las facultades de administración de la empresa principal, la que podrá ejecutar directamente o a través de un tercero la provisión de la obra o el servicio subcontratado que haya dejado de prestarse en caso de huelga.

Art. 307. Relación del trabajador con el contrato colectivo. Ningún trabajador podrá estar afecto a más de un contrato colectivo de trabajo celebrado con el mismo empleador de conformidad a las normas de este Código.

Art. 308. Plazo mínimo para negociar colectivamente. Para negociar colectivamente en una micro y pequeña empresa, en una mediana empresa o en una gran empresa, se requerirá que hayan transcurrido, a lo menos, dieciocho, doce y seis meses, respectivamente, desde el inicio de sus actividades.

Art. 309. Fuero de negociación colectiva. Los trabajadores afiliados a la organización sindical involucrada en una negociación colectiva reglada gozarán del fuero establecido en la legislación vigente desde los diez días anteriores a la presentación de un proyecto de contrato colectivo hasta treinta días después de la suscripción de este último, o de la fecha de notificación a las partes del fallo arbitral que se hubiere dictado.

Igualmente, gozarán del fuero antes señalado los trabajadores que se afilien a la organización sindical durante el proceso de negociación colectiva a que se refiere el inciso anterior, a partir de la fecha en que se comunique la afiliación al empleador y hasta treinta días después de la suscripción del contrato colectivo o de la notificación del fallo arbitral, en su caso.

Sin embargo, no se requerirá solicitar el desafuero de aquellos trabajadores con contrato a plazo fijo o por obra o faena, cuando dicho plazo, obra o faena expirare dentro del período a que se refieren los incisos anteriores.

Art. 310. Beneficios y afiliación sindical. Los trabajadores se regirán por el instrumento colectivo suscrito entre su empleador y la organización sindical a la que se encuentren afiliados mientras este se encuentre vigente, accediendo a los beneficios en él contemplados.

Art. 311. Relación y efectos del instrumento colectivo con el contrato individual de trabajo y forma de modificación del instrumento colectivo. Las estipulaciones de un contrato individual de trabajo no podrán significar disminución de las remuneraciones, beneficios y derechos que correspondan al trabajador por aplicación del instrumento colectivo por el que esté regido.

Las estipulaciones de los instrumentos colectivos reemplazarán en lo pertinente a las contenidas en los contratos individuales de los trabajadores que sean parte de aquellos.

Las estipulaciones de un instrumento colectivo vigente sólo podrán modificarse mediante acuerdo entre el empleador y la o las organizaciones sindicales que lo hubieren suscrito.

Art. 312. Plazos y su cómputo. Todos los plazos establecidos en este Libro son de días corridos, salvo los previstos para la mediación obligatoria del artículo 351.

Con todo, cuando un plazo venciere en día sábado, domingo o festivo, se entenderá prorrogado hasta el día hábil siguiente.

Art. 313. Ministros de fe. Para los efectos previstos en este Libro IV, además de los inspectores del trabajo, serán ministros de fe los notarios públicos, los oficiales del Registro Civil, los funcionarios de la Administración del Estado que sean designados en esa calidad por la Dirección del Trabajo y los secretarios municipales en localidades en que no existan otros ministros de fe disponibles.

Art. 314. Negociación no reglada. En cualquier momento y sin restricciones de ninguna naturaleza, podrán iniciarse entre uno o más empleadores y una o más organizaciones sindicales, negociaciones voluntarias, directas y sin sujeción a normas de procedimiento, para convenir condiciones comunes de trabajo y remuneraciones, por un tiempo determinado.

TÍTULO II
DERECHO A INFORMACIÓN DE LAS ORGANIZACIONES SINDICALES

Art. 315. Derecho de información periódica en las grandes empresas. Las grandes empresas deberán entregar anualmente a los sindicatos de empresa constituidos en ellas, el balance general, el estado de resultados y los estados financieros auditados, si los tuvieren, dentro del plazo de treinta días contado desde que estos documentos se encuentren disponibles.

Asimismo, deberán entregar toda otra información de carácter público que conforme a la legislación vigente estén obligadas a poner a disposición de la Superintendencia de Valores y Seguros. Esta información deberá ser entregada dentro del plazo de treinta días contado desde que se haya puesto a disposición de la referida Superintendencia.

Respecto de los nuevos sindicatos de empresa que se constituyan, la información indicada en este artículo será entregada dentro del plazo de treinta días contado a partir de la comunicación señalada en el inciso primero del artículo 225 de este Código.

Art. 316. Derecho de información específica para la negociación colectiva. Las empresas estarán obligadas a proporcionar a los sindicatos que tengan derecho a negociar en ellas, la información específica y necesaria para preparar sus negociaciones colectivas.

A requerimiento de las organizaciones sindicales que lo soliciten, dentro de los noventa días previos al vencimiento del instrumento colectivo vigente, las grandes y medianas empresas deberán entregar, a lo menos, la siguiente información:

a) Planilla de remuneraciones pagadas a los trabajadores afiliados a la organización requirente, desagregada por haberes y con el detalle de fecha de ingreso a la empresa y cargo o función desempeñada.

b) Valor actualizado de todos los beneficios que forman parte del instrumento colectivo vigente.

c) Los costos globales de mano de obra de la empresa de los dos últimos años. Si existiere contrato colectivo vigente y éste hubiere sido celebrado con duración superior a dos años, se deberán entregar los costos globales del período de duración del contrato.

d) Toda la información periódica referida en los artículos 315 y 318 que no haya sido entregada oportunamente a los sindicatos de empresa, cuando corresponda.

e) Información que incida en la política futura de inversiones de la empresa que no tenga, a juicio del empleador, carácter de confidencial.

Los sindicatos con derecho a negociar en las micro y pequeñas empresas sólo podrán solicitar, dentro de los noventa días previos al vencimiento del instrumento colectivo vigente, las planillas de remuneraciones pagadas a sus socios, desagregadas por haberes y la información específica señalada en los literales b) y c) del inciso segundo de este artículo.

La información relativa a la planilla de remuneraciones de los trabajadores involucrados en la negociación podrá ser solicitada por las organizaciones sindicales que hayan sido autorizadas expresamente en sus estatutos o cuando su entrega haya sido autorizada expresamente por cada trabajador.

En el evento de que no exista instrumento colectivo vigente, el requerimiento de información podrá hacerse en cualquier época.

Las empresas señaladas en este artículo dispondrán del plazo de treinta días para hacer entrega de la información solicitada por el sindicato, contado desde su requerimiento.

La comisión negociadora que represente a un grupo negociador tendrá derecho a solicitar al empleador la información específica para la negociación establecida en las letras a) y b) de este artículo, respecto de los trabajadores que represente y previa autorización de estos. Esta información deberá entregarse en el plazo de cinco días.

Art. 317. Derecho de información por cargos o funciones de los trabajadores en las grandes y medianas empresas. Los sindicatos de empresa podrán una vez en cada año calendario solicitar a las grandes empresas, información sobre remuneraciones asignadas a trabajadores de los diversos cargos o funciones de la empresa que se encuentren contenidas en el registro a que se refiere el numeral 6) del artículo 154 de este Código.

La información deberá entregarse innominadamente, dentro de los treinta días siguientes a la fecha en que haya sido requerida.

En el caso de las empresas medianas, sus sindicatos podrán hacer este requerimiento sólo como información previa a la negociación.

La información deberá ser entregada por la empresa siempre que cuente con cinco o más trabajadores en cada cargo o función, se asegure la reserva de la información individual de cada trabajador y no infrinja lo dispuesto en el artículo 154 bis de este Código.

Art. 318. Derecho de información periódica en la micro, pequeña y mediana empresa. Las micro, pequeñas y medianas empresas proporcionarán anualmente a los sindicatos de empresa constituidos en ellas, la información sobre sus ingresos y egresos que, de acuerdo al régimen tributario al que se encuentren acogidas, declaren ante el Servicio de Impuestos Internos para efectos del impuesto a la renta. Esta información deberá ser entregada dentro de los treinta días siguientes a la declaración anual de impuesto a la renta que efectúe la empresa.

Art. 319. Derecho a requerir información por vía administrativa y judicial. Si el empleador no cumple con entregar la información en la forma y plazos previstos en los artículos anteriores, el o los sindicatos afectados podrán solicitar a la Inspección del Trabajo que requiera al empleador para su entrega.

En caso de no prosperar la gestión administrativa, el o los sindicatos afectados podrán recurrir al tribunal laboral de conformidad a lo establecido en el artículo 504 de este Código.

El tribunal, previa revisión de los antecedentes, ordenará en la primera resolución que el empleador haga entrega de la información, bajo apercibimiento legal.

TÍTULO III
DE LOS INSTRUMENTOS COLECTIVOS Y DE LA TITULARIDAD SINDICAL

Art. 320. Instrumento colectivo. Instrumento colectivo es la convención celebrada entre empleadores y trabajadores con el objeto de establecer condiciones comunes de trabajo y remuneraciones u otros beneficios en especie o en dinero, por un tiempo determinado, de conformidad a las reglas previstas en este Libro.

El laudo o fallo arbitral dictado según las normas de los artículos 385 y siguientes de este Código también constituye un instrumento colectivo.

Los instrumentos colectivos deberán constar por escrito y registrarse en la Inspección del Trabajo dentro de los cinco días siguientes a su suscripción.

Art. 321. Instrumentos colectivos y su contenido. Todo instrumento colectivo deberá contener, a lo menos, las siguientes menciones:

1. La determinación precisa de las partes a quienes afecte.
2. Las normas sobre remuneraciones, beneficios, condiciones de trabajo y demás estipulaciones que se hayan acordado, especificándolas detalladamente.
3. El período de vigencia.
4. El acuerdo de extensión de beneficios o la referencia de no haberse alcanzado dicho acuerdo.

Adicionalmente, podrá contener la constitución de una comisión bipartita para la implementación y seguimiento del cumplimiento del instrumento colectivo o mecanismos de resolución de las controversias.

Art. 322. Aplicación de las estipulaciones de un instrumento colectivo. La comunicación al empleador deberá realizarse por escrito al correo electrónico designado por este y enviarse copia de la misma a la Inspección del Trabajo.

Las partes de un instrumento colectivo podrán acordar la aplicación general o parcial de sus estipulaciones a todos o parte de los trabajadores de la empresa o establecimiento de empresa sin afiliación sindical. En el caso antes señalado, para acceder a los beneficios dichos trabajadores deberán aceptar la extensión y obligarse a pagar todo o parte de la cuota ordinaria de la organización sindical, según lo establezca el acuerdo.

El acuerdo de extensión de que trata el inciso anterior deberá fijar criterios objetivos, generales y no arbitrarios para extender los beneficios a trabajadores sin afiliación sindical.

Sin perjuicio de lo anterior, el empleador podrá aplicar a todos los trabajadores de la empresa las cláusulas pactadas de reajuste de remuneraciones conforme a la variación del Índice de Precios al Consumidor determinado por el Instituto Nacional de Estadísticas o el que haga sus veces, siempre que dicho reajuste se haya contemplado en su respuesta al proyecto de contrato colectivo.

Art. 323. Derecho a la libre afiliación y vinculación del trabajador con el instrumento colectivo. El trabajador podrá afiliarse y desafiliarse libremente de cualquier sindicato.

No obstante el cambio de afiliación sindical o desafiliación, el trabajador se mantendrá afecto al instrumento colectivo negociado por el sindicato al que pertenecía y que estuviere vigente, debiendo pagar el total de la cuota mensual ordinaria de ese sindicato durante toda la vigencia de dicho instrumento colectivo. Al término de la vigencia del instrumento colectivo del sindicato al que estaba afiliado, el trabajador pasará a estar afecto al instrumento colectivo del sindicato al que se hubiere afiliado, de existir este.

Una vez iniciada la negociación colectiva, los trabajadores involucrados permanecerán afectos a esta, así como al instrumento colectivo a que dicha negociación diere lugar.

Art. 324. Duración y vigencia de los instrumentos colectivos. Los contratos colectivos, los acuerdos de grupo negociador y los fallos arbitrales tendrán una duración no inferior a dos años ni superior a tres.

La vigencia de los contratos colectivos se contará a partir del día siguiente al de la fecha de vencimiento del contrato colectivo o fallo arbitral anterior. De no existir instrumento colectivo anterior, la vigencia se contará a partir del día siguiente al de su suscripción.

Con todo, si se hubiere hecho efectiva la huelga, el contrato que se celebre con posterioridad o el fallo arbitral que se dicte, en su caso, sólo tendrán vigencia a contar de la fecha de suscripción del contrato, de constitución del compromiso o de la notificación de la resolución que ordena la reanudación de faenas, sin perjuicio de que su duración se cuente a partir del día siguiente al de la fecha de vencimiento del contrato colectivo o del fallo arbitral anterior, o del cuadragésimo quinto día contado desde la presentación del respectivo proyecto, según corresponda.

Por su parte, los convenios colectivos podrán tener la duración que las partes definan, pero en ningún caso podrá ser superior a tres años.

Art. 325. Ultraactividad de un instrumento colectivo. Extinguido el instrumento colectivo, sus cláusulas subsistirán como integrantes de los contratos individuales de los respectivos trabajadores afectos, salvo las que se refieren a la reajustabilidad pactada tanto de las remuneraciones como de los demás beneficios convenidos en dinero, los incrementos reales pactados, así como los derechos y obligaciones que sólo pueden ejercerse o cumplirse colectivamente y los pactos sobre condiciones especiales de trabajo.

Art. 326. Mérito ejecutivo de los instrumentos colectivos y sanciones en caso de incumplimiento. Las copias originales de los instrumentos colectivos, así como las copias auténticas de dichos instrumentos, autorizadas por la Inspección del Trabajo, respecto de aquellas cláusulas que contengan obligaciones líquidas y actualmente exigibles, tendrán mérito ejecutivo y los Juzgados de Cobranza Laboral y Previsional conocerán de estas ejecuciones conforme al procedimiento señalado en los artículos 463 y siguientes.

No obstante lo dispuesto en el inciso precedente, el incumplimiento de las estipulaciones contenidas en los instrumentos colectivos será sancionado por la Inspección del Trabajo de conformidad al artículo 506. La aplicación, cobro y reclamo de esta multa se efectuará con arreglo a las disposiciones de los artículos 503 y siguientes de este Código.

TÍTULO IV
EL PROCEDIMIENTO DE NEGOCIACIÓN COLECTIVA REGLADA

CAPÍTULO I
REGLAS GENERALES

Art. 327. Inicio de la negociación colectiva reglada. La negociación colectiva se inicia con la presentación del proyecto de contrato colectivo por parte de el o los sindicatos al empleador.

Art. 328. Contenido del proyecto de contrato colectivo. En la presentación del proyecto de contrato colectivo se deberán explicitar, a lo menos, las cláusulas que se proponen, la vigencia ofrecida, la comisión negociadora sindical y el domicilio físico y electrónico de el o los sindicatos respectivos. En esta misma oportunidad deberán presentar la nómina de los trabajadores que hasta ese momento se encuentren afiliados.

El sindicato podrá explicar los fundamentos de su propuesta de contrato y acompañar los antecedentes que sustenten su presentación.

Art. 329. Presentación del proyecto de contrato colectivo y negativa del empleador a recibirlo. Copia del proyecto de contrato colectivo presentado por el o los sindicatos, firmada por el empleador para acreditar que ha sido recibido por este, con la fecha de recepción estampada en él, deberá entregarse a la Inspección del Trabajo respectiva, dentro de los cinco días siguientes a su presentación.

Si el empleador se negare a recibir o certificar la recepción del proyecto, el sindicato deberá requerir a la Inspección del Trabajo, dentro de los tres días siguientes a la negativa, para que notifique el proyecto de contrato al empleador en el más breve plazo.

Art. 330. Comisión negociadora sindical. La representación del sindicato en la negociación colectiva corresponderá a la comisión negociadora sindical, integrada por el directorio sindical respectivo. Si se trata de una negociación colectiva iniciada por más de un sindicato, la comisión negociadora sindical estará integrada por los directores que sean designados en el proyecto de contrato colectivo.

Además de los miembros de la comisión negociadora sindical, podrán asistir al desarrollo de las negociaciones los asesores que designen la o las organizaciones sindicales, los que no podrán exceder de tres.

En caso de que el o los sindicatos que negocien tengan afiliación femenina y la respectiva comisión negociadora sindical no esté integrada por ninguna trabajadora, se deberá integrar a una representante elegida por el o los sindicatos de conformidad a sus estatutos. En el evento que los estatutos nada establecieran, esta trabajadora deberá ser elegida en asamblea convocada al efecto, en votación universal.

En la micro y pequeña empresa, la trabajadora que deba integrar la comisión negociadora de conformidad a lo dispuesto en el inciso anterior sustituirá a uno de los miembros que deban integrarla por derecho propio.

Respecto de la trabajadora que integre la comisión negociadora sindical de conformidad a lo dispuesto en el inciso tercero, el fuero señalado en el artículo 309 se extenderá hasta noventa días, contados desde la suscripción del contrato colectivo o, en su caso, desde la fecha de notificación a las partes del fallo arbitral que se hubiere dictado.

Art. 331. Afiliación sindical durante la negociación colectiva. Iniciado un proceso de negociación colectiva reglada, los trabajadores no afiliados al sindicato tendrán derecho a afiliarse a él, incorporándose de pleno derecho a la negociación en curso, salvo lo dispuesto en el inciso segundo del artículo 323.

Con todo, sólo se incorporarán a la negociación en curso los trabajadores que se afilien hasta el quinto día de presentado el proyecto de contrato colectivo.

El sindicato deberá informar al empleador la afiliación de nuevos trabajadores dentro del plazo de dos días contado desde la respectiva incorporación.

CAPÍTULO II
OPORTUNIDAD PARA PRESENTAR EL PROYECTO Y PLAZO DE LA NEGOCIACIÓN

Art. 332. Oportunidad de presentación del proyecto de contrato colectivo por el sindicato cuando no tiene instrumento colectivo vigente. La presentación de un proyecto de contrato colectivo realizada por un sindicato que no tiene instrumento colectivo vigente podrá hacerse en cualquier tiempo, sin perjuicio de lo establecido en el artículo 308.

Las empresas en que no exista un instrumento colectivo vigente podrán fijar un período, de hasta sesenta días al año, durante el cual no será posible iniciar un proceso de negociación colectiva.

La declaración a que se refiere el inciso anterior deberá comunicarse por medios idóneos a la Inspección del Trabajo y a los trabajadores. Su vigencia será de doce meses.

Art. 333. Oportunidad de presentación del proyecto de contrato colectivo por el sindicato cuando tiene instrumento colectivo vigente. La presentación de un proyecto de contrato colectivo realizada por un sindicato que tiene instrumento colectivo vigente deberá hacerse no antes de sesenta ni después de cuarenta y cinco días anteriores a la fecha de término de la vigencia de dicho instrumento.

Si el proyecto de contrato colectivo se presenta antes del plazo señalado en el inciso precedente, se entenderá, para todos los efectos legales, que fue presentado sesenta días antes de la fecha de vencimiento del instrumento colectivo anterior.

Art. 334. Consecuencias de la no presentación o presentación tardía del proyecto de contrato colectivo. Si el sindicato no presenta el proyecto de contrato colectivo o lo presenta luego de vencido el plazo, llegada la fecha de término del instrumento colectivo vigente se extinguirán sus efectos y sus cláusulas subsistirán como parte de los contratos individuales de los trabajadores afectos a él, salvo las que se refieren a la reajustabilidad pactada tanto de las remuneraciones como de los demás beneficios convenidos en dinero, el incremento real pactado, así como los derechos y obligaciones que sólo pueden ejercerse o cumplirse colectivamente.

CAPÍTULO III
DE LA RESPUESTA DEL EMPLEADOR

Art. 335. Respuesta del empleador y comisión negociadora de empresa. La respuesta del empleador al proyecto de contrato colectivo deberá ser entregada a alguno de los integrantes de la comisión negociadora sindical y remitida a la dirección de correo electrónico designada por el sindicato, dentro de los diez días siguientes a la presentación del proyecto. Las partes de común acuerdo podrán prorrogar este plazo hasta por diez días adicionales.

El empleador deberá dar respuesta a todas las cláusulas propuestas en el proyecto presentado por el sindicato y señalar una dirección de correo electrónico. Asimismo, podrá explicar los fundamentos y contenidos de su proposición, acompañando los antecedentes que la sustenten.

El empleador deberá designar una comisión negociadora de empresa, constituida por un máximo de tres apoderados que formen parte de la empresa, entendiéndose también como tales a los miembros de su respectivo directorio y a los socios con facultad de administración. Podrá además designar a los asesores, conforme a lo dispuesto en el inciso segundo del artículo 330 de este Código.

Art. 336. Piso de la negociación. La respuesta del empleador deberá contener, a lo menos, el piso de la negociación. En el caso de existir instrumento colectivo vigente, se entenderá por piso de la negociación idénticas estipulaciones a las establecidas en el instrumento colectivo vigente, con los valores que corresponda pagar a la fecha de término del contrato. Se entenderán excluidos del piso de la negociación la reajustabilidad pactada, los incrementos reales pactados, los pactos sobre condiciones especiales de trabajo y los beneficios que se otorgan sólo por motivo de la firma del instrumento colectivo. El acuerdo de extensión de beneficios que forme parte de un instrumento colectivo tampoco constituye piso de la negociación.

En el caso de no existir instrumento colectivo vigente, la respuesta del empleador constituirá el piso de la negociación. La propuesta del empleador no podrá contener beneficios inferiores a los que de manera regular y periódica haya otorgado a los trabajadores que represente el sindicato.

Art. 337. Efectos de la falta de respuesta y de aquella que no contenga las estipulaciones del piso de la negociación. Si el empleador no diere respuesta oportunamente al proyecto de contrato, será sancionado con una multa establecida de conformidad al inciso primero del artículo 406.

Llegado el vigésimo día de presentado el proyecto de contrato colectivo sin que el empleador le haya dado respuesta, se entenderá que lo acepta, salvo que las partes hayan acordado la prórroga del inciso primero del artículo 335, en cuyo caso la sanción operará a partir del día siguiente al vencimiento de la prórroga.

En caso de que la respuesta del empleador no contenga las estipulaciones del piso de la negociación, aquellas se entenderán incorporadas para todos los efectos legales.

Art. 338. Registro de la respuesta. El empleador deberá remitir a la Inspección del Trabajo copia de la respuesta dentro de los cinco días siguientes a la fecha en que esta haya sido entregada a la comisión negociadora sindical, adjuntando comprobante de su recepción por el sindicato.

CAPÍTULO IV
IMPUGNACIONES Y RECLAMACIONES

Art. 339. Impugnación de la nómina, quórum y otras reclamaciones. El empleador tendrá derecho a impugnar la inclusión de uno o más trabajadores incorporados en la nómina del proyecto de contrato colectivo, por no ajustarse a las disposiciones de este Código.

Las partes podrán, además, formular reclamaciones respecto del proyecto de contrato colectivo o de su respuesta, por no ajustarse a las normas del presente Libro.

No será materia de reclamación la circunstancia de estimar alguna de las partes que la otra, en el proyecto de contrato colectivo o en la correspondiente respuesta, según el caso, ha infringido lo dispuesto en el inciso cuarto del artículo 306 de este Código.

Art. 340. Reglas de procedimiento. Las impugnaciones y reclamaciones señaladas en el artículo anterior se tramitarán ante la Inspección del Trabajo respectiva, conforme a las siguientes reglas:

a) El empleador deberá formular todas sus impugnaciones y reclamaciones en la respuesta al proyecto de contrato colectivo, acompañando los antecedentes en que se funden.

b) La comisión negociadora sindical deberá formular todas sus reclamaciones en una misma presentación ante la Inspección del Trabajo, acompañando los antecedentes en que se funden, dentro de los cinco días siguientes de recibida la respuesta del empleador.

c) Recibida la respuesta del empleador que contenga impugnaciones o reclamaciones y recibidas las reclamaciones del sindicato, según sea el caso, la Inspección del Trabajo deberá citar a las partes a una audiencia que tendrá lugar dentro de los cinco días siguientes. Dicha citación deberá ser enviada a la dirección de correo electrónico de las partes.

d) A esta audiencia las partes deberán asistir con todos los antecedentes necesarios y la documentación adicional que le haya sido requerida por la Inspección del Trabajo, la que instará a las partes a alcanzar un acuerdo.

e) La resolución deberá dictarse por el Inspector del Trabajo dentro del plazo de cinco días de concluida la audiencia. Si las impugnaciones o reclamaciones involucran a más de mil trabajadores, serán resueltas por el Director del Trabajo.

f) En contra de esta resolución sólo procederá el recurso de reposición que deberá ser interpuesto dentro de tercero día. La resolución que resuelva el recurso de reposición deberá dictarse en el plazo de tres días y será reclamable judicialmente dentro del plazo de cinco días, a través del procedimiento establecido en el artículo 504 de este Código.

g) La interposición de las impugnaciones o reclamaciones no suspenderá el curso de la negociación colectiva.

CAPÍTULO V
PERÍODO DE NEGOCIACIÓN

Art. 341. Período de negociación. A partir de la respuesta del empleador, las partes se reunirán el número de veces que estimen conveniente con el objeto de obtener directamente un acuerdo, sin sujeción a ningún tipo de formalidades.

Las partes podrán negociar todas las materias comprendidas en el proyecto y la respuesta, como aquellas que de común acuerdo definan, incluyendo modificaciones al piso de la negociación.

Igualmente podrán convenir rebajar el piso de la negociación a que se refiere el artículo 336, cuando las condiciones económicas de la empresa así lo justifiquen.

Art. 342. Derecho a la suscripción del piso de la negociación. Durante todo el período de negociación, e incluso después de votada y hecha efectiva la huelga, la comisión negociadora sindical podrá poner término al proceso de negociación comunicándole al empleador, por escrito, su decisión de suscribir un contrato colectivo sujeto a las estipulaciones del piso de la negociación.

El empleador no podrá negarse a esta exigencia, salvo en el caso a que se refiere el inciso final del artículo anterior. El contrato que se celebre conforme a las disposiciones de este artículo tendrá una duración de dieciocho meses y se entenderá suscrito desde la fecha en que la comisión negociadora sindical comunique su decisión al empleador.

Art. 343. Derecho a solicitar reunión de asistencia técnica. En las micro y pequeñas empresas, cualquiera de las partes podrá solicitar a la Dirección del Trabajo que las convoque a la reunión de asistencia técnica para llevar a cabo el proceso de negociación colectiva. La misma regla se aplicará a las empresas medianas cuando negocien por primera vez.

En esta oportunidad la Dirección del Trabajo informará a las partes sobre el procedimiento, los plazos, los derechos y las obligaciones derivados de la negociación. La asistencia a esta reunión será obligatoria para ambas partes.

Art. 344. Mediación voluntaria. Una vez vencido el plazo de respuesta del empleador, y durante todo el proceso de negociación colectiva, las partes podrán solicitar, de común acuerdo, la mediación de la Dirección del Trabajo.

CAPÍTULO VI
DERECHO A HUELGA

Art. 345. Derecho a huelga. La huelga es un derecho que debe ser ejercido colectivamente por los trabajadores.

Se prohíbe el reemplazo de los trabajadores en huelga.

La huelga no afectará la libertad de trabajo de los trabajadores no involucrados en ella, ni la ejecución de las funciones convenidas en sus contratos de trabajo.

La infracción de la prohibición señalada en el inciso segundo constituye una práctica desleal grave, la que habilitará a la Inspección del Trabajo para requerir el retiro inmediato de los trabajadores reemplazantes.

En el caso de negativa del empleador para retirar a los reemplazantes, la Inspección del Trabajo deberá denunciar al empleador al Juzgado de Letras del Trabajo conforme a las normas establecidas en los artículos 485 y siguientes, con excepción de lo dispuesto en el inciso sexto del artículo 486. El sindicato podrá iniciar esta acción o hacerse parte de la denuncia presentada por la Inspección del Trabajo. El Tribunal, revisados los antecedentes de la denuncia, ordenará al empleador el retiro inmediato de los reemplazantes en la primera resolución, bajo el apercibimiento señalado en el artículo 492.

Art. 346. Última oferta del empleador. El empleador, con a lo menos dos días de anticipación al inicio del período en que se puede hacer efectiva la votación de la huelga, podrá presentar a la comisión negociadora sindical una propuesta formal de contrato colectivo denominada "última oferta". Esta propuesta deberá estar contenida en un documento suscrito por la comisión negociadora de la empresa. En la micro y pequeña empresa bastará que la última oferta sea firmada por uno de los miembros de la comisión negociadora de la empresa.

A falta de última oferta, aquella estará constituida por la propuesta formal más próxima al vencimiento del plazo señalado en el inciso anterior. De no existir propuestas formales, se tendrá por última oferta la respuesta del empleador.

La última oferta podrá ser informada por el empleador por escrito a todos los trabajadores involucrados en la negociación a través de mecanismos generales de comunicación.

Art. 347. Convocatoria a la votación de la huelga. La comisión negociadora sindical deberá convocar a la votación de la huelga con a lo menos cinco días de anticipación a la fecha en que esta deba realizarse.

Cuando la votación no se hubiere llevado a efecto por causas ajenas al sindicato, este tendrá un plazo de cinco días adicionales para proceder a ella.

Art. 348. Oportunidad de votación de la huelga. Si existe instrumento colectivo vigente, la huelga deberá ser votada dentro de los últimos cinco días de vigencia del instrumento.

En el caso de no existir instrumento colectivo vigente, la huelga deberá ser votada dentro de los últimos cinco días de un total de cuarenta y cinco contados desde la fecha de presentación del proyecto de contrato colectivo.

Las partes de común acuerdo podrán ampliar el plazo de la negociación y postergar la oportunidad para la votación de la huelga. En este caso, si existiere contrato colectivo se entenderá prorrogada su vigencia por el tiempo que las partes determinen. Este acuerdo deberá constar por escrito, suscribirse por las comisiones negociadoras de ambas partes y remitirse copia a la Inspección del Trabajo.

Art. 349. Medios para votación de la huelga. El empleador deberá facilitar que la votación de la huelga se realice con normalidad, otorgando los permisos necesarios para que los trabajadores puedan concurrir al acto de votación. El acto de votación podrá realizarse en la sede sindical, según lo dispuesto en el artículo 255.

La comisión negociadora sindical deberá organizar el proceso de votación evitando alteraciones en el normal funcionamiento de la empresa.

El día que se lleve a efecto la votación de la huelga el sindicato podrá realizar asambleas.

Art. 350. Votación de la huelga. La votación de la huelga se realizará en forma personal, secreta y ante un ministro de fe. Los votos serán impresos y deberán emitirse con las expresiones "última oferta del empleador" o "huelga".

La última oferta o la huelga deberán ser acordadas por la mayoría absoluta de los trabajadores representados por el sindicato. Del quórum de votación se descontarán aquellos trabajadores que no se encuentren actualmente prestando servicios en la empresa por licencia médica, feriado legal o aquellos que, por requerimientos de la empresa, se encuentren fuera del lugar habitual donde prestan servicios.

De aprobarse la huelga, esta se hará efectiva a partir del inicio de la respectiva jornada del quinto día siguiente a su aprobación.

Art. 351. Mediación obligatoria. Dentro de los cuatro días siguientes de acordada la huelga, cualquiera de las partes podrá solicitar la mediación obligatoria del Inspector del Trabajo competente, para facilitar el acuerdo entre ellas.

En el desempeño de su cometido, el Inspector del Trabajo podrá citar a las partes, en forma conjunta o separada, cuantas veces estime necesario, con el objeto de acercar posiciones y facilitar el establecimiento de bases de acuerdo para la suscripción del contrato colectivo.

Transcurridos cinco días hábiles desde que fuere solicitada su intervención sin que las partes hubieren llegado a un acuerdo, el Inspector del Trabajo dará por terminada su labor, debiendo hacerse efectiva la huelga al inicio del día siguiente hábil. Sin perjuicio de lo anterior, las partes podrán acordar que el Inspector del Trabajo continúe desarrollando su gestión por un lapso de hasta cinco días, prorrogándose por ese hecho la fecha en que la huelga deba hacerse efectiva.

De las audiencias que se realicen ante el Inspector del Trabajo deberá levantarse acta firmada por los comparecientes y el funcionario referido.

Art. 352. Votación que no alcanza los quórum necesarios. En los casos en que no se alcancen los quórum de votación necesarios para que la asamblea acuerde la huelga, el sindicato tendrá la facultad de impetrar la suscripción de un contrato colectivo con las estipulaciones establecidas en el piso de la negociación, conforme al artículo 342, facultad que deberá ejercerse dentro del plazo de tres días contado desde la votación.

En caso de no ejercer la facultad señalada en el inciso anterior, se entenderá que el sindicato ha optado por aceptar la última oferta del empleador.

Art. 353. El cierre temporal de la empresa o lock-out. Acordada la huelga y una vez que esta se hubiere hecho efectiva, el empleador podrá declarar el lock-out o cierre temporal de la empresa, el que podrá ser total o parcial.

Se entenderá por cierre temporal de la empresa el derecho del empleador, iniciada la huelga, a impedir temporalmente el acceso a todos los trabajadores a la empresa, predio o establecimiento.

El cierre temporal es total cuando afecta a todos los trabajadores de la empresa o predio, y es parcial cuando afecta a todos los trabajadores de uno o más establecimientos de una empresa. Para declarar el cierre temporal parcial será necesario que en el establecimiento respectivo haya trabajadores involucrados en el proceso de negociación que lo origine.

Los establecimientos no afectados por el cierre temporal parcial continuarán funcionando normalmente.

En todo caso, el cierre temporal no afectará a los trabajadores a que se refiere el inciso primero del artículo 305.

El cierre temporal no podrá extenderse más allá de los treinta días contados de la fecha en que se hizo efectiva la huelga o del día de su término, cualquiera sea el hecho que ocurra primero.

Art. 354. Declaración de cierre temporal o lock-out. El cierre temporal, sea total o parcial, sólo podrá ser declarado por el empleador si la huelga afectare a más del 50% del total de trabajadores de la empresa o del establecimiento en su caso, o significare la paralización de actividades imprescindibles para su funcionamiento, cualquiera fuere en este caso el porcentaje de trabajadores en huelga.

En caso de reclamo, la calificación de las circunstancias de hecho señaladas en el inciso anterior la efectuará la Inspección del Trabajo, dentro de los tres días siguientes de formulada la reclamación. La resolución de la Inspección del Trabajo será reclamable judicialmente en los términos del artículo 504.

Art. 355. Suspensión del contrato de trabajo y efectos de la huelga y del cierre temporal. Durante la huelga o el cierre temporal, se entenderá suspendido el contrato de trabajo respecto de los trabajadores que se encuentren involucrados en ella o a quienes afecte el cierre temporal. En consecuencia, los trabajadores no estarán obligados a prestar sus servicios, ni el empleador al pago de las remuneraciones, beneficios y regalías derivadas de dicho contrato.

En el caso del inciso anterior, los trabajadores podrán efectuar trabajos temporales, fuera de la empresa, sin que ello signifique el término del contrato de trabajo con el empleador.

Durante la huelga, los trabajadores involucrados en la negociación podrán pagar voluntariamente las cotizaciones previsionales o de seguridad social en los organismos respectivos. Sin embargo, en el caso del cierre temporal, el empleador deberá pagar las cotizaciones previsionales o de seguridad social de aquellos trabajadores afectados por esta medida y que no se encuentren en huelga.

Asimismo, durante la huelga el recinto o local de la empresa no constituirá sede sindical.

Art. 356. Nueva oferta del empleador y su votación. Iniciada la huelga, la comisión negociadora de empresa podrá presentar una nueva oferta, con las mismas formalidades y publicidad del artículo 346, la que deberá ser votada por los trabajadores involucrados en la negociación, en votación secreta y ante un ministro de fe dentro de los cinco días siguientes a la presentación de la nueva oferta. En este caso, los trabajadores deberán pronunciarse sobre la mantención de la huelga o la aceptación de la nueva oferta del empleador. La aceptación de la nueva oferta deberá ser aprobada por la mayoría absoluta de los trabajadores involucrados en la negociación.

En el caso de la micro y pequeña empresa, la votación a que se refiere el inciso anterior se realizará dentro de los dos días siguientes de presentada la nueva oferta.

Si la nueva oferta a que se refiere el inciso primero es rechazada, el empleador podrá presentar otra transcurridos cinco días desde su votación, la que deberá ser sometida a votación en los términos y plazos previstos en los incisos anteriores, en la medida que cumpla con las formalidades y publicidad previstas en el artículo 346. Este derecho podrá ejercerse en forma sucesiva hasta la aprobación de una nueva oferta.

Para el cómputo de los quórum de que trata este artículo se aplicará lo dispuesto en el inciso segundo del artículo 350.

Art. 357. Derecho a reincorporación individual del trabajador. Estará prohibido al empleador ofrecer o aceptar la reincorporación individual de los trabajadores en huelga, salvo en las condiciones establecidas en este artículo.

En la gran y mediana empresa, los trabajadores involucrados en la negociación podrán ejercer el derecho a reincorporarse individualmente a sus funciones a partir del decimosexto día de iniciada la huelga, siempre que la última oferta formulada en la forma y con la anticipación señalada en el artículo 346 contemple, a lo menos, lo siguiente:

a) Idénticas estipulaciones que las contenidas en el contrato, convenio o fallo arbitral vigente, reajustadas en el porcentaje de variación del Índice de Precios al Consumidor determinado por el Instituto Nacional de Estadísticas o el que haga sus veces, habido en el período comprendido entre la fecha del último reajuste y la fecha de término de vigencia del respectivo instrumento.

b) Una reajustabilidad mínima anual según la variación del Índice de Precios al Consumidor para el período del contrato, a partir de la suscripción del mismo.

En la micro y pequeña empresa, si la última oferta cumple las condiciones señaladas en el inciso anterior, los trabajadores involucrados en la negociación podrán ejercer el derecho a reincorporarse individualmente a sus funciones a partir del sexto día de iniciada la huelga.

Si el empleador no hace una oferta de las características y en la oportunidad señalada en los incisos anteriores, los trabajadores de la gran y mediana empresa involucrados en la negociación podrán ejercer el derecho a reincorporarse individualmente a partir del trigésimo día de iniciada la huelga. En la micro y pequeña empresa, este derecho podrá ejercerse a partir del día décimo sexto.

Los trabajadores que opten por reincorporarse individualmente de acuerdo a lo señalado en este artículo, lo harán en las condiciones contendidas en la última oferta del empleador y a partir de ese momento no les será aplicable lo dispuesto en el inciso final del artículo 323.

El ejercicio del derecho a reincorporación individual no afectará la huelga de los demás trabajadores.

Art. 358. De la reanudación de las negociaciones, de la suspensión y del término de la huelga. Durante la huelga las partes podrán reanudar las negociaciones las veces que estimen conveniente, sin sujeción a ninguna restricción o regla especial.

Las partes podrán acordar la suspensión temporal de la huelga por el plazo que estimen pertinente. El acuerdo deberá ser suscrito por las comisiones negociadoras y depositado en la Inspección del Trabajo. En este caso, también se entenderá suspendido el cierre temporal de la empresa.

La suscripción del contrato colectivo hará cesar de pleno derecho los efectos de la huelga.

CAPÍTULO VII
LIMITACIONES AL EJERCICIO DEL DERECHO A HUELGA

Art. 359. Servicios mínimos y equipos de emergencia. Sin afectar el derecho a huelga en su esencia, durante esta la comisión negociadora sindical estará obligada a proveer el personal destinado a atender los servicios mínimos estrictamente necesarios para proteger los bienes corporales e instalaciones de la empresa y prevenir accidentes, así como garantizar la prestación de servicios de utilidad pública, la atención de necesidades básicas de la población, incluidas las relacionadas con la vida, la seguridad o la salud de las personas, y para garantizar la prevención de daños ambientales o sanitarios. En esta determinación se deberán considerar los requerimientos vinculados con el tamaño y características de la empresa, establecimiento o faena.

El personal destinado por el sindicato a atender los servicios mínimos se conformará con trabajadores involucrados en el proceso de negociación y recibirá el nombre de equipo de emergencia. Sus integrantes deberán percibir remuneraciones por el tiempo trabajado.

Los servicios mínimos deberán proveerse durante el tiempo que sea necesario y para los fines que fueron determinados.

En el caso que el sindicato no provea el equipo de emergencia, la empresa podrá adoptar las medidas necesarias para atender los servicios mínimos, incluyendo la contratación de estos servicios, debiendo informar de ello inmediatamente a la Inspección del Trabajo, con el objeto de que constate este incumplimiento. Las medidas adoptadas por el empleador no podrán involucrar a un número superior de trabajadores del equipo de emergencia que no hayan sido proveídos por el sindicato, salvo que la Inspección del Trabajo autorice fundadamente un número distinto.

Art. 360. Calificación de los servicios mínimos y de los equipos de emergencia. Los servicios mínimos y los equipos de emergencia deberán ser calificados antes del inicio de la negociación colectiva.

La calificación deberá identificar los servicios mínimos de la empresa, así como el número y las competencias profesionales o técnicas de los trabajadores que deberán conformar los equipos de emergencia.

El empleador deberá proponer por escrito a todos los sindicatos existentes en la empresa, con una anticipación de, a lo menos, ciento ochenta días al vencimiento del instrumento colectivo vigente, su propuesta de calificación de servicios mínimos y equipos de emergencia para la empresa, remitiendo copia de la propuesta a la Inspección del Trabajo. En el caso de haber más de un instrumento colectivo vigente en la empresa, los referidos ciento ochenta días se considerarán respecto del instrumento colectivo más próximo a vencer.

En caso que no exista sindicato en la empresa, el empleador deberá formular su propuesta dentro de los quince días siguientes a la comunicación de la constitución del sindicato efectuada de conformidad al artículo 225 de este Código, plazo durante el cual no se podrá iniciar la negociación colectiva. Habiéndose formulado el requerimiento por parte del empleador, tampoco se podrá iniciar la negociación colectiva en tanto no estén calificados los servicios mínimos y equipos de emergencia.

Recibida la propuesta del empleador, los sindicatos tendrán un plazo de quince días para responder, en forma conjunta o separada.

Las partes tendrán un plazo de treinta días desde formulada la propuesta para alcanzar un acuerdo.

En caso de acuerdo, se levantará un acta que consigne los servicios mínimos y los equipos de emergencia concordados, la que deberá ser suscrita por el empleador y por todos los sindicatos que concurrieron a la calificación. Copia del acta deberá depositarse en la Inspección del Trabajo dentro de los cinco días siguientes a su suscripción.

Si las partes no logran acuerdo o este no involucra a todos los sindicatos, cualquiera de ellas podrá requerir la intervención de la Dirección Regional del Trabajo, dentro de los cinco días siguientes.

En caso que la empresa tenga establecimientos o faenas en dos o más regiones del país, el requerimiento deberá formularse ante la Dirección Regional del Trabajo del domicilio del requirente. En caso de que haya sido requerida la intervención de dos o más Direcciones Regionales, la

Dirección Nacional del Trabajo determinará cuál de ellas resolverá todos los requerimientos.

Recibido el requerimiento, la Dirección Regional del Trabajo deberá oír a las partes y solicitar un informe técnico al organismo regulador o fiscalizador que corresponda. Cualquiera de las partes podrá acompañar informes técnicos de organismos públicos o privados. Asimismo, a requerimiento de parte o de oficio, la Dirección Regional del Trabajo podrá realizar visitas inspectivas.

La resolución que emita la Dirección Regional del Trabajo calificando los servicios mínimos y los equipos de emergencia de la empresa deberá ser fundada y emitida dentro de los cuarenta y cinco días siguientes al requerimiento. Esta resolución deberá ser notificada a las partes dentro de los cinco días siguientes a su emisión y sólo será reclamable ante el Director Nacional del Trabajo.

La Dirección del Trabajo, en el mes de abril de cada año, publicará los estándares técnicos de carácter general que han servido de base para la calificación de los servicios mínimos y los equipos de emergencia.

Por circunstancias sobrevinientes, la calificación podrá ser revisada si cambian las condiciones que motivaron su determinación, de acuerdo al procedimiento previsto en los incisos anteriores. La solicitud de revisión deberá ser siempre fundada por el requirente.

Art. 361. Conformación de los equipos de emergencia. El empleador, en su respuesta al proyecto de contrato colectivo, deberá proponer a la comisión negociadora sindical los trabajadores afiliados al sindicato que conformarán los equipos de emergencia, cuando corresponda.

La comisión negociadora sindical tendrá un plazo de cuarenta y ocho horas para responder la propuesta del empleador. Si no contesta dentro del plazo señalado, se entenderá aceptada esta propuesta.

En caso de negativa expresa de la comisión negociadora sindical o discrepancia en el número o identidad de los trabajadores del sindicato respectivo que deben conformar los equipos de emergencia, el empleador deberá solicitar a la Inspección del Trabajo que se pronuncie dentro del plazo de cinco días contados desde la respuesta. La Inspección del Trabajo tendrá un plazo de diez días para resolver el requerimiento. La resolución será notificada al correo electrónico designado por las partes y en contra de ella sólo procederá el recurso de reposición.

Art. 362. Determinación de las empresas en las que no se podrá ejercer el derecho a huelga. No podrán declarar la huelga los trabajadores que presten servicios en corporaciones o empresas, cualquiera sea su naturaleza, finalidad o función, que atiendan servicios de utilidad pública o cuya paralización cause grave daño a la salud, a la economía del país, al abastecimiento de la población o a la seguridad nacional.

La calificación de encontrarse la empresa en alguna de las situaciones señaladas en este artículo será efectuada cada dos años, dentro del mes de julio, por resolución conjunta de los Ministros del Trabajo y Previsión Social, Defensa Nacional y Economía, Fomento y Turismo, previa solicitud fundada de parte, la que deberá presentarse hasta el 31 de mayo del año respectivo.

Promovida la solicitud, se pondrá en conocimiento de la contraparte empleadora o trabajadora para que formule las observaciones que estime pertinentes, dentro del plazo de quince días.

Efectuada la calificación de una empresa e incorporada en la resolución conjunta respectiva, sólo por causa sobreviniente y a solicitud de parte, se podrá revisar su permanencia.

La resolución deberá publicarse en el Diario Oficial y podrá ser reclamada ante la Corte de Apelaciones de acuerdo a las reglas establecidas en el artículo 402.

Art. 363. Reanudación de faenas. En caso de producirse una huelga o el cierre temporal de la empresa, que por sus características, oportunidad o duración causare grave daño a la salud, al medio ambiente, al abastecimiento de bienes o servicios de la población, a la economía del país o a la seguridad nacional, el Tribunal de Letras del Trabajo respectivo podrá decretar la reanudación de faenas, previa solicitud de parte.

La solicitud se tramitará a través del procedimiento monitorio de los artículos 496 y siguientes, con excepción de lo señalado en el inciso primero del artículo 497. Podrán ejercer la acción de que trata este artículo tanto la o las empresas, como la Dirección del Trabajo o el o los sindicatos, según corresponda.

La reanudación de faenas se hará en las mismas condiciones vigentes en el momento de presentar el proyecto de contrato colectivo.

Una vez que esté ejecutoriada, la sentencia definitiva deberá notificarse a la Dirección del Trabajo para los efectos de lo dispuesto en el artículo 387.

TÍTULO V
REGLAS ESPECIALES PARA LA NEGOCIACIÓN COLECTIVA DE LOS TRABAJADORES AFILIADOS A SINDICATOS INTEREMPRESA, Y DE LA NEGOCIACIÓN COLECTIVA DE LOS TRABAJADORES EVENTUALES, DE TEMPORADA Y DE OBRA O FAENA TRANSITORIA

CAPÍTULO I
DE LA NEGOCIACIÓN COLECTIVA DEL SINDICATO INTEREMPRESA Y DE LOS TRABAJADORES AFILIADOS A SINDICATOS INTEREMPRESA

Art. 364. Negociación colectiva de los trabajadores afiliados a un sindicato interempresa. Los trabajadores afiliados a un sindicato interempresa podrán negociar con su empleador conforme al procedimiento de la negociación colectiva reglada del Título IV de este Libro, con las modificaciones señaladas en este artículo.

Para los efectos de la negociación colectiva, los sindicatos interempresa deberán agrupar a trabajadores que se desempeñen en empresas del mismo rubro o actividad económica. Asimismo, para negociar colectivamente en una empresa, el sindicato interempresa deberá contar con un total de afiliados no inferior a los quórum señalados en el artículo 227, respecto de los trabajadores que represente en esa empresa.

El sindicato interempresa podrá negociar conforme a lo dispuesto en el artículo 314.

En la micro y pequeña empresa será voluntario o facultativo negociar con el sindicato interempresa. Si el empleador acepta la negociación, deberá responder el proyecto de contrato colectivo dentro del plazo de diez días de presentado. Si la rechaza, deberá manifestarlo por escrito dentro del mismo plazo de diez días.

En caso de negativa del empleador a negociar directamente con el sindicato interempresa, los trabajadores afiliados a él podrán presentar un proyecto de contrato colectivo e iniciar una negociación colectiva reglada con su empleador, entendiéndose para el solo efecto de este procedimiento que constituyen un sindicato de empresa, debiendo cumplir con el quórum señalado en el inciso segundo de este artículo.

En la mediana y gran empresa, la negociación colectiva de los trabajadores afiliados a un sindicato interempresa se realizará a través del sindicato interempresa.

La comisión negociadora sindical en la negociación colectiva reglada del sindicato interempresa estará integrada por los directores y los delegados sindicales que trabajen en la empresa en la que se negocia.

Podrán participar de las negociaciones los asesores de ambas partes, de conformidad a lo dispuesto en el artículo 330 de este Código.

CAPÍTULO II
DE LA NEGOCIACIÓN COLECTIVA DE LOS TRABAJADORES EVENTUALES, DE TEMPORADA Y DE OBRA O FAENA TRANSITORIA

Art. 365. Procedimiento especial de negociación. Los trabajadores eventuales, de temporada y de obra o faena transitoria, sólo podrán negociar colectivamente conforme a lo dispuesto en el artículo 314 o a las disposiciones previstas en este Capítulo.

Las empresas estarán obligadas a negociar conforme al procedimiento regulado en este Capítulo sólo en el caso que la obra o faena transitoria tenga una duración superior a doce meses. Con todo, los trabajadores sujetos a esta negociación no gozarán de las prerrogativas de los artículos 309 y 345.

Art. 366. Inicio de la negociación y contenido del proyecto. La negociación deberá iniciarse con la presentación de un proyecto de convenio colectivo con las condiciones comunes de trabajo y remuneraciones para un período de tiempo, temporada u obra o faena transitoria determinada.

El proyecto de convenio colectivo deberá contener, a lo menos, las siguientes menciones:

1. La identificación de la organización que presenta el proyecto y la individualización de los miembros de la comisión negociadora sindical de conformidad a las reglas del artículo 330, con indicación de un domicilio y correo electrónico.
2. Las cláusulas que se proponen a la empresa.
3. El ámbito de la negociación.
4. La determinación de la obra o faena o período de tiempo comprendido en la negociación.

Art. 367. Oportunidad, formalidades y comunicación del proyecto. El sindicato podrá presentar el proyecto de convenio colectivo a una o más empresas, una vez iniciada la obra o faena transitoria.

Copia del proyecto de convenio colectivo firmada por un representante de la o las empresas, para acreditar que ha sido recibido, deberá entregarse a la Inspección del Trabajo respectiva, dentro de los cinco días siguientes a su presentación.

Si el representante de la empresa se negare a firmar dicha copia, la organización sindical podrá requerir a la Inspección del Trabajo, dentro de los tres días siguientes al vencimiento del plazo señalado en el inciso anterior, para que le notifique el proyecto de convenio.

Art. 368. Respuesta del empleador. La empresa deberá dar respuesta al proyecto de convenio colectivo dentro del plazo de cinco días contado desde la presentación del mismo, enviándola a la comisión negociadora sindical, con copia a la Inspección del Trabajo. En la respuesta deberá consignar la individualización de la empresa, la comisión negociadora y una dirección de correo electrónico para las comunicaciones que deban producirse durante la negociación. Deberá también señalar las cláusulas que se proponen celebrar, pudiendo incluir entre ellas los pactos sobre condiciones especiales de trabajo a los que se refiere el artículo 372.

En el caso que el proyecto de convenio colectivo se presente a dos o más empresas, cada una de ellas deberá decidir si negocia en forma conjunta o separada, y comunicará su decisión a la comisión negociadora sindical en su respuesta al proyecto de convenio colectivo.

Art. 369. Reuniones durante la negociación. Durante la negociación y con el objeto de lograr un acuerdo, las partes se reunirán el número de veces que estimen necesario. Las partes podrán asistir a estas reuniones con sus asesores.

Art. 370. Mediación. Cualquiera de las partes podrá solicitar la mediación de la Inspección del Trabajo, la que estará dotada de amplias facultades para instarlas a lograr un acuerdo. La asistencia de las partes a las audiencias de mediación será obligatoria.

Este procedimiento de mediación durará cinco días hábiles, prorrogable por mutuo acuerdo de las partes por el plazo que estimen pertinente.

Art. 371. Relación del convenio colectivo con el contrato individual y registro del instrumento. Las estipulaciones de los convenios colectivos celebrados en virtud de las normas de este Capítulo se tendrán como parte integrante de los contratos individuales de los trabajadores afiliados a la o las organizaciones sindicales que los hubieren negociado, incluidos aquellos que se afilien con posterioridad.

Los convenios colectivos deberán ser registrados en la Inspección del Trabajo respectiva, dentro del plazo de cinco días contado desde su suscripción.

Art. 372. Pactos sobre condiciones especiales de trabajo. Los convenios colectivos suscritos de acuerdo a las reglas precedentes podrán incluir pactos sobre condiciones especiales de trabajo de conformidad a lo dispuesto en el Título VI de este Libro.

Art. 373. Convenio de provisión de puestos de trabajo. Los convenios de provisión de puestos de trabajo de que trata el artículo 142 podrán negociarse conforme a las reglas del presente Capítulo.

Durante la vigencia de un convenio de provisión de puestos de trabajo, sus estipulaciones beneficiarán a todos los afiliados a la organización que los negocie, que sean expresamente considerados en la nómina del convenio. Las estipulaciones del convenio referidas al monto de la remuneración acordada para el respectivo turno se harán extensivas a los trabajadores no considerados en la nómina antes señalada cada vez que sean contratados por el empleador. A estos últimos trabajadores no se les extenderán los demás beneficios del convenio, ni la garantía de ofertas de trabajo de la letra a) del artículo 142, salvo que medie acuerdo expreso del empleador.

En cuanto a su contenido, los convenios de provisión de puestos de trabajo quedarán enteramente sujetos a lo dispuesto en el artículo 142.

TÍTULO VI
DE LOS PACTOS SOBRE CONDICIONES ESPECIALES DE TRABAJO

Art. 374. Requisitos, procedimiento y ámbito de aplicación de los pactos sobre condiciones especiales de trabajo. En aquellas empresas que tengan una afiliación sindical igual o superior al 30% del total de sus trabajadores, la o las organizaciones sindicales, conjunta o separadamente, podrán acordar con el empleador los pactos sobre condiciones especiales de trabajo de que trata este Título.

Estos pactos sólo podrán acordarse en forma directa y sin sujeción a las normas de la negociación colectiva reglada. Su aprobación por parte del sindicato se sujetará a las disposiciones que establezcan sus estatutos y si estos nada dicen, se aprobarán por mayoría absoluta, en asamblea convocada al efecto y ante un ministro de fe.

La duración máxima de estos pactos será de tres años.

Los pactos serán aplicables a los trabajadores representados por las organizaciones sindicales que los hayan celebrado, salvo que las partes excluyan expresamente de su aplicación a los trabajadores que lo hubieren solicitado.

Para aplicar estos pactos a los trabajadores de la empresa sin afiliación sindical se requerirá de su consentimiento expreso, manifestado por escrito.

Art. 375. Derogado[445].

Art. 376. Pactos para trabajadores con responsabilidades familiares. Las organizaciones sindicales podrán celebrar con el empleador, pactos con el objeto que trabajadores con responsabilidades familiares puedan acceder a sistemas de jornada que combinen tiempos de trabajo presencial en la empresa y fuera de ella.

Para acogerse a este pacto, el trabajador deberá solicitarlo por escrito al empleador quien deberá responder de igual forma en el plazo de treinta días. El empleador tendrá la facultad de aceptar o rechazar la solicitud.

Aceptada la solicitud del trabajador, deberá suscribirse un anexo al contrato individual de trabajo que deberá contener las siguientes menciones:

1. El lugar o lugares alternativos a la empresa en que el trabajador prestará los servicios, pudiendo ser el hogar del trabajador u otro lugar convenido con el empleador.
2. Las adecuaciones a la jornada de trabajo, si fuere necesario.
3. Los sistemas de control y gestión que utilizará el empleador respecto de los servicios convenidos con el trabajador.
4. El tiempo de duración del acuerdo.

El trabajador podrá unilateralmente volver a las condiciones originalmente pactadas en su contrato de trabajo, previo aviso por escrito al empleador con una anticipación mínima de treinta días.

Estos pactos también podrán ser convenidos para aplicarse a trabajadores jóvenes que cursen estudios regulares, mujeres, personas con discapacidad u otras categorías de trabajadores que definan de común acuerdo el empleador y la organización sindical.

Asimismo, las organizaciones sindicales podrán acordar con su empleador que, durante el periodo de vacaciones definido por el Ministerio de Educación, conforme al calendario del año escolar respectivo, las personas trabajadoras que, durante la vigencia de la relación laboral,

---

445 Artículo derogado por el artículo 1°, N° 24 de la Ley N° 21.561.

tengan el cuidado personal de un niño o niña menor de catorce años o que tengan a su cargo el cuidado de una persona con discapacidad o en situación de dependencia severa o moderada, no importando la edad de quien se cuida, sin recibir remuneración por dicha actividad, puedan solicitar la reducción transitoria de su jornada laboral durante todo o parte de dicho periodo, volviendo a las condiciones originalmente pactadas una vez finalizado[446].

Art. 377. Registro y fiscalización de los pactos. Dentro de los cinco días siguientes a la suscripción del pacto, el empleador deberá registrar dicho instrumento de manera electrónica ante la Dirección del Trabajo.

El Director del Trabajo, mediante Resolución exenta, determinará la forma, condiciones y características del registro de los pactos y las demás normas necesarias para verificar el cumplimiento de los requisitos contemplados en los artículos anteriores.

La Dirección del Trabajo pondrá a disposición del público modelos tipo de pactos sobre condiciones especiales de trabajo, que se ajusten a las disposiciones de este Título.

La fiscalización del cumplimiento de los pactos corresponderá a la Dirección del Trabajo.

En caso de incumplimiento de los requisitos contemplados en los artículos anteriores o si sus estipulaciones infringen gravemente el cumplimiento de normas de higiene y seguridad en el trabajo, el Director del Trabajo podrá, mediante resolución fundada, dejar sin efecto los pactos de que trata este Título. Esta resolución será reclamable ante el tribunal respectivo de conformidad al procedimiento de aplicación general contemplado en el Párrafo 3º del Capítulo II del Título I del Libro V de este Código.

---

[446] Inciso incluido por el artículo único, Nº 7 de la Ley Nº 21.645.

TÍTULO VII
DE LA MEDIACIÓN, LA MEDIACIÓN LABORAL DE CONFLICTOS COLECTIVOS Y EL ARBITRAJE

CAPÍTULO I
DE LA MEDIACIÓN

Artículo 377 bis. Concepto. Se entenderá por mediación laboral el sistema de resolución de conflictos en el que un tercero imparcial llamado mediador, sin poder decisorio, colabora con las partes, y les facilita la búsqueda, por sí mismas, de una solución al conflicto y sus efectos, mediante acuerdos[447].

Art. 378. Tipos de mediación. Conforme a lo previsto en este Libro, habrá mediación voluntaria cuando las partes de común acuerdo soliciten la designación de un mediador a la Dirección del Trabajo, o bien cuando ésta de oficio cite o convoque a las partes a una mediación voluntaria, para los fines y el ejercicio de sus facultades establecidas en el artículo 29 del decreto con fuerza de ley N° 2, de 1967, del Ministerio del Trabajo y Previsión Social[448].

La mediación voluntaria tendrá un plazo máximo de diez días contado desde la notificación de la designación del mediador.

Art. 379. Facultades del mediador. En el cumplimiento de sus funciones, el mediador podrá requerir los antecedentes que juzgue necesarios, efectuar las visitas que estime procedentes a los lugares de trabajo, hacerse asesorar por organismos públicos o por expertos y requerir aquellos antecedentes documentales, laborales, tributarios, contables o de cualquier otra índole que las leyes respectivas permitan exigir a las empresas involucradas en la mediación y a las autoridades.

En casos calificados y con acuerdo de las partes, el mediador podrá ser asesorado por un experto a costo del Servicio, para lo cual deberá ser auto-

---

447 Artículo incluido por el artículo 1°, N° 7 de la Ley N° 21.327.

448 Inciso modificado por el artículo 1°, N° 8 de la Ley N° 21.327.

rizado por el Director Nacional del Trabajo. La designación de dicho asesor será de consuno por las partes, de entre aquellos que se encuentren previamente registrados en una nómina que llevará la Dirección del Trabajo. A falta de acuerdo, será el Director del Trabajo quien lo designará. De todo lo anterior se dejará constancia en el informe respectivo. El asesor colaborará con el mediador, quien será siempre el responsable del proceso[449].

Art. 380. Informe de mediación. Si no se produce acuerdo dentro del plazo, el mediador pondrá término a su gestión, presentando a las partes un informe sobre lo realizado.

CAPÍTULO II
DE LA MEDIACIÓN LABORAL DE CONFLICTOS COLECTIVOS

Art. 381. Mediación laboral de conflictos colectivos. Los conflictos colectivos que no tengan un procedimiento especial previsto en este Libro para su resolución podrán sujetarse a las disposiciones de este Capítulo.

Art. 382. Forma de inicio de la mediación de conflictos colectivos. Cualquiera de las partes podrá recurrir a la Inspección del Trabajo para solicitarle una instancia de mediación laboral de conflictos colectivos. Asimismo, la Inspección del Trabajo podrá intervenir de oficio.

Art. 383. Facultades de la Inspección del Trabajo. La Inspección del Trabajo estará facultada para disponer la celebración de las audiencias que estime necesarias para llegar a un acuerdo.

Para el logro del objeto de la mediación, la Inspección del Trabajo podrá solicitar asesoramiento e información a entidades públicas y privadas y ordenar medidas destinadas a contar con la mayor información necesaria para contribuir a resolver el conflicto.

Art. 384. Informe de mediación. En caso de no prosperar la mediación, la Inspección del Trabajo levantará un informe que detallará las caracte-

---

[449] Inciso incluido por el artículo 1°, N° 9 de la Ley N° 21.327.

rísticas del conflicto, la posición de las partes, las fórmulas de mediación analizadas y las posturas de las partes respecto de aquellas. Este informe será público.

CAPÍTULO III
DEL ARBITRAJE

Art. 385. Definición de arbitraje. El arbitraje es un procedimiento a través del cual la organización sindical y el empleador, en los supuestos y al amparo de las reglas que señala este Capítulo, someten la negociación colectiva a un tribunal arbitral para decidir el asunto. La resolución del tribunal arbitral se denominará indistintamente laudo o fallo arbitral.

Sin perjuicio de lo dispuesto en los artículos siguientes, un reglamento dictado por el Ministerio del Trabajo y Previsión Social y suscrito por el Ministro de Hacienda determinará las condiciones, plazos y formas por las cuales se llevará a cabo la designación del tribunal arbitral, la contratación de los árbitros, la supervigilancia del Registro Nacional de Árbitros Laborales y demás normas necesarias para el funcionamiento del arbitraje de que trata este Capítulo.

Art. 386. Arbitraje voluntario y obligatorio. Las partes en cualquier momento podrán voluntariamente someter la negociación colectiva a arbitraje.

El arbitraje será obligatorio para las partes en los casos en que esté prohibida la huelga y cuando se determine la reanudación de faenas, según lo dispuesto en el artículo 363.

Art. 387. Del tribunal arbitral, de la nómina de árbitros y su designación. El tribunal arbitral será colegiado y estará integrado por tres árbitros.

Suscrito el compromiso entre las partes, llegada la fecha de término de vigencia del instrumento colectivo o a partir del día siguiente de la notificación de la resolución que ordena la reanudación de faenas, la Dirección Regional del Trabajo correspondiente al domicilio de la empresa deberá citar a las partes a una audiencia dentro de quinto día para la designación del tribunal arbitral, la que se llevará a cabo con cualquiera de las partes que asista o en ausencia de ambas.

En esta audiencia se procederá a designar a los árbitros que conformarán el tribunal arbitral, nombrando a tres titulares y dos suplentes entre los inscritos en la Nómina Nacional de Árbitros Laborales. Las designaciones serán de común acuerdo y, en ausencia de las partes, la Dirección Regional del Trabajo designará aquellos que más se aproximen a las preferencias de las mismas. Si las partes no manifestaren preferencias, la designación se hará por sorteo. El Director Regional del Trabajo procurará que al menos uno de los árbitros tenga domicilio en la Región respectiva.

Art. 388. Notificación de los árbitros, audiencia de constitución y procedimientos de arbitraje. Los árbitros designados serán notificados por la Dirección Regional del Trabajo al correo electrónico que tengan registrado, quedando citados a una audiencia de constitución del tribunal arbitral dentro de quinto día. A esta audiencia también serán convocadas las partes.

En la audiencia de constitución, el Director Regional del Trabajo tomará juramento o promesa a los árbitros designados, partiendo por los titulares y siguiendo por los suplentes. En caso de ausencia de un árbitro titular, tomará su lugar uno de los suplentes. Los árbitros deberán jurar o prometer dar fiel e íntegro cumplimiento a su cometido. En esta audiencia el tribunal arbitral definirá el procedimiento que seguirá para su funcionamiento.

Una vez verificada la audiencia de constitución, el tribunal arbitral convocará a las partes a una audiencia dentro de los cinco días siguientes. En esta oportunidad las partes presentarán su última propuesta y realizarán las observaciones que estimen pertinentes. El tribunal levantará acta resumida de lo obrado.

Al tribunal arbitral les serán aplicables los artículos 75, 76, 77, 78, 79, 80, 83, 85 y 89, inciso primero, del Código Orgánico de Tribunales, en todo aquello que no sea incompatible con las normas de este Capítulo.

Art. 389. Facultades del tribunal. El tribunal arbitral podrá requerir los antecedentes que juzgue necesarios, efectuar las visitas que estime procedentes a los locales de trabajo, hacerse asesorar por organismos públicos o por expertos, sobre las diversas materias sometidas a su resolución, citar a audiencia a las partes, y exigir aquellos antecedentes documentales, laborales, tributarios, contables o de cualquier otra índole a las partes, que le permitan emitir su fallo de manera fundada.

Art. 390. Del fallo y del derecho de las partes a celebrar un contrato colectivo antes de su dictación. El tribunal arbitral estará obligado a fallar en favor de la proposición de alguna de las partes.

Mientras no se notifique el fallo a las partes, estas mantendrán la facultad de celebrar directamente un contrato colectivo.

Art. 391. Plazo para fallar. El tribunal arbitral deberá fallar dentro de los treinta días hábiles siguientes a la celebración de la audiencia constitutiva, plazo que podrá prorrogarse fundadamente hasta por otros diez días hábiles. El fallo deberá resolver los asuntos sometidos a su decisión y no será objeto de recurso alguno.

Art. 392. De la remuneración de los árbitros. La remuneración de los árbitros será determinada por el arancel que anualmente fije la Dirección del Trabajo para el año siguiente, la que será de costo fiscal, salvo cuando el procedimiento arbitral afecte a una gran empresa, caso en el cual el costo deberá ser asumido por esta.

Art. 393. Secretaría del cuerpo arbitral. La Secretaría del cuerpo arbitral se radicará en la Dirección del Trabajo, la que será responsable de llevar el registro de árbitros.

Art. 394. Registro Nacional de Árbitros Laborales y requisitos para incorporarse. Existirá un Registro Nacional de Árbitros Laborales en el cual podrán inscribirse las personas naturales que acrediten el cumplimiento de los siguientes requisitos:

1. Poseer un título profesional de una carrera que tenga al menos ocho semestres de duración, otorgado por una institución de educación superior del Estado o reconocida por este.

2. Experiencia no menor a cinco años en el ejercicio profesional o en la docencia universitaria en legislación laboral, relaciones laborales, recursos humanos o administración de empresas.

3. No encontrarse inhabilitado para prestar servicios en el Estado o ejercer la función pública.

4. No haber sido condenado por delito que merezca pena aflictiva.

5. No tener la calidad de funcionario o servidor público de la Administración del Estado, centralizada o descentralizada.

Los árbitros laborales permanecerán en el Registro mientras mantengan los requisitos legales para su inscripción en el mismo.

Art. 395. Reglas generales. Corresponderá a la Dirección del Trabajo:

1. La revisión del cumplimiento y mantención de los requisitos de quienes postulen a incorporarse en el Registro Nacional de Árbitros Laborales.

2. El pago de los honorarios correspondientes a las remuneraciones de los integrantes del tribunal arbitral, cuando proceda.

Art. 396. Contrato del árbitro. Constituido el tribunal arbitral, la Dirección del Trabajo suscribirá con cada uno de sus integrantes un contrato de prestación de servicios a honorarios, en el cual se especificará que estos se pagarán contra la entrega del fallo arbitral correspondiente, dentro del plazo máximo permitido.

Art. 397. Causales de implicancia y recusación. Serán aplicables a los árbitros laborales las causales de implicancia y recusación señaladas en los artículos 195 y 196 del Código Orgánico de Tribunales, considerándose que la mención que en dichas normas se hace a los abogados de las partes deberá entenderse referida a los asesores de las mismas en el respectivo procedimiento de negociación colectiva.

Para los efectos de las implicancias o recusaciones, solamente se entenderán como parte el empleador, sus representantes legales, sus apoderados en el procedimiento de negociación colectiva, los directores de los sindicatos interesados en la misma y los integrantes de la respectiva comisión negociadora sindical, en su caso.

Las implicancias o recusaciones serán declaradas de oficio o a petición de parte por el tribunal arbitral, con exclusión del miembro afectado por estas.

En caso de implicancia, la declaración podrá formularse en cualquier tiempo.

En caso de recusación, el tribunal deberá declararla dentro del plazo de cinco días hábiles desde su constitución. Dentro del mismo plazo, la parte interesada podrá también deducir las causales de recusación que fueren pertinentes.

Si la causal de recusación sobreviniere con posterioridad a la constitución del tribunal arbitral, el plazo a que se refiere el inciso anterior se contará desde que se tuvo conocimiento de la misma.

Si el tribunal no diere lugar a la declaración de la implicancia o recusación, la parte afectada podrá apelar, dentro del plazo de cinco días hábiles, ante el Director del Trabajo, el que resolverá en el más breve plazo posible.

La interposición de este recurso no suspenderá el procedimiento de arbitraje. Con todo, no podrá procederse a la dictación del fallo arbitral sin que previamente se haya resuelto la implicancia o recusación.

La resolución que se pronuncie acerca de la implicancia o recusación se notificará a las partes por carta certificada.

Art. 398. Características del Registro Nacional de Árbitros Laborales. El Registro Nacional de Árbitros Laborales será de carácter público. Contendrá el nombre del árbitro, región o regiones de desempeño, los casos asignados y terminados y el monto de los honorarios percibidos.

TÍTULO VIII
DE LOS PROCEDIMIENTOS JUDICIALES EN LA NEGOCIACIÓN COLECTIVA

Art. 399. Competencia. Será competente para conocer de las cuestiones a que dé origen la aplicación de este Libro el Juzgado de Letras del

Trabajo del domicilio del demandado o el del lugar donde se presten o se hayan prestado los servicios, a elección del demandante.

Art. 400. Medidas de reparación. En el caso de la denuncia del artículo 345, el tribunal competente podrá disponer, como medida de reparación, una indemnización del daño causado a los afectados por la infracción a la prohibición de reemplazar trabajadores en huelga, además de la multa establecida en el artículo 406.

Art. 401. Efecto de la interposición de acciones judiciales. En los procedimientos judiciales a que dé lugar el ejercicio de las acciones previstas en este Libro, el tribunal podrá, mediante resolución fundada, disponer la suspensión de la negociación colectiva en curso. La resolución será apelable conforme a lo dispuesto en el artículo 476.

Art. 402. Reclamación de la determinación de las empresas sin derecho a huelga. El reclamo se deducirá por la empresa o los afectados, ante la Corte de Apelaciones de Santiago o la del lugar donde se encuentre domiciliado el reclamante, a elección de este último. El reclamo deberá interponerse dentro de los quince días siguientes a la publicación en el Diario Oficial de la resolución respectiva, según las siguientes reglas:

a) El reclamante señalará en su escrito, con precisión, la resolución objeto del reclamo, la o las normas legales que se suponen infringidas, la forma como se ha producido la infracción y, finalmente, cuando procediere, las razones por las cuales el acto le perjudica.

b) La empresa y el o los sindicatos, según corresponda, podrán hacerse parte en el respectivo reclamo de conformidad a las normas generales.

c) La Corte podrá decretar orden de no innovar cuando la ejecución del acto impugnado le produzca un daño irreparable al recurrente. Asimismo, podrá declarar inadmisible la reclamación si el escrito no cumple con las condiciones señaladas en la letra a) anterior.

d) Recibida la reclamación, la Corte requerirá de informe conjunto a los ministros que suscribieron el acto reclamado, concediéndole un plazo de diez días al efecto.

e) Evacuado el traslado o teniéndosele por evacuado en rebeldía, la Corte podrá abrir un término de prueba, si así lo estima necesario, el que se regirá por las reglas de los incidentes que contempla el Código de Procedimiento Civil.

f) Vencido el término de prueba, se ordenará traer los autos en relación. La vista de esta causa gozará de preferencia para su inclusión en la tabla.

g) La Corte, en su sentencia, si da lugar al reclamo, decidirá u ordenará, según sea procedente, la rectificación del acto impugnado y la dictación de la respectiva resolución, incluyendo o excluyendo a la empresa, según corresponda.

h) En todo aquello que no estuviere regulado por el presente artículo, regirán las normas establecidas en el Código Orgánico de Tribunales y en el Código de Procedimiento Civil, según corresponda.

TÍTULO IX
DE LAS PRÁCTICAS DESLEALES Y OTRAS INFRACCIONES EN LA NEGOCIACIÓN COLECTIVA Y SU SANCIÓN

Art. 403. Prácticas desleales del empleador. Serán consideradas prácticas desleales del empleador las acciones que entorpezcan la negociación colectiva y sus procedimientos. Entre otras, se considerarán las siguientes:

a) La ejecución durante el proceso de la negociación colectiva de acciones que impliquen una vulneración al principio de buena fe que afecte el normal desarrollo de la misma.

b) La negativa a recibir a la comisión negociadora de el o los sindicatos negociantes o a negociar con ellos en los plazos y condiciones que establece este Libro.

c) El incumplimiento de la obligación de suministrar la información señalada en los términos de los artículos 315 y siguientes, tanto en la oportunidad como en la autenticidad de la información entregada.

d) El reemplazo de los trabajadores que hubieren hecho efectiva la huelga dentro del procedimiento de negociación colectiva reglada del Título IV de este Libro.

El empleador, en el ejercicio de sus facultades legales, podrá modificar los turnos u horarios de trabajo, y efectuar las adecuaciones necesarias con el objeto de asegurar que los trabajadores no involucrados en la huelga puedan ejecutar las funciones convenidas en sus contratos de trabajo, sin que constituya práctica desleal ni importe una infracción a la prohibición de reemplazo.

e) El cambio de establecimiento en que deben prestar servicios los trabajadores no involucrados en la huelga para reemplazar a los trabajadores que participan en ella.

f) Ofrecer, otorgar o convenir individualmente aumentos de remuneraciones o beneficios a los trabajadores sindicalizados, durante el período en que se desarrolla la negociación colectiva de su sindicato.

g) El ejercicio de fuerza física en las cosas, o física o moral en las personas, durante la negociación colectiva.

Art. 404. Prácticas desleales de los trabajadores, de las organizaciones sindicales y del empleador. Serán también consideradas prácticas desleales del trabajador, de las organizaciones sindicales o de estos y del empleador, en su caso, las acciones que entorpezcan la negociación colectiva o sus procedimientos. Entre otras, se considerarán las siguientes:

a) La ejecución durante el proceso de la negociación colectiva de acciones que impliquen una vulneración al principio de buena fe que afecte el normal desarrollo de la misma.

b) El acuerdo para la ejecución de prácticas atentatorias contra la negociación colectiva y sus procedimientos, en conformidad a las disposiciones precedentes, y los que presionen física o moralmente al empleador para inducirlo a ejecutar tales actos.

c) La divulgación a terceros ajenos a la negociación de los documentos o la información recibida del empleador y que tengan el carácter de confidencial o reservada.

d) El incumplimiento del deber de proveer el o los equipos de emergencia que fueron concordados por las partes o dispuestos por la autoridad competente, según corresponda.

e) El ejercicio de fuerza física en las cosas, o física o moral en las personas, durante la negociación colectiva.

f) Impedir durante la huelga, por medio de la fuerza, el ingreso a la empresa del personal directivo o de trabajadores no involucrados en ella.

Art. 405. Práctica desleal de la empresa principal. La contratación directa o indirecta de los trabajadores en huelga de una empresa contratista o subcontratista por parte de la empresa principal será considerada práctica desleal.

Art. 406. Régimen sancionatorio. Las prácticas desleales serán sancionadas de la siguiente forma:

1. En la micro empresa con multa de cinco a veinticinco unidades tributarias mensuales.
2. En la pequeña empresa con multa de diez a cincuenta unidades tributarias mensuales.
3. En la mediana empresa con multa de quince a ciento cincuenta unidades tributarias mensuales.
4. En la gran empresa con multa de veinte a trescientas unidades tributarias mensuales.

La cuantía de la multa, dentro del rango respectivo, será determinada teniendo en cuenta la gravedad de la infracción y el número de trabajadores involucrados o afiliados a la organización sindical.

El incumplimiento de las estipulaciones contenidas en un instrumento colectivo y las prácticas desleales de la letra d) de los artículos 403 y 404 serán sancionados con una multa por cada trabajador involucrado de acuerdo a las siguientes reglas:

1. En la micro y pequeña empresa con multa de una a diez unidades tributarias mensuales.
2. En la mediana empresa con multa de cinco a cincuenta unidades tributarias mensuales.
3. En la gran empresa con multa de diez a cien unidades tributarias mensuales.

En caso de reincidencia en las medianas y grandes empresas, esta será sancionada de conformidad a lo dispuesto en el inciso sexto del artículo 506 de este Código[450].

Las multas a que se refieren los incisos anteriores serán a beneficio del Fondo de Formación Sindical y Relaciones Laborales Colaborativas, administrado por el Ministerio del Trabajo y Previsión Social.

Lo dispuesto en los incisos anteriores es sin perjuicio de la responsabilidad penal en los casos en que las conductas sancionadas como prácticas desleales configuren faltas, simples delitos o crímenes.

Art. 407. Procedimiento aplicable. El conocimiento y resolución de las infracciones por prácticas desleales en la negociación colectiva se sustanciará conforme a las normas establecidas en el Párrafo 6° del Capítulo II del Título I del Libro V del presente Código.

Las acciones judiciales destinadas a declarar y sancionar las conductas descritas en los artículos anteriores podrán ser ejercidas por la o las organizaciones sindicales o el empleador, según el caso. La Inspección del Trabajo deberá denunciar al tribunal competente los hechos que estime constitutivos de prácticas desleales en la negociación colectiva, de los cuales tome conocimiento.

La Dirección del Trabajo deberá llevar un registro de las sentencias condenatorias por prácticas desleales en la negociación colectiva, y publicar semestralmente la nómina de empresas y organizaciones sindicales infractoras. Para este efecto, el tribunal enviará a la Dirección del Trabajo copia de los respectivos fallos.

TÍTULO X
DE LA PRESENTACIÓN EFECTUADA POR FEDERACIONES Y CONFEDERACIONES

Art. 408. Presentación efectuada por federaciones y confederaciones, contenido y reglas generales. Las federaciones y confederaciones podrán,

---

450 Inciso modificado por el artículo 1°, N° 10 de la Ley N° 21.327.

en cualquier momento y sin sujeción a reglas de procedimiento, previo acuerdo con uno o más empleadores, o con una o más asociaciones gremiales de empleadores, suscribir convenios colectivos y, o pactos sobre condiciones especiales de trabajo de que trata este Código. Con todo, las federaciones o confederaciones que definan negociar conforme a las disposiciones de este Título deberán presentar su propuesta por escrito a los empleadores o a las asociaciones gremiales respectivas, para quienes siempre será voluntario negociar. También podrá iniciarse el procedimiento a que se refiere este Título a solicitud escrita de uno o más empleadores o de una o más asociaciones gremiales de empleadores. El plazo para manifestar la decisión de negociar será de treinta días contado desde la presentación de la propuesta. En caso de ser afirmativa, dentro de este mismo plazo se deberá dar respuesta a la proposición de convenio o pacto. En todo caso, la respuesta deberá darse siempre por escrito.

Los convenios colectivos podrán referirse a cualquiera de las materias señaladas en el artículo 306. Los pactos sobre condiciones especiales de trabajo deberán ajustarse a las regulaciones previstas en el Título VI de este Libro, sin que les sea aplicable el quórum de afiliación sindical señalado en el inciso primero del artículo 374. Los convenios colectivos o los pactos tendrán la duración que dispongan las partes.

A los empleadores sólo les serán aplicables aquellos convenios y o pactos concordados directamente por sus representantes legales o que concurran a aceptar una vez concordados.

Los convenios colectivos y pactos sobre condiciones especiales de trabajo de que trata este Título se deberán depositar en la Dirección del Trabajo dentro de los cinco días siguientes a su suscripción. Este organismo deberá llevar un registro público de estos instrumentos colectivos.

Art. 409. Regla de aplicación de instrumentos colectivos a organizaciones afiliadas. Los convenios colectivos y pactos sobre condiciones especiales de trabajo de que trata este Título serán aplicables a los trabajadores afiliados a las organizaciones sindicales de base, previa aprobación de estos en asamblea de socios, de conformidad a lo dispuesto en sus estatutos. En caso de no existir regulación estatutaria aplicable, deberán ser aprobados en asamblea, por mayoría absoluta de los socios, en votación secreta celebrada ante un ministro de fe.

Art. 410. Regla de aplicación de convenios en la micro y pequeña empresa, sin sindicatos. En la micro y pequeña empresa en que no exista sindicato con derecho a negociar, los convenios podrán ser extendidos a los trabajadores sin afiliación sindical, previa aceptación escrita de la extensión y del compromiso de pago de la cuota sindical ordinaria de la respectiva organización sindical.

Art. 411. Regla de aplicación de pactos sobre condiciones especiales de trabajo en la micro y pequeña empresa, sin sindicatos. Podrán aplicarse los pactos sobre condiciones especiales de trabajo concordados conforme a las reglas de este Título en las empresas señaladas en el artículo anterior, siempre y cuando concurran los siguientes requisitos:

a) Que exista un convenio colectivo sobre condiciones comunes de trabajo y remuneración, suscrito entre las mismas partes para toda la vigencia del pacto sobre condiciones especiales de trabajo.

b) Que el convenio colectivo señalado se haya extendido a los trabajadores de la respectiva empresa, de conformidad a lo previsto en el artículo anterior.

c) Que la aplicación del pacto sobre condiciones especiales de trabajo sea aprobada por la mayoría absoluta de los trabajadores de la respectiva empresa, ante un ministro de fe.

Art. 412. Derogado[451].

Art. 413. Derogado[452].

Art. 414. Derogado[453].

---

451 Artículo eliminado por el artículo 1°, N° 36 de la Ley 20.940.

452 Artículo eliminado por el artículo 1° N° 36 de la Ley 20.940.

453 Artículo eliminado por el artículo 1° N° 36 de la Ley 20.940.

LIBRO V
DE LA JURISDICCIÓN LABORAL

TÍTULO I
DE LOS JUZGADOS DE LETRAS DEL TRABAJO Y DE COBRANZA LABORAL Y PREVISIONAL Y DEL PROCEDIMIENTO[454]

CAPÍTULO I
DE LOS JUZGADOS DE LETRAS DEL TRABAJO Y DE LOS JUZGADOS DE COBRANZA LABORAL Y PREVISIONAL[455]

Art. 415. Existirá un Juzgado de Letras del Trabajo, con asiento en cada una de las siguientes comunas del territorio de la República, con el número de jueces y con la competencia que en cada caso se indica:

a) Primera Región de Tarapacá:

Iquique, con tres jueces, con competencia sobre la comuna de Iquique;[456]

b) Segunda Región de Antofagasta:

Antofagasta, con cinco jueces, con competencia sobre las comunas de Antofagasta y Sierra Gorda; Calama, con dos jueces, con competencia en las comunas de la provincia de El Loa[457];

c) Tercera Región, de Atacama:

Copiapó, con dos jueces, con competencia sobre las comunas de Copiapó y Tierra Amarilla[458];

d) Cuarta Región, de Coquimbo:

La Serena, con cuatro jueces, con competencia sobre las comunas de Coquimbo, La Serena y La Higuera[459];

e) Quinta Región, de Valparaíso:

---

454 Título sustituido por el artículo 14° N° 1° de la Ley N° 20.022.

455 Título sustituido por el artículo 14°, N° 2° de la Ley N° 20.022.

456 Letra modificada por el artículo 6°, N° 1°, letra a) de la Ley N° 20.876.

457 Letra modificada por el artículo 3°, N° 1°, letra a) de la Ley N° 21.017.

458 Letra modificada por el artículo 5°, N° 3 de la Ley N° 20.252.

459 Letra modificada por el artículo 3°, N° 1°, letra b) de la Ley N° 21.017.

Valparaíso, con seis jueces, con competencia sobre las comunas de Valparaíso, Juan Fernández, Viña del Mar y Concón; San Felipe, con dos jueces, con competencia en las comunas de San Felipe, Catemu, Santa María, Panquehue y Llay Llay[460];

f) Sexta Región, del Libertador General Bernardo O'Higgins:

Rancagua, con cuatro jueces, con competencia sobre las comunas de Rancagua, Graneros, Mostazal, Codegua, Machalí, Coltauco, Doñihue, Coínco y Olivar[461];

g) Séptima Región, del Maule:

Curicó, con dos jueces, con competencia sobre las comunas de Curicó, Teno, Romeral y Rauco, y Talca, con tres jueces, con competencia sobre las comunas de Talca, Pelarco, Río Claro, San Clemente, Maule, Pencahue y San Rafael[462];

h) Octava Región, del Bío-Bío:

Concepción, con seis jueces, con competencia sobre las comunas de Concepción, Penco, Hualqui, San Pedro de la Paz, Chiguayante, Talcahuano y Hualpén, Los Ángeles, con dos Jueces, con competencia en las comunas de Los Ángeles, Quilleco y Antuco[463];

i) Novena Región, de La Araucanía:

Temuco, con cinco jueces, con competencia sobre las comunas de Temuco, Vilcún, Melipeuco, Cunco, Freire y Padre Las Casas[464];

j) Décima Región, de Los Lagos:

Puerto Montt, con tres jueces, con competencia sobre las comunas de Puerto Montt y Cochamó; y Castro, con un juez, con competencia sobre las comunas de Castro, Chonchi, Dalcahue, Puqueldón, Queilén y Quellón[465];

---

[460] Letra modificada por el artículo 3°, N° 1°, letra c) de la Ley N° 21.017.

[461] Letra modificada por el artículo 3°, N° 1°, letra d) de la Ley N° 21.017.

[462] Letra modificada por el artículo 3, N° 1°, letra e) de la Ley N° 21.017.

[463] Letra modificada por el artículo 3, N° 1°, letra f) de la Ley N° 21.017.

[464] Letra modificada por el artículo 5, N° 9 de la Ley N° 20.252.

[465] Letra modificada por el artículo 5, N° 10 de la Ley N° 20.252.

k) Décimo Primera Región, de Aysén del General Carlos Ibáñez del Campo: Coyhaique, con un juez con competencia sobre la misma comuna[466];

l) Décimo Segunda Región, de Magallanes y Antártica Chilena:

Punta Arenas, con un juez, con competencia sobre las comunas de la provincia de Magallanes[467];

m) Santiago con treinta y ocho jueces, agrupados en dos juzgados, con diecinueve jueces cada uno, con competencia sobre la provincia de Santiago, con excepción de las comunas de San Joaquín, La Granja, La Pintana, San Ramón, San Miguel, La Cisterna, El Bosque, Pedro Aguirre Cerda y Lo Espejo[468];

San Miguel con cuatro jueces, con competencia sobre las comunas de San Joaquín, La Granja, La Pintana, San Ramón, San Miguel, La Cisterna, El Bosque, Pedro Aguirre Cerda y Lo Espejo;

San Bernardo, con tres jueces, con competencia sobre las comunas de San Bernardo y Calera de Tango, y[469]

Puente Alto, con dos jueces, con competencia sobre las comunas de la Provincia Cordillera[470].

n) Décimo Cuarta Región de Los Ríos:

Valdivia, con dos jueces, con competencia sobre las comunas de Valdivia y Corral; Osorno, con dos jueces, con competencia en las comunas de Osorno, San Pablo, Puyehue, Puerto Octay, San Juan de la Costa, Río Negro y Purranque[471];

o) Décima Quinta Región, de Arica y Parinacota[472]:

Arica, con dos jueces, con competencia sobre las comunas de las provincias de Arica y Parinacota

p) Decimosexta Región de Ñuble:

---

[466] Letra incluida por el artículo 5, N° 11 de la Ley N° 20.252.

[467] Letra modificada por el artículo 6, N° 1°, letra f) de la Ley N° 20.876.

[468] Letra modificada por el artículo 3, N° 1°, letra g), número i) de la Ley N° 21.017.

[469] Letra modificada por el artículo 3, N° 1°, letra g), número ii) de la Ley N° 21.017.

[470] Letra sustituida por el artículo 5°, N° 12 de la Ley N° 20.252.

[471] Letra modificada por el artículo 5°, N° 13 de la Ley N° 20.252.

[472] Letra modificada por artículo 5°, N° 14 de la Ley N° 20.252.

Chillán, con tres jueces, con competencia sobre las comunas de Chillán, Pinto, Coihueco y Chillán Viejo[473].

Art. 416. Existirá un Juzgado de Cobranza Laboral y Previsional, con asiento en cada una de las siguientes comunas del territorio de la República, con el número de jueces y con la competencia que en cada caso se indica:

a) Valparaíso, con dos jueces, con competencia sobre las comunas de Valparaíso, Juan Fernández, Viña del Mar y Concón[474];

b) Concepción, con dos jueces, con competencia sobre las comunas de Concepción, Penco, Hualqui, San Pedro de la Paz, Chiguayante, Talcahuano y Hualpén[475];

c) San Miguel, con dos jueces, con competencia sobre las comunas de San Joaquín, La Granja, La Pintana, San Ramón, San Miguel, La Cisterna, El Bosque, Pedro Aguirre Cerda y Lo Espejo, y[476]

d) Santiago, con nueve jueces, con competencia sobre la provincia de Santiago, con excepción de las comunas de San Joaquín, La Granja, La Pintana, San Ramón, San Miguel, La Cisterna, El Bosque, Pedro Aguirre Cerda y Lo Espejo[477].

Art. 417. Los juzgados a que se refieren los artículos anteriores son tribunales especiales integrantes del Poder Judicial, teniendo sus magistrados la categoría de Jueces de Letras y les son aplicables las normas del Código Orgánico de Tribunales en todo aquello no previsto en este título[478].

Art. 418. En todo lo referido a las materias que a continuación se señalan, se entenderán aplicables a los Juzgados de Letras del Trabajo

---

[473] Letra incluida por el artículo 9°, N° 2° de la Ley N° 21.033.

[474] Letra modificada por el artículo 6°, N° 2°, letra a) de la Ley N° 20.876.

[475] Letra modificada por el artículo 6°, N° 2°, letra b) de la Ley N° 20.876.

[476] Letra modificada por el artículo 6°, N° 2°, letra c) de la Ley N° 20.876.

[477] Letra modificada por el artículo 3°, N° 2° de la Ley N° 21.017.

[478] Artículo reemplazado por el artículo 14°, N° 2° de la Ley N° 20.022.

y de Cobranza Laboral y Previsional, en cuanto resulten compatibles, las normas del Código Orgánico de Tribunales para los juzgados de garantía y tribunales de juicio oral en lo penal: comité de jueces, juez presidente, administradores de tribunales y organización administrativa de los juzgados. En lo relativo a la subrogación de los jueces, se aplicarán las normas de los juzgados de garantía.

La Corte de Apelaciones de Santiago determinará anualmente las normas que regirán para la distribución de las causas entre los Juzgados de Letras del Trabajo de su jurisdicción[479].

Art. 419. Cada juez ejercerá unipersonalmente la potestad jurisdiccional respecto de los asuntos que las leyes encomiendan a los Juzgados de Letras del Trabajo o de Cobranza Laboral y Previsional[480].

Art. 420. Serán de competencia de los Juzgados de Letras del Trabajo:

a) las cuestiones suscitadas entre empleadores y trabajadores por aplicación de las normas laborales o derivadas de la interpretación y aplicación de los contratos individuales o colectivos del trabajo o de las convenciones y fallos arbitrales en materia laboral;

b) las cuestiones derivadas de la aplicación de las normas sobre organización sindical y negociación colectiva que la ley entrega al conocimiento de los juzgados de letras con competencia en materia del trabajo;

c) las cuestiones derivadas de la aplicación de las normas de previsión o de seguridad social, planteadas por pensionados, trabajadores activos o empleadores, salvo en lo referido a la revisión de las resoluciones sobre declaración de invalidez o del pronunciamiento sobre otorgamiento de licencias médicas[481];

d) los juicios en que se demande el cumplimiento de obligaciones que emanen de títulos a los cuales las leyes laborales y de previsión o seguridad social otorguen mérito ejecutivo;

---

479 Artículo reemplazado por artículo 14°, N° 2° de la Ley N° 20.022.

480 Artículo reemplazado por el artículo 14°, N° 2° de la Ley N° 20.022.

481 Letra sustituida por el artículo único, N° 14 de la Ley N° 20.087.

e) las reclamaciones que procedan contra resoluciones dictadas por autoridades administrativas en materias laborales, previsionales o de seguridad social;

f) los juicios iniciados por el propio trabajador o sus causahabientes, en que se pretenda hacer efectiva la responsabilidad contractual del empleador por los daños producidos como consecuencia de accidentes del trabajo o enfermedades profesionales. Respecto de la responsabilidad extracontractual se seguirán las reglas del artículo 69 de la ley Nº 16.744, y[482]

g) todas aquellas materias que las leyes entreguen a juzgados de letras con competencia laboral.

Art. 421. Serán de competencia de los Juzgados de Cobranza Laboral y Previsional los juicios en que se demande el cumplimiento de obligaciones que emanen de títulos a los cuales las leyes laborales y de previsión o seguridad social otorguen mérito ejecutivo; y, especialmente, la ejecución de todos los títulos ejecutivos regidos por la ley Nº 17.322, relativa a la cobranza judicial de imposiciones, aportes y multas en los institutos de previsión.

Con todo, el conocimiento de las materias señaladas en el inciso anterior, sólo corresponderá a los Juzgados de Letras del Trabajo en aquellos territorios jurisdiccionales en que no existan Juzgados de Cobranza Laboral y Previsional[483].

Art. 422. En las comunas o agrupaciones de comunas que no sean territorio jurisdiccional de los Juzgados de Letras del Trabajo, conocerán de las materias señaladas en los artículos 420 y 421, los Juzgados de Letras con competencia en lo Civil[484].

Art. 423. Será Juez competente para conocer de estas causas el del domicilio del demandado o el del lugar donde se presten o se hayan pres-

---

482 Letra sustituida por el artículo único de la Ley Nº 21.018.

483 Artículo reemplazado por el artículo 14, Nº 2º de la Ley Nº 20.022.

484 Artículo reemplazado por el artículo 14, Nº 2º de la Ley Nº 20.022.

tado los servicios, a elección del demandante, sin perjuicio de lo que dispongan leyes especiales.

La competencia territorial no podrá ser prorrogada expresamente por las partes.

Asimismo, podrá interponerse la demanda ante el tribunal del domicilio del demandante, cuando el trabajador haya debido trasladar su residencia con motivo del contrato de trabajo y conste dicha circunstancia en el respectivo instrumento[485].

Art. 424. Las referencias que las leyes o reglamentos hagan a las Cortes del Trabajo o a los Juzgados del Trabajo, se entenderán efectuadas a las Cortes de Apelaciones o a los Juzgados de Letras del Trabajo o de Cobranza Laboral y Previsional[486].

CAPÍTULO II
DE LOS PRINCIPIOS FORMATIVOS DEL PROCESO Y DEL PROCEDIMIENTO EN JUICIO DEL TRABAJO[487]

Párrafo 1° De los principios formativos del proceso

Art. 425. Los procedimientos del trabajo serán orales, públicos y concentrados. Primarán en ellos los principios de la inmediación, impulso procesal de oficio, celeridad, buena fe, bilateralidad de la audiencia y gratuidad.

Todas las actuaciones procesales serán orales, salvo las excepciones expresamente contenidas en esta ley.

Las actuaciones realizadas oralmente, por o ante el juez de la causa, serán registradas por cualquier medio apto para producir fe y que permita garantizar la fidelidad, conservación y reproducción de su contenido. Se considerarán válidos, para estos efectos, la grabación en medios de reproducción fonográfica, audiovisual o electrónica. La audiencia deberá ser re-

---

[485] Artículo reemplazado por el artículo 14, N° 2° de la Ley N° 20.022.

[486] Artículo reemplazado por el artículo 14, N° 2° de la Ley N° 20.022.

[487] Capítulo sustituido por el artículo único, N° 15 de la Ley N° 20.087.

gistrada íntegramente, como asimismo todas las resoluciones, incluyendo la sentencia que dicte el juez fuera de ella.

Art. 426. En las citaciones a las audiencias, se hará constar que se celebrarán con las partes que asistan, afectándole a la que no concurra todas las resoluciones que se dicten en ella, sin necesidad de ulterior notificación.

Las partes podrán concurrir a estas audiencias por intermedio de mandatario, el que se entenderá de pleno derecho facultado para transigir, sin perjuicio de la asistencia de sus apoderados y abogados.

Iniciada la audiencia, ésta no podrá suspenderse. Excepcionalmente, y sólo en el evento de caso fortuito o fuerza mayor, el juez podrá, mediante resolución fundada, suspender la audiencia. En el mismo acto deberá fijar nuevo día y hora para su realización.

El tribunal deberá habilitar horarios especiales en caso de que el desarrollo de la audiencia exceda al horario normal de su funcionamiento.

Art. 427. Las audiencias se desarrollarán en su totalidad ante el juez de la causa, el que las presidirá y no podrá delegar su ministerio. El incumplimiento de este deber será sancionado con la nulidad insaneable de las actuaciones y de la audiencia, la que deberá declarar el juez de oficio o a petición de parte.

Sin embargo, en los juzgados de letras que cuenten con un juez y un secretario, y sólo cuando la Corte de Apelaciones respectiva no ejerza la atribución que le confiere el artículo 47 del Código Orgánico de Tribunales, el juez, cuando hubiere retardo en el despacho de los asuntos sometidos al conocimiento del tribunal o cuando el mejor servicio judicial así lo exigiere, podrá autorizar al secretario abogado, para que, en calidad de suplente, asuma en todo el curso del juicio. En este caso, se entenderá para todos los efectos legales que el juez falta en su despacho, y sólo aquél podrá presidir la audiencia, dictar el fallo y llevar a cabo todas las actuaciones que correspondan, aplicándose a su respecto lo señalado en el inciso primero.

Art. 427 bis. Sin perjuicio de lo dispuesto en el artículo anterior, el juez podrá autorizar la comparecencia remota por videoconferencia de cualquiera de las partes que así lo solicite, a una o varias de las audiencias judiciales de su competencia que se verifiquen presencialmente en el tribunal, si cuentan con los medios idóneos para ello y si, en su opinión, dicha forma de comparecencia resultare suficientemente eficaz y no causare indefensión.

La parte interesada deberá solicitar comparecer por esta vía hasta dos días antes de la realización de la audiencia, ofreciendo algún medio de contacto oportuno, tales como número de teléfono o correo electrónico, a efectos de que el tribunal coordine la realización de la audiencia. Si no fuere posible contactar a la parte interesada a través de los medios ofrecidos tras tres intentos, de lo cual se deberá dejar constancia, se entenderá que no ha comparecido a la audiencia.

La comparecencia remota de la parte se realizará desde cualquier lugar, con auxilio de algún medio tecnológico compatible con los utilizados por el Poder Judicial e informados por su Corporación Administrativa. Adicionalmente, para el caso en que la parte se encontrare fuera de la región en que se sitúa el tribunal, la comparecencia remota también podrá realizarse en dependencias de cualquier otro tribunal, si éste contare con disponibilidad de medios electrónicos y dependencias habilitadas. La Corte Suprema deberá regular mediante auto acordado la forma en que se coordinará y se hará uso de dichas dependencias.

La constatación de la identidad de la parte que comparece de forma remota se deberá efectuar inmediatamente antes de la audiencia, de manera remota ante el ministro de fe o el funcionario que determine el tribunal respectivo, mediante la exhibición de su cédula de identidad o pasaporte, de lo que se dejará registro.

Con todo, la absolución de posiciones y las declaraciones de peritos y testigos y otras actuaciones que el juez determine, sólo podrán rendirse en dependencias del tribunal.

La disponibilidad y correcto funcionamiento de los medios tecnológicos de las partes que comparezcan remotamente en dependencias ajenas al Poder Judicial será de responsabilidad de aquellas. Con todo, la parte podrá alegar entorpecimiento si el mal funcionamiento de los medios tecnológicos no fuera atribuible a ella. En caso de acoger dicho incidente, el tribunal fijará un nuevo día y hora para la continuación de la audiencia, sin que se pierda lo obrado con anterioridad a dicho mal funcionamiento. En la nueva audiencia que se fije, el tribunal velará por la igualdad de las partes en el ejercicio de sus derechos.

Será también aplicable a los Juzgados de Letras del Trabajo y a los Juzgados de Cobranza Laboral y Previsional, el funcionamiento extraordinario del artículo 47 D del Código Orgánico de Tribunales[488].

Art. 428. Los actos procesales serán públicos y deberán realizarse con la celeridad necesaria, procurando concentrar en un solo acto aquellas diligencias en que esto sea posible.

Art. 429. El tribunal, una vez reclamada su intervención en forma legal, actuará de oficio. Decretará las pruebas que estime necesarias, aun cuando no las hayan ofrecido las partes y rechazará mediante resolución fundada aquellas que considere inconducentes. De esta resolución se podrá deducir recurso de reposición en la misma audiencia. Adoptará, asimismo, las medidas tendientes a evitar la paralización del proceso y su prolongación indebida y, en consecuencia, no será aplicable el abandono del procedimiento[489].

El tribunal corregirá de oficio los errores que observe en la tramitación del juicio y adoptará las medidas que tiendan a evitar la nulidad del procedimiento. La nulidad procesal sólo podrá ser decretada si el vicio hubiese ocasionado perjuicio al litigante que la reclama y si no fuese susceptible de ser subsanado por otro medio. En el caso previsto en el artículo 427, el tribunal no podrá excusarse de decretar la nulidad[490].

No podrá solicitar la declaración de nulidad la parte que ha originado el vicio o concurrido a su materialización.

---

488 Artículo incluido por el artículo 5°, N° 2 de Ley N° 21.394.

489 Inciso modificado por el artículo único, N° 1°, letra a) de la Ley N° 20.260.

490 Inciso modificado por el artículo único, N° 1°, letra b) de la Ley N° 20.260.

Art. 430. Los actos procesales deberán ejecutarse de buena fe, facultándose al tribunal para adoptar las medidas necesarias para impedir el fraude, la colusión, el abuso del derecho y las actuaciones dilatorias.

El juez podrá rechazar de plano aquellas actuaciones que considere dilatorias.

Se entenderá por actuaciones dilatorias todas aquellas que con el sólo objeto de demorar la prosecución del juicio sean intentadas por alguna de las partes. De la resolución que declare como tal alguna actuación, la parte afectada podrá reponer para que sea resuelta en la misma audiencia.

Art. 431. En las causas laborales, toda actuación, trámite o diligencia del juicio, realizada por funcionarios del tribunal será gratuita para las partes. El encargado de la gestión administrativa del tribunal será responsable de la estricta observancia tanto de esta gratuidad como del oportuno cumplimiento de las diligencias[491].

Las partes que gocen de privilegio de pobreza tendrán derecho a defensa letrada gratuita por parte de las respectivas Corporaciones de Asistencia Judicial o, en su defecto, por un abogado de turno, o del sistema de defensa gratuita que disponga la ley. Asimismo, tendrán derecho, a que todas las actuaciones en que deban intervenir auxiliares de la administración de justicia se cumplan oportuna y gratuitamente.

Las defensas orales sólo podrán ser efectuadas por abogados habilitados[492].

Párrafo 2º Reglas comunes

Art. 432. En todo lo no regulado en este Código o en leyes especiales, serán aplicables supletoriamente las normas contenidas en los Libros I y II del Código de Procedimiento Civil, a menos que ellas sean contrarias a los principios que informan este procedimiento. En tal caso, el tribunal dispondrá la forma en que se practicará la actuación respectiva.

---

[491] Inciso modificado por el artículo único, Nº 2º, letra a) de la Ley Nº 20.260.

[492] Inciso reemplazado por el artículo único, Nº 2º, letra b) de la Ley Nº 20.260.

No obstante, respecto de los procedimientos especiales establecidos en los Párrafos 6° y 7° de este Capítulo II, se aplicarán supletoriamente, en primer lugar, las normas del procedimiento de aplicación general contenidas en su Párrafo 3°.

Art. 433. Siempre que alguna de las partes lo solicite para sí, y el tribunal acceda a ello, las actuaciones procesales, a excepción de las audiencias, podrán realizarse por medios electrónicos que permitan su adecuada recepción, registro y control. En este caso el administrador del tribunal deberá dejar constancia escrita de la forma en que se realizó dicha actuación[493].

Art. 434. Las partes deberán comparecer con patrocinio de abogado y representadas por persona legalmente habilitada para actuar en juicio.

El mandato judicial y el patrocinio constituido en el Tribunal de Letras del Trabajo, se entenderá constituido para toda la prosecución del juicio en el Tribunal de Cobranza Laboral y Previsional, a menos que exista constancia en contrario[494].

Art. 435. Los plazos que se establecen en este Libro son fatales, salvo aquellos establecidos para la realización de actuaciones propias del tribunal, cualquiera que sea la forma en que se expresen. En consecuencia, la posibilidad de ejercer un derecho o la oportunidad para ejecutar un acto se extingue, por el solo ministerio de la ley, con el vencimiento del plazo.

En estos casos, el tribunal, de oficio o a petición de parte, proveerá lo que convenga para la prosecución del juicio, sin necesidad de certificado previo.

Los términos de días que establece este Título se entenderán suspendidos durante los días feriados.

Art. 436. La primera notificación a la parte demandada deberá hacerse personalmente, entregándosele copia íntegra de la resolución y de la so-

---

[493] Artículo modificado por el artículo único, N° 3 de la Ley N° 20.260.

[494] Inciso incluido por el artículo único, N° 4 de la Ley N° 20.260.

licitud en que haya recaído. Al demandante se le notificará por el estado diario.

Esta notificación se practicará por el funcionario que el juez determine, atendiendo a las circunstancias del lugar en que funcione el tribunal y restantes consideraciones que miren a la eficacia de la actuación. La parte interesada podrá siempre encargar a su costa la práctica de la notificación a un receptor judicial.

En los lugares y recintos de libre acceso público la notificación personal se podrá efectuar en cualquier día y a cualquier hora, procurando causar la menor molestia al notificado.

Además, la notificación personal se podrá efectuar en cualquier día, entre las seis y las veintidós horas, en la morada o lugar donde pernocta el notificado, en el lugar donde ordinariamente ejerce su industria, profesión o empleo, o en el recinto del tribunal.

El juez podrá, por motivos fundados, ordenar que la notificación se practique en horas diferentes a las indicadas en el inciso anterior.

Si la notificación se realizare en día inhábil, los plazos comenzarán a correr desde las cero horas del día hábil inmediatamente siguiente[495].

Art. 437. En los casos en que no resulte posible practicar la notificación personal, por no ser habida la persona a quien debe notificarse y siempre que el ministro de fe encargado de la diligencia establezca cuál es su habitación o el lugar donde habitualmente ejerce su industria, profesión o empleo y, tratándose de persona natural, que se encuentra en el lugar del juicio, de lo que dejará constancia, se procederá a su notificación en el mismo acto y sin necesidad de nueva orden del tribunal, entregándose las copias a que se refiere el inciso primero del artículo precedente a cualquier persona adulta que se encuentre en la morada o en el lugar donde la persona a quien debe notificarse habitualmente ejerce su industria, profesión o empleo. Si, por cualquier causa, ello no fuere posible, la notificación se hará fijando, en lugar visible, un aviso que dé noticia de la demanda, con especificación exacta de las partes, materia de la causa,

---

495 Inciso modificado por el artículo único, Nº 5 de la Ley Nº 20.260.

juez que conoce de ella y resoluciones que se notifican. En caso que la habitación o el lugar en que pernocta la persona a quien debe notificarse, o aquel donde habitualmente ejerce su industria, profesión o empleo, se encuentre en un edificio o recinto al que no se permite libre acceso, el aviso y las copias se entregarán al portero o encargado del edificio, dejándose testimonio expreso de esta circunstancia.

El ministro de fe dará aviso de esta notificación a ambas partes, el mismo día en que se efectúe o a más tardar el día hábil siguiente, dirigiéndoles carta certificada. La omisión en el envío de la carta no invalidará la notificación, pero hará responsable al infractor de los daños y perjuicios que se originen y el tribunal, previa audiencia del afectado, deberá imponerle alguna de las medidas que se señalan en los números 2, 3 y 4 del artículo 532 del Código Orgánico de Tribunales.

Art. 438. Cuando se notifique la demanda a un trabajador en el lugar donde ordinariamente preste sus servicios, deberá efectuarse siempre en persona, si dicho lugar corresponde a la empresa, establecimiento o faena que dependa del empleador con el cual litigue.

Art. 439. Cuando la demanda deba notificarse a persona cuya individualización o domicilio sean difíciles de determinar o que por su número dificulten considerablemente la práctica de la diligencia, el juez podrá disponer que la notificación se efectúe mediante la publicación de un aviso o por cualquier medio idóneo que garantice el derecho a la defensa y los principios de igualdad y de bilateralidad de la audiencia.

Si se dispone que la notificación se practique por aviso, éste se publicará por una sola vez en el Diario Oficial u otro diario de circulación nacional o regional, conforme a un extracto emanado del tribunal, el que contendrá un resumen de la demanda y copia íntegra de la resolución recaída en ella. Si el aviso se publicara en el Diario Oficial, ello será gratuito para los trabajadores.

Art. 439 bis. En las causas laborales, los juzgados de letras del trabajo de Santiago podrán decretar diligencias para cumplirse directamente en las comunas de San Miguel, San Joaquín, La Granja, La Pintana, San Ramón, La Cisterna, El Bosque, Pedro Aguirre Cerda, Lo Espejo, San Bernardo, Calera de Tango, Puente Alto, San José de Maipo y Pirque sin necesidad de exhorto.

Lo dispuesto en el inciso anterior, se aplicará también en los juzgados de San Miguel y en los juzgados con competencia laboral de las comunas de San Bernardo y Puente Alto, respecto de las actuaciones que deban practicarse en Santiago o en cualquiera de ellos.

La facultad establecida en el inciso primero regirá, asimismo, entre los juzgados de La Serena y Coquimbo; de Valparaíso y Viña del Mar; de Concepción y Talcahuano; de Osorno y Río Negro, y de Puerto Montt, Puerto Varas y Calbuco[496].

Con todo, si en cualquier región del país la cercanía y conectividad de las comunas lo hace aconsejable, se podrán decretar diligencias para ser realizadas sin necesidad de exhorto[497].

Art. 440. Las resoluciones en que se ordene la comparecencia personal de las partes, que no hayan sido expedidas en el curso de una audiencia, se notificarán conforme a lo dispuesto en el artículo 442. Con todo, si el demandado no hubiere realizado ninguna actuación en juicio, estas resoluciones le serán notificadas por carta certificada al domicilio en que hubiere sido emplazado de conformidad a los artículos 436 o 437, según corresponda[498].

Las notificaciones por carta certificada se entenderán practicadas al quinto día siguiente a la fecha de entrega de la carta en la oficina de correos, de lo que se dejará constancia.

Para los efectos de practicar las notificaciones por carta certificada a que hubiere lugar, todo litigante deberá designar, en su primera actuación, un lugar conocido dentro de los límites urbanos de la ciudad en que fun-

---

496 Artículo incluido por el artículo único, Nº 6 de la Ley Nº 20.260.

497 Inciso incluido por el artículo único, letra A) de la Ley Nº 20.287.

498 Inciso modificado por el artículo 5º, Nº 3 de Ley Nº 21.394.

cione el tribunal respectivo y esta designación se considerará subsistente mientras no haga otra la parte interesada.

Respecto de las partes que no hayan efectuado la designación a que se refiere el inciso precedente, las resoluciones que debieron notificarse por carta certificada lo serán por el estado diario, sin necesidad de petición de parte y sin previa orden del tribunal.

Art. 441. Las restantes resoluciones se entenderán notificadas a las partes desde que se incluyan en el estado diario.

Art. 442. Salvo la primera notificación al demandado, las restantes deberán ser efectuadas al medio de notificación electrónico que el abogado patrocinante y el mandatario judicial establezcan en su primera presentación en juicio, siempre que el juez lo califique como expedito y eficaz, bajo apercibimiento de serles notificadas por el estado diario todas las resoluciones que se dicten en lo sucesivo en el proceso. En este caso, se dejará debida constancia de haberse practicado la notificación en la forma solicitada[499].

Art. 443. Los incidentes de cualquier naturaleza deberán promoverse preferentemente en la audiencia respectiva y resolverse de inmediato. Excepcionalmente, el tribunal podrá dejar su resolución para la sentencia definitiva[500].

Art. 444. En el ejercicio de su función cautelar, el juez decretará todas las medidas que estime necesarias para asegurar el resultado de la acción, así como para la protección de un derecho o la identificación de los obligados y la singularización de su patrimonio en términos suficientes para garantizar el monto de lo demandado[501].

---

499 Artículo modificado por el artículo 5°, N° 4 de Ley N° 21.394.

500 Artículo modificado por el artículo único, N° 7 de la Ley N° 20.260.

501 Inciso modificado por el artículo único, N° 8, letra a) de la Ley N° 20.260.

Con todo, las medidas cautelares que el juez decrete deberán ser proporcionales a la cuantía del juicio[502].

Las medidas cautelares podrán llevarse a efecto antes de notificarse a la persona contra quien se dicten, siempre que existan razones graves para ello y el tribunal así lo ordene. Transcurridos cinco días sin que la notificación se efectúe, quedarán sin valor las diligencias practicadas.

Las medidas precautorias se podrán disponer en cualquier estado de tramitación de la causa aun cuando no esté contestada la demanda o incluso antes de su presentación, como prejudiciales. En ambos casos se deberá siempre acreditar razonablemente el fundamento y la necesidad del derecho que se reclama. Si presentada la demanda al tribunal respectivo persistieran las circunstancias que motivaron su adopción, se mantendrán como precautorias. Si no se presentare la demanda en el término de diez días contados desde la fecha en que la medida se hizo efectiva, ésta caducará de pleno derecho y sin necesidad de resolución judicial, quedando el solicitante por este solo hecho responsable de los perjuicios que se hubiere causado. Con todo, por motivos fundados y cuando se acredite por el demandante el inminente término de la empresa o su manifiesta insolvencia, el juez podrá prorrogar las medidas prejudiciales precautorias por el plazo prudencial que estime necesario para asegurar el resultado de la litis[503].

Habiendo sido notificada la demanda, la función cautelar del tribunal comprenderá la de requerir información de organismos públicos, empresas u otras personas jurídicas o naturales, sobre cualquier antecedente que a criterio del juez contribuya al objetivo perseguido.

Art. 445. En toda resolución que ponga término a la causa o resuelva un incidente, el juez deberá pronunciarse sobre el pago de las costas del procedimiento, tasando las procesales y regulando las personales, según proceda.

Cuando el trabajador ha litigado con privilegio de pobreza, las costas personales a cuyo pago sea condenada la contraparte pertenecerán a la

---

502 Inciso incluido por el artículo único, N° 8, letra b) de la Ley N° 20.260.

503 Inciso modificado por el artículo único, N° 8, letra c) de la Ley N° 20.260.

respectiva Corporación de Asistencia Judicial, al abogado de turno, o a quien la ley señale.

Párrafo 3º Del procedimiento de aplicación general

Art. 446. La demanda se interpondrá por escrito y deberá contener:

1. La designación del tribunal ante quien se entabla;
2. El nombre, apellidos, domicilio y profesión u oficio del demandante y en su caso de las personas que lo representen, y naturaleza de la representación;
3. El nombre, apellidos, domicilio y profesión u oficio del demandado;
4. La exposición clara y circunstanciada de los hechos y consideraciones de derecho en que se fundamenta, y[504]
5. La enunciación precisa y concreta de las peticiones que se someten a la resolución del tribunal.

La prueba documental sólo se podrá presentar en la audiencia preparatoria. Sin embargo, deberá presentarse conjuntamente con la demanda, aquella que dé cuenta de las actuaciones administrativas que se refieren a los hechos contenidos en esa[505].

En materias de seguridad social, cuando se demande a una institución de previsión o seguridad social, deberá acompañarse la resolución final de la respectiva entidad o de la entidad fiscalizadora según corresponda, que se pronuncia sobre la materia que se demanda.

Cuando se demanden períodos de cotizaciones de seguridad social impagas, el juez de la causa al conferir el traslado de la demanda, deberá ordenar la notificación de ella a la o las instituciones de seguridad social a las que corresponda percibir la respectiva cotización. Dicha notificación se efectuará a través de carta certificada, la que contendrá copia íntegra de la demanda y de la resolución recaída en ella o un extracto si fueren muy extensas.

---

504 Número modificado por el artículo único, Nº 9, letra a) de la Ley Nº 20.260.

505 Inciso incluido por el artículo único, Nº 9, letra b) de la Ley Nº 20.260.

Art. 447. El juez deberá declarar de oficio cuando se estime incompetente para conocer de la demanda, en cuyo caso así lo declarará, señalará el tribunal competente, y le enviará los antecedentes.

Si de los datos aportados en la demanda se desprendiere claramente la caducidad de la acción, el tribunal deberá declararlo de oficio y no admitirá a tramitación la demanda respecto de esa acción[506].

En materias de previsión o seguridad social, el juez admitirá la demanda a tramitación, sólo si el actor ha dado cumplimiento a lo dispuesto en el inciso cuarto del artículo precedente, de lo contrario, deberá rechazar de plano dicha demanda[507].

Art. 448. El actor podrá acumular en su demanda todas las acciones que le competan en contra de un mismo demandado[508].

En el caso de aquellas acciones que corresponda tramitar de acuerdo a procedimientos distintos, se deberán deducir de conformidad a las normas respectivas, y si una dependiere de la otra, no correrá el plazo para ejercer aquella hasta ejecutoriado que sea el fallo de ésta.

Art. 449. Si ante el mismo tribunal se tramitan varias demandas contra un mismo demandado y las acciones son idénticas, aunque los actores sean distintos, el juez de oficio o a petición de parte podrá decretar la acumulación de las causas, siempre que se encuentren en un mismo estado de tramitación y no implique retardo para una o más de ellas.

Solicitada la acumulación, se concederá un plazo de tres días a la parte no peticionaria para que exponga lo conveniente sobre ella. Transcurrido este plazo, haya o no respuesta, el tribunal resolverá.

Con todo, el juez tendrá siempre la facultad de desacumular las causas.

---

[506] Inciso modificado por el artículo único, Nº 10 de la Ley Nº 20.260.

[507] Inciso modificado por el artículo único, Nº 10 de la Ley Nº 20.260.

[508] Inciso modificado por el artículo único, Nº 11 de la Ley Nº 20.260.

Art. 450. El procedimiento regulado en este Párrafo se desarrollará en dos audiencias, la primera preparatoria y la segunda de juicio, conforme a las reglas que se señalan en los artículos siguientes.

Art. 451. Admitida la demanda a tramitación, el tribunal deberá, de inmediato y sin más trámite, citar a las partes a una audiencia preparatoria, fijando para tal efecto, dentro de los treinta y cinco días siguientes a la fecha de la resolución, el día y la hora para su celebración, debiendo mediar entre la notificación de la demanda y citación, y la celebración de la audiencia, a lo menos, quince días[509].

En la citación se hará constar que la audiencia preparatoria se celebrará con las partes que asistan, afectándole a aquella que no concurra todas las resoluciones que se dicten en ella, sin necesidad de ulterior notificación. Asimismo, deberá indicarse en la citación que las partes, en dicha audiencia, deberán señalar al tribunal todos los medios de prueba que pretendan hacer valer en la audiencia oral de juicio, como así también requerir las diligencias de prueba atinentes a sus alegaciones, para que el tribunal examine su admisibilidad.

Art. 452. El demandado deberá contestar la demanda por escrito con a lo menos cinco días de antelación a la fecha de celebración de la audiencia preparatoria.

La contestación deberá contener una exposición clara y circunstanciada de los hechos y fundamentos de derecho en los que se sustenta, las excepciones y/o demanda reconvencional que se deduzca, así como también deberá pronunciarse sobre los hechos contenidos en la demanda, aceptándolos o negándolos en forma expresa y concreta.

La reconvención sólo será procedente cuando el tribunal sea competente para conocer de ella como demanda y siempre que esté íntimamente ligada a ella.

---

[509] Inciso modificado por el artículo único, N° 12 de la Ley N° 20.260.

La reconvención deberá contener las menciones a que se refiere el artículo 446 y se tramitará conjuntamente con la demanda[510].

Art. 453. En la audiencia preparatoria se aplicarán las siguientes reglas:

1) La audiencia preparatoria comenzará con la relación somera que hará el juez de los contenidos de la demanda, así como de la contestación y, en su caso, de la demanda reconvencional y de las excepciones, si éstas hubieren sido deducidas por el demandado en los plazos establecidos en el artículo 452.

Si ninguna de las partes asistiere a la audiencia preparatoria, éstas tendrán el derecho de solicitar, por una sola vez, conjunta o separadamente, dentro de quinto día contados desde la fecha en que debió efectuarse, nuevo día y hora para su realización.

A continuación, el juez procederá a conferir traslado para la contestación de la demanda reconvencional y de las excepciones, en su caso.

Una vez evacuado el traslado por la parte demandante, el tribunal deberá pronunciarse de inmediato respecto de las excepciones de incompetencia, de falta de capacidad o de personería del demandante, de ineptitud del libelo, de caducidad, de prescripción o aquélla en que se reclame del procedimiento, siempre que su fallo pueda fundarse en antecedentes que consten en el proceso o que sean de pública notoriedad. En los casos en que ello sea procedente, se suspenderá la audiencia por el plazo más breve posible, a fin de que se subsanen los defectos u omisiones, en el plazo de cinco días, bajo el apercibimiento de no continuarse adelante con el juicio.

Las restantes excepciones se tramitarán conjuntamente y se fallarán en la sentencia definitiva.

La resolución que se pronuncie sobre las excepciones de incompetencia del tribunal, caducidad y prescripción, deberá ser fundada y sólo será susceptible de apelación aquella que las acoja. Dicho recurso deberá interpo-

---

[510] Artículo reemplazado por el artículo único, Nº 13 de la Ley Nº 20.260.

nerse en la audiencia. De concederse el recurso, se hará en ambos efectos y será conocido en cuenta por la Corte.

Cuando el demandado no contestare la demanda, o de hacerlo no negare en ella algunos de los hechos contenidos en la demanda, el juez, en la sentencia definitiva, podrá estimarlos como tácitamente admitidos.

Si el demandado se allanare a una parte de la demanda y se opusiera a otras, se continuará con el curso de la demanda sólo en la parte en que hubo oposición. Para estos efectos, el tribunal deberá establecer los hechos sobre los cuales hubo conformidad, estimándose esta resolución como sentencia ejecutoriada para todos los efectos legales, procediendo el tribunal respecto de ella conforme a lo dispuesto en el artículo 462[511].

2) Terminada la etapa de discusión, el juez llamará a las partes a conciliación, a cuyo objeto deberá proponerles las bases para un posible acuerdo, sin que las opiniones que emita al efecto sean causal de inhabilitación.

Producida la conciliación, sea ésta total o parcial, deberá dejarse constancia de ella en el acta respectiva, la que suscribirán el juez y las partes, estimándose lo conciliado como sentencia ejecutoriada para todos los efectos legales.

Se tramitará separadamente, si fuere necesario, el cobro de las sumas resultantes de la conciliación parcial.

3) Contestada la demanda, sin que se haya opuesto reconvención o excepciones dilatorias, o evacuado el traslado conferido de haberse interpuesto éstas, el tribunal recibirá de inmediato la causa a prueba, cuando ello fuere procedente, fijándose los hechos a ser probados. En contra de esta resolución y de la que no diere lugar a ella, sólo procederá el recurso de reposición, el que deberá interponerse y fallarse de inmediato.

De no haber hechos sustanciales, pertinentes y controvertidos, el tribunal dará por concluida la audiencia y procederá a dictar sentencia[512].

---

511 Número sustituido por el artículo único, N° 14, letra a) de la Ley N° 20.260.

512 Número modificado por el artículo único, N° 14, letra c) de la Ley N° 20.260.

4) El juez resolverá fundadamente en el acto sobre la pertinencia de la prueba ofrecida por las partes, pudiendo valerse de todas aquellas reguladas en la ley. Las partes podrán también ofrecer cualquier otro elemento de convicción que, a juicio del tribunal, fuese pertinente[513].

Sólo se admitirán las pruebas que tengan relación directa con el asunto sometido al conocimiento del tribunal y siempre que sean necesarias para su resolución.

Con todo, carecerán de valor probatorio y, en consecuencia, no podrán ser apreciadas por el tribunal las pruebas que las partes aporten y que se hubieren obtenido directa o indirectamente por medios ilícitos o a través de actos que impliquen violación de derechos fundamentales.

5) La exhibición de instrumentos que hubiere sido ordenada por el tribunal se verificará en la audiencia de juicio. Cuando, sin causa justificada, se omita la presentación de aquellos que legalmente deban obrar en poder de una de las partes, podrán estimarse probadas las alegaciones hechas por la parte contraria en relación con la prueba decretada[514].

6) Se fijará la fecha para la audiencia de juicio, la que deberá llevarse a cabo en un plazo no superior a treinta días. Las partes se entenderán citadas a esta audiencia por el solo ministerio de la ley.

7) Se decretarán las medidas cautelares que procedan, a menos que se hubieren decretado con anterioridad, en cuyo caso se resolverá si se mantienen.

8) El tribunal despachará todas las citaciones y oficios que correspondan cuando se haya ordenado la práctica de prueba que, debiendo verificarse en la audiencia de juicio, requieran citación o requerimiento.

La resolución que cite a absolver posiciones se notificará en el acto al absolvente. La absolución de posiciones sólo podrá pedirse una vez por cada parte.

---

513 Este párrafo fue modificado por el artículo único, N° 14, letra d) de la Ley N° 20.260.

514 Número modificado por el artículo único, N° 14, letra e) de la Ley N° 20.260.

La citación de los testigos deberá practicarse por carta certificada, la que deberá despacharse con al menos ocho días de anticipación a la audiencia, al domicilio señalado por cada una de las partes que presenta la testimonial.

Sin perjuicio de lo anterior, cuando se decrete la remisión de oficios o el informe de peritos, el juez podrá recurrir a cualquier medio idóneo de comunicación o de transmisión de datos que permita la pronta práctica de las diligencias, debiendo adoptar las medidas necesarias para asegurar su debida recepción por el requerido, dejándose constancia de ello.

Cuando se rinda prueba pericial, el informe respectivo deberá ser puesto a disposición de las partes en el tribunal al menos tres días antes de la celebración de la audiencia de juicio. El juez podrá, con el acuerdo de las partes, eximir al perito de la obligación de concurrir a prestar declaración, admitiendo en dicho caso el informe pericial como prueba. La declaración de los peritos se desarrollará de acuerdo a las normas establecidas para los testigos.

El tribunal sólo dará lugar a la petición de oficios cuando se trate de requerir información objetiva, pertinente y específica sobre los hechos materia del juicio. Cuando la información se solicite respecto de entidades públicas, el oficio deberá dirigirse a la oficina o repartición en cuya jurisdicción hubieren ocurrido los hechos o deban constar los antecedentes sobre los cuales se pide informe. Las personas o entidades públicas o privadas a quienes se dirija el oficio estarán obligadas a evacuarlo dentro del plazo que fije el tribunal, el que en todo caso no podrá exceder a los tres días anteriores al fijado para la audiencia de juicio, y en la forma que éste lo determine, pudiendo disponer al efecto cualquier medio idóneo de comunicación o de transmisión de datos[515].

9) En esta audiencia, el juez de la causa podrá decretar diligencias probatorias, las que deberán llevarse a cabo en la audiencia de juicio.

10) Se levantará una breve acta de la audiencia que sólo contendrá la indicación del lugar, fecha y tribunal, los comparecientes que concurren

---

[515] Inciso modificado por el artículo único, N° 14, letra f) de la Ley N° 20.260.

a ella, la hora de inicio y término de la audiencia, la resolución que recae sobre las excepciones opuestas, los hechos que deberán acreditarse e individualización de los testigos que depondrán respecto a ésos, y, en su caso, la resolución a que se refieren el párrafo final del número 1) y el número 2) de este artículo[516].

Art. 454. En la audiencia de juicio se aplicarán las siguientes reglas:

1) La audiencia de juicio se iniciará con la rendición de las pruebas decretadas por el tribunal, comenzando con la ofrecida por el demandante y luego con la del demandado.

No obstante lo anterior, en los juicios sobre despido corresponderá en primer lugar al demandado la rendición de la prueba, debiendo acreditar la veracidad de los hechos imputados en las comunicaciones a que se refieren los incisos primero y cuarto del artículo 162, sin que pueda alegar en el juicio hechos distintos como justificativos del despido.

El orden de recepción de las pruebas será el siguiente: documental, confesional, testimonial y los otros medios ofrecidos, sin perjuicio de que el tribunal pueda modificarlo por causa justificada.

2) La impugnación de la prueba instrumental acompañada deberá formularse en forma oral en la audiencia preparatoria o en la de juicio.

3) Si el llamado a confesar no compareciese a la audiencia sin causa justificada, o compareciendo se negase a declarar o diere respuestas evasivas, podrán presumirse efectivas, en relación a los hechos objeto de prueba, las alegaciones de la parte contraria en la demanda o contestación, según corresponda.

La persona citada a absolver posiciones estará obligada a concurrir personalmente a la audiencia, a menos que designe especialmente un mandatario para tal objeto, el que si representa al empleador, deberá tratarse de una de las personas a que se refiere el artículo 4º de este Código. La designación del mandatario deberá constar por escrito y entregarse al inicio de la audiencia, considerándose sus declaraciones para todos los efectos

---

516 Número incorporado por el artículo único, Nº 14, letra g) de la Ley Nº 20.260.

legales como si hubieren sido hechas personalmente por aquél cuya comparecencia se solicitó.

Si los demandantes fueren varios y se solicitare la citación a confesar en juicio de muchos o de todos ellos, el juez podrá reducir el número de quienes habrán de comparecer, en especial cuando estime que sus declaraciones puedan resultar una reiteración inútil sobre los mismos hechos.

4) Las posiciones para la prueba confesional se formularán verbalmente, sin admisión de pliegos, y deberán ser pertinentes a los hechos sobre los cuales debe versar la prueba y expresarse en términos claros y precisos, de manera que puedan ser entendidas sin dificultad. El tribunal, de oficio o a petición de parte, podrá rechazar las preguntas que no cumplan con dichas exigencias.

El juez podrá formular a los absolventes las preguntas que estime pertinente, así como ordenarles que precisen o aclaren sus respuestas.

5) Los testigos podrán declarar únicamente ante el tribunal que conozca de la causa. Serán admitidos a declarar sólo hasta cuatro testigos por cada parte. En caso de que se haya ordenado la acumulación de autos, el número de testigos admitidos a declarar será determinado por el tribunal, no pudiendo en ningún caso ser superior a cuatro por cada causa acumulada.

Excepcionalmente, y por resolución fundada, el tribunal podrá ampliar el número de testigos cuando, de acuerdo a la naturaleza de los hechos a ser probados, ello se considere indispensable para una adecuada resolución del juicio.

El juez podrá reducir el número de testigos de cada parte, e incluso prescindir de la prueba testimonial cuando sus manifestaciones pudieren constituir inútil reiteración sobre hechos suficientemente esclarecidos.

Los testigos declararán bajo juramento o promesa de decir verdad en juicio. El juez, en forma expresa y previa a su declaración, deberá poner en conocimiento del testigo las sanciones contempladas en el artículo 209 del Código Penal, por incurrir en falso testimonio.

No se podrá formular tachas a los testigos. Únicamente en la oportunidad a que se refiere el número 9 de este artículo, las partes podrán hacer las observaciones que estimen oportunas respecto de sus circunstancias personales y de la veracidad de sus manifestaciones[517].

La comparecencia del testigo a la audiencia de juicio, constituirá siempre suficiente justificación cuando su presencia fuere requerida simultáneamente para dar cumplimiento a obligaciones laborales, educativas o de otra naturaleza, y no le ocasionará consecuencias jurídicas adversas bajo circunstancia alguna.

6) El tribunal y las partes podrán formular a los testigos las preguntas que estimen necesarias para el esclarecimiento de los hechos sobre los que versa el juicio. Podrán, asimismo, exigir que los testigos aclaren o precisen sus dichos.

Estas preguntas no podrán formularse en forma asertiva, ni contener elementos de juicio que determinen la respuesta, ni referirse a hechos o circunstancias ajenas al objeto de la prueba, lo que calificará el tribunal sin más trámite.

7) Si el oficio, informe del perito o el informe de la Dirección del Trabajo al que se refiere el inciso séptimo del artículo 3 no fuere evacuado antes de la audiencia y su contenido fuere relevante para la resolución del asunto, el juez deberá, dentro de la misma audiencia, tomar las medidas inmediatas que fueren necesarias para su aportación en ella. Si al término de esta audiencia dichas diligencias no se hubieren cumplido, el Tribunal fijará para ese solo efecto una nueva audiencia que deberá llevarse a cabo dentro del más breve plazo[518].

8) Cuando se rinda prueba que no esté expresamente regulada en la ley, el tribunal determinará la forma de su incorporación al juicio, adecuándola, en lo posible, al medio de prueba más análogo.

9) Practicada la prueba, las partes formularán, oralmente, en forma breve y precisa, las observaciones que les merezcan las pruebas rendidas y sus conclusiones.

Con todo, si a juicio del juez hubiere puntos no suficientemente esclarecidos, podrá ordenar a las partes que los aclaren.

---

517 Este párrafo fue modificado por el artículo único, letra C) de la Ley N° 20.287.

518 Número modificado por el artículo 1°, N° 11 de la Ley N° 21.327.

10) Si una de las partes alegare entorpecimiento en el caso de la imposibilidad de comparecencia de quien fuere citado a la diligencia de confesión, deberá acreditarlo al invocarla, debiendo resolverse el incidente en la misma audiencia. Sólo podrá aceptarse cuando se invocaren hechos sobrevinientes y de carácter grave, en cuyo caso, deberá el juez adoptar las medidas inmediatas que fueren necesarias para su realización a la mayor brevedad, notificándose a las partes en el acto[519].

Art. 455. Al finalizar la audiencia se extenderá el acta correspondiente, en la que constará el lugar, fecha e individualización del tribunal, de las partes comparecientes, de sus apoderados y abogados, y de toda otra circunstancia que el tribunal estime necesario incorporar.

Art. 456. El tribunal apreciará la prueba conforme a las reglas de la sana crítica.

Al hacerlo, el tribunal deberá expresar las razones jurídicas y las simplemente lógicas, científicas, técnicas o de experiencia, en cuya virtud les asigne valor o las desestime. En general, tomará en especial consideración la multiplicidad, gravedad, precisión, concordancia y conexión de las pruebas o antecedentes del proceso que utilice, de manera que el examen conduzca lógicamente a la conclusión que convence al sentenciador.

Art. 457. El juez podrá pronunciar el fallo al término de la audiencia de juicio o, en todo caso, dictarlo dentro del plazo de décimo quinto día, contado desde la realización de ésta, en cuyo caso citará a las partes para notificarlas del fallo, fijando día y hora al efecto, dentro del mismo plazo[520].

Las partes se entenderán notificadas de la sentencia, sea en la audiencia de juicio o en la actuación prevista al efecto, hayan o no asistido a ellas.

---

[519] Número incorporado por el artículo único, N° 15, letra b) de la Ley N° 20.260.

[520] Inciso modificado por el artículo único, N° 16 de la Ley N° 20.260.

Art. 458. La sentencia definitiva se pronunciará sobre las acciones y excepciones deducidas que no se hubieren resuelto con anterioridad y sobre los incidentes, en su caso, o sólo sobre éstos cuando sean previos e incompatibles con aquéllas.

Art. 459. La sentencia definitiva deberá contener:

1.- El lugar y fecha en que se expida;

2.- La individualización completa de las partes litigantes;

3.- Una síntesis de los hechos y de las alegaciones de las partes;

4.- El análisis de toda la prueba rendida, los hechos que estime probados y el razonamiento que conduce a esta estimación;

5.- Los preceptos constitucionales, legales o los contenidos en tratados internacionales ratificados por Chile y que se encuentren vigentes, las consideraciones jurídicas y los principios de derecho o de equidad en que el fallo se funda;

6.- La resolución de las cuestiones sometidas a la decisión del tribunal, con expresa determinación de las sumas que ordene pagar o las bases necesarias para su liquidación, si ello fuere procedente, y

7.- El pronunciamiento sobre el pago de costas y, en su caso, los motivos que tuviere el tribunal para absolver de su pago a la parte vencida.

La sentencia que se dicte en la audiencia preparatoria, sólo deberá cumplir con los requisitos de los números 1, 2, 5, 6 y 7.

Art. 460. Si el juez que presidió la audiencia de juicio no pudiere dictar sentencia, aquélla deberá celebrarse nuevamente.

Art. 461. En caso de ser procedente, la sentencia de término será notificada a los entes administradores de los respectivos sistemas de seguridad social, con el objeto de que éstos hagan efectivas las acciones contempladas en la ley Nº 17.322 o en el decreto ley Nº 3.500, de 1980, según corresponda.

Art. 462. Una vez firme la sentencia, lo que deberá certificar de oficio el tribunal, y siempre que no se acredite su cumplimiento dentro del término de cinco días, se dará inicio a su ejecución de oficio por el tribunal, de conformidad a lo dispuesto en los artículos siguientes.

Párrafo 4º Del cumplimiento de la sentencia y de la ejecución de los títulos ejecutivos laborales

Art. 463. La tramitación de los títulos ejecutivos laborales se desarrollará de oficio y por escrito por el tribunal, dictándose al efecto las resoluciones y ordenándose las diligencias que sean necesarias para ello.

Art. 464. Son títulos ejecutivos laborales:

1.- Las sentencias ejecutoriadas;

2.- La transacción, conciliación y avenimiento que cumplan con las formalidades establecidas en la ley;

3.- Los finiquitos suscritos por el trabajador y el empleador y autorizados por el Inspector del Trabajo o por funcionarios a los cuales la ley faculta para actuar como ministros de fe en el ámbito laboral;

4.- Las actas firmadas por las partes, y autorizadas por los Inspectores del Trabajo y que den constancia de acuerdos producidos ante éstos o que contengan el reconocimiento de una obligación laboral o de cotizaciones de seguridad social, o sus copias certificadas por la respectiva Inspección del Trabajo;

5.- Los originales de los instrumentos colectivos del trabajo, respecto de aquellas cláusulas que contengan obligaciones líquidas y actualmente exigibles, y las copias auténticas de los mismos autorizadas por la Inspección del Trabajo, y

6.- Cualquier otro título a que las leyes laborales o de seguridad social otorguen fuerza ejecutiva.

Art. 465. En las causas laborales el cumplimiento de la sentencia se sujetará a las normas del presente Párrafo, y a falta de disposición expresa en este texto o en leyes especiales, se aplicarán supletoriamente las normas del Título XIX del Libro Primero del Código de Procedimiento Civil, siempre que dicha aplicación no vulnere los principios que informan el procedimiento laboral.

Art. 466. Una vez ejecutoriada la sentencia y transcurrido el plazo señalado en el artículo 462, el tribunal ordenará el cumplimiento del fallo y lo remitirá, junto a sus antecedentes, dentro de quinto día al Juzgado de Cobranza Laboral y Previsional, cuando ello fuere procedente, a fin de que éste continúe con la ejecución, de conformidad a las reglas de este Párrafo.

Recibidos los antecedentes por el Juzgado de Cobranza Laboral y Previsional, o certificado por el tribunal que dictó la sentencia que ésta se encuentra ejecutoriada, según sea el caso, se deberán remitir sin más trámite a la unidad de liquidación o al funcionario encargado para que se proceda a la liquidación del crédito, ya sea determinando los montos que reflejen los rubros a que se ha condenado u obligado el ejecutado y, en su caso, se actualicen los mismos, aplicando los reajustes e intereses legales.

La liquidación deberá practicarse dentro de tercero día y será notificada por carta certificada a las partes, junto con el requerimiento al ejecutado para que pague dentro de los cinco días siguientes. En caso que la ejecución haya quedado a cargo de un tercero, la notificación deberá practicarse a éste en forma personal.

Art. 467. Iniciada la ejecución, el tribunal, de oficio o a petición de parte, podrá ordenar a la Tesorería General de la República que retenga de las sumas que por concepto de devolución de impuestos a la renta corresponda restituir al ejecutado, el monto objeto de la ejecución, con sus reajustes, intereses y multas. Esta medida tendrá el carácter de cautelar.

Art. 468. En el caso que las partes acordaren una forma de pago del crédito perseguido en la causa, el pacto correspondiente deberá ser ratificado ante el juez de la causa y la o las cuotas acordadas deberán consignar los reajustes e intereses del período. El pacto así ratificado, tendrá mérito ejecutivo para todos los efectos legales.

El no pago de una o más cuotas hará inmediatamente exigible el total de la deuda, facultándose al acreedor para que concurra ante el mismo tribunal, dentro del plazo de sesenta días contado desde el incumplimiento, para que se ordene el pago, pudiendo el juez incrementar el saldo de la deuda hasta en un ciento cincuenta por ciento.

La resolución que establece el incremento se tramitará incidentalmente. Lo mismo se aplicará al incremento fijado por el juez en conformidad al artículo 169 de este Código[521].

Art. 469. Notificada la liquidación, las partes tendrán el plazo de cinco días para objetarla, sólo si de ella apareciere que hay errores de cálculo numérico, alteración en las bases de cálculo o elementos o incorrecta aplicación de los índices de reajustabilidad o de intereses emanados de los órganos competentes.

El tribunal resolverá de plano la objeción planteada, pudiendo oír a la contraria si estima que los antecedentes agregados a la causa no son suficientes para emitir pronunciamiento.

Art. 470. La parte ejecutada sólo podrá oponer, dentro del mismo plazo a que se refiere el artículo anterior, acompañando antecedentes escritos de debida consistencia, alguna de las siguientes excepciones: pago de la deuda, remisión, novación y transacción.

De la oposición se dará un traslado por tres días a la contraria y con o sin su contestación se resolverá sin más trámites, siendo la sentencia apelable en el solo efecto devolutivo.

Art. 471. Si no se ha pagado dentro del plazo señalado para ello en el inciso tercero del artículo 466, sin perjuicio de lo señalado en el artículo 468, el ministro de fe designado por el tribunal procederá a trabar embargo sobre bienes muebles o inmuebles suficientes para el cumplimiento íntegro de la ejecución y sus costas, tasando prudencialmente los mismos, consignándolo así en el acta de la diligencia, todo ello sin que sea necesaria orden previa del tribunal.

Si no ha habido oposición oportuna o existiendo ha sido desechada, se ordenará sin más trámite hacer debido pago al ejecutante con los fondos

---

[521] Artículo reemplazado por el artículo único, N° 17 de la Ley N° 20.260.

retenidos, embargados o cautelados. En su caso, los bienes embargados serán rematados por cifras no menores al setenta y cinco por ciento de la tasación en primera subasta; en la segunda el mínimo será del cincuenta por ciento del valor de la tasación, y en la tercera no habrá mínimo. El ejecutante podrá participar en el remate y adjudicarse los bienes con cargo al monto de su crédito.

Los trámites y diligencias del procedimiento de apremio ya indicados, serán fijados por el tribunal consecuentemente con los principios propios de la judicatura laboral y teniendo como referencia las reglas de la ejecución civil, en lo que sean conciliables con dichos principios.

Art. 472. Las resoluciones que se dicten en los procedimientos regulados por este Párrafo serán inapelables, salvo lo dispuesto en el artículo 470.

Art. 473. Tratándose de títulos ejecutivos laborales distintos a los señalados en el número 1 del artículo 464, su ejecución se regirá por las disposiciones que a continuación se señalan y a falta de norma expresa, le serán aplicables las disposiciones de los Títulos I y II del Libro Tercero del Código de Procedimiento Civil, siempre que dicha aplicación no vulnere los principios que informan el procedimiento laboral.

Una vez despachada la ejecución, el juez deberá remitir sin más trámite la causa a la unidad de liquidación o al funcionario encargado, según corresponda, para que se proceda a la liquidación del crédito, lo que deberá hacerse dentro de tercer día.

En los juicios ejecutivos se practicará personalmente el requerimiento de pago al deudor y la notificación de la liquidación, pero si no es habido se procederá en la forma establecida en el artículo 437, expresándose en la copia a que este mismo se refiere, a más del mandamiento, la designación del día, hora y lugar que fije el ministro de fe para practicar el requerimiento. No concurriendo a esta citación el deudor, se trabará el embargo inmediatamente y sin más trámite.

En lo demás, se aplicarán las reglas contenidas en los artículos 467, 468, 469; inciso primero del artículo 470, e incisos segundo y tercero del artículo 471.

Párrafo 5º De los recursos[522]

Art. 474. Los recursos se regirán por las normas establecidas en este Párrafo, y supletoriamente por las normas establecidas en el Libro Primero del Código de Procedimiento Civil.

Art. 475. La reposición será procedente en contra de los autos, decretos, y de las sentencias interlocutorias que no pongan término al juicio o hagan imposible su continuación.

En contra de la resolución dictada en audiencia, la reposición deberá interponerse en forma verbal, inmediatamente de pronunciada la resolución que se impugna, y se resolverá en el acto.

La reposición en contra de la resolución dictada fuera de audiencia, deberá presentarse dentro de tercero día de notificada la resolución correspondiente, a menos que dentro de dicho término tenga lugar una audiencia, en cuyo caso deberá interponerse a su inicio, y será resuelta en el acto.

Art. 476. Sólo serán susceptibles de apelación las sentencias interlocutorias que pongan término al juicio o hagan imposible su continuación, las que se pronuncien sobre medidas cautelares y las que fijen el monto de las liquidaciones o reliquidaciones de beneficios de seguridad social.

Tratándose de medidas cautelares, la apelación de la resolución que la otorgue o que rechace su alzamiento, se concederá en el solo efecto devolutivo.

De la misma manera se concederá la apelación de las resoluciones que fijen las liquidaciones o reliquidaciones de beneficios de seguridad social.

---

[522] Párrafo sustituido por el artículo único, Nº 18 de la Ley Nº 20.260.

Art. 477. Tratándose de las sentencias definitivas, sólo será procedente el recurso de nulidad, cuando en la tramitación del procedimiento o en la dictación de la sentencia definitiva se hubieren infringido sustancialmente derechos o garantías constitucionales, o aquélla se hubiere dictado con infracción de ley que hubiere influido sustancialmente en lo dispositivo del fallo. En contra de las sentencias definitivas no procederán más recursos.

El recurso de nulidad tendrá por finalidad invalidar el procedimiento total o parcialmente junto con la sentencia definitiva, o sólo esta última, según corresponda.

Art. 478. El recurso de nulidad procederá, además:

a) Cuando la sentencia haya sido pronunciada por juez incompetente, legalmente implicado, o cuya recusación se encuentre pendiente o haya sido declarada por tribunal competente;

b) Cuando haya sido pronunciada con infracción manifiesta de las normas sobre la apreciación de la prueba conforme a las reglas de la sana crítica;

c) Cuando sea necesaria la alteración de la calificación jurídica de los hechos, sin modificar las conclusiones fácticas del tribunal inferior;

d) Cuando en el juicio hubieren sido violadas las disposiciones establecidas por la ley sobre inmediación o cualquier otro requisito para los cuales la ley haya previsto expresamente la nulidad o lo haya declarado como esencial expresamente;

e) Cuando la sentencia se hubiere dictado con omisión de cualquiera de los requisitos establecidos en los artículos 459, 495 ó 501, inciso final, de este Código, según corresponda; contuviese decisiones contradictorias; otorgare más allá de lo pedido por las partes, o se extendiere a puntos no sometidos a la decisión del tribunal, sin perjuicio de las facultades para fallar de oficio que la ley expresamente otorgue, y

f) Cuando la sentencia haya sido dictada contra otra pasada en autoridad de cosa juzgada y hubiere sido ello alegado oportunamente en el juicio.

El tribunal ad quem, al acoger el recurso de nulidad fundado en las causales previstas en las letras b), c), e), y f), deberá dictar la sentencia de reemplazo correspondiente con arreglo a la ley. En los demás casos, el tribunal ad quem, en la misma resolución, determinará el estado en que queda el proceso y ordenará la remisión de sus antecedentes para su conocimiento al tribunal correspondiente.

No producirán nulidad aquellos defectos que no influyan en lo dispositivo del fallo, sin perjuicio de las facultades de corregir de oficio que tiene la Corte durante el conocimiento del recurso. Tampoco la producirán los vicios que, conocidos, no hayan sido reclamados oportunamente por todos los medios de impugnación existentes.

Si un recurso se fundare en distintas causales, deberá señalarse si se invocan conjunta o subsidiariamente.

Art. 479. El recurso de nulidad deberá interponerse por escrito, ante el tribunal que hubiere dictado la resolución que se impugna, dentro del plazo de diez días contados desde la notificación respectiva a la parte que lo entabla.

Deberá expresar el vicio que se reclama, la infracción de garantías constitucionales o de ley de que adolece, según corresponda, y en este caso, además, señalar de qué modo dichas infracciones de ley influyen sustancialmente en lo dispositivo del fallo.

Una vez interpuesto el recurso, no podrá invocarse nuevas causales. Con todo, la Corte, de oficio, podrá acoger el recurso deducido por un motivo distinto del invocado por el recurrente, cuando aquél corresponda a alguno de los señalados en el artículo 478.

Art. 480. Interpuesto el recurso el tribunal a quo se pronunciará sobre su admisibilidad, declarándolo admisible si reúne los requisitos establecidos en el inciso primero del artículo 479.

Los antecedentes se enviarán a la Corte correspondiente dentro de tercero día de notificada la resolución que concede el último recurso, remitiendo copia de la resolución que se impugna, del registro de audio y de los escritos relativos al recurso deducido.

La interposición del recurso de nulidad suspende los efectos de la sentencia recurrida.

Si una o más de varias partes entablare el recurso de nulidad, la decisión favorable que se dictare aprovechará a los demás, a menos que los fundamentos fueren exclusivamente personales del recurrente, debiendo el tribunal declararlo así expresamente.

Ingresado el recurso al tribunal ad quem, éste se pronunciará en cuenta acerca de su admisibilidad, declarándolo inadmisible si no concurrieren los requisitos del inciso primero del artículo 479, careciere de fundamentos de hecho o de derecho o de peticiones concretas, o, en los casos que corresponda, el recurso no se hubiere preparado oportunamente.

Art. 481. En la audiencia, las partes efectuarán sus alegaciones sin previa relación.

El alegato de cada parte no podrá exceder de treinta minutos.

No será admisible prueba alguna, salvo las necesarias para probar la causal de nulidad alegada.

La falta de comparecencia de uno o más recurrentes a la audiencia dará lugar a que se declare el abandono del recurso respecto de los ausentes.

Art. 482. El fallo del recurso deberá pronunciarse dentro del plazo de cinco días contado desde el término de la vista de la causa.

Cuando no sea procedente la dictación de sentencia de reemplazo, la Corte, al acoger el recurso, junto con señalar el estado en que quedará el proceso, deberá devolver la causa dentro de segundo día de pronunciada la resolución.

Si los errores de la sentencia no influyeren en su parte dispositiva, la Corte podrá corregir los que advirtiere durante el conocimiento del recurso.

No procederá recurso alguno en contra de la resolución que falle un recurso de nulidad. Tampoco, en contra de la sentencia que se dictare en el nuevo juicio realizado como consecuencia de la resolución que hubiere acogido el recurso de nulidad.

Art. 483. Excepcionalmente, contra la resolución que falle el recurso de nulidad, podrá interponerse recurso de unificación de jurisprudencia.

Procederá el recurso de unificación de jurisprudencia cuando respecto de la materia de derecho objeto del juicio existieren distintas interpretaciones sostenidas en uno o más fallos firmes emanados de Tribunales Superiores de Justicia.

Art. 483-A. El recurso de que trata el artículo precedente, deberá interponerse ante la Corte de Apelaciones correspondiente en el plazo de quince días desde la notificación de la sentencia que se recurre, para que sea conocido por la Corte Suprema.

El escrito que lo contenga deberá ser fundado e incluirá una relación precisa y circunstanciada de las distintas interpretaciones respecto de las materias de derecho objeto de la sentencia, sostenidas en diversos fallos emanados de los Tribunales Superiores de Justicia. Asimismo, deberá acompañarse copia del o los fallos que se invocan como fundamento. Interpuesto el recurso, no podrá hacerse en él variación alguna.

Sólo si el recurso se interpone fuera de plazo, el tribunal a quo lo declarará inadmisible de plano. Contra dicha resolución únicamente podrá interponerse reposición dentro de quinto día, fundado en error de hecho. La resolución que resuelva dicho recurso será inapelable.

La interposición del recurso no suspende la ejecución de la resolución recurrida, salvo cuando su cumplimiento haga imposible llevar a efecto la que se dicte si se acoge el recurso. La parte vencida podrá exigir que no se lleve a efecto tal resolución mientras la parte vencedora no rinda fianza de resultas a satisfacción del tribunal. El recurrente deberá ejercer este derecho conjuntamente con la interposición del recurso y en solicitud separada.

El tribunal a quo, al declarar admisible el recurso, deberá pronunciarse de plano sobre la petición a que se refiere el inciso anterior. En contra de tal resolución no procederá recurso alguno.

La Corte de Apelaciones correspondiente remitirá a la Corte Suprema copia de la resolución que resuelve la nulidad, del escrito en que se hubiere interpuesto el recurso, y los demás antecedentes necesarios para la resolución del mismo.

La sala especializada de la Corte Suprema sólo podrá declarar inadmisible el recurso por la unanimidad de sus miembros, mediante resolución fundada en la falta de los requisitos de los incisos primero y segundo de este artículo. Dicha resolución sólo podrá ser objeto de recurso de reposición dentro de quinto día.

Declarado admisible el recurso por el tribunal ad quem, el recurrido, en el plazo de diez días, podrá hacerse parte y presentar las observaciones que estime convenientes.

Art. 483-B. En la vista de la causa se observarán las reglas establecidas para las apelaciones. Con todo, la duración de las alegaciones de cada parte, se limitarán a treinta minutos.

Art. 483-C. El fallo que se pronuncie sobre el recurso sólo tendrá efecto respecto de la causa respectiva, y en ningún caso afectará a las situaciones jurídicas fijadas en las sentencias que le sirven de antecedente.

Al acoger el recurso, la Corte Suprema dictará acto continuo y sin nueva vista, pero separadamente, la sentencia de reemplazo en unificación de jurisprudencia.

La sentencia que falle el recurso así como la eventual sentencia de reemplazo, no serán susceptibles de recurso alguno, salvo el de aclaración, rectificación o enmienda.

Art. 484. Las causas laborales gozarán de preferencia para su vista y su conocimiento se ajustará estrictamente al orden de su ingreso al tribunal.

Sin perjuicio de lo dispuesto en el inciso tercero del artículo 69 del Código Orgánico de Tribunales, deberá designarse un día a la semana, a lo menos, para conocer de ellas, completándose las tablas si no hubiere número suficiente, en la forma que determine el Presidente de la Corte de Apelaciones, quien será responsable disciplinariamente del estricto cumplimiento de esta preferencia.

Si el número de causas pendientes hiciese imposible su vista y fallo en un plazo inferior a dos meses, contado desde su ingreso a la Secretaría, el Presidente de la Corte de Apelaciones que funcione dividida en más de dos salas, determinará que una de ellas, a lo menos, se aboque exclusivamente al conocimiento de estas causas por el lapso que estime necesario para superar el atraso.

Párrafo 6° Del Procedimiento de Tutela Laboral[523]

Art. 485. El procedimiento contenido en este Párrafo se aplicará respecto de las cuestiones suscitadas en la relación laboral por aplicación de las normas laborales, que afecten los derechos fundamentales de los trabajadores, entendiéndose por éstos los consagrados en la Constitución Política de la República en su artículo 19, números 1°, inciso primero, siempre que su vulneración sea consecuencia directa de actos ocurridos en la relación laboral, 4°, 5°, en lo relativo a la inviolabilidad de toda forma de comunicación privada, 6°, inciso primero, 12°, inciso primero, y 16°, en lo relativo a la libertad de trabajo, al derecho a su libre elección y a lo establecido en su inciso cuarto, cuando aquellos derechos resulten lesionados en el ejercicio de las facultades del empleador[524].

También se aplicará este procedimiento para conocer de los actos discriminatorios a que se refiere el artículo 2° de este Código, con excepción de los contemplados en su inciso sexto.

---

[523] Párrafo incluido por la Ley N° 20.087.

[524] Este inciso primero ha sido interpretado por el art. 1° de la Ley N° 21.280 en el siguiente sentido: "Las normas de los artículos 485 y siguientes del Código del Trabajo, contenidas en el Párrafo 6° del Capítulo II del Título I del Libro V de dicho cuerpo normativo, son aplicables a todos los trabajadores, incluidos aquellos a los que hace referencia el inciso segundo del artículo 1° del Código del Trabajo, en virtud de lo dispuesto en los incisos primero y tercero de ese mismo artículo. También serán aplicables a los trabajadores que se desempeñen en los órganos señalados en los Capítulos VII, VIII, IX, X y XIII de la Constitución Política de la República y a aquellos que sus propias leyes declaren como autónomos".

Se entenderá que los derechos y garantías a que se refieren los incisos anteriores resultan lesionados cuando el ejercicio de las facultades que la ley le reconoce al empleador limita el pleno ejercicio de aquéllas sin justificación suficiente, en forma arbitraria o desproporcionada, o sin respeto a su contenido esencial. En igual sentido se entenderán las represalias ejercidas en contra de trabajadores por la interposición de denuncias o por el ejercicio de acciones judiciales, por su participación en ellas como testigo o haber sido ofrecidos en tal calidad, o bien como consecuencia de la labor fiscalizadora de la Dirección del Trabajo[525].

Interpuesta la acción de protección a que se refiere el artículo 20 de la Constitución Política, en los casos que proceda, no se podrá efectuar una denuncia de conformidad a las normas de este Párrafo, que se refiera a los mismos hechos.

Art. 486. Cualquier trabajador u organización sindical que, invocando un derecho o interés legítimo, considere lesionados derechos fundamentales en el ámbito de las relaciones jurídicas cuyo conocimiento corresponde a la jurisdicción laboral, podrá requerir su tutela por la vía de este procedimiento.

Cuando el trabajador afectado por una lesión de derechos fundamentales haya incoado una acción conforme a las normas de este Párrafo, la organización sindical a la cual se encuentre afiliado, directamente o por intermedio de su organización de grado superior, podrá hacerse parte en el juicio como tercero coadyuvante.

Sin perjuicio de lo anterior, la organización sindical a la cual se encuentre afiliado el trabajador cuyos derechos fundamentales han sido vulnerados, podrá interponer denuncia, y actuará en tal caso como parte principal.

La Inspección del Trabajo, a requerimiento del tribunal, deberá emitir un informe acerca de los hechos denunciados. Podrá, asimismo, hacerse parte en el proceso.

---

[525] Inciso modificado por el artículo 22 de la Ley N° 21.592.

Si actuando dentro del ámbito de sus atribuciones, señaladas en el decreto con fuerza de ley N° 2, del Ministerio del Trabajo y Previsión Social, de 1967, y de acuerdo a sus facultades fiscalizadoras e interpretativas a las que se refiere el artículo 505 de este Código, la Inspección del Trabajo toma conocimiento de una vulneración de derechos fundamentales, deberá denunciar los hechos al tribunal competente y acompañar a dicha denuncia el informe de fiscalización correspondiente. Esta denuncia servirá de suficiente requerimiento para dar inicio a la tramitación de un proceso conforme a las normas de este Párrafo. La Inspección del Trabajo podrá hacerse parte en el juicio que por esta causa se entable[526].

No obstante lo dispuesto en el inciso anterior, la Inspección del Trabajo deberá llevar a cabo, en forma previa a la denuncia, una mediación entre las partes a fin de agotar las posibilidades de corrección de las infracciones constatadas.

La denuncia a que se refieren los incisos anteriores deberá interponerse dentro de sesenta días contados desde que se produzca la vulneración de derechos fundamentales alegada. Este plazo se suspenderá en la forma a que se refiere el artículo 168.

Art. 487. Este procedimiento queda limitado a la tutela de derechos fundamentales a que se refiere el artículo 485.

No cabe, en consecuencia, su acumulación con acciones de otra naturaleza o con idéntica pretensión basada en fundamentos diversos.

Art. 488. La tramitación de estos procesos gozará de preferencia respecto de todas las demás causas que se tramiten ante el mismo tribunal.

Con igual preferencia se resolverán los recursos que se interpongan.

Art. 489. Si la vulneración de derechos fundamentales a que se refieren los incisos primero y segundo del artículo 485, se hubiere producido con ocasión del despido, la legitimación activa para recabar su tutela, por

---

[526] Inciso modificado por el artículo 2°, N° 1° de la Ley N° 21.280.

la vía del procedimiento regulado en este Párrafo, corresponderá exclusivamente al trabajador afectado.

La denuncia deberá interponerse dentro del plazo de sesenta días contado desde la separación, el que se suspenderá en la forma a que se refiere el inciso final del artículo 168.

En caso de acogerse la denuncia el juez ordenará el pago de la indemnización a que se refiere el inciso cuarto del artículo 162 y la establecida en el artículo 163, con el correspondiente recargo de conformidad a lo dispuesto en el artículo 168 y, adicionalmente, a una indemnización que fijará el juez de la causa, la que no podrá ser inferior a seis meses ni superior a once meses de la última remuneración mensual.

Con todo, cuando el juez declare que el despido es discriminatorio por haber infringido lo dispuesto en el inciso cuarto del artículo 2° de este Código, y además ello sea calificado como grave, mediante resolución fundada, el trabajador podrá optar entre la reincorporación o las indemnizaciones a que se refiere el inciso anterior.

En caso de optar por la indemnización a que se refiere el inciso anterior, ésta será fijada incidentalmente por el tribunal que conozca de la causa.

El juez de la causa, en estos procesos, podrá requerir el informe de fiscalización a que se refiere el inciso cuarto del artículo 486.

Si de los mismos hechos emanaren dos o más acciones de naturaleza laboral, y una de ellas fuese la de tutela laboral de que trata este Párrafo, dichas acciones deberán ser ejercidas conjuntamente en un mismo juicio, salvo si se tratare de la acción por despido injustificado, indebido o improcedente, la que deberá interponerse subsidiariamente. En este caso no será aplicable lo dispuesto en el inciso primero del artículo 488. El no ejercicio de alguna de estas acciones en la forma señalada importará su renuncia[527].

Tratándose de los funcionarios o trabajadores a los que se refiere el inciso segundo del artículo 1° de este Código, en caso de acogerse la denuncia, no procederá el pago de la indemnización a que se refiere el

---

527 Inciso modificado por el artículo único, letra D) de la Ley N° 20.287.

inciso cuarto del artículo 162 y la establecida en el artículo 163, en cuyo caso el juez ordenará el pago de una indemnización, la que no podrá ser inferior a seis meses ni superior a once meses de la última remuneración mensual. Asimismo, cuando el juez declare que el despido es discriminatorio por haber infringido lo dispuesto en el inciso cuarto del artículo 2 de este Código, y además ello sea calificado como grave, el trabajador podrá optar entre la indemnización que corresponda o bien su reincorporación al cargo[528].

Art. 489 bis. El despido de un trabajador, declarado como discriminatorio por basarse en el padecimiento de cáncer, será siempre considerado grave para los efectos de lo señalado en el inciso cuarto del artículo anterior[529].

Art. 490. La denuncia deberá contener, además de los requisitos generales que establece el artículo 446, la enunciación clara y precisa de los hechos constitutivos de la vulneración alegada acompañándose todos los antecedentes en los que se fundamente.

En el caso que no los contenga, se concederá un plazo fatal de cinco días para su incorporación[530].

Art. 491. Admitida la denuncia a tramitación, su substanciación se regirá por el procedimiento de aplicación general contenido en el Párrafo 3°.

Art. 492. El juez, de oficio o a petición de parte, dispondrá, en la primera resolución que dicte, la suspensión de los efectos del acto impugnado, cuando aparezca de los antecedentes acompañados al proceso que se trata de lesiones de especial gravedad o cuando la vulneración denunciada pueda causar efectos irreversibles, ello, bajo apercibimiento de multa de cincuenta a cien unidades tributarias mensuales, la que podrá repetirse hasta obtener el debido cumplimiento de la medida decretada.

---

528 Inciso incluido por el artículo 2°, N° 2 de la Ley N° 21.280.

529 Artículo incluido por el artículo 22, N° 2 de la Ley N° 21.258.

530 Artículo modificado por el artículo único, N° 20, letras a) y b) de la Ley N° 20.260.

Deberá también hacerlo en cualquier tiempo, desde que cuente con dichos antecedentes.

Contra estas resoluciones no procederá recurso alguno.

Art. 493. Cuando de los antecedentes aportados por la parte denunciante resulten indicios suficientes de que se ha producido la vulneración de derechos fundamentales, corresponderá al denunciado explicar los fundamentos de las medidas adoptadas y de su proporcionalidad.

Art. 494. Con el mérito del informe de fiscalización, cuando corresponda, de lo expuesto por las partes y de las demás pruebas acompañadas al proceso, el juez dictará sentencia en la misma audiencia o dentro de décimo día. Se aplicará en estos casos, lo dispuesto en el artículo 457[531].

Art. 495. La sentencia deberá contener, en su parte resolutiva:

1. La declaración de existencia o no de la lesión de derechos fundamentales denunciada;

2. En caso afirmativo, deberá ordenar, de persistir el comportamiento antijurídico a la fecha de dictación del fallo, su cese inmediato, bajo el apercibimiento señalado en el inciso primero del artículo 492;

3. La indicación concreta de las medidas a que se encuentra obligado el infractor dirigidas a obtener la reparación de las consecuencias derivadas de la vulneración de derechos fundamentales, bajo el apercibimiento señalado en el inciso primero del artículo 492, incluidas las indemnizaciones que procedan, y

4. La aplicación de las multas a que hubiere lugar, de conformidad a las normas de este Código.

En cualquier caso, el juez deberá velar para que la situación se retrotraiga al estado inmediatamente anterior a producirse la vulneración denunciada y se abstendrá de autorizar cualquier tipo de acuerdo que mantenga indemne la conducta lesiva de derechos fundamentales.

---

531 Artículo modificado por el artículo único, N° 21 de la Ley N° 20.260.

Copia de esta sentencia deberá remitirse a la Dirección del Trabajo para su registro.

Párrafo 7º Del procedimiento monitorio

Art. 496. Respecto de las contiendas cuya cuantía sea igual o inferior a quince ingresos mínimos mensuales, sin considerar, en su caso, los aumentos a que hubiere lugar por aplicación de los incisos quinto y séptimo del artículo 162; y de las contiendas a que se refiere el artículo 201 de este Código, se aplicará el procedimiento que a continuación se señala[532].

Art. 497. Será necesario que previo al inicio de la acción judicial se haya deducido reclamo ante la Inspección del Trabajo que corresponda, la que deberá fijar día y hora para la realización del comparendo respectivo, al momento de ingresarse dicha reclamación[533].

Se exceptúan de esta exigencia las acciones referentes a las materias reguladas por el artículo 201 de este Código.

La citación al comparendo de conciliación ante la Inspección del Trabajo se hará mediante carta certificada, en los términos del artículo 508, o por funcionario de dicho organismo, quien actuará en calidad de ministro de fe, para todos los efectos legales. En este caso, deberá entregarse personalmente dicha citación al empleador o, en caso de no ser posible, a persona adulta que se encuentre en el domicilio del reclamado.

Las partes deberán concurrir al comparendo de conciliación con los instrumentos probatorios de que dispongan, tales como contrato de trabajo, balances, comprobantes de remuneraciones, registros de asistencia y cualesquier otros que estimen pertinentes.

Se levantará acta de todo lo obrado en el comparendo, entregándose copia autorizada a las partes que asistan[534].

---

[532] Artículo modificado por el artículo 5º, Nº 5 de Ley Nº 21.394.

[533] Inciso modificado por el artículo único, letra E) de la Ley Nº 20.287.

[534] Artículo modificado por el artículo único, Nº 23 de la Ley Nº 20.260.

Art. 498. En caso que el reclamante no se presentare al comparendo, estando legalmente citado, se pondrá término a dicha instancia, archivándose los antecedentes.

Sin perjuicio de lo señalado en el inciso anterior, el trabajador podrá accionar judicialmente conforme a las reglas del procedimiento de aplicación general regulado en el Párrafo 3° del presente Título[535].

Art. 499. Si no se produjere conciliación entre las partes o ésta fuere parcial, como asimismo en el caso que el reclamado no concurra al comparendo, el trabajador podrá interponer demanda ante el juez del trabajo competente, dentro del plazo establecido en los artículos 168 y 201 de este Código, según corresponda.

La demanda deberá interponerse por escrito y contener las menciones a que se refiere el artículo 446 de este Código.

Deberá acompañarse a ella el acta levantada en el comparendo celebrado ante la Inspección del Trabajo y los documentos presentados en éste. Esta exigencia no regirá en el caso de la acción emanada del artículo 201[536].

Art. 500. En caso que el juez estime fundadas las pretensiones del demandante, las acogerá inmediatamente; en caso contrario las rechazará de plano. Para pronunciarse, deberá considerar, entre otros antecedentes, la complejidad del asunto que se somete a su decisión, la comparecencia de las partes en la etapa administrativa y la existencia de pagos efectuados por el demandado. En caso de no existir antecedentes suficientes para este pronunciamiento, el tribunal deberá citar a la audiencia establecida en el inciso quinto del presente artículo.

Las partes sólo podrán reclamar de esta resolución dentro del plazo de diez días hábiles contado desde su notificación, sin que proceda en contra de ella ningún otro recurso.

La notificación al demandado se practicará conforme a las reglas generales.

---

[535] Artículo reemplazado por el artículo único, N° 24 de la Ley N° 20.260.

[536] Artículo reemplazado por el artículo único, N° 25 de la Ley N° 20.260.

En todo caso, en la notificación se hará constar los efectos que producirá la falta de reclamo o su presentación extemporánea.

Presentada la reclamación dentro de plazo, el juez citará a las partes a una audiencia única de conciliación, contestación y prueba, la que deberá celebrarse dentro de los quince días siguientes a su presentación. En el evento de citarse a la audiencia única por no existir antecedentes suficientes para el pronunciamiento a que se refiere el inciso primero, el tribunal fijará dentro de los veinte días siguientes a la fecha de la resolución, el día y la hora para su celebración, debiendo mediar entre la notificación y la celebración de la audiencia, a lo menos, cinco días[537].

Si el empleador reclama parcialmente de la resolución que acoge las pretensiones del trabajador, se aplicará lo establecido en el artículo 462[538].

Art. 501. Las partes deberán asistir a la audiencia con todos sus medios de prueba y, en caso de comparecer a través de mandatario, éste deberá estar expresamente revestido de la facultad de transigir.

La audiencia tendrá lugar con sólo la parte que asista.

El juez deberá dictar sentencia al término de la audiencia, la que deberá contener las menciones señaladas en los números 1, 2, 5, 6 y 7 del artículo 459[539].

Sin perjuicio de lo dispuesto en el inciso anterior, siempre que se trate de causas de interés colectivo o causas que presenten mayor complejidad, el juez podrá, mediante resolución fundada, dictar la sentencia respectiva hasta en un plazo de tres días de terminada la audiencia, la que deberá notificarse en la forma prevista en el inciso primero del artículo 457[540].

Art. 502. Las resoluciones dictadas en el procedimiento monitorio serán susceptibles de ser impugnadas por medio de todos los recursos

---

537 Inciso modificado por el artículo único, N° 2° de la Ley N° 20.974.

538 Artículo reemplazado por el artículo único, N° 26 de la Ley N° 20.260.

539 Artículo reemplazado por el artículo único, N° 27 de la Ley N° 20.260.

540 Inciso incluido por el artículo único, N° 3 de la Ley N° 20.974.

establecidos en este Código, con excepción del recurso de unificación de jurisprudencia contenido en los artículos 483 y siguientes[541].

TÍTULO II
DEL PROCEDIMIENTO DE RECLAMACIÓN DE MULTAS Y DEMÁS RESOLUCIONES ADMINISTRATIVAS[542]

Art. 503. Las sanciones por infracciones a la legislación laboral y de seguridad social y a sus reglamentos, se aplicarán administrativamente por los respectivos inspectores del trabajo o por los funcionarios que se determinen en el reglamento correspondiente. Dichos funcionarios actuarán como ministros de fe.

En todos los trámites a que dé lugar la aplicación de sanciones, regirá la norma del artículo 4° de este Código.

La resolución que aplique la multa administrativa será reclamable ante el Juez de Letras del Trabajo, dentro de quince días hábiles contados desde su notificación. Dicha reclamación deberá dirigirse en contra del Jefe de la Inspección Provincial o Comunal a la que pertenezca el funcionario que aplicó la sanción.

Admitida la reclamación a tramitación, previa verificación de los requisitos señalados en el inciso anterior, su substanciación se regirá por el procedimiento de aplicación general contenido en el Párrafo 3°, del Capítulo II, del Título I del presente Código, a menos que la cuantía de la multa, al momento de la dictación de la resolución que la impone o de la que resuelve la reconsideración administrativa respecto de ella, sea igual o inferior a 10 Ingresos Mínimos Mensuales, caso en el cual, se sustanciará de acuerdo a las reglas del procedimiento monitorio, contenidas en los artículos 500 y siguientes del presente Código.

En contra de la sentencia que resuelva una reclamación se podrá recurrir conforme a lo establecido en el artículo 502 del presente Código[543].

---

541 Artículo reemplazado por el artículo único, N° 28 de la Ley N° 20.260.

542 Título sustituido por el artículo único, N° 16 de la Ley N° 20.087.

543 Incisos 4° y 5° incluido por el artículo único, N° 29 de la Ley N° 20.260.

Art. 504. En todos aquellos casos en que en virtud de este Código u otro cuerpo legal, se establezca reclamación judicial en contra de resoluciones pronunciadas por la Dirección del Trabajo, distintas de la multa administrativa o de la que se pronuncie acerca de una reconsideración administrativa de multa, se sustanciará de acuerdo a las reglas del procedimiento monitorio, contenidas en los artículos 500 y siguientes del presente Código[544].

TÍTULO FINAL
DE LA FISCALIZACIÓN, DE LAS SANCIONES Y DE LA PRESCRIPCIÓN

Art. 505. La fiscalización del cumplimiento de la legislación laboral y su interpretación corresponde a la Dirección del Trabajo, sin perjuicio de las facultades conferidas a otros servicios administrativos en virtud de las leyes que los rigen.

Los funcionarios públicos deberán informar a la Inspección del Trabajo respectiva, las infracciones a la legislación laboral de que tomen conocimiento en el ejercicio de su cargo[545].

El Director del Trabajo podrá disponer consulta pública sobre las instrucciones, pronunciamientos y demás normas de carácter general que en el ejercicio de sus facultades dicte para la interpretación y aplicación de las leyes laborales y de seguridad y salud en el trabajo, a fin de que los interesados opinen y formulen propuestas sobre ellas. En todos aquellos casos en que la Dirección del Trabajo disponga de dicha consulta pública, deberá remitirla, además, al Consejo Superior Laboral[546].

La Dirección del Trabajo establecerá y publicará el procedimiento para efectuar esta consulta, en el cual contemplará que las opiniones y propuestas sean de carácter público, formuladas a través de medios electrónicos, las que no tendrán carácter vinculante respecto de la autoridad[547].

---

[544] Artículo reemplazado por el artículo único, N° 30 de la Ley N° 20.260.

[545] Inciso incluido por el artículo 1°, N° 7 de la Ley N° 19.481.

[546] Inciso incluido por el artículo 1°, N° 12 de la Ley N° 21.327.

[547] Inciso incluido por el artículo 1°, N° 12 de la Ley N° 21.327.

Esta consulta pública se entenderá sin perjuicio de lo dispuesto en la ley N° 20.500, sobre asociaciones y participación ciudadana en la gestión pública[548].

Art. 505 bis. Para los efectos de este Código y sus leyes complementarias, los empleadores se clasificarán en micro, pequeña, mediana y gran empresa, en función del número de trabajadores.

Se entenderá por micro empresa aquella que tuviere contratados de 1 a 9 trabajadores, pequeña empresa aquella que tuviere contratados de 10 a 49 trabajadores, mediana empresa aquella que tuviere contratados de 50 a 199 trabajadores y gran empresa aquella que tuviere contratados 200 trabajadores o más[549].

Art. 505-A.- Sin perjuicio de las normas especiales que se establecen en este Título y en el decreto con fuerza de ley N° 2, de 1967, del Ministerio del Trabajo y Previsión Social, que dispone la reestructuración y fija funciones de la Dirección del Trabajo, el procedimiento de fiscalización del cumplimiento de la legislación laboral, previsional y de seguridad y salud en el trabajo deberá ajustarse, especialmente, a los principios de responsabilidad, gratuidad, eficiencia, eficacia, coordinación, impugnabilidad de los actos administrativos, control, probidad administrativa, transparencia y publicidad que rigen la actuación de los órganos de la Administración del Estado. Lo anterior se hará en conformidad a las disposiciones del decreto con fuerza de ley N° 1-19.653, del 2000, del Ministerio Secretaría General de la Presidencia, que fija el texto refundido, coordinado y sistematizado de la ley N° 18.575, orgánica constitucional de Bases Generales de la Administración del Estado, y de la ley N° 19.880, que establece bases de los procedimientos administrativos que rigen los actos de los órganos de la Administración del Estado.

El procedimiento de fiscalización que emplee la Dirección del Trabajo se regirá por una resolución dictada por el Jefe Superior del Servicio, en la cual se contemplará una enunciación de los derechos y deberes de los

---

[548] Inciso incluido por el artículo 1°, N° 12 de la Ley N° 21.327.

[549] Artículo incluido por el artículo 12°, N° 3°, letra a) de la Ley N° 20.416.

intervinientes e interesados en él, conforme a las normas mencionadas en el inciso anterior[550].

Art. 506. Las infracciones a este Código y sus leyes complementarias, que no tengan señalada una sanción especial, serán sancionadas de conformidad a lo dispuesto en los incisos siguientes, según la gravedad de la infracción.

Para la micro empresa de 1 a 5 unidades tributarias mensuales[551].

Para la pequeña empresa de 1 a 10 unidades tributarias mensuales[552].

Tratándose de medianas empresas, la sanción ascenderá de 2 a 40 unidades tributarias mensuales.

Tratándose de grandes empresas, la sanción ascenderá de 3 a 60 unidades tributarias mensuales.

En el caso de las multas especiales que establece este Código, su rango se podrá duplicar y triplicar, según corresponda, si se dan las condiciones establecidas en los incisos cuarto y quinto de este artículo, respectivamente y de acuerdo a la normativa aplicable por la Dirección del Trabajo[553].

La infracción a las normas sobre fuero sindical se sancionará con multa de 14 a 70 unidades tributarias mensuales[554].

Art. 506 bis. El inspector del trabajo que constate en una micro o pequeña empresa una infracción legal o reglamentaria que no ponga en riesgo inminente la seguridad o la salud de los trabajadores podrá conceder un plazo de, a lo menos, cinco días hábiles para dar cumplimiento a las normas respectivas[555].

Art. 506 ter. Tratándose de micro y pequeñas empresas, y en los casos en que el afectado no hubiere recurrido de conformidad a los artículos

---

550 Artículo incluido por el artículo 1°, N° 13 de la Ley N° 21.327.

551 Inciso modificado por el artículo 1°, N° 14 a) de la Ley N° 21.327.

552 Inciso incluido por el artículo 1°, N° 14 b) de la Ley N° 21.327.

553 Inciso modificado por el artículo 1°, N° 14 c) de la Ley N° 21.327.

554 Artículo reemplazado por el artículo 12°, N° 3°, letra b) de la Ley N° 20.416.

555 Artículo incluido por el artículo 12°, N° 3°, letra c) de la Ley N° 20.416.

503 y 511 de este Código, el inspector del trabajo respectivo autorizará, a solicitud del sancionado, y sólo por una vez en el año respecto de la misma infracción, la sustitución de la multa impuesta por alguna de las modalidades siguientes:

1. Si la multa impuesta es por infracción a normas de higiene y seguridad, por la incorporación en un programa de asistencia al cumplimiento, en el que se acredite la corrección de la o las infracciones que dieron origen a la sanción y la puesta en marcha de un sistema de gestión de seguridad y salud en el trabajo. Dicho programa deberá implementarse con la asistencia técnica del organismo administrador de la ley Nº 16.744, al que se encuentre afiliada o adherida la empresa infractora y deberá ser presentado para su aprobación por la Dirección del Trabajo, debiendo mantenerse permanentemente a su disposición en los lugares de trabajo. La presente disposición será igualmente aplicada por la autoridad sanitaria que corresponda, en aquellos casos en que sea ésta quien aplique la sanción.

2. En el caso de multas no comprendidas en el número anterior, y previa acreditación de la corrección, de la o las infracciones que dieron origen a la sanción, por la asistencia obligatoria del titular o representante legal de la empresa de menor tamaño, o de los trabajadores vinculados a las funciones de administración de recursos humanos que él designe a programas de capacitación dictados por la Dirección del Trabajo, los que tendrán una duración máxima de dos semanas.

La solicitud de sustitución deberá presentarse dentro del plazo de treinta días de notificada la resolución de multa administrativa.

Autorizada la sustitución de la multa de conformidad a lo dispuesto precedentemente, si el empleador no cumpliere con su obligación de incorporarse en un programa de asistencia al cumplimiento o de asistencia a programas de capacitación, según corresponda, en el plazo de 60 días, procederá al aumento de la multa original, el que no podrá exceder de un 25% de su valor[556].

---

[556] Artículo incluido por el artículo 12º, Nº 3º, letra c) de la Ley Nº 20.416.

Art. 506 quáter.- Para la determinación del monto de la sanción, dentro de los rangos a que se refiere el artículo 506, la resolución indicada en el artículo 505-A incluirá una categorización de ellas, y las clasificará en leves, graves y gravísimas, para lo cual se considerarán como criterios la naturaleza de la infracción, la afectación de derechos laborales, el número de trabajadores afectados y la conducta del empleador[557].

Art. 507. Las acciones judiciales derivadas de la aplicación del inciso cuarto del artículo 3° de este Código podrán ser ejercidas por las organizaciones sindicales o trabajadores de las respectivas empresas que consideren que sus derechos laborales o previsionales han sido afectados.

Estas acciones podrán interponerse en cualquier momento, salvo durante el período de negociación colectiva a que se refiere el Capítulo I del Título II del Libro IV de este Código; si el procedimiento judicial iniciado sobrepasa la fecha de presentación del proyecto de contrato colectivo, los plazos y efectos del proceso de negociación deberán suspenderse mientras se resuelve, entendiéndose para todos los efectos legales prorrogada la vigencia del instrumento colectivo vigente hasta 30 días después de ejecutoriada la sentencia, día en que se reanudará la negociación en la forma que determine el tribunal, de acuerdo con lo dispuesto en la ley.

La sentencia definitiva que dé lugar total o parcialmente a las acciones entabladas deberá contener en su parte resolutiva:

1. El pronunciamiento e individualización de las empresas que son consideradas como un solo empleador para efectos laborales y previsionales, conforme a lo señalado en el inciso cuarto del artículo 3° de este Código.

2. La indicación concreta de las medidas a que se encuentra obligado el empleador dirigidas a materializar su calidad de tal, así como aquellas destinadas al cumplimiento de todas las obligaciones laborales y previsionales y al pago de todas las prestaciones que correspondieren; bajo apercibimiento de multa de 50 a 100 unidades tributarias mensuales, la que podrá repetirse hasta obtener el debido cumplimiento de lo ordenado.

---

[557] Artículo incluido por el artículo 1°, N° 15 de la Ley N° 21.327.

3. La determinación acerca de si la alteración de la individualidad del empleador se debe o no a la simulación de contratación de trabajadores a través de terceros, o bien a la utilización de cualquier subterfugio, ocultando, disfrazando o alterando su individualización o patrimonio, y si ello ha tenido como resultado eludir el cumplimiento de las obligaciones laborales y previsionales que establece la ley o la convención. Si así lo determina, deberá señalar de manera precisa las conductas que constituyen dicha simulación o subterfugio y los derechos laborales y previsionales que por esta vía se hubieren vulnerado, debiendo aplicar al infractor una multa de 20 a 300 unidades tributarias mensuales. En estos casos, será aplicable a las multas señaladas lo dispuesto en el inciso sexto del artículo 506 de este Código[558].

Quedan comprendidos dentro del concepto de subterfugio referido en el párrafo anterior, cualquier alteración de mala fe realizada a través del establecimiento de razones sociales distintas, la creación de identidades legales, la división de la empresa, u otras que signifiquen para los trabajadores disminución o pérdida de derechos laborales individuales o colectivos, en especial entre los primeros las gratificaciones o las indemnizaciones por años de servicios y entre los segundos el derecho a sindicalización o a negociar colectivamente.

La sentencia definitiva se aplicará respecto de todos los trabajadores de las empresas que son consideradas como un solo empleador para efectos laborales y previsionales.

Las acciones a que se refieren los incisos precedentes podrán ejercerse mientras perdure la situación descrita en el inciso cuarto del artículo 3° de este Código, sin perjuicio de lo dispuesto en el inciso segundo del presente artículo[559].

En caso de que las situaciones descritas en el inciso cuarto del artículo 3 de este Código hayan sido modificadas sustancialmente con posterioridad a la declaración de único empleador, y siempre que hayan transcurrido a lo menos dos años desde que quedó firme la sentencia que efectuó tal

---

558 Inciso modificado por el artículo 1°, N° 16 a) de la Ley N° 21.327.

559 Artículo reemplazado por el artículo único, N° 2° de la Ley N° 20.760.

declaración, se podrá solicitar, ante el Juzgado de Letras del Trabajo correspondiente, el término de la calificación de las empresas como un solo empleador, por aquellas que hubieren sido consideradas en tal calificación. Con todo, podrá efectuarse la solicitud antes de dicho plazo si ésta se basa en el hecho de que una de las empresas comprendidas en la declaración ha cambiado de dueño y no existe entre ellas un controlador común[560].

Promovida la solicitud, deberá notificarse a quien haya sido parte del juicio en el cual se realizó declaración de único empleador, siempre que mantenga relación laboral vigente con éste, y a las organizaciones sindicales existentes y vigentes en las empresas comprendidas en la declaración, quienes podrán oponerse a la solicitud y hacerse parte dentro del plazo de quince días. Presentada una o más oposiciones, el juez citará a las partes a una audiencia única de conciliación, contestación y prueba, la que deberá celebrarse dentro de los quince días siguientes al vencimiento del plazo para oponerse y hacerse parte, y se sustanciará de acuerdo a las reglas del procedimiento monitorio. En caso de no presentarse oposición alguna, el juez resolverá con los antecedentes aportados por el solicitante. Si el tribunal acoge la solicitud, deberá señalar en su sentencia las medidas concretas dirigidas a materializar dicha situación[561].

Art. 508. Las notificaciones, citaciones y comunicaciones legales que realice la Dirección del Trabajo se deberán efectuar mediante correo electrónico, sin perjuicio de lo señalado en el inciso siguiente. Para estos efectos, cada empleador, trabajador, organización sindical, director sindical o cualquier otra persona o entidad que se relacione con la Dirección del Trabajo, deberá registrar un correo electrónico u otro medio digital definido por la ley, donde deberán practicarse las notificaciones, citaciones y comunicaciones, el que se considerará vigente para todos los efectos legales mientras no sea modificado en el portal electrónico de la mencionada Dirección. Las notificaciones, citaciones y comunicaciones a través de correo electrónico u otro medio digital definido por la ley, producirán

---

[560] Inciso incluido por el artículo 1°, N° 16 b) de la Ley N° 21.327.

[561] Inciso incluido por el artículo 1°, N° 16 b) de la Ley N° 21.327.

pleno efecto legal y se entenderán practicadas al tercer día hábil siguiente contado desde la fecha de la emisión del referido correo.

Con todo, la Dirección del Trabajo podrá notificar a los usuarios:

a) Personalmente o por carta certificada, cuando el usuario no tenga registrado en el portal de la Dirección del Trabajo un correo electrónico; o

b) De una forma diversa, en cuanto así haya sido solicitado de acuerdo al procedimiento establecido en el inciso primero del artículo 516.

En cualquier caso, cuando la notificación sea realizada por carta certificada, ésta deberá ser dirigida al domicilio que las partes hayan fijado en el contrato de trabajo, en el instrumento colectivo o proyecto de instrumento, cuando se trate de actuaciones relativas a la negociación colectiva, al que aparezca de los antecedentes propios de la actuación de que se trate, o que conste en los registros propios de la mencionada Dirección, y se entenderá practicada al sexto día hábil contado desde la fecha de su recepción por la oficina de Correos respectiva, de lo que se dejará constancia por escrito[562].

Art. 509. Las personas que incurran en falsedad en el otorgamiento de certificados, permisos o estado de salud, en falsificación de éstos, o en uso malicioso de ellos, serán sancionadas con las penas previstas en el artículo 202 del Código Penal.

Art. 510. Los derechos regidos por este Código prescribirán en el plazo de dos años contados desde la fecha en que se hicieron exigibles.

En todo caso, las acciones provenientes de los actos y contratos a que se refiere este Código prescribirán en seis meses contados desde la terminación de los servicios.

Asimismo, la acción para reclamar la nulidad del despido, por aplicación de lo dispuesto en el artículo 162, prescribirá también en el plazo de seis meses contados desde la suspensión de los servicios[563].

---

[562] Artículo modificado por el artículo 1°, N° 17 de la Ley N° 21.327.

[563] Inciso incluido por el artículo único, N° 2°, letra a) de la Ley N° 19.631.

El derecho al cobro de horas extraordinarias prescribirá en seis meses contados desde la fecha en que debieron ser pagadas.

Los plazos de prescripción establecidos en este Código no se suspenderán, y se interrumpirán en conformidad a las normas de los artículos 2523 y 2524 del Código Civil.

Con todo, la interposición de un reclamo administrativo debidamente notificado ante la Inspección del Trabajo respectiva, dentro de los plazos indicados en los incisos primero, segundo, tercero y cuarto suspenderá también la prescripción, cuando la pretensión manifestada en dicho reclamo sea igual a la que se deduzca en la acción judicial correspondiente, emane de los mismos hechos y esté referida a las mismas personas. En estos casos, el plazo de prescripción seguirá corriendo concluido que sea el trámite ante dicha Inspección y en ningún caso podrá exceder de un año contado desde el término de los servicios[564].

Art. 511. Facúltase al Director del Trabajo, en los casos en que el afectado no hubiere recurrido de conformidad al artículo 503 y no hubiere solicitado la sustitución del artículo 506 ter de este Código, para reconsiderar las multas administrativas impuestas por funcionarios de su dependencia en la forma siguiente:

1. Dejando sin efecto la multa, cuando aparezca de manifiesto que se ha incurrido en un error de hecho al aplicar la sanción.

2. Rebajando la multa, cuando se acredite fehacientemente haber dado íntegro cumplimiento, a las disposiciones legales, convencionales o arbitrales cuya infracción motivó la sanción.

Si dentro de los quince días hábiles siguientes de notificada la multa, el empleador corrigiere la infracción, el monto de la multa se rebajará, a lo menos, en un cincuenta por ciento. Tratándose de la micro y pequeña empresa, la multa se rebajará, a lo menos, en un ochenta por ciento[565].

---

[564] Inciso incluido por el artículo 1°, N° 13 de la Ley N° 19.447.

[565] Inciso modificado por el artículo 1°, N° 18 a) de la Ley N° 21.327.

Todos los plazos de días establecidos en este Título son de días hábiles y se computarán de acuerdo a lo dispuesto en el artículo 25 de la ley N° 19.880[566].

Art. 512. El Director del Trabajo hará uso de esta facultad mediante resolución fundada, a solicitud escrita del interesado, la que deberá presentarse dentro del plazo de treinta días de notificada la resolución que aplicó la multa administrativa.

Esta resolución será reclamable ante el Juez de Letras del Trabajo dentro de quince días de notificada y en conformidad al artículo 503 de este Código[567].

Art. 513. Toda persona que contrate los servicios intelectuales o materiales de terceros, que esté sujeta a la fiscalización de la Dirección del Trabajo, deberá dar cuenta a la Inspección del Trabajo correspondiente dentro de los tres días hábiles siguientes a que conoció o debió conocer del robo o hurto de los instrumentos determinados en el artículo 31 del Decreto con Fuerza de ley N° 2, de 1967, del Ministerio del Trabajo y Previsión Social, que el empleador está obligado a mantener en el lugar de trabajo. El empleador sólo podrá invocar la pérdida de los referidos documentos si hubiere cumplido con el trámite previsto anteriormente y hubiese, además, efectuado la denuncia policial respectiva[568].

Art. 514. La Dirección del Trabajo, para hacer efectivas sus competencias y facultades podrá acceder en forma electrónica a toda la documentación obligatoria laboral y de seguridad social de los empleadores y empresas que conste en su sitio electrónico.

La Dirección del Trabajo se deberá relacionar y comunicar legalmente, incluyendo las notificaciones, citaciones y comunicaciones, con los empleadores, trabajadores, organizaciones y directores sindicales y usuarios

---

566 Inciso incluido por el artículo 1°, N° 18 b) de la Ley N° 21.327.

567 Inciso incluido por el artículo 1°, N° 19 de la Ley N° 21.327.

568 Artículo incluido por el artículo 1°, N° 10 de la Ley N° 19.481.

en general, mediante medios electrónicos y, en ese caso, todos los usuarios podrán realizar sus trámites, actuaciones, requerimientos y solicitudes, por los mismos medios electrónicos, cumpliendo las modalidades y procedimientos que establezca para tal efecto, mediante resolución.

La Dirección deberá disponer de un sistema electrónico para la tramitación y seguimiento de las denuncias, procesos de fiscalización, solicitudes de pronunciamiento y consultas que tengan los usuarios respecto de trámites o procesos en curso, de los cuales sean parte.

Todas las actuaciones que se realicen en forma electrónica de conformidad a este artículo, producirán los mismos efectos legales que aquellas realizadas en forma presencial o documental[569].

Art. 515. Todo empleador deberá mantener registrado en el sitio electrónico de la Dirección del Trabajo una dirección de correo electrónico, la cual se considerará vigente para todos los efectos legales, mientras no sea modificado en el mismo sitio.

Un reglamento del Ministerio del Trabajo y Previsión Social, previo informe de la Dirección del Trabajo, determinará los datos y la documentación, de aquellos a los que se refiere el artículo 31 del decreto con fuerza de ley N° 2, de 1967, del Ministerio del Trabajo y Previsión Social, que los empleadores deberán mantener obligatoriamente en el referido sitio. Incorporada dicha información en este registro electrónico laboral, los empleadores podrán centralizar tales documentos en un solo lugar, el que deberá ser informado previamente a la Dirección del Trabajo. El reglamento establecerá las modalidades y procedimientos mediante los cuales se implementará y mantendrá actualizado el mencionado registro.

La Dirección del Trabajo, previo requerimiento, deberá proporcionar a los tribunales de justicia la información contenida en el registro electrónico laboral[570].

---

[569] Artículo incluido por el artículo 1°, N° 20 de la Ley N° 21.327.

[570] Artículo incluido por el artículo 1°, N° 20 de la Ley N° 21.327.

Art. 516. No obstante lo señalado en los artículos 514 y 515, los empleadores, trabajadores, organizaciones, directores sindicales y usuarios en general que carezcan de medios electrónicos, no tengan acceso a ellos o sólo actuaren excepcionalmente a través de tales medios, podrán solicitar por escrito y de forma fundada, ante la Dirección del Trabajo, que la relación y comunicación con ésta se realice mediante forma diversa, debiendo ella pronunciarse dentro del tercer día, según lo establezca la resolución a la que se refiere el inciso segundo del artículo 514. Las relaciones y comunicaciones se realizarán en la forma solicitada si fuere posible o mediante carta certificada dirigida al domicilio que debiere designar al presentar esta solicitud.

Asimismo, las comunicaciones podrán hacerse en la oficina de la Inspección del Trabajo, si el interesado se apersonare a recibirlas, dejándose constancia de ello en la plataforma electrónica o firmando en el expediente la debida recepción, según corresponda, consignándose la fecha y hora de la comunicación en ambos casos. Si el interesado requiriere copia del acto o resolución que se le comunica o notifica, se le dará, sin más trámite, en el mismo momento, en el formato que se tramite el procedimiento o en que pueda obtenerse del portal electrónico de la Dirección del Trabajo[571].

Art. 517. La Dirección del Trabajo podrá celebrar convenios con entidades públicas y privadas que administren registros de datos referidos a empleadores, empresas, trabajadores y organizaciones sindicales para la obtención, tratamiento y mantención de datos exclusivamente vinculados con obligaciones laborales, de seguridad social y de seguridad y salud en el trabajo.

La Dirección del Trabajo tendrá la responsabilidad de efectuar el tratamiento de los datos personales de los trabajadores y empleadores sólo para el cumplimiento de sus funciones legales y con sujeción a las normas de la ley N° 19.628, sobre protección de la vida privada. Se entenderá

---

[571] Artículo incluido por el artículo 1°, N° 20 de la Ley N° 21.327.

como tratamiento de datos lo dispuesto en la letra o) del artículo 2 de la referida ley.

La Dirección del Trabajo y su personal deberán guardar absoluta reserva y secreto de la información y de los datos personales que tomen conocimiento, sin perjuicio de las informaciones y certificaciones que deban proporcionar de conformidad a la ley. Asimismo, deberán abstenerse de usar los datos recopilados en beneficio propio o de terceros. Para efectos de lo dispuesto en el inciso segundo del artículo 125 del decreto con fuerza de ley N° 29, de 2004, del Ministerio de Hacienda, que fija el texto refundido, coordinado y sistematizado de la ley N° 18.834, sobre Estatuto Administrativo, se estimará que los hechos que configuren infracciones a esta disposición vulneran gravemente el principio de probidad administrativa, sin perjuicio de las demás sanciones y responsabilidades que procedan y de lo dispuesto en el artículo 40 del decreto con fuerza de ley N° 2, de 1967, del Ministerio del Trabajo y Previsión Social[572].

Art. 518. Para el ejercicio de la labor fiscalizadora la Dirección del Trabajo podrá disponer el uso de vehículos fiscales en días inhábiles y en horario nocturno[573].

Art. 519. La Dirección del Trabajo podrá hacerse parte o querellarse en los procesos a que diere lugar un hecho que revista caracteres de delito, en relación a los trámites que se desarrollen ante ella, o que se hubiere cometido en contra de alguno de sus funcionarios en el ejercicio de sus deberes[574].

ARTÍCULOS TRANSITORIOS

Art. 1. Las disposiciones de este Código no alteran las normas y regímenes generales o especiales de carácter previsional. Sin embargo, tanto

---

572 Artículo incluido por el artículo 1°, N° 20 de la Ley N° 21.327

573 Artículo incluido por el artículo 1°, N° 20 de la Ley N° 21.327.

574 Artículo incluido por el artículo 1°, N° 20 de la Ley N° 21.327.

en aquéllas como en éstas regirá plenamente la definición de remuneración contenida en el artículo 41 de este Código.

Corresponderá a la Superintendencia de Seguridad Social resolver en caso de duda acerca de la calidad de obrero o empleado de un trabajador para los efectos previsionales a que haya lugar mientras esté vigente el contrato, según predomine en su trabajo el esfuerzo físico o el intelectual; y si el contrato hubiere terminado, la materia será de jurisdicción de los tribunales de justicia.

Art. 2. Los trabajadores con contrato vigente al 15 de junio de 1978, o al 14 de agosto de 1981, que a esas fechas tenían derecho a un feriado anual superior al que establecieron el Título VII del decreto ley Nº 2.200, de 1978 antes de su modificación por la ley Nº 18.018, y el artículo 11 transitorio del primero de estos cuerpos legales, conservarán ese derecho, limitado al número de días que a esas fechas les correspondían, de acuerdo a las normas por las cuales se rigieron.

Art. 3. Las disposiciones reglamentarias vigentes a la fecha de entrada en vigor del presente Código, que hubieren sido dictadas en virtud de los cuerpos legales derogados por el artículo segundo de la ley Nº 18.620 mantendrán su vigencia, en todo lo que fueren compatibles con aquél hasta el momento en que comiencen a regir los nuevos reglamentos.

Art. 4. Lo dispuesto en el artículo 58 de este Código, no afectará a las deducciones que actualmente se practiquen por obligaciones contraídas con anterioridad a su vigencia, las que continuarán efectuándose en conformidad a las normas legales por las que se regían.

Art. 5. Los trabajadores que con anterioridad al 14 de agosto de 1981 tenían derecho al beneficio que establecía la Ley Nº 17.335, lo conservarán en la forma prevista en ella.

Art. 6. Las convenciones individuales o colectivas relativas a la indemnización por término de contrato o por años de servicios celebradas con anterioridad al 17 de diciembre de 1984, con carácter sustitutivo de la indemnización legal por la misma causa, en conformidad a los incisos primero del artículo 16 del decreto Ley N° 2.200, de 1978, y segundo del artículo 1° transitorio de la ley N° 18.018, se sujetarán a las siguientes normas:

a) estas convenciones sólo tendrán eficacia en cuanto establecieren derechos iguales o superiores a los previstos en el Título V del Libro I de este Código;

b) no obstante lo dispuesto en la letra precedente, si en virtud de dichas convenciones se hubiera pagado anticipadamente la indemnización, o una parte de ella, el período a que este pago se refiere se entenderá indemnizado para todos los efectos legales y no estarán sujetas a restitución, cualquiera fuere la causa por la cual termine el contrato, y

c) si las convenciones antes señaladas contemplaren el pago periódico de la indemnización, los anticipos mantendrán los montos pactados hasta el límite que establecía el artículo 160 del Código del Trabajo aprobado por el artículo primero de la ley N° 18.620 y se ajustarán al período mínimo de pago que establece esa norma.

Con todo, si el pago de la indemnización se hubiera convenido en el contrato individual con una periodicidad igual o inferior a un mes, el valor de la misma se incorporará, para todos los efectos legales, y a partir del 17 de diciembre de 1984, a la remuneración del trabajador, sin perjuicio de lo dispuesto en la letra b) de este artículo.

Art. 7. Los trabajadores con contrato de trabajo vigente al 1° de diciembre de 1990 y que hubieren sido contratados con anterioridad al 14 de agosto de 1981, tendrán derecho a las indemnizaciones que les correspondan conforme a ella, sin el límite máximo a que se refiere el artículo 163. Si dichos trabajadores pactasen la indemnización a todo evento señalada en el artículo 164, ésta tampoco tendrá el límite máximo que allí se indica.

La norma del inciso anterior se aplicará también a los trabajadores que con anterioridad al 14 de agosto de 1981 se encontraban afectos a la ley N° 6.242, y que continuaren prestando servicios al 1° de diciembre de 1990.

Art. 8. Los trabajadores con contrato de trabajo vigente al 1° de diciembre de 1990 y que hubieren sido contratados a contar del 14 de agosto de 1981, recibirán el exceso sobre ciento cincuenta días de remuneración, que por concepto de indemnización por años de servicio pudiere corresponderles al 14 de agosto de 1990, en mensualidades sucesivas, equivalentes a treinta días de indemnización cada una, debidamente reajustadas en conformidad al artículo 173.

Para tales efectos, en el respectivo finiquito se dejará constancia del monto total que deberá pagarse con tal modalidad y el no pago de cualquiera de las mensualidades hará exigible en forma anticipada la totalidad de las restantes. Dicho pago podrá realizarse en la Inspección del Trabajo correspondiente.

Art. 9. Para el cálculo de las indemnizaciones de los trabajadores con contrato de trabajo vigente al 1° de diciembre de 1990 y que hubieren sido contratados con anterioridad al 1° de marzo de 1981, no se considerará el incremento o factor previsional establecido para las remuneraciones por el Decreto Ley N° 3.501, de 1980.

Art. 10. Los anticipos sobre la indemnización por años de servicio convenidos o pagados con anterioridad al 1° de diciembre de 1990 se regirán por las normas bajo cuyo imperio se convinieron o pagaron.

Art. 11. La liquidación de los fondos externos u otras entidades de análoga naturaleza extinguidos por aplicación del artículo 7° transitorio del Decreto Ley N° 2.758, de 1979, interpretado por el artículo 15 de la Ley N° 18.018, continuará sujetándose a lo dispuesto en los artículos 16, 17 y 19 de este último cuerpo legal.

Art. 12. No obstante lo dispuesto en el inciso primero del artículo 304, en las empresas del Estado o en aquellas en que éste tenga aportes, participación o representación mayoritarios, que no hubieren estado facultadas para negociar colectivamente durante la vigencia del decreto Ley N° 2.758, de 1979, la negociación sólo podrá tener lugar previa autorización dada en virtud de una ley.

Art. 13. La Ley Nº 19.250 entró en vigencia a partir del primer día del mes subsiguiente a su publicación con las siguientes excepciones:

a) Lo dispuesto en el nuevo inciso cuarto del artículo 37 del Código del Trabajo aprobado por el artículo primero de la ley Nº 18.620, y modificado por el Nº 14 del artículo 1º de la Ley Nº 19.250, regirá noventa días después de la fecha de su entrada en vigencia.

b) Lo dispuesto en el inciso primero del nuevo artículo 44 y en el nuevo inciso tercero del artículo 103 del Código del Trabajo aprobado por el artículo primero de la Ley Nº 18.620, modificados por los números 16 y 36, respectivamente, del artículo 1º de la citada Ley Nº 19.250, regirá a partir del primer día del mes subsiguiente al del inicio de la vigencia de esta última. No obstante, los contratos o convenios colectivos que se celebren o renueven a partir de la vigencia de esta última ley deberán adecuarse a las nuevas disposiciones. Respecto de los trabajadores afectos a contratos o convenios colectivos vigentes a la fecha en que entró a regir, cuya fecha de término de su vigencia sea posterior al primer día del mes subsiguiente al del inicio de vigencia de la referida ley, las nuevas disposiciones entrarán en vigor a partir del día siguiente a la fecha de vencimiento del respectivo instrumento.

c) Los nuevos días de feriado que resulten de la aplicación del artículo 66 del Código del Trabajo aprobado por el artículo primero de la Ley Nº 18.620, modificado por el número 24 del artículo 1º de la Ley Nº 19.250, se agregarán, a razón de un día por cada año calendario, a partir del inicio del año 1993.

d) Lo dispuesto en los nuevos incisos del artículo 147 del Código del Trabajo aprobado por el artículo primero de la ley Nº 18.620, modificado por el número 49 del artículo 1º de la Ley Nº 19.250, regirá a partir del primer día del tercer mes siguiente a la publicación de esta última.

e) Las causas que al entrar en vigor la Ley Nº 19.250 se encontraren ingresadas ante los tribunales, continuarán en su tramitación sujetas al procedimiento vigente a su inicio hasta el término de la respectiva instancia.

Art. 14. Las modificaciones introducidas por la Ley Nº 19.250 al artículo 60 del Código del Trabajo aprobado por el artículo primero de la Ley

Nº 18.620, al artículo 2472 del Código Civil y al artículo 148 de la Ley Nº 18.175, no afectarán los juicios que se encontraren pendientes a la fecha de su vigencia, ni a las quiebras decretadas judicialmente y publicadas en el Diario Oficial a esta misma fecha.

Art. 15. La derogación del artículo 15 del Código del Trabajo aprobado por el artículo primero de la Ley Nº 18.620, dispuesta por el artículo 1º, Nº 5, de la Ley Nº 19.250, en cuanto se refiere al trabajo minero subterráneo relativo a las mujeres, entrará en vigencia el 17 de marzo de 1996.

Art. 16. Los trabajadores portuarios que a la fecha de vigencia de la Ley Nº 19.250 hubieren laborado dos turnos promedio mensuales, en los últimos doce meses calendario, podrán continuar ejerciendo sus funciones sin necesidad de realizar el curso básico de seguridad a que alude el inciso tercero del artículo 130 del Código del Trabajo aprobado por el artículo primero de la Ley Nº 18.620 y modificado por el Nº 41 del artículo 1º de la ley Nº 19.250.

Los servicios podrán ser acreditados mediante certificaciones de los organismos previsionales o de los empleadores, finiquitos, sentencias judiciales u otros instrumentos idóneos.

Asimismo, los trabajadores portuarios que a la fecha de vigencia de la Ley Nº 19.250 no tengan cumplido el requisito a que se refiere el inciso primero de este artículo, pero lo completen dentro del plazo de los doce meses siguientes a esa fecha, podrán también desempeñar sus funciones sin necesidad de realizar el curso básico, acreditando los servicios con alguno de los antecedentes a que se refiere el inciso precedente.

Art. 17. Declárase, interpretando la ley Nº 19.010, que los beneficios y derechos establecidos en contratos individuales o instrumentos colectivos del trabajo, que hayan sido pactados como consecuencia de la aplicación de la causal de terminación de contrato de trabajo contemplada en el artículo 155, letra F, del Código del Trabajo aprobado por el artículo primero de la Ley Nº 18.620, derogada por el artículo 21 de la ley Nº 19.010, se entenderán referidos a la nueva causal de terminación establecida en el inciso primero del artículo 3º de esta última ley.

Asimismo, las referencias a la causal de terminación de contrato de trabajo contemplada en el artículo 155, letra F, del Código del Trabajo aprobado por el artículo primero de la Ley N° 18.620, contenidas en leyes vigentes al 1° de diciembre de 1990, se entenderán hechas a la nueva causal de terminación establecida en el inciso primero del artículo 3° de la ley N° 19.010.

Art. 18. Otórgase el plazo de dos años, a contar de la fecha de entrada en vigencia de la ley N° 19.759, para que las organizaciones sindicales vigentes a dicha fecha procedan a adecuar sus estatutos.

Art. 19. La modificación introducida por el artículo único, N° 7, letra a), de la Ley N° 19.759 al inciso primero del artículo 22 del Código del Trabajo, sólo regirá a partir del 1° de enero de 2005.

A partir de la misma fecha regirán las modificaciones introducidas por la letra a), del N° 9 y el N° 17, de la Ley N° 19.759, al inciso primero del artículo 25 sólo en lo que se refiere al reemplazo del guarismo "192" por "180" y al inciso final del artículo 106, respectivamente.

La modificación que se introdujo al inciso primero del artículo 25 del Código del Trabajo por la Ley N° 19.759, relativa a los tiempos que se imputan o no a la jornada de los trabajadores a que alude esa disposición, regirá a contar del día 1 del mes subsiguiente a la fecha de publicación de la Ley N° 19.818 en el Diario Oficial.

Art. 20. La modificación del artículo único, N° 9, letra b), de la Ley N° 19.759, que incorpora al inciso final del artículo 25 del Código del Trabajo, sólo regirá a contar del 1° de enero de 2003.

Art. 21. La modalidad de fomento a la capacitación de jóvenes consagrada en el artículo 183 bis del Código del Trabajo, sólo podrá llevarse a cabo respecto de aquellos contratos de trabajo que se pacten a partir de la entrada en vigencia de la Ley N° 19.759.

Art. 22. No obstante lo dispuesto en el artículo 266 del Código del Trabajo, en la forma modificada por la Ley N° 19.759, los sindicatos afiliados a confederaciones sindicales a la fecha de publicación de la referida ley, podrán mantener su afiliación a ellas.

Art. 23. La norma señalada en el inciso tercero del artículo 163 se aplicará de la siguiente manera:

a) En los contratos celebrados durante los primeros dieciocho meses de vigencia de dicha norma, los trabajadores tendrán derecho al pago de una indemnización equivalente a un día de remuneración por cada mes trabajado y fracción superior a quince días.

b) En los contratos celebrados a partir del primer día del decimonoveno mes de vigencia de dicha norma y por los siguientes doce meses, los trabajadores tendrán derecho al pago de una indemnización equivalente a un día y medio de remuneración por cada mes trabajado y fracción superior a quince días.

c) En los contratos celebrados a partir del primer día del trigésimo primer mes de vigencia de dicha norma y por los siguientes seis meses, los trabajadores tendrán derecho al pago de una indemnización equivalente a dos días de remuneración por cada mes trabajado y fracción superior a quince días.

d) En los contratos celebrados con posterioridad al último día del tramo anterior, los trabajadores tendrán derecho al pago de la indemnización en los mismos términos que se señalan en la norma permanente.

Si el contrato por obra o faena determinada es celebrado durante alguno de los períodos señalados en las letras a), b) o c), y termina durante un período distinto, el trabajador tendrá derecho al pago de la indemnización que corresponde por los meses trabajados en cada uno de dichos períodos.

Con todo, si en los meses de inicio y término de un contrato por obra o faena se produce el cambio de tramo, conforme a los literales del inciso primero, la indemnización corresponderá en dichos meses al tramo vigente el primer día del mes de inicio y primer día del mes de término, respectivamente[575].

---

[575] Artículo incluido por el artículo 1°, N° 9 de la Ley N° 21.122.

Anótese, tómese razón, regístrese, comuníquese y publíquese. RICARDO LAGOS ESCOBAR, Presidente de la República. Ricardo Solari Saavedra, Ministro del Trabajo y Previsión Social.

APÉNDICE LEGISLATIVO

LEY Nº 16.744
ESTABLECE NORMAS SOBRE ACCIDENTES DEL TRABAJO Y ENFERMEDADES PROFESIONALES

Publicada en el Diario Oficial el 1° de febrero de 1968
Por cuanto el H. Congreso Nacional ha dado su aprobación al siguiente Proyecto de ley:

TÍTULO I
OBLIGATORIEDAD, PERSONAS PROTEGIDAS Y AFILIACIÓN

Párrafo 1° Obligatoriedad

Art. 1. Declárase obligatorio el Seguro Social contra Riesgos de Accidentes del Trabajo y Enfermedades Profesionales, en la forma y condiciones establecidas en la presente ley.

Párrafo 2° Personas protegidas

Art. 2. Estarán sujetas, obligatoriamente, a este seguro, las siguientes personas:

a) Todos los trabajadores por cuenta ajena, cualesquiera que sean las labores que ejecuten, sean ellas manuales o intelectuales, o cualquiera que sea la naturaleza de la empresa, institución, servicio o persona para quien trabajen; incluso los servidores domésticos y los aprendices;

b) Los funcionarios públicos de la Administración Civil del Estado, municipales y de instituciones administrativamente descentralizadas del Estado;

c) Los estudiantes que deban ejecutar trabajos que signifiquen una fuente de ingreso para el respectivo plantel;

d) Los trabajadores independientes y los trabajadores familiares.

El Presidente de la República establecerá, dentro del plazo de un año, a contar desde la vigencia de la presente ley, el financiamiento y condiciones en que deberán incorporarse al régimen de seguro de esta ley las personas indicadas en las letras b) y c) de este artículo.

No obstante, el Presidente de la República queda facultado para decidir la oportunidad, financiamiento y condiciones en que deberán incorporarse al régimen de seguro que establece esta ley las personas indicadas en la letra d).

Art. 3. Estarán protegidos también, todos los estudiantes por los accidentes que sufran a causa o con ocasión de sus estudios o en la realización de su práctica profesional. Para estos efectos se entenderá por estudiantes a los alumnos de cualquiera de los niveles o cursos de los establecimientos educacionales reconocidos oficialmente de acuerdo a lo establecido en la ley N° 18.962, Orgánica Constitucional de Enseñanza[1].

El Presidente de la República queda facultado para decidir la oportunidad, financiamiento y condiciones de la incorporación de tales estudiantes a este seguro escolar, la naturaleza y contenido de las prestaciones que se les otorgará y los organismos, instituciones o servicios que administrarán dicho seguro.

Párrafo 3° Afiliación

Art. 4. Para los efectos de este seguro, todos los empleadores se entenderán afiliados al Instituto de Seguridad Laboral respecto de la totalidad de sus trabajadores, salvo que se adhieran a alguna mutualidad de empleadores.

Lo dispuesto en el inciso anterior también se aplicará a los trabajadores independientes afectos al seguro de esta ley[2].

---

1 Inciso reemplazado por el artículo 1°, de la Ley N° 20.067.

2 Artículo reemplazado por el artículo único N° 1, de la Ley N° 21.054.

TÍTULO II
CONTINGENCIAS CUBIERTAS

Art. 5. Para los efectos de esta ley se entiende por accidente del trabajo toda lesión que una persona sufra a causa o con ocasión del trabajo, y que le produzca incapacidad o muerte.

Son también accidentes del trabajo los ocurridos en el trayecto directo, de ida o regreso, entre la habitación y el lugar del trabajo, y aquéllos que ocurran en el trayecto directo entre dos lugares de trabajo, aunque correspondan a distintos empleadores. En este último caso, se considerará que el accidente dice relación con el trabajo al que se dirigía el trabajador al ocurrir el siniestro[3].

Se considerarán también accidentes del trabajo los sufridos por dirigentes de instituciones sindicales a causa o con ocasión del desempeño de sus cometidos gremiales.

Exceptúanse los accidentes debidos a fuerza mayor extraña que no tenga relación alguna con el trabajo y los producidos intencionalmente por la víctima. La prueba de las excepciones corresponderá al organismo administrador.

Art. 6. Los Consejos de los organismos administradores podrán otorgar el derecho al goce de los beneficios establecidos en la presente ley, en caso de accidentes debidos a fuerza mayor extraña al trabajo que afectare al afiliado en razón de su necesidad de residir o desempeñar sus labores en el lugar del siniestro.

Las empresas y los fondos de los seguros de enfermedad y de pensiones respectivos, deberán, en tal caso, integrar en el fondo de accidentes del trabajo y enfermedades profesionales de que se trate, las sumas equivalentes a las prestaciones que habrían debido otorgar por aplicación de las normas generales sobre seguro de enfermedad o medicina curativa, invalidez no profesional o supervivencia, en la forma que señale el Reglamento.

---

3 Inciso modificado por el artículo 1°, de la Ley N° 20.101.

En todo caso, los acuerdos a que se refiere el inciso primero, deberán ser sometidos a la aprobación de la Superintendencia de Seguridad Social.

Art. 7. Es enfermedad profesional la causada de una manera directa por el ejercicio de la profesión o el trabajo que realice una persona y que le produzca incapacidad o muerte.

El Reglamento enumerará las enfermedades que deberán considerarse como profesionales. Esta enumeración deberá revisarse, por lo menos, cada tres años.

Con todo, los afiliados podrán acreditar ante el respectivo organismo administrador el carácter profesional de alguna enfermedad que no estuviere enumerada en la lista a que se refiere el inciso anterior y que hubiesen contraído como consecuencia directa de la profesión o del trabajo realizado. La resolución que al respecto dicte el organismo administrador será consultada ante la Superintendencia de Seguridad Social, la que deberá decidir dentro del plazo de tres meses con informe del Servicio Nacional de Salud.

TÍTULO III
ADMINISTRACIÓN

Art. 8. La administración del seguro estará a cargo del Instituto de Seguridad Laboral o de las mutualidades de empleadores, según corresponda, en adelante denominados los organismos administradores[4].

Art. 9. Derogado[5].

Art. 10. El Instituto de Seguridad Laboral administrará este seguro, incluida la realización de actividades de prevención de riesgos de accidentes del trabajo y enfermedades profesionales, respecto de las entidades empleadoras afiliadas a él, de sus trabajadores y de los trabajadores independientes que corresponda.

---

4 Artículo reemplazado por el artículo único Nº 2, de la Ley Nº 21.054.

5 Artículo eliminado por artículo único Nº 3, de la Ley Nº 21.054.

El Instituto de Seguridad Laboral podrá contratar el otorgamiento de las prestaciones médicas con los servicios de salud, las mutualidades de empleadores o con otros establecimientos de salud públicos o privados.

Para los servicios de salud señalados en el artículo 16 del decreto con fuerza de ley N° 1, de 2005, del Ministerio de Salud, que fija el texto refundido, coordinado y sistematizado del decreto ley N° 2.763, de 1979, y de las leyes N° 18.933 y N° 18.469, y para los establecimientos de salud experimental creados por los decretos con fuerza de ley Nos 29, 30 y 31, de 2000, todos del Ministerio de Salud, será obligatorio convenir el otorgamiento y proporcionar tales prestaciones cuando se lo solicite el Instituto de Seguridad Laboral, sujeto al pago de tarifas establecidas según los aranceles vigentes.

Los convenios de atención celebrados por el Instituto de Seguridad Laboral con los organismos públicos y privados se someterán a las normas de contratación general del Estado y a las modalidades, condiciones y aranceles que señale un reglamento emanado del Ministerio del Trabajo y Previsión Social, suscrito por los ministros de Salud y de Hacienda[6].

Art. 11. El seguro podrá ser administrado, también, por las Mutualidades de Empleadores, que no persigan fines de lucro, respecto de los trabajadores dependientes de los miembros adheridos a ellas.

Art. 12. El Presidente de la República podrá autorizar la existencia de estas Instituciones, otorgándoles la correspondiente personalidad jurídica, cuando cumplan con las siguientes condiciones:

a) Que sus miembros ocupen, en conjunto, 20.000 trabajadores, a lo menos, en faenas permanentes;

b) Que dispongan de servicios médicos adecuados, propios o en común con otra mutualidad, los que deben incluir servicios especializados, incluso en rehabilitación;

c) Que realicen actividades permanentes de prevención de accidentes del trabajo y enfermedades profesionales;

---

[6] Artículo reemplazado por el artículo único N° 4, de la Ley N° 21.054.

d) Que no sean administradas directa ni indirectamente por instituciones con fines de lucro, y

e) Que sus miembros sean solidariamente responsables de las obligaciones contraídas por ellas.

El Servicio Nacional de Salud controlará que dentro del plazo que fije el Presidente de la República en el decreto que les conceda personalidad jurídica, cumplan con las exigencias previstas en las letras b) y c) del inciso anterior.

En caso de disolución anticipada de una Mutualidad, sus miembros deberán constituir los capitales representativos correspondientes a las pensiones de responsabilidad de dicha Mutualidad, en el o los organismos administradores que deban hacerse cargo en el futuro, del pago de tales pensiones.

En lo demás, se procederá en la forma como dispongan sus estatutos y el Estatuto Orgánico de las Mutualidades que deberá dictar el Presidente de la República en conformidad al artículo siguiente.

Las Mutualidades estarán sometidas a la fiscalización de la Superintendencia de Seguridad Social, la que ejercerá estas funciones en conformidad a sus leyes y reglamentos orgánicos.

Sin perjuicio de lo dispuesto en el inciso anterior, los acuerdos de los directorios de estas mutualidades que se refieran a transacciones judiciales o extrajudiciales, serán elevados en consulta a la Superintendencia de Seguridad Social[7].

Los acuerdos cuyo cumplimiento merezca dudas de legalidad o conveniencia a los directorios de dichas mutualidades podrán ser elevados en consulta por éstas a la mencionada Superintendencia de Seguridad Social[8].

En casos calificados, la Superintendencia podrá disponer que una o más de estas entidades, que a su juicio requieran de un control especial, le eleven en consulta los acuerdos de directorio que recaigan sobre las materias que ella fije[9].

---

7 Inciso incluido por el artículo 6° del D.L. N° 3.536.

8 Inciso incluido por el artículo 6° del D.L. N° 3.536.

9 Inciso incluido por el artículo 6° del D.L. N° 3.536.

En los casos a que se refieren los tres incisos precedentes, la Superintendencia de Seguridad Social se pronunciará en los términos establecidos en el artículo 46º de la ley 16.395[10].

La Superintendencia de Seguridad Social impartirá las instrucciones obligatorias que sean necesarias para el cumplimiento de lo dispuesto en los incisos quinto a octavo de este artículo[11].

Art. 13. Facúltase al Presidente de la República para que, dentro del plazo de un año, contado desde la publicación de la presente ley, dicte el Estatuto Orgánico por el que se habrán de regir estas Mutualidades.

Dicho Estatuto deberá prever que el Directorio de estas instituciones esté integrado, paritariamente, por representantes de los empleadores y de los trabajadores y la forma como se habrá de elegir al presidente de la institución, el cual lo será, también, del Directorio.

Art. 14. Los organismos administradores no podrán destinar a gastos de administración una suma superior al 10% de los ingresos que les correspondan para este seguro. Sin perjuicio de dicho porcentaje máximo, a las Mutualidades no podrá fijárseles menos del cinco por ciento de sus ingresos para tales gastos en los decretos en que se aprueban las estimaciones presupuestarias de esta ley[12].

TÍTULO IV
COTIZACIÓN Y FINANCIAMIENTO

Art. 15. El Seguro de Accidentes del Trabajo y Enfermedades Profesionales se financiará con los siguientes recursos:

a) Con una cotización básica general del 0,90% de las remuneraciones imponibles, de cargo del empleador[13];

---

10 Inciso incluido por el artículo 6º del D.L. Nº 3.536.

11 Inciso incluido por el artículo 6º del D.L. Nº 3.536.

12 Artículo reemplazado por el artículo único Nº 2, de la Ley Nº 18.269.

13 Letra reemplazada por el artículo 96º letra a), de la Ley Nº 18.768.

b) Con una cotización adicional diferenciada en función de la actividad y riesgo de la empresa o entidad empleadora, la que será determinada por el Presidente de la República y no podrá exceder de un 3,4% de las remuneraciones imponibles, que también será de cargo del empleador, y que se fijará sin perjuicio de lo dispuesto en el artículo 16º[14];

c) Con el producto de las multas que cada organismo administrador aplique en conformidad a la presente ley;

d) Con las utilidades o rentas que produzca la inversión de los fondos de reserva, y

e) Con las cantidades que les corresponda por el ejercicio del derecho de repetir de acuerdo con los artículos 56 y 69.

Art. 16. Las empresas o entidades que implanten o hayan implantado medidas de prevención que rebajen apreciablemente los riesgos de accidentes del trabajo o de enfermedades profesionales, podrán solicitar que se les reduzca la tasa de cotización adicional o que se les exima de ella si alcanzan un nivel óptimo de seguridad.

Las empresas o entidades que no ofrezcan condiciones satisfactorias de seguridad y/o higiene, o que no implanten las medidas de seguridad que el organismo competente les ordene, deberán cancelar la cotización adicional con recargo de hasta el 100%, sin perjuicio de las demás sanciones que les correspondan.

Las exenciones, rebajas o recargos de la cotización adicional se determinarán por las mutualidades de empleadores respecto de sus empresas adherentes y por los Servicios de Salud respecto de las demás empresas, en relación con la magnitud de los riesgos efectivos y las condiciones de seguridad existentes en la respectiva empresa, sin perjuicio de los demás requisitos que establece este artículo y el reglamento[15].

Las empresas podrán reclamar de lo resuelto por la respectiva Mutualidad de Empleadores ante la Superintendencia de Seguridad Social, en conformidad al inciso tercero del artículo 77 de esta ley, la que para re-

---

14 Letra reemplazada por el artículo 25º, del D.L. Nº 3.501.

15 Inciso incluido por el artículo 2º, de la Ley Nº 18.811.

solver, si lo estima pertinente, podrá solicitar informe al Servicio de Salud correspondiente[16].

El reglamento establecerá los requisitos y proporciones de las rebajas y recargos, así como también la forma, proporciones y plazos en que se concederán o aplicarán.

Art. 17. Las cotizaciones se calcularán sobre la base de las mismas remuneraciones o rentas por las que se cotiza para el régimen de pensiones de la respectiva institución de previsión del afiliado.

Durante el período en que los trabajadores se reincorporen al trabajo en virtud del artículo 197 bis del Código del Trabajo, los empleadores deberán efectuar las cotizaciones de esta ley sobre la base de la remuneración correspondiente a dicha jornada[17].

Las cotizaciones que deban integrarse en alguna Caja de Previsión, se considerarán parte integrante de su sistema impositivo, gozando por lo tanto de los mismos privilegios y garantías. Asimismo, el incumplimiento de enterar las cotizaciones tendrá las mismas sanciones que las leyes establecen o establezcan en el futuro para dicho sistema.

Art. 18. En caso de incumplimiento de la obligación de cotizar de parte de los empleadores afectos a alguna Mutualidad, deberán observarse las siguientes reglas:

a) La Mutualidad deberá hacer la liquidación de las cotizaciones adeudadas;

b) El infractor deberá pagar un interés penal de un 3% mensual sobre el monto de lo adeudado, y

c) En la misma liquidación se impondrá, también, una multa cuyo monto será equivalente al 50% de las imposiciones adeudadas, y en ningún caso, inferior a medio sueldo vital mensual, escala A) del departamento de Santiago.

---

16 Inciso reemplazado por el artículo 8° N° 1, de la Ley N° 19.454.

17 Inciso incluido por el artículo 5° de la Ley N° 20.545.

Esta multa se recargará en un 50% si la infracción se produce con posterioridad a haberse verificado un accidente o enfermedad por algún trabajador.

La liquidación aprobada por el presidente de la respectiva Mutualidad tendrá mérito ejecutivo y su notificación y cobro se ajustarán a las mismas normas que rigen para el sistema de cobranza judicial del Servicio de Seguro Social, gozando, también, del mismo privilegio.

Art. 19. El régimen financiero del seguro será el de reparto. Pero deberá formarse una reserva de eventualidades no inferior al 2% ni superior al 5% del ingreso anual.

Art. 20. Respecto de las Mutualidades, el estatuto orgánico de ellas deberá establecer que estas instituciones formen, además de la reserva de eventualidades a que se refiere el artículo anterior, una reserva adicional para atender el pago de las pensiones y de sus futuros reajustes.

Art. 21. El Instituto de Seguridad Laboral deberá aportar al Ministerio de Salud un porcentaje de sus ingresos con el objeto de financiar el desarrollo de las labores de inspección y prevención de riesgos profesionales, así como para el funcionamiento de la Comisión Médica de Reclamos.

Mediante decreto dictado anualmente por el Ministerio del Trabajo y Previsión Social y suscrito por el Ministro de Salud, se establecerán el monto, las modalidades y condiciones para el traspaso de los aportes señalados en el inciso precedente[18].

Art. 22. Derogado[19].

Art. 23. Todas las sumas de dinero que le corresponda percibir al Ministerio de Salud por aplicación de lo dispuesto en esta ley se contabi-

---

18 Artículo reemplazado por el artículo único N° 5, de la Ley N° 21.054.

19 Artículo eliminado, en virtud del artículo 96° letra b), de la Ley N° 18.768.

lizarán por separado, para destinarlas exclusivamente a los objetivos que esta ley le encomienda[20].

Art. 24. Créase un fondo especial destinado a la rehabilitación de alcohólicos que será administrado por el Servicio Nacional de Salud y que se formará hasta con el 10% de los excedentes a que se refiere el inciso tercero del artículo 21° y con el 10% de las multas de cualquiera naturaleza que se apliquen en conformidad a la presente ley.

El Servicio Nacional de Salud destinará estos recursos preferentemente a la construcción, habilitación y funcionamiento de clínicas para el uso de las instituciones con personalidad jurídica que existan o se constituyan exclusivamente con la finalidad señalada, a las que podrá también otorgar subvenciones de acuerdo con sus necesidades.

Un reglamento que el Presidente de la República dictará, dentro del plazo de 180 días desde la fecha de la promulgación de la ley, determinará la forma de administrar y distribuir estos recursos.

Art. 24 bis. Las Mutualidades de Empleadores estarán exentas de la obligación de efectuar aportes para el financiamiento del seguro de las personas a que se refieren el inciso final del artículo 2° y el artículo 3° de esta ley[21].

TÍTULO V
PRESTACIONES

Párrafo 1° Definiciones

Art. 25. Para los efectos de esta ley se entenderá por "entidad empleadora" a toda empresa, institución, servicio o persona que proporcione trabajo: y por "trabajador" a toda persona que preste servicios por cuenta propia o como dependiente para alguna entidad empleadora[22].

---

20 Artículo reemplazado por el artículo único N° 6, de la Ley N° 21.054.

21 Artículo incluido por el artículo 7° N° 2, de la Ley N° 18.754.

22 Artículo modificado por el artículo único N° 7 de la Ley N° 21.054.

Art. 26. Para los efectos del cálculo de las pensiones e indemnizaciones, se entiende por sueldo base mensual el promedio de las remuneraciones o rentas, sujetas a cotización, excluidos los subsidios, percibidas por el afiliado en los últimos seis meses, inmediatamente anteriores al accidente o al diagnóstico médico, en caso de enfermedad profesional[23].

En caso que la totalidad de los referidos seis meses no estén cubiertos por cotizaciones, el sueldo base será igual al promedio de las remuneraciones o rentas por las cuales se han efectuado cotizaciones.

El trabajador podrá acreditar, en todo caso, que ha percibido una remuneración superior a aquélla por la cual se le hicieron las cotizaciones, debiendo entonces calcularse el sueldo base sobre la renta efectivamente percibida, sin perjuicio de que la respectiva institución previsional persiga el pago de las cotizaciones adeudadas, con sus intereses y multas, por la diferencia entre la remuneración real y la declarada para los efectos previsionales. Al empleador, también se le aplicará la sanción máxima establecida en el artículo 80.

Si el accidente o enfermedad ocurre antes que hubiere correspondido enterar la primera cotización, se tendrá por sueldo base el indicado como sueldo o renta en el acto de la afiliación o el que tuvo derecho a percibir a la fecha en que la afiliación debió efectuarse.

Para calcular el sueldo base mensual, las remuneraciones o rentas que se consideren, se amplificarán en el mismo porcentaje en que hubiere aumentado el sueldo vital, escala A) del departamento de Santiago, desde la fecha en que ellas fueros percibidas hasta la fecha a partir de la cual se declaró el derecho a pensión.

En ningún caso el sueldo base mensual será inferior al sueldo vital mensual, escala A) del departamento de Santiago o al salario mínimo industrial, según fuere la actividad profesional del afiliado, vigente a la fecha a partir de la cual se declaró el derecho a pensión.

---

[23] Inciso modificado por el artículo 8° N° 2, de la Ley N° 19.454.

Art. 27. Para el otorgamiento de las prestaciones pecuniarias, los accidentes del trabajo y enfermedades profesionales se clasifican en las siguientes categorías, según los efectos que produzcan:

1.- Que producen incapacidad temporal;

2.- Que producen invalidez parcial;

3.- Que producen invalidez total;

4.- Que producen gran invalidez, y

5.- Que producen la muerte.

Art. 28. Las prestaciones que establecen los artículos siguientes se deben otorgar, tanto en caso de accidente del trabajo como de enfermedad profesional.

Párrafo 2º Prestaciones médicas

Art. 29. La víctima de un accidente del trabajo o enfermedad profesional tendrá derecho a las siguientes prestaciones, que se otorgarán gratuitamente hasta su curación completa o mientras subsistan los síntomas de las secuelas causadas por la enfermedad o accidente:

a) Atención médica, quirúrgica y dental en establecimientos externos o a domicilio;

b) Hospitalización si fuere necesario, a juicio del facultativo tratante;

c) Medicamentos y productos farmacéuticos;

d) Prótesis y aparatos ortopédicos y su reparación;

e) Rehabilitación física y reeducación profesional, y

f) Los gastos de traslado y cualquier otro que sea necesario para el otorgamiento de estas prestaciones.

También tendrán derecho a estas prestaciones médicas los asegurados que se encuentren en la situación a que se refiere el inciso final del artículo 5º de la presente ley.

Párrafo 3º Prestaciones por incapacidad temporal

Art. 30. La incapacidad temporal da derecho al accidentado o enfermo a un subsidio al cual le serán aplicables las normas contenidas en los artículos 3°, 7°, 8°, 10, 11, 17, 19 y 22 del decreto con fuerza de ley N° 44, de 1978, del Ministerio del Trabajo y Previsión Social, Subsecretaría de Previsión Social, en el inciso segundo del artículo 21 de la ley N° 18.469 y en el artículo 17 del decreto ley N° 3.500 de 1980[24].

En todo caso, el monto del subsidio se reajustará en un porcentaje equivalente al alza que experimenten los correspondientes sueldos y salarios en virtud de leyes generales, o por aplicación de convenios colectivos de trabajo.

Art. 31. El subsidio se pagará durante toda la duración del tratamiento, desde el día que ocurrió el accidente o se comprobó la enfermedad, hasta la curación del afiliado o su declaración de invalidez.

La duración máxima del período del subsidio será de 52 semanas, el cual se podrá prorrogar por 52 semanas más cuando sea necesario para un mejor tratamiento de la víctima o para atender a su rehabilitación.

Si al cabo de las 52 semanas o de las 104, en su caso, no se hubiere logrado la curación, y/o rehabilitación de la víctima, se presumirá que presenta un estado de invalidez.

Art. 32. El subsidio se pagará incluso por los días feriados y no estará afecto a descuentos por concepto de impuestos o cotizaciones de previsión social.

El beneficiario de subsidio, durante todo el tiempo que dure su otorgamiento, se considerará como activo en la respectiva institución de previsión social para todos los efectos legales.

Art. 33. Si el accidentado o enfermo se negare a seguir el tratamiento o dificultare o impidiere deliberadamente su curación, se podrá suspender el pago del subsidio a pedido del médico tratante y con el visto bueno del jefe técnico correspondiente.

El afectado podrá reclamar en contra de esta resolución ante el Jefe del Área respectiva del Servicio Nacional de Salud, de cuya resolución, a su

---

24 Inciso modificado por el artículo 8° N° 3, de la Ley N° 19.454.

vez, podrá apelar ante la Comisión Médica de Reclamos de Accidentes del Trabajo y Enfermedades Profesionales.

Párrafo 4° Prestaciones por invalidez

Art. 34. Se considerará inválido parcial a quien haya sufrido una disminución de su capacidad de ganancia, presumiblemente permanente, igual o superior a un 15% e inferior a un 70%.

Art. 35. Si la disminución es igual o superior a un 15% e inferior a un 40%, la víctima tendrá derecho a una indemnización global, cuyo monto no excederá de 15 veces el sueldo base y que se determinará en función de la relación entre dicho monto máximo y el valor asignado a la incapacidad respectiva, en la forma y condiciones previstas en el Reglamento.

En ningún caso esta indemnización global podrá ser inferior a medio sueldo vital mensual del departamento de Santiago.

Art. 36. La indemnización global establecida en el artículo anterior se pagará de una sola vez o en mensualidades iguales y vencidas, cuyo monto equivaldrá a 30 veces el subsidio diario que se determine en conformidad al artículo 30° de esta ley, a opción del interesado. En el evento de que hubiera optado por el pago en cuotas podrá no obstante solicitar en cualquier momento el pago total del saldo insoluto de una sola vez[25].

Art. 37. El asegurado que sufriere un accidente que, sin incapacitarlo para el trabajo, le produjere una mutilación importante o una deformación notoria, será considerado inválido parcial en conformidad a lo dispuesto en los artículos precedentes. En tal caso, tendrá derecho a la indemnización establecida en el artículo 35°, que será fijada, por el organismo administrador, de acuerdo al grado de mutilación o deformación. La mutilación importante o deformación notoria, si es en la cara, cabeza u órganos genitales dará derecho al máximo de la indemnización establecida en dicho artículo.

---

[25] Artículo reemplazado por el artículo 8°, de la Ley N° 17.671.

Art. 38. Si la disminución de la capacidad de ganancia es igual o superior a un 40% e inferior a un 70%, el accidentado o enfermo tendrá derecho a una pensión mensual, cuyo monto será equivalente al 35% del sueldo base.

Art. 39. Se considerará inválido total a quien haya sufrido una disminución de su capacidad de ganancia, presumiblemente permanente igual o superior a un 70%.

El inválido total tendrá derecho a una pensión mensual, equivalente al 70% de su sueldo base.

Art. 40. Se considerará gran inválido a quien requiere del auxilio de otras personas para realizar los actos elementales de su vida.

En caso de gran invalidez la víctima tendrá derecho a un suplemento de pensión, mientras permanezca en tal estado, equivalente a un 30% de su sueldo base.

Art. 41. Los montos de las pensiones se aumentarán en un 5% por cada uno de los hijos que le causen asignación familiar al pensionado, en exceso sobre dos, sin perjuicio de las asignaciones familiares que correspondan.

En ningún caso, esas pensiones podrán exceder del 50%, 100% ó 140% del sueldo base, según sean por invalidez parcial, total, o gran invalidez, respectivamente.

La cuantía de la pensión será disminuida o aumentada cada vez que se extinga o nazca el derecho a los suplementos a que se refiere el inciso primero de este artículo.

Art. 42. Los organismos administradores podrán suspender el pago de las pensiones a quienes se nieguen a someterse a los exámenes, controles o prescripciones que les sean ordenados; o que rehúsen, sin causa justificada, a someterse a los procesos necesarios para su rehabilitación física y reeducación profesional que les sean indicados.

El interesado podrá reclamar de la suspensión ante la Comisión Médica de Reclamos de Accidentes del Trabajo y Enfermedades Profesionales.

Párrafo 5° Prestaciones por supervivencia

Art. 43. Si el accidente o enfermedad produjere la muerte del afiliado, o si fallece el inválido pensionado, el cónyuge, sus hijos legítimos, naturales, ilegítimos o adoptivos, la madre de sus hijos naturales, así como también los ascendientes o descendientes que le causaban asignación familiar, tendrán derecho a pensiones de supervivencia en conformidad con las reglas de los artículos siguientes.

Art. 44. El cónyuge superviviente mayor de 45 años de edad, o inválido de cualquier edad, tendrá derecho a una pensión vitalicia equivalente al 50% de la pensión básica que habría correspondido a la víctima si se hubiere invalidado totalmente, o de la pensión básica que percibía en el momento de la muerte.

Igual pensión corresponderá a la viuda o viudo menor de 45 años de edad, por el período de un año, el que se prorrogará por todo el tiempo durante el cual mantenga a su cuidado hijos legítimos que le causen asignación familiar. Si al término del plazo o de su prórroga hubiere cumplido los 45 años de edad, la pensión se transformará en vitalicia.

Cesará su derecho si contrajere nuevas nupcias.

Sin embargo, la viuda o viudo que disfrutare de pensión vitalicia y contrajere matrimonio tendrá derecho a que se le pague, de una sola vez, el equivalente a dos años de su pensión[26].

Art. 45. La madre de los hijos del causante, soltera o viuda, que hubiere estado viviendo a expensas de éste hasta el momento de su muerte, tendrá también derecho a una pensión equivalente al 30% de la pensión básica que habría correspondido a la víctima si se hubiere invalidado totalmente o de la pensión básica que perciba en el momento de la muerte, sin perjuicio de las pensiones que correspondan a los demás derechohabientes[27].

---

[26] Artículo modificado por el artículo 6, N° 1 de la Ley N° 21.400.

[27] Inciso modificado por el artículo 47° de la Ley N° 20.830.

Para tener derecho a esta pensión el causante debió haber reconocido a sus hijos con anterioridad a la fecha del accidente o del diagnóstico de la enfermedad.

La pensión será concedida por el mismo plazo y bajo las mismas condiciones que señala el artículo anterior respecto de la pensión por viudez.

Cesará el derecho si la madre de los hijos del causante que disfrute de pensión vitalicia, contrajere nuevas nupcias, en cuyo caso tendrá derecho también a que se le pague de una sola vez, el equivalente a dos años de su pensión[28].

Art. 46. Derogado[29].

Art. 47. Cada uno de los hijos del causante, menores de 18 años o mayores de esa edad, pero menores de 24 años, que sigan estudios regulares secundarios, técnicos o superiores, o inválidos de cualquiera edad, tendrán derecho a percibir una pensión equivalente al 20% de la pensión básica que habría correspondido a la víctima si se hubiere invalidado totalmente o de la pensión básica que percibía en el momento de la muerte[30].

Art. 48. A falta de las personas designadas en las disposiciones precedentes, cada uno de los ascendientes y demás descendientes del causante que le causaban asignación familiar tendrán derecho a una pensión del mismo monto señalado en el artículo anterior.

Estos descendientes tendrán derecho a la pensión mencionada en el inciso anterior hasta el último día del año en que cumplieran 18 años de edad.

Art. 49. Si los descendientes del afiliado fallecido carecieren de padre y madre, tendrán derecho a la pensión a que se refieren los artículos anteriores aumentada en un 50%.

---

28 Inciso modificado por el artículo 47° de la Ley Nº 20.830.

29 Artículo derogado por el artículo 6, Nº 2 de la Ley Nº 21.400. Esta derogación entrará en vigor el 10/03/2022. El tenor de este artículo derogado era: "El viudo inválido que haya vivido a expensas de la cónyuge afiliada, tendrá derecho a pensión en idénticas condiciones que la viuda inválida".

30 Artículo modificado por el artículo 8° Nº 4, de la Ley Nº 19.454.

En estos casos, las pensiones podrán ser entregadas a las personas o instituciones que los tengan a su cargo, en las condiciones que determine el Reglamento.

Art. 50. En ningún caso las pensiones por supervivencia podrán exceder en su conjunto, del 100% de la pensión total que habría correspondido a la víctima si se hubiere invalidado totalmente o de la pensión total que percibía en el momento de la muerte, excluido el suplemento por gran invalidez, si lo hubiere.

Las reducciones que resulten de la aplicación del máximo señalado en el inciso anterior, se harán a cada beneficiario a prorrata de sus respectivas cuotas, las que acrecerán, también, proporcionalmente, dentro de los límites respectivos a medida que alguno de los beneficiarios deje de tener derecho a pensión o fallezca.

Párrafo 6° Cuota mortuoria

Art. 51. Derogado[31].

Párrafo 7° Normas generales

Art. 52. Las prestaciones de subsidios, pensión y cuota mortuoria, que establece la presente ley, son incompatibles con las que contemplan los diversos regímenes previsionales. Los beneficiarios podrán optar, entre aquéllas y éstas, en el momento en que se les haga el llamamiento legal.

Art. 53. El pensionado por accidente del trabajo o enfermedad profesional que cumpla la edad para tener derecho a pensión dentro del correspondiente régimen previsional, entrará en el goce de esta última de acuerdo con las normas generales pertinentes, dejando de percibir la pensión de que disfrutaba.

---

31 Artículo eliminado por el artículo 12° del D.F.L. N° 90, del Ministerio del Trabajo y Previsión Social.

En ningún caso la nueva pensión podrá ser inferior al monto de la que disfrutaba, ni al 80% del sueldo base que sirvió para calcular la pensión anterior, amplificado en la forma que señalan los artículos 26º y 41º y su pago se hará con cargo a los recursos que la respectiva institución de previsión social debe destinar al pago de pensiones de vejez.

Los pensionados por invalidez parcial que registren con posterioridad a la declaración de invalidez, 60 o más cotizaciones mensuales, como activos en su correspondiente régimen previsional tendrán derecho a que la nueva pensión a que se refieren los incisos anteriores, no sea inferior al 100% del sueldo base mencionado en el inciso precedente.

Art. 54. Los pensionados por accidentes o enfermedades profesionales deberán efectuar en el organismo previsional en que se encuentren afiliados las mismas cotizaciones que los otros pensionados, gozando, también, de los mismos beneficios por lo que respecta a atención médica, asignaciones familiares y demás que sean procedentes.

Art. 55. Los organismos administradores aplicarán a las pensiones causadas por accidentes del trabajo o enfermedades profesionales las disposiciones legales y resoluciones que sobre reajuste, revalorización y montos mínimos rijan en el régimen de pensiones de vejez a que pertenecía la víctima, beneficios que se concederán con cargo a los recursos del seguro contra accidentes del trabajo y enfermedades profesionales.

Art. 56. El retardo de la entidad empleadora en el pago de las cotizaciones, no impedirá el nacimiento, en el trabajador, del derecho a las prestaciones establecidas en esta ley.

Los organismos administradores otorgarán al accidentado o enfermo las prestaciones respectivas, debiendo cobrar a la entidad empleadora las cotizaciones, más intereses y multas, en la forma que corresponda.

En los casos de siniestro en que se establezca el incumplimiento de la obligación de solicitar la afiliación por parte de un empleador, éste estará obligado a reembolsar al organismo administrador el total del costo de las prestaciones médicas y de subsidio que se hubieren otorgado y deban otorgarse a sus trabajadores, sin perjuicio del pago de las cotizaciones adeudadas y demás sanciones legales que procedan.

Art. 57. El reglamento determinará la forma en que habrán de concurrir al pago de las pensiones o indemnizaciones causadas por enfermedad profesional los distintos organismos administradores en que, desde la fecha de vigencia de esta ley, haya estado afiliado el enfermo.

En todo caso, las concurrencias se calcularán en relación con el tiempo de imposiciones existentes en cada organismo administrador y en proporción al monto de la pensión o indemnización fijada de acuerdo con las normas de este seguro.

El organismo administrador a que se encuentre afiliado el enfermo al momento de declararse su derecho a pensión o indemnización deberá pagar la totalidad del beneficio y cobrará posteriormente, a los de anterior afiliación, las concurrencias que correspondan[32].

TÍTULO VI
EVALUACIÓN, REEVALUACIÓN Y REVISIÓN DE INCAPACIDADES

Art. 58. La declaración, evaluación, reevaluación y revisión de las incapacidades permanentes serán de exclusiva competencia de los Servicios de Salud. Sin embargo, respecto de los afiliados a las Mutualidades, la declaración, evaluación, reevaluación y revisión de las incapacidades permanentes derivadas de accidentes del trabajo corresponderá a estas instituciones.

Las resoluciones de las Mutualidades que se dicten sobre las materias a que se refiere este artículo se ajustarán, en lo pertinente, a las mismas normas legales y reglamentarias aplicables a los otros administradores del seguro de esta ley[33].

Art. 59. Las declaraciones de incapacidad permanente del accidentado o enfermo se harán en función de su incapacidad para procurarse por

---

[32] Artículo reemplazado por el artículo único N° 4, de la Ley N° 18.269.

[33] Artículo reemplazado por el artículo único N° 5, de la Ley N° 18.269.

medio de un trabajo proporcionado a sus actuales fuerzas, capacidad y formación, una remuneración equivalente al salario o renta que gana una persona sana en condiciones análogas y en la misma localidad.

Art. 60. Para los efectos de determinar las incapacidades permanentes, el reglamento las clasificará y graduará, asignando a cada cual un porcentaje de incapacidad oscilante entre un máximo y un mínimo.

El porcentaje exacto, en cada caso particular, será determinado por el médico especialista del Servicio de Salud respectivo o de las Mutualidades en los casos de incapacidades permanentes de sus afiliados derivadas de accidentes del trabajo, dentro de la escala preestablecida por el reglamento. El facultativo, al determinar el porcentaje exacto, deberá tener, especialmente, en cuenta, entre otros factores, la edad, el sexo y la profesión habitual del afiliado[34].

En los casos en que se verifique una incapacidad no graduada ni clasificada previamente, corresponderá hacer la valoración concreta al médico especialista del Servicio de Salud respectivo o de las Mutualidades, en su caso, sujetándose para ello, al concepto dado en el artículo anterior y teniendo en cuenta los factores mencionados en el inciso precedente[35].

Art. 61. Si el inválido profesional sufre un nuevo accidente o enfermedad, también de origen profesional, procederá a hacer una reevaluación de la incapacidad en función del nuevo estado que presente.

Si la nueva incapacidad ocurre mientras el trabajador se encuentra afiliado a un organismo administrador distinto del que estaba cuando se produjo la primera incapacidad, será el último organismo el que deberá pagar, en su totalidad, la prestación correspondiente al nuevo estado que finalmente presente el inválido. Pero si el anterior organismo estaba pagando una pensión, deberá concurrir al pago de la nueva prestación con una suma equivalente al monto de dicha pensión.

---

[34] Artículo reemplazado por el artículo único N° 6, de la Ley N° 18.269.

[35] Artículo reemplazado por el artículo único N° 6, de la Ley N° 18.269.

Art. 62. Procederá, también, hacer una reevaluación de la incapacidad cuando a la primitiva le suceda otra u otras de origen no profesional.

Las prestaciones que corresponda pagar, en virtud de esta reevaluación, serán en su integridad, de cargo del Fondo de Pensiones correspondiente a invalidez no profesional del organismo en que se encontraba afiliado el inválido. Pero si con cargo al seguro de accidentes del trabajo y enfermedades profesionales se estaba pagando a tal persona una pensión periódica, este seguro deberá concurrir al pago de la nueva prestación con una suma equivalente al monto de dicha pensión.

Art. 63. Las declaraciones de incapacidad serán revisables por agravación, mejoría o error en el diagnóstico y, según el resultado de estas revisiones, se concederá o terminará el derecho al pago de las pensiones, o se aumentará o disminuirá su monto.

La revisión podrá realizarse, también, a petición del interesado, en la forma que determine el reglamento.

Art. 64. En todo caso, durante los primeros ocho años contados desde la fecha de concesión de la pensión, el inválido deberá someterse a examen cada dos años. Pasado aquel plazo el organismo administrador podrá exigir nuevos exámenes en los casos y con la frecuencia que determine el reglamento.

El reglamento determinará los casos en que podrá prescindirse del examen a que se refieren las disposiciones precedentes.

Al practicarse la nueva evaluación se habrán de tener también en cuenta las nuevas posibilidades que haya tenido el inválido para actualizar su capacidad residual de trabajo.

TÍTULO VII
PREVENCIÓN DE RIESGOS PROFESIONALES

Art. 65. Corresponderá al Servicio Nacional de Salud la competencia general en materia de supervigilancia y fiscalización de la prevención, higiene y seguridad de todos los sitios de trabajo, cualesquiera que sean las actividades que en ellos se realicen.

La competencia a que se refiere el inciso anterior la tendrá el Servicio Nacional de Salud incluso respecto de aquellas empresas del Estado que, por aplicación de sus leyes orgánicas que las rigen, se encuentren actualmente exentas de este control.

Corresponderá, también, al Servicio Nacional de Salud la fiscalización de las instalaciones médicas de los demás organismos administradores, de la forma y condiciones cómo tales organismos otorguen las prestaciones médicas, y de la calidad de las actividades de prevención que realicen.

Art. 66. En toda industria o faena en que trabajen más de 25 personas deberán funcionar uno o más Comités Paritarios de Higiene y Seguridad, que tendrán las siguientes funciones:

1.- Asesorar e instruir a los trabajadores para la correcta utilización de los instrumentos de protección;

2.- Vigilar el cumplimiento, tanto por parte de las empresas como de los trabajadores, de las medidas de prevención, higiene y seguridad.

3.- Investigar las causas de los accidentes del trabajo y enfermedades profesionales, que se produzcan en la empresa y de cualquiera otra afección que afecte en forma reiterada o general a los trabajadores y sea presumible que tenga su origen en la utilización de productos fitosanitarios, químicos o nocivos para la salud[36];

4.- Indicar la adopción de todas las medidas de higiene y seguridad, que sirvan para la prevención de los riesgos profesionales;

5.- Cumplir las demás funciones o misiones que le encomiende el organismo administrador respectivo.

El representante o los representantes de los trabajadores serán designados por los propios trabajadores.

El reglamento deberá señalar la forma cómo habrán de constituirse y funcionar estos comités.

En aquellas empresas mineras, industriales o comerciales que ocupen a más de 100 trabajadores será obligatoria la existencia de un Departamento de Prevención de Riesgos Profesionales, el que será dirigido por un experto

---

36 Número modificado por el artículo 4° de la Ley N° 20.308.

en prevención, el cual formará parte, por derecho propio, de los Comités Paritarios.

Las empresas estarán obligadas a adoptar y poner en práctica las medidas de prevención que les indique el Departamento de Prevención y/o el Comité Paritario; pero podrán apelar de tales resoluciones ante el respectivo organismo administrador, dentro del plazo de 30 días, desde que le sea notificada la resolución del Departamento de Prevención o del Comité Paritario de Higiene y Seguridad.

El incumplimiento de las medidas acordadas por el Departamento de Prevención o por el Comité Paritario, cuando hayan sido ratificadas por el respectivo organismo administrador, será sancionado en la forma que preceptúa el artículo 68.

Art. 66 bis. Los empleadores que contraten o subcontraten con otros la realización de una obra, faena o servicios propios de su giro, deberán vigilar el cumplimiento por parte de dichos contratistas o subcontratistas de la normativa relativa a higiene y seguridad, debiendo para ello implementar un sistema de gestión de la seguridad y salud en el trabajo para todos los trabajadores involucrados, cualquiera que sea su dependencia, cuando en su conjunto agrupen a más de 50 trabajadores.

Para la implementación de este sistema de gestión, la empresa principal deberá confeccionar un reglamento especial para empresas contratistas y subcontratistas, en el que se establezca como mínimo las acciones de coordinación entre los distintos empleadores de las actividades preventivas, a fin de garantizar a todos los trabajadores condiciones de higiene y seguridad adecuadas. Asimismo, se contemplarán en dicho reglamento los mecanismos para verificar su cumplimiento por parte de la empresa mandante y las sanciones aplicables.

Asimismo, corresponderá al mandante, velar por la constitución y funcionamiento de un Comité Paritario de Higiene y Seguridad y un Departamento de Prevención de Riesgos para tales faenas, aplicándose a su respecto para calcular el número de trabajadores exigidos por los incisos primero y cuarto, del artículo 66, respectivamente, la totalidad de los trabajadores que prestan servicios en un mismo lugar de trabajo, cualquiera sea su dependencia. Los requisitos para la constitución y funcionamiento de los mismos serán determinados por el reglamento que dictará el Ministerio del Trabajo y Previsión Social[37].

Art. 66 ter. Las empresas de muellaje estarán obligadas a constituir un Comité Paritario de Higiene y Seguridad en cada puerto, terminal o frente de atraque en que presten regularmente servicios, siempre que, sumados los trabajadores permanentes y eventuales de la misma, trabajen habitualmente más de 25 personas, conforme al promedio mensual del año calendario anterior.

Los trabajadores integrantes del Comité Paritario indicado en el inciso anterior deberán ser elegidos entre los trabajadores portuarios permanentes y eventuales de la respectiva entidad empleadora, en la forma que señale el reglamento.

Sin perjuicio de lo señalado en el inciso primero, cuando en un mismo puerto presten servicios dos o más entidades empleadoras de las señaladas en el artículo 136 del Código del Trabajo, cada una de ellas deberá otorgar las facilidades necesarias para la integración, constitución y funcionamiento de un Comité Paritario de Higiene y Seguridad, cuyas decisiones en las materias de su competencia serán obligatorias para todas estas entidades empleadoras y sus trabajadores.

Al Comité Paritario de Higiene y Seguridad corresponderá la coordinación de los Comités Paritarios de empresa y el ejercicio de aquellas atribuciones que establece el artículo 66, en los casos y bajo las modalidades que defina el reglamento.

Los representantes de los trabajadores ante el Comité Paritario de Higiene y Seguridad serán elegidos por éstos, en la forma que determine el reglamento. Corresponderá igualmente al reglamento establecer un mecanismo por el cual las distintas entidades empleadoras obligadas designen a sus representantes ante el Comité Paritario de Higiene y Seguridad.

---

37 Artículo incluido por el artículo 7° letra a), de la Ley N° 20.123.

El Comité a que hace referencia este artículo se denominará para todos los efectos legales Comité Paritario de Higiene y Seguridad de Faena Portuaria[38].

Art. 67. Las empresas o entidades estarán obligadas a mantener al día los reglamentos internos de higiene y seguridad en el trabajo y los trabajadores a cumplir con las exigencias que dichos reglamentos les impongan. Los reglamentos deberán consultar la aplicación de multas a los trabajadores que no utilicen los elementos de protección personal que se les haya proporcionado o que no cumplan las obligaciones que les impongan las normas, reglamentaciones o instrucciones sobre higiene y seguridad en el trabajo. La aplicación de tales multas se regirá por lo dispuesto en el Párrafo I del Título III del Libro I del Código del Trabajo.

Art. 68. Las empresas o entidades deberán implantar todas las medidas de higiene y seguridad en el trabajo que les prescriban directamente el Servicio Nacional de Salud o, en su caso, el respectivo organismo administrador a que se encuentren afectas, el que deberá indicarlas de acuerdo con las normas y reglamentaciones vigentes.

El incumplimiento de tales obligaciones será sancionado por el Servicio Nacional de Salud de acuerdo con el procedimiento de multas y sanciones previsto en el Código Sanitario, y en las demás disposiciones legales, sin perjuicio de que el organismo administrador respectivo aplique, además, un recargo en la cotización adicional, en conformidad a lo dispuesto en la presente ley.

Asimismo, las empresas deberán proporcionar a sus trabajadores, los equipos e implementos de protección necesarios, no pudiendo en caso alguno cobrarles su valor. Si no dieren cumplimiento a esta obligación serán sancionados en la forma que preceptúa el inciso anterior.

---

[38] Artículo incluido por el artículo 2° N° 2, de la Ley N° 20.773.

El Servicio Nacional de Salud queda facultado para clausurar las fábricas, talleres, minas o cualquier sitio de trabajo que signifique un riesgo inminente para la salud de los trabajadores o de la comunidad.

Art. 69. Cuando, el accidente o enfermedad se deba a culpa o dolo de la entidad empleadora o de un tercero, sin perjuicio de las acciones criminales que procedan, deberán observarse las siguientes reglas:

a) El organismo administrador tendrá derecho a repetir en contra del responsable del accidente, por las prestaciones que haya otorgado o deba otorgar, y

b) La víctima y las demás personas a quienes el accidente o enfermedad cause daño podrán reclamar al empleador o terceros responsables del accidente, también las otras indemnizaciones a que tengan derecho, con arreglo a las prescripciones del derecho común, incluso el daño moral.

Art. 70. Si el accidente o enfermedad ocurre debido a negligencia inexcusable de un trabajador se le deberá aplicar una multa, de acuerdo con lo preceptuado en el artículo 68°, aún en el caso de que él mismo hubiere sido víctima del accidente.

Corresponderá al Comité Paritario de Higiene y Seguridad decidir si medió negligencia inexcusable.

Art. 71. Los afiliados afectados de alguna enfermedad profesional deberán ser trasladados, por la empresa donde presten sus servicios, a otras faenas donde no estén expuestos al agente causante de la enfermedad.

Los trabajadores que sean citados para exámenes de control por los servicios médicos de los organismos administradores, deberán ser autorizados por su empleador para su asistencia, y el tiempo que en ello utilicen será considerado como trabajado para todos los efectos legales.

Las empresas que exploten faenas en que trabajadores suyos puedan estar expuestos al riesgo de neumoconiosis, deberán realizar un control radiográfico semestral de tales trabajadores.

TÍTULO VIII
DISPOSICIONES FINALES

Párrafo 1° Administración delegada

Art. 72. Las empresas que cumplan con las condiciones que señala el inciso siguiente del presente artículo, tendrán derecho a que se les confiera la calidad de administradoras delegadas del seguro, respecto de sus propios trabajadores, en cuyo caso tomarán a su cargo el otorgamiento de las prestaciones que establece la presente ley, con excepción de las pensiones.

Tales empresas deberán ocupar habitualmente dos mil o más trabajadores, deben tener un capital y reservas superior a siete mil sueldos vitales anuales, escala A) del departamento de Santiago y cumplir, además, los siguientes requisitos:

a) Poseer servicios médicos adecuados, con personal especializado en rehabilitación;

b) Realizar actividades permanentes y efectivas de prevención de accidentes y enfermedades profesionales;

c) Constituir garantías suficientes del fiel cumplimiento de las obligaciones que asumen, ante los organismos previsionales, que hubieren delegado la administración, y

d) Contar con el o los Comités Paritarios de Seguridad a que se refiere el artículo 66°.

Los organismos administradores deberán exigir a las empresas que se acojan a este sistema, un determinado aporte cuya cuantía la fijarán de acuerdo con las normas que establezca el reglamento.

El monto de tales aportes será distribuido entre el Servicio Nacional de Salud y los demás organismos administradores delegantes en la forma y proporciones que señale el Reglamento.

Art. 73. Los organismos administradores podrán también convenir con organismos intermedios o de base que éstos realicen, por administración delegada, alguna de sus funciones, especialmente las relativas a otorgamiento de prestaciones médicas, entrega de prestaciones pecuniarias u otras en la forma y con los requisitos que señale el Reglamento.

Art. 74. Los servicios de las entidades con administración delegada serán supervigilados por el Servicio Nacional de Salud y por la Superintendencia de Seguridad Social, cada cual dentro de sus respectivas competencias.

Art. 75. Las delegaciones de que trata el artículo 72° deberán ser autorizadas por la Superintendencia de Seguridad Social, previo informe del Servicio Nacional de Salud.

Párrafo 2° Procedimiento y recursos

Art. 76. La entidad empleadora deberá denunciar al organismo administrador respectivo, inmediatamente de producido, todo accidente o enfermedad que pueda ocasionar incapacidad para el trabajo o la muerte de la víctima. El accidentado o enfermo, o sus derecho-habientes, o el médico que trató o diagnosticó la lesión o enfermedad, como igualmente el Comité Paritario de Seguridad, tendrán también, la obligación de denunciar el hecho en dicho organismo administrador, en el caso de que la entidad empleadora no hubiere realizado la denuncia.

Las denuncias mencionadas en el inciso anterior deberán contener todos los datos que hayan sido indicados por el Servicio Nacional de Salud.

Los organismos administradores deberán informar al Servicio Nacional de Salud los accidentes o enfermedades que les hubieren sido denunciados y que hubieren ocasionado incapacidad para el trabajo o la muerte de la víctima, en la forma y con la periodicidad que señale el reglamento.

Sin perjuicio de lo dispuesto en los incisos precedentes, en caso de accidentes del trabajo fatales y graves, el empleador deberá informar inmediatamente a la Inspección del Trabajo y a la Secretaría Regional Ministerial de Salud que corresponda, acerca de la ocurrencia de cualquiera de estos hechos. Corresponderá a la Superintendencia de Seguridad Social impartir las instrucciones sobre la forma en que deberá cumplirse esta obligación[39].

En estos mismos casos el empleador deberá suspender de forma inmediata las faenas afectadas y, de ser necesario, permitir a los trabajadores la evacuación del lugar de trabajo. La reanudación de faenas sólo podrá efectuarse cuando, previa fiscalización del organismo fiscalizador, se verifique que se han subsanado las deficiencias constatadas[40].

Las infracciones a lo dispuesto en los incisos cuarto y quinto, serán sancionadas con multa a beneficio fiscal de cincuenta a ciento cincuenta unidades tributarias mensuales, las que serán aplicadas por los servicios fiscalizadores a que se refiere el inciso cuarto[41].

Art. 77. Los afiliados o sus derecho-habientes, así como también los organismos administradores podrán reclamar dentro del plazo de 90 días hábiles ante la Comisión Médica de Reclamos de Accidentes del Trabajo y Enfermedades Profesionales, de las decisiones de los Servicios de Salud o de las Mutualidades en su caso recaídas en cuestiones de hecho que se refieran a materias de orden médico[42].

Las resoluciones de la Comisión serán apelables, en todo caso, ante la Superintendencia de Seguridad Social dentro del plazo de 30 días hábiles, la que resolverá con competencia exclusiva y sin ulterior recurso.

Sin perjuicio de lo dispuesto en los incisos precedentes, en contra de las demás resoluciones de los organismos administradores podrá reclamarse, dentro del plazo de 90 días hábiles, directamente a la Superintendencia de Seguridad Social.

Los plazos mencionados en este artículo se contarán desde la notificación de la resolución, la que se efectuará mediante carta certificada o por los otros medios que establezcan los respectivos reglamentos. Si se

---

39 Inciso incluido por el artículo 7° letra b), de la Ley N° 20.123.

40 Inciso incluido por el artículo 7° letra b), de la Ley N° 20.123.

41 Inciso incluido por el artículo 7° letra b), de la Ley N° 20.123.

42 Inciso modificado por el artículo 7° número único, de la Ley N° 18.269.

hubiere notificado por carta certificada, el plazo se contará desde el tercer día de recibida la misma en el Servicio de Correos[43].

Art. 77 bis. El trabajador afectado por el rechazo de una licencia o de un reposo médico por parte de los organismos de los Servicios de Salud, de las Instituciones de Salud Previsional o de las Mutualidades de Empleadores, basado en que la afección invocada tiene o no tiene origen profesional, según el caso, deberá concurrir ante el organismo de régimen previsional a que esté afiliado, que no sea el que rechazó la licencia o el reposo médico, el cual estará obligado a cursarla de inmediato y a otorgar las prestaciones médicas o pecuniarias que correspondan, sin perjuicio de los reclamos posteriores y reembolsos, si procedieren, que establece este artículo.

En la situación prevista en el inciso anterior, cualquier persona o entidad interesada podrá reclamar directamente en la Superintendencia de Seguridad Social por el rechazo de la licencia o del reposo médico, debiendo ésta resolver, con competencia exclusiva y sin ulterior recurso, sobre el carácter de la afección que dio origen a ella, en el plazo de treinta días contado desde la recepción de los antecedentes que se requieran o desde la fecha en que el trabajador afectado se hubiere sometido a los exámenes que disponga dicho Organismo, si éstos fueren posteriores.

Si la Superintendencia de Seguridad Social resuelve que las prestaciones debieron otorgarse con cargo a un régimen previsional diferente de aquel conforme al cual se proporcionaron, el Servicio de Salud, el Instituto de Normalización Previsional, la Mutualidad de Empleadores, la Caja de Compensación de Asignación Familiar o la Institución de Salud Previsional, según corresponda, deberán reembolsar el valor de aquéllas al organismo administrador de la entidad que las solventó, debiendo este último efectuar el requerimiento respectivo. En dicho reembolso se deberá incluir la parte que debió financiar el trabajador en conformidad al régimen de salud previsional a que esté afiliado.

---

[43] Inciso cuarto eliminado por el artículo único N° 1, de la Ley N° 19.394.

El valor de las prestaciones que, conforme al inciso precedente, corresponda reembolsar, se expresará en unidades de fomento, según el valor de éstas en el momento de su otorgamiento, con más el interés corriente para operaciones reajustables a que se refiere la ley N° 18.010, desde dicho momento hasta la fecha del requerimiento del respectivo reembolso, debiendo pagarse dentro del plazo de diez días, contados desde el requerimiento, conforme al valor que dicha unidad tenga en el momento del pago efectivo. Si dicho pago se efectúa con posterioridad al vencimiento del plazo señalado, las sumas adeudadas devengarán el 10% de interés anual, que se aplicará diariamente a contar del señalado requerimiento de pago.

En el evento de que las prestaciones hubieren sido otorgadas conforme a los regímenes de salud dispuestos para las enfermedades comunes, y la Superintendencia de Seguridad Social resolviere que la afección es de origen profesional, el Fondo Nacional de Salud, el Servicio de Salud o la Institución de Salud Previsional que las proporcionó deberá devolver al trabajador la parte del reembolso correspondiente al valor de las prestaciones que éste hubiere solventado, conforme al régimen de salud previsional a que esté afiliado, con los reajustes e intereses respectivos. El plazo para su pago será de diez días, contados desde que se efectuó el reembolso.

Si, por el contrario, la afección es calificada como común y las prestaciones hubieren sido otorgadas como si su origen fuere profesional, el Servicio de Salud o la Institución de Salud Previsional que efectuó el reembolso deberá cobrar a su afiliado la parte del valor de las prestaciones que a éste le corresponde solventar, según el régimen de salud de que se trate, para lo cual sólo se considerará el valor de aquéllas.

Para los efectos de los reembolsos dispuestos en los incisos precedentes, se considerará como valor de las prestaciones médicas el equivalente al que la entidad que las otorgó cobra por ellas al proporcionarlas a particulares[44].

Art. 78. La Comisión Médica de Reclamos de Accidentes del Trabajo y Enfermedades Profesionales estará compuesta por:

---

[44] Artículo incluido por el artículo único N° 2, de la Ley N° 19.394.

a) Dos médicos en representación del Servicio Nacional de Salud, uno de los cuales la presidirá;

b) Un médico en representación de las organizaciones más representativas de los trabajadores;

c) Un médico en representación de las organizaciones más representativas de las entidades empleadoras, y

d) Un abogado.

Los miembros de esta Comisión serán designados por el Presidente de la República, en la forma que determine el Reglamento.

El mismo Reglamento establecerá la organización y funcionamiento de la Comisión, la que en todo caso, estará sometida a la fiscalización de la Superintendencia de Seguridad Social.

Párrafo 3º Prescripción y sanciones

Art. 79. Las acciones para reclamar las prestaciones por accidentes del trabajo o enfermedades profesionales prescribirán en el término de cinco años contado desde la fecha del accidente o desde el diagnóstico de la enfermedad. En el caso de la neumoconiosis el plazo de prescripción será de quince años, contado desde que fue diagnosticada.

Esta prescripción no correrá contra los menores de 16 años.

Art. 80. Las infracciones a cualquiera de las disposiciones de esta ley, salvo que tengan señalada una sanción especial, serán penadas con una multa de uno a veinticuatro sueldos vitales mensuales, escala A) del departamento de Santiago. Estas multas serán aplicadas por los organismos administradores.

La reincidencia será sancionada con el doble de la multa primeramente impuesta.

Párrafo 4º Disposiciones varias

Art. 81. Fusiónanse la actual Caja de Accidentes del Trabajo con el Servicio de Seguro Social, que será su continuador legal y al cual se transferirá el activo y pasivo de esa Caja.

El Fondo de Garantía, que actualmente administra la Caja, se transferirá, también, al Servicio de Seguro Social e ingresará al respectivo Fondo de Accidentes del Trabajo y Enfermedades Profesionales.

Los bienes muebles e inmuebles que la Caja de Accidentes del Trabajo tiene destinados a los servicios hospitalarios o médicos en general y a la prevención de riesgos profesionales, serán transferidos por el Servicio de Seguro Social al Servicio Nacional de Salud.

Las transferencias a que se refiere este artículo estarán exentas de todo impuesto, así como también del pago de los derechos notariales y de inscripción.

Art. 82. El personal que trabaja en la Caja de Accidentes del Trabajo en funciones relacionadas con atención médica, hospitalaria y técnica de salud, higiene y seguridad industrial, pasará a incorporarse al Servicio Nacional de Salud. El resto del personal se incorporará a la planta del Servicio de Seguro Social. Con motivo de la aplicación de la presente ley no se podrán disminuir remuneraciones, grados o categorías ni suprimir personal o alterarse el régimen previsional y de asignaciones familiares que actualmente tienen. Asimismo, mantendrán su representación ante el Consejo del organismo previsional correspondiente por un plazo de dos años.

El personal que trabaja en las Secciones de Accidentes del Trabajo y Administrativa de Accidentes del Trabajo en las Compañías de Seguros, será absorbido por el Servicio Nacional de Salud o el Servicio de Seguro Social, de acuerdo con las funciones que desempeñe, a medida que las Compañías de Seguros empleadoras lo vaya desahuciando por terminación de los departamentos o secciones en que presta servicios. Estos personales serán incorporados a las plantas permanentes de ambos servicios y continuarán recibiendo como remuneraciones el promedio de las percibidas durante el año 1967, con más un 15% si la incorporación les fuere hecha durante 19% de la cantidad anterior aumentada en el mismo porcentaje en que hubiere aumentado en 1969, el sueldo vital, escala A) del departamento de Santiago, si la incorporación es hecha durante el curso del año 1969. En uno y otro caso con el reajuste que habría correspondido además por aplicación de la ley N° 7.295.

El personal de la Planta de Servicios Menores de la Caja de Accidentes del Trabajo, actualmente imponente del Servicio de Seguro Social, pasará a ser imponente de la Caja Nacional de Empleados Públicos y Periodistas.

Art. 83. El Servicio de Minas del Estado continuará ejerciendo en las faenas extractivas de la minería las atribuciones que en materia de seguridad le fueron conferidas por la letra i) del artículo 2° del decreto con fuerza de ley 152, de 1960, y por el Reglamento de Policía Minera aprobado por decreto 185, de 1946, del Ministerio de Economía y Comercio y sus modificaciones posteriores[45].

El Servicio Nacional de Salud y el Servicio de Minas del Estado estarán facultados para otorgarse delegaciones recíprocas, para obtener un mayor aprovechamiento del personal técnico[46].

El Presidente de la República determinará la forma como se coordinarán ambos Servicios y establecerá una Comisión Mixta de Nivel Nacional integrada por representantes del Ministerio del Trabajo y Previsión Social, Servicio Nacional de Salud y Servicio de Minas del Estado que aprobará las normas sobre seguridad en las faenas mineras y resolverá los problemas de coordinación que puedan suscitarse entre ambos Servicios[47].

Facúltase al Presidente de la República para modificar las plantas del Servicio Nacional de Salud o del Servicio de Seguro Social con el objeto de incorporar en ellas a los personales a que se refieren este artículo y los anteriores.

Art. 84. Los hospitales de la actual Caja de Accidentes del Trabajo ubicados en Santiago, Valparaíso, Coquimbo, Concepción, Temuco, Osorno y Valdivia y la Clínica Traumatológica de Antofagasta, se mantendrán como Centros de Traumatología y Ortopedia una vez fusionados estos dos servicios.

---

45 Artículo reemplazado por el artículo 200, de la Ley N° 16.840.

46 Artículo reemplazado por el artículo 200, de la Ley N° 16.840.

47 Artículo reemplazado por el artículo 200, de la Ley N° 16.840.

Para los efectos de futuros concursos de antecedentes para optar a cargos médicos, de dentistas, farmacéuticos, administrativos o de cualquier otro, en el Servicio Nacional de Salud o en el Servicio de Seguro Social, los años de antigüedad y la categoría de los cargos desempeñados en la Caja de Accidentes del Trabajo serán computados con el mismo valor en puntaje que actualmente se asignan a tales antecedentes en el Servicio Nacional de Salud y en el Servicio de Seguro Social.

Los antecedentes de los profesionales afectos a la ley N° 15.076 que tengan acreditados ante la Caja de Accidentes del Trabajo, y que, por aplicación de la presente ley deban ingresar al Servicio Nacional de Salud, valdrán ante este último organismo en idéntica forma que si lo hubieren acreditado ante él.

Los profesionales funcionarios se mantendrán en sus cargos de planta que tengan a la fecha de publicación de la presente ley, rigiéndose en lo futuro por las disposiciones del Estatuto Médico-Funcionario.

Art. 85. Reemplázase el artículo transitorio N° 3° de la ley 8.198, por el siguiente[48]:

"Artículo 3° transitorio Los aparatos y equipos de protección destinados a prevenir los accidentes del trabajo y enfermedades profesionales y los instrumentos científicos destinados a la investigación y medición de los riesgos profesionales que el Servicio Nacional de Salud indique, así como también los instrumentos quirúrgicos, aparatos de rayos X y demás instrumentales que sean indicados por dicho Servicio, serán incluidos en las listas de importación permitida del Banco Central de Chile y de la Corporación del Cobre y estarán liberados de depósitos, de derechos de internación, de cualquier otro gravamen que se cobre por las Aduanas y de los otros impuestos a las importaciones, a menos que ellos se fabriquen en el país en condiciones favorables de calidad y precio".

Art. 86. Sustitúyese en el inciso primero del artículo 62° de la ley N° 16.395, la frase "uno por mil", por "dos por mil".

---

[48] Número sustituido por el artículo 24, de la Ley N° 17.365.

Art. 87. La Superintendencia de Seguridad Social podrá aplicar a las Compañías de Seguros que no den completo y oportuno cumplimiento a las disposiciones de esta ley, las sanciones establecidas en la ley N° 16.395.

Art. 88. Los derechos concedidos por la presente ley son personalísimos e irrenunciables.

Art. 89. En ningún caso las disposiciones de la presente ley podrán significar disminución de derechos ya adquiridos en virtud de otras leyes.

Art. 90. Deróganse el Título II, del Libro II del Código del Trabajo, la ley N° 15.477 y toda otra norma legal o reglamentaria contraria a las disposiciones contenidas en la presente ley[49]-[50].

Art. 91. La presente ley entrará en vigencia dentro del plazo de tres meses contado desde su publicación en el Diario Oficial.

TÍTULO IX

Art. 92. Reemplázase el inciso segundo del artículo 32° de la ley N° 6.037, por los siguientes:

"La pensión de montepío se difiere el día del fallecimiento.

En caso de pérdida o naufragio de una nave, de muerte por sumersión o por otro accidente marítimo o aéreo, si no ha sido posible recuperar los restos del imponente, podrá acreditarse el fallecimiento, para todos los efectos de esta ley, con un certificado expedido por la Dirección del Litoral y de Marina Mercante o la Dirección de Aeronáutica, según proceda, que establezca la efectividad del hecho, la circunstancia de que el causante formaba parte de la tripulación o del pasaje y que determine la imposibilidad de recuperar sus restos, y que permita establecer que el fallecimiento se ha producido a consecuencia de dicha pérdida, naufragio o accidente".

---

[49] Véase el artículo único de la Ley N° 17.687.

[50] La derogación corresponde al Código del Trabajo de 1931.

Art. 93. Agrégase el siguiente inciso a continuación del inciso primero del artículo 33° de la ley N° 6.037:

"El padre y la madre del imponente, por los cuales éste haya estado percibiendo asignación familiar, concurrirán en el montepío, conjuntamente con el cónyuge sobreviviente y los hijos, con una cuota total equivalente a la que corresponda a un hijo legítimo"[51].

Art. 94. Introdúcense las siguientes modificaciones al artículo 30° de la ley N° 10.662:

a) Intercálase a continuación de la palabra "sumersión", suprimiendo la coma (,) la siguiente frase seguida de una coma (,): "u otro accidente marítimo o aéreo,", y

b) Intercálase después de la palabra "Mercante" la siguiente frase: "o la Dirección de Aeronáutica, según proceda".

Art. 95. Aclárase que, a contar desde la fecha de vigencia de la ley N° 15.575, el fallecimiento de cualquiera de los beneficiarios ha estado y está incluido entre las causales que dan lugar al acrecimiento de montepío contemplado en inciso segundo del artículo 33° de la ley N° 6.037.

Art. 96. Agrégase el siguiente inciso al artículo 40° de la ley N° 15.386:

"Gozarán también del beneficio de desahucio establecido por el presente artículo los beneficiarios de montepío del imponente fallecido sin haberse acogido al beneficio de jubilación. El desahucio se distribuirá en este caso en el orden y proporción que establecen los artículos 30° y 33° de la ley N° 6.037.".

Art. 97. La modificación del artículo 40° de la ley N° 15.386 ordenada por el artículo precedente regirá a contar desde el 1° de Enero de 1967.

Art. 98. Los beneficiarios de montepío de los imponentes de la Caja de Previsión de la Marina Mercante Nacional y de la Sección Tripulantes de

---

[51] Inciso modificado por el artículo 6, N° 3 de la Ley N° 21.400.

Naves y Obreros Marítimos de la misma desaparecidos en el naufragio de la nave Santa Fe tendrán derecho a optar a la adjudicación de viviendas que pueda tener disponible la institución, sin sujeción al sistema de puntaje establecido en el Reglamento General de Préstamos Hipotecarios para las instituciones de previsión regidas por el DFL N° 2, de 1959, siempre que el causante no hubiese obtenido de la institución un beneficio similar, o un préstamo hipotecario destinado a la adquisición, construcción o terminación de viviendas.

La adjudicación se hará a los beneficiarios en igual proporción a la que les corresponda en el montepío respectivo.

El precio de venta se cancelará en conformidad a las disposiciones del DFL N° 2, de 1959.

Art. 99. Facúltase a los Consejos de la Caja de Previsión de la Marina Mercante Nacional y de la Sección Tripulantes de Naves y Obreros Marítimos para condonar los saldos de las deudas hipotecarias que hubiesen tenido con la institución, al 30 de Septiembre de 1967, los imponentes desaparecidos en el naufragio de la nave Santa Fe, siempre que dichas deudas no hayan estado afectas a seguro de desgravamen.

Art. 100. Sin perjuicio de lo dispuesto por los artículos 91° y 96°, las disposiciones de los artículos 92°, 93°, 94°, 95°, 97° y 98° entrarán en vigencia a contar desde la publicación de esta ley en el Diario Oficial.

ARTÍCULOS TRANSITORIOS

Art. 1. Las personas que hubieren sufrido accidente del trabajo o que hubieren contraído enfermedad profesional, con anterioridad a la fecha de la presente ley, y que a consecuencia de ello hubieren sufrido una pérdida de su capacidad de ganancia, presumiblemente permanente, de 40% o más, y que no disfruten de otra pensión, tendrán derecho a una pensión asistencial que se determinará en la forma que este artículo establece.

Los interesados a que se refiere el inciso anterior entrarán en el goce de sus respectivas pensiones desde el momento del diagnóstico médico posterior a la presentación de la solicitud respectiva.

También tendrán derecho a pensión asistencial las viudas de ex pensionados de accidentes del trabajo o enfermedades profesionales que hubieren fallecido antes de la vigencia de la presente ley y las viudas de los actuales pensionados por la misma causa que fallezcan en el futuro, siempre que no disfruten de otra pensión. La pensión se devengará desde la fecha de la respectiva solicitud.

Las pensiones a que se refiere este artículo se otorgarán por el Servicio de Seguro Social, y su monto será fijado por el Consejo Directivo del mismo, y no podrá ser inferior al 50% de las pensiones mínimas que correspondan a los accidentados o a sus viudas, de acuerdo con la presente ley, ni exceder del 100% de las mismas.

No obstante, las personas a que se refiere el inciso primero que hubieren continuado en actividad y se encuentren, a la fecha de la publicación de la presente ley, como activos en algún régimen previsional, tendrán derecho a que el monto de la pensión que les corresponda no sea inferior al 30% del sueldo base determinado en la forma preceptuada por la ley N° 10.383, ni superior al 70% de dicho sueldo base.

El Consejo Directivo del Servicio de Seguro Social podrá destinar para el financiamiento de este beneficio hasta el 5% del ingreso global anual del Seguro de Accidentes del Trabajo y Enfermedades Profesionales. Para este efecto, los demás organismos administradores deberán traspasar, con excepción de las Mutualidades de Empleadores, al Servicio de Seguro Social los fondos que correspondan a un porcentaje idéntico al determinado por el Servicio[52].

Un Reglamento que dictará el Presidente de la República fijará las normas y demás requisitos para el otorgamiento de estos beneficios; como, también, la forma y condiciones en que podrán tener derecho a otros beneficios previsionales en sus calidades de pensionados del Servicio de Seguro Social.

Concédese el plazo de un año, contado desde la fecha de vigencia de la presente ley o desde la fecha del fallecimiento del causante en el caso

---

[52] Inciso reemplazado por el artículo 7° N° 3, de la Ley N° 18.754.

de los que fallezcan en el futuro, para acogerse a los beneficios que otorga el presente artículo.

El derecho a los beneficios previstos en este artículo es incompatible con el goce de cualquiera otra pensión.

Art. 2. El Departamento de Accidentes del Trabajo y Enfermedades Profesionales del Servicio de Seguro Social, que se crea por el inciso segundo del artículo 9° de la presente ley, tendrá como jefe al funcionario que a la fecha de entrar en vigencia la presente ley tenga el carácter de Vicepresidente de la Caja de Accidentes del Trabajo, quien, para todos los efectos legales, conservará los derechos y prerrogativas inherentes a su calidad actual.

Art. 3. Para los efectos de lo dispuesto en el artículo 82° de la presente ley, y dentro del plazo de 30 días contado desde su publicación, las Compañías de Seguros entregarán a la Superintendencia de Seguridad Social una nómina del personal de sus secciones de accidentes del trabajo y de los empleados de departamentos o secciones administrativas que estaban realizando funciones relacionadas con accidentes del trabajo al 31 de Diciembre de 1966, y que las Compañías se dispongan a despedir con motivo de la aplicación de la presente ley.

Corresponderá a la Superintendencia de Seguridad Social la calificación definitiva de las mencionadas nóminas, y en especial determinar si el personal incluido en ellas ha desempeñado o no las funciones a que se refiere el inciso anterior. Estas decisiones no serán susceptibles de recurso alguno.

La Superintendencia de Seguridad Social, para la determinación de las rentas de estos personales, a que se refiere el inciso segundo del artículo 82°, no considerará los aumentos que les hubieren concedido durante el curso del año 1967, salvo los que hubieren sido concedidos por las leyes sobre reajustes, o por convenios que hubieren afectado a la totalidad de los empleados de la respectiva compañía, o por ascenso.

Art. 4. Las garantías constituidas en conformidad al artículo 22° de la ley N° 4.055, continuarán vigentes y se entenderán hechas para todos los efectos legales, ante el Servicio de Seguro Social.

No obstante, los patrones podrán rescatar la obligación correspondiente pagando a dicho Servicio el capital representativo de las respectivas pensiones.

Art. 5. Las compañías que contraten seguros de accidentes del trabajo deberán atender, hasta su término, los contratos vigentes y continuar sirviendo las pensiones, pero no podrán celebrar contratos nuevos que cubran estas contingencias, ni renovar los vigentes.

Las Compañías de Seguros garantizarán con hipoteca o cualquiera otra caución suficiente, a favor del Servicio de Seguro Social, calificada por este Servicio, el pago de las pensiones, hasta su extinción.

Art. 6. Los empleadores que estén asegurados en la Caja de Accidentes del Trabajo, en compañías privadas, estarán exentos de la obligación de hacer las cotizaciones establecidas en esta ley hasta el término de los contratos respectivos.

Transcurrido un año, contado desde la vigencia de la presente ley, las entidades empleadoras deberán efectuar en los organismos administradores que correspondan la totalidad de las cotizaciones que resulten por aplicación de la presente ley. Los trabajadores cuyos empleadores estén asegurados a la fecha de la vigencia de la presente ley en alguna compañía mercantil, tendrán los derechos establecidos en la presente ley en caso que durante el plazo de vigencia de las respectivas pólizas, se accidenten. Asimismo, los trabajadores cuyos empleadores, a la fecha de la vigencia de la presente ley hubieren estado asegurados en la Caja de Accidentes del Trabajo o en alguna Mutualidad, tendrán también derecho, desde la vigencia misma de la presente ley, a los beneficios en ella consultados, considerándolos, para todos los efectos derivados de la aplicación de la presente ley como afiliados, a partir desde su vigencia, en el Servicio de Seguro Social o en la Caja de Previsión respectiva, o en la Mutualidad de que se trate.

Art. 7. Las rebajas a que se refiere el artículo 16° sólo podrán comenzar a otorgarse después de un año contado desde la promulgación de la presente ley.

Además, el Presidente de la República queda facultado para prorrogar el plazo anterior hasta por otro año más.

Art. 8. El personal que actualmente se desempeña a contrata en la Caja de Accidentes del Trabajo, deberá ser encasillado en la Planta en las mismas condiciones establecidas en el inciso primero del artículo 82° de la presente ley.

Art. 9. El personal de la Caja de Accidentes del Trabajo que a la fecha de vigencia de la presente ley desempeñe de hecho las funciones de auxiliar de enfermería, podrá obtener dicho título, previo examen de competencia rendido ante una comisión designada por el Director del Servicio Nacional de Salud, sin que para ello se necesiten otros requisitos."

Y por cuanto he tenido a bien aprobarlo y sancionarlo; por tanto, promúlguese y llévese a efecto como ley la República.

Santiago, veintitrés de enero de mil novecientos sesenta y ocho.- EDUARDO FREI MONTALVA.- William Thayer.- Ramón Valdivieso.

LEY Nº 19.728
PUBLICADA 14-05-2001
MINISTERIO DEL TRABAJO Y PREVISIÓN SOCIAL; SUBSECRETARIA DEL TRABAJO
ESTABLECE UN SEGURO DE DESEMPLEO

Teniendo presente que el H. Congreso Nacional ha dado su aprobación al siguiente

Proyecto de ley:

TÍTULO I
DEL RÉGIMEN DE SEGURO DE CESANTÍA

Art. 1. Establécese un seguro obligatorio de cesantía, en adelante "el Seguro", en favor de los trabajadores dependientes regidos por el Código del Trabajo, en las condiciones previstas en la presente ley.

El Seguro será administrado por una sociedad anónima denominada Sociedad Administradora de Fondos de Cesantía, en adelante Sociedad Administradora, que se regulará conforme a las disposiciones de la presente ley.

Párrafo 1º De las Personas Protegidas

Art. 2. Estarán sujetos al Seguro los trabajadores dependientes que inicien o reinicien actividades laborales con posterioridad a la entrada en vigencia de la presente ley.

El inicio de la relación laboral de un trabajador no sujeto al Seguro generará la incorporación automática a éste y la obligación de cotizar en los términos establecidos en el artículo 5º.

Lo dispuesto en esta ley no regirá respecto de los trabajadores sujetos a contrato de aprendizaje, los menores de 18 años de edad hasta que los cumplan y los pensionados, salvo que, en el caso de estos últimos, la pensión se hubiere otorgado por invalidez parcial o se trate de trabajadores de casa particular[1].

La incorporación de un trabajador al Seguro no autorizará al empleador a pactar, ya sea por la vía individual o colectiva, una reducción del monto de las indemnizaciones por años de servicios contempladas en el artículo 163 del Código del Trabajo.

Art. 3. Derogado[2].

Art. 4. Los derechos establecidos en esta ley son independientes y compatibles con los establecidos para los trabajadores en el Título V del Libro I del Código del Trabajo, sin perjuicio de lo establecido en el inciso segundo del artículo 13 de la presente ley.

Párrafo 2º Del Financiamiento del Seguro

Art. 5. El Seguro se financiará con las siguientes cotizaciones:

a) Un 0,6% de las remuneraciones imponibles, de cargo del trabajador con contrato de duración indefinida, con excepción de los trabajadores de casa particular.

b) Un 2,4% de las remuneraciones imponibles, en el caso de los trabajadores con contrato de duración indefinida y un 3% de las remuneraciones imponibles para los trabajadores con contrato a plazo fijo, o por obra, trabajo o servicio determinado. Ambos, de cargo del empleador.

En el caso de los trabajadores de casa particular, se financiará con un 3,0% de las remuneraciones imponibles de cargo del empleador, sin distinguir la duración del contrato[3].

c) Un aporte del Estado que ascenderá anualmente a un total de 225.792 unidades tributarias mensuales, las que se enterarán en 12 cuotas mensuales de 18.816 unidades tributarias mensuales.

---

1 Inciso modificado por el artículo 1º de la Ley Nº 21.269.

2 Artículo eliminado por el artículo 1 Nº 1, de la Ley Nº 20.328.

3 Letras a) y b) modificadas por el artículo 1º, Nº 2 de Ley Nº 21.269.

Con todo, si el contrato a plazo fijo se hubiere transformado en contrato de duración indefinida, el trabajador quedará afecto a la cotización prevista en la letra a) y el empleador a la establecida en la letra b) de este artículo para los contratos de duración indefinida, a contar de la fecha en que se hubiere producido tal transformación, o a contar del día siguiente al vencimiento del período de quince meses a que alude el N° 4 del artículo 159 del Código del Trabajo, según corresponda[4]. Lo dispuesto en este inciso no será aplicable a los contratos de trabajadores de casa particular[5].

Para todos los efectos legales, las cotizaciones referidas en las letras a) y b) precedentes tendrán el carácter de previsionales.

El empleador deberá comunicar la iniciación o la cesación de los servicios de sus trabajadores a la Sociedad Administradora dentro del plazo de diez días contado desde dicha iniciación o término, el que aumentará en tres días en los casos en que esta comunicación se efectúe por vía electrónica. La infracción a esta obligación será sancionada con multa a beneficio fiscal equivalente a 0,5 unidades de fomento, cuya aplicación se sujetará a lo dispuesto en el inciso sexto del artículo 19 del decreto ley N° 3.500, de 1980[6].

Art. 6. Para los efectos de lo dispuesto en la presente ley, se considera remuneración la señalada en el artículo 41 del Código del Trabajo. Las cotizaciones a que se refiere el artículo anterior se calcularán sobre aquellas, hasta el tope máximo equivalente a 90 unidades de fomento consideradas al último día del mes anterior al pago. Dicho tope se reajustará anualmente de acuerdo a la variación del Índice de Remuneraciones Reales determinadas por el Instituto Nacional de Estadísticas o el Índice que lo sustituya, entre noviembre del año anteprecedente y noviembre del año precedente al que comenzará a aplicarse el reajuste. El tope imponible así reajustado, comenzará a regir el primer día de cada año[7].

---

4 Inciso incluido por el artículo 1 N° 2 letra C), de la Ley N° 20.328.

5 Inciso modificado por el artículo 1°, N° 2°, letra b) de la Ley N° 21.269.

6 Inciso modificado por el artículo 1 N° 2 letra D), de la Ley N° 20.328.

7 Inciso modificado por el artículo 1 N° 3 letra A), de la Ley N° 20.328.

Con todo, el tope imponible será reajustado siempre que la variación del Índice antes mencionado sea positiva. Si fuese negativa, el tope mantendrá su valor vigente en Unidades de Fomento y sólo se reajustará en la oportunidad en que se produzca una variación positiva que corresponda por aplicación de lo dispuesto en el inciso primero[8].

Art. 7. Si un trabajador desempeñare dos o más empleos, se deberán efectuar cotizaciones por cada una de las remuneraciones y, en cada una, hasta el tope a que se refiere el artículo precedente. La Sociedad Administradora deberá llevar saldos y registros separados en la Cuenta Individual por Cesantía a que se refiere el artículo 9°, en relación con cada uno de los empleadores del trabajador.

Para poder impetrar en forma independiente el derecho al beneficio de cesantía, los requisitos a que se refiere el artículo 12, deberán cumplirse respecto del empleo correspondiente.

Art. 8. En caso de incapacidad laboral transitoria del trabajador, la cotización indicada en la letra a) del artículo 5°, deberá ser retenida y enterada en la Sociedad Administradora, por la respectiva entidad pagadora de subsidios. La cotización indicada en la letra b) del artículo citado, será de cargo del empleador, quien la deberá declarar y pagar.

Las cotizaciones a que se refiere el inciso precedente deberán efectuarse sobre la base de la última remuneración imponible efectuada para el Seguro, correspondiente al mes anterior a aquél en que se haya iniciado la licencia médica o, en su defecto, la estipulada en el respectivo contrato de trabajo. Para este efecto, la referida remuneración imponible se reajustará en la misma oportunidad y porcentaje en que se reajuste el subsidio respectivo.

Art. 9. La cotización prevista en la letra a) del artículo 5° y la parte de la cotización de cargo del empleador prevista en la letra b) del mismo artículo, que represente el 1,6% y 2,8%, de la remuneración imponible del

---

8 Inciso incluido por el artículo 1 N° 3 letra B), de la Ley N° 20.328.

trabajador de contrato a plazo indefinido y de contrato a plazo fijo, o por obra, trabajo o servicio determinado, respectivamente, se abonarán en una cuenta personal de propiedad de cada afiliado, que se abrirá en la Sociedad Administradora, la que se denominará "Cuenta Individual por Cesantía"[9].

En el caso de los trabajadores de casa particular, la Cuenta Individual por Cesantía a que se refiere el inciso precedente se financiará con la parte de la cotización de cargo del empleador que represente un 2,2% de la remuneración imponible del trabajador[10].

Estas cotizaciones deberán enterarse durante un período máximo de once años en cada relación laboral. No obstante, la cotización de cargo del empleador destinada al Fondo de Cesantía Solidario, deberá enterarse mientras se mantenga vigente la relación laboral[11].

Art. 10. Las cotizaciones, tanto de cargo del empleador como del trabajador, deberán ser pagadas en la Sociedad Administradora por el empleador o por la entidad pagadora de subsidios, según el caso, dentro de los primeros diez días del mes siguiente a aquél en que se devengaron las remuneraciones o subsidios, término que se prorrogará hasta el primer día hábil siguiente si dicho plazo expirare en día sábado, domingo o festivo.

Sin embargo, cuando el empleador realice la declaración y el pago de las cotizaciones, tanto de cargo del empleador como del trabajador, a través de un medio electrónico, el plazo mencionado en el inciso anterior se extenderá hasta el día 13 de cada mes, aun cuando éste fuere día sábado, domingo o festivo[12].

Para este efecto, el empleador o la entidad pagadora de subsidios deducirán las cotizaciones de cargo del trabajador, de la remuneración o subsidio por incapacidad laboral transitoria, respectivamente, que corresponda pagar a éste.

---

9 Inciso modificado por el artículo 1° N° 4 letra A), de la Ley N° 20.328.
10 Inciso incluido por el artículo 1°, N° 3° de la Ley N° 21.269.
11 Inciso modificado por el artículo 1° N° 4 letra B), de la Ley N° 20.328.
12 Inciso incluido por el artículo 3° de la Ley N° 20.328.

El empleador o entidad pagadora de subsidios que no pague oportunamente y cuando correspondiere, según el caso, las cotizaciones del trabajador o subsidiado, deberá declarar el reconocimiento de la deuda previsional en la Sociedad Administradora, dentro del plazo señalado en el inciso primero de este artículo.

La declaración deberá contener, a lo menos, el nombre, rol único tributario y domicilio del empleador o entidad pagadora de subsidios y de su representante legal cuando proceda; el nombre y rol único tributario del trabajador o subsidiado, según el caso; el monto de las respectivas remuneraciones o subsidios y el monto de las cotizaciones a que se refiere el artículo 5°, debidamente diferenciadas.

Si el empleador o entidad pagadora de subsidios no efectúa oportunamente la declaración a que se refiere el inciso anterior, o si ésta es incompleta o errónea, será sancionado con multa a beneficio fiscal de una unidad de fomento por cada trabajador o subsidiado cuyas cotizaciones no se declaren o cuyas declaraciones sean incompletas o erróneas. Si la declaración fuere incompleta o errónea y no existieren antecedentes que permitan presumir que es maliciosa, quedará exento de esta multa el empleador o entidad pagadora de subsidios que pague las cotizaciones dentro del mes calendario siguiente a aquél en que se devengaron las respectivas remuneraciones o subsidios.

En caso de no realizar la declaración a que se refiere el inciso quinto dentro del plazo que corresponda, el empleador tendrá hasta el último día hábil del mes subsiguiente del vencimiento de aquél, para acreditar ante la Sociedad Administradora la extinción de su obligación de enterar las cotizaciones del trabajador, debido al término o suspensión de la relación laboral que mantenían. A su vez, la Sociedad Administradora deberá agotar las gestiones que tengan por objeto aclarar la existencia de cotizaciones impagas y, en su caso, obtener el pago de aquéllas de acuerdo a las normas de carácter general que emita la Superintendencia. Transcurrido el plazo de acreditación de cese o suspensión de la relación laboral, sin que se haya acreditado dicha circunstancia, se presumirá sólo para los efectos de este artículo e inicio de las gestiones de cobranza conforme a las disposiciones del artículo 11, que las respectivas cotizaciones están declaradas y no pagadas[13].

Corresponderá a la Dirección del Trabajo la fiscalización del cumplimiento por los empleadores de las obligaciones establecidas en este artículo, estando sus inspectores investidos de la facultad de aplicar las multas a que se refiere el inciso precedente, las que serán reclamables de acuerdo a lo dispuesto en los artículos 474 y 481 del Código del Trabajo.

Art. 11. Las cotizaciones que no se paguen oportunamente por el empleador o la entidad pagadora de subsidios, según el caso, en la Sociedad Administradora, se reajustarán considerando el período que va entre el último día del plazo en que debió efectuarse el pago y el día en que éste efectivamente se realice. Para estos efectos, se aumentarán considerando la variación diaria del Índice de Precios al Consumidor mensual del período, comprendido entre el mes que antecede al anterior a aquél en que debió efectuarse el pago y el mes que antecede al mes anterior a aquél en que efectivamente se realice.

Por cada día de atraso, la deuda reajustada devengará un interés penal equivalente a la tasa de interés corriente para operaciones reajustables en moneda nacional a que se refiere el artículo 6º de la ley Nº 18.010, aumentado en un 20%. Con todo, a contar de los noventa días de atraso, la tasa antes referida se aumentará en un 50%.

Si en un mes determinado el reajuste e interés penal aumentado en la forma señalada en el inciso anterior, resultare de un monto inferior al interés que para operaciones no reajustables determine la Superintendencia de Bancos e Instituciones Financieras, o a la rentabilidad nominal promedio de los últimos doce meses del Fondo de Cesantía integrado por las cuentas individuales, calculada por la Superintendencia de Administradoras de Fondos de Pensiones, en ambos casos reajustados en un 20%, o en un 50% si han transcurrido los noventa días de atraso a que se refiere el inciso precedente se aplicará la mayor de estas dos últimas tasas, caso en el cual no corresponderá la aplicación de reajustes. La rentabilidad mencionada

---

13 Inciso incluido por el artículo 1º Nº 5º, de la Ley Nº 20.328.

corresponderá a la del mes anteprecedente a aquél en que se devenguen los intereses y será considerada tasa para efectos de determinar los intereses que procedan. Se entiende por rentabilidad nominal de los últimos 12 meses del Fondo de Cesantía integrado por las Cuentas individuales, al porcentaje de variación del valor promedio de la cuota de un mes de tal Fondo, respecto al valor promedio mensual de ésta en el mismo mes del año anterior. La forma de cálculo será determinada por la Superintendencia de Administradoras de Fondos de Pensiones, mediante una norma de carácter general.

En todo caso, para determinar el interés penal, se aplicará la tasa vigente al día primero del mes anterior a aquél en que se devengue. El interés que se determine en conformidad a lo dispuesto en los incisos anteriores se capitalizará mensualmente.

La Sociedad Administradora estará obligada a seguir las acciones tendientes al cobro de las cotizaciones a que se refiere el artículo 5° de esta ley, que se encuentren adeudadas, más sus reajustes e intereses. Serán de su beneficio las costas de tal cobranza.

Los representantes legales de la Sociedad Administradora tendrán las facultades establecidas en el artículo 2° de la ley N° 17.322, con excepción de la señalada en el número 3° de la misma disposición legal.

Será aplicable, en lo pertinente, a los deudores a que se refiere este artículo, lo dispuesto en los artículos 3°, 4°, 5°, 6°, 7°, 8°, 9°, 11, 12, 14 y 18 de la ley N° 17.322, para el cobro de las cotizaciones, reajustes e intereses adeudados a la Sociedad Administradora. Dichos créditos gozarán del privilegio establecido en el N° 5° del artículo 2.472 del Código Civil.

A los empleadores que no enteren las cotizaciones que hubieren retenido o debido retener a sus trabajadores, les serán aplicables las sanciones penales que establece la ley N° 17.322.

Los reajustes e intereses a que se refiere este artículo, se abonarán en la Cuenta Individual por Cesantía del afiliado, o al Fondo Solidario, según corresponda.

La prescripción que extingue las acciones para el cobro de estas cotizaciones, reajustes e intereses, será de cinco años y se contará desde el término de los respectivos servicios.

Las sanciones establecidas en este artículo, son sin perjuicio de las contenidas en la ley N° 19.361. Asimismo, la Sociedad Administradora estará obligada a despachar la nómina de empleadores morosos a la Dirección del Trabajo y a los registros de antecedentes comerciales y financieros que tengan por objeto proporcionar antecedentes públicos, siendo aplicables en este último caso las disposiciones de la ley N° 19.628.

Párrafo 3° De las Prestaciones financiadas con cargo a la Cuenta Individual por Cesantía

Art. 12. Los afiliados tendrán derecho a una prestación por cesantía, en los términos previstos en este párrafo, siempre que reúnan los siguientes requisitos:

a) Que el contrato de trabajo haya terminado por alguna de las causales señaladas en los artículos 159, 160, 161 y 163 bis, o por aplicación del inciso primero del artículo 171, todos del Código del Trabajo[14].

b) Que el trabajador con contrato indefinido o el trabajador de casa particular con independencia de la duración de su contrato registre en la Cuenta Individual por Cesantía un mínimo de 10 cotizaciones mensuales continuas o discontinuas, desde su afiliación al Seguro o desde la fecha en que se devengó el último giro a que hubieren tenido derecho conforme a esta ley[15].

c) En el caso del trabajador con contrato a plazo fijo o por obra, trabajo o servicio determinado, deberá registrar en la Cuenta Individual por Cesantía un mínimo de 5 cotizaciones mensuales continuas o discontinuas, desde su afiliación al Seguro o desde la fecha en que se devengó el último giro a que hubieren tenido derecho conforme a esta ley, y[16]

d) Encontrarse cesante al momento de la solicitud de la prestación[17].

---

14 Letra modificada por el artículo 399 letra A), de la Ley N° 20.720.

15 Letra modificada por el artículo 1°, N° 1 de la Ley N° 21.628.

16 Letra modificada por el artículo 1°, N° 1 de la Ley N° 21.628.

17 Letra modificada por el artículo 1° N° 6° letra C), de la Ley N° 20.328.

Art. 13. Si el contrato terminare por las causales previstas en el artículo 161 del Código del Trabajo, el afiliado tendrá derecho a la indemnización por años de servicios prevista en el inciso segundo del artículo 163 del mismo cuerpo legal, sin perjuicio de lo dispuesto en el inciso quinto del referido artículo, calculada sobre la última remuneración mensual definida en el artículo 172 del mismo, con un límite máximo de trescientos treinta días de remuneración, a menos que se haya pactado, individual o colectivamente, una superior, caso en el cual se aplicará esta última[18].

Se imputará a esta prestación la parte del saldo de la Cuenta Individual por Cesantía constituida por las cotizaciones efectuadas por el empleador más su rentabilidad, deducidos los costos de administración que correspondan, con cargo a las cuales el asegurado pueda hacer retiros en la forma que señala el artículo 15.

En ningún caso se podrá tomar en cuenta el monto constituido por los aportes del trabajador, para los efectos de la imputación a que se refiere el inciso anterior.

Art. 14. Si el contrato de trabajo termina por aplicación de alguna de las causales señaladas en los números 1 y 2 del artículo 159, en el artículo 160, o en el inciso primero del artículo 171, todos del Código del Trabajo, el beneficio consistirá en el retiro de los fondos acumulados en la Cuenta Individual por Cesantía, en la forma dispuesta en el artículo siguiente[19].

Art. 15. Establécese la siguiente modalidad de retiro de fondos de la Cuenta Individual por Cesantía:

Tratándose de trabajadores que cesan su relación laboral por alguna de las causales señaladas en los números 4, 5 y 6 del artículo 159 y en el artículo 161 del Código del Trabajo, tendrán derecho a realizar tantos giros mensuales de su Cuenta Individual por Cesantía como su saldo de dicha

---

[18] Inciso modificado por el artículo 1°, N° 5 de la Ley N° 21.269.

[19] Artículo modificada por el artículo 1° N° 7°, de la Ley N° 20.328.

Cuenta les permita financiar, de acuerdo a los porcentajes expresados en la segunda columna de la tabla establecida en el inciso siguiente[20].

El monto de la prestación por cesantía durante los meses que se indican en la primera columna, corresponderá al porcentaje indicado en la segunda columna, que se refiere al promedio de las remuneraciones devengadas por el trabajador en los últimos 10 meses, en que se registren cotizaciones anteriores al término de la relación laboral para aquellos que se encuentren contratados con duración indefinida o para los trabajadores de casa particular. Tratándose de trabajadores con contrato a plazo fijo o por obra, trabajo o servicio determinado se considerará el promedio de las remuneraciones devengadas por él en los últimos 5 meses en que se registren cotizaciones anteriores al término de la relación laboral[21] [22].

Meses	Porcentaje promedio remuneración últimos 5 o 10 meses de cotizaciones, según corresponda
Primero	70%
Segundo	60%
Tercero	45%
Cuarto	40%
Quinto	35%
Sexto o Superior	30%

El último mes de prestación a que tenga derecho el trabajador podrá ser inferior al porcentaje indicado en la tabla precedente y corresponderá al saldo pendiente de la Cuenta Individual por Cesantía. En todo caso, si el último giro a que tiene derecho el trabajador, de acuerdo a la tabla del inciso segundo, es igual o inferior al 20% del monto del giro anterior, ambos giros se pagarán conjuntamente[23].

20 Inciso modificado por el artículo 1° N° 2, de la Ley N° 21.628.

21 Inciso modificado por el artículo 1°, N° 2 de la Ley N° 21.628.

22 Tabla modificada por el artículo 1°, N° 2 de la Ley N° 21.628.

23 Inciso modificado por el artículo 19 de la Ley N° 20.351.

No obstante lo anterior, en el caso de trabajadores que, cumpliendo con los requisitos establecidos en el artículo 24, hayan optado por recibir beneficios con cargo al Fondo de Cesantía Solidario, el monto de las prestaciones a las cuales tengan derecho se regirá por lo establecido en el artículo 25.

La prestación se pagará por mensualidades vencidas y se devengará a partir del día siguiente al del término del contrato.

Art. 16. El goce del beneficio contemplado en los artículos 14 y 15, se interrumpirá cada vez que se pierda la condición de cesante antes de agotarse la totalidad de los giros a que tenga derecho.

Aquellos trabajadores que habiendo terminado una relación laboral mantengan otra vigente, y aquellos trabajadores que habiendo terminado una relación de trabajo, sean contratados en un nuevo empleo antes de agotarse la totalidad de los giros de su Cuenta Individual por Cesantía a que tengan derecho, tendrán las siguientes opciones:

a) Retirar el monto correspondiente a la prestación a que hubiese tenido derecho en ese mes, en el caso de haber permanecido cesante.

b) Mantener dicho saldo en la cuenta.

En ambos casos, el trabajador mantendrá para un próximo período de cesantía el saldo no utilizado en su cuenta. El saldo mantenido en la respectiva Cuenta Individual por Cesantía, incrementado con las posteriores cotizaciones, será la nueva base de cálculo de la prestación[24].

Art. 17. Sin perjuicio de lo señalado en el inciso quinto del artículo 11, en el evento de no existir pago de cotizaciones, el trabajador tendrá derecho a exigir al empleador el pago de todas las prestaciones que tal incumplimiento le impidió percibir.

El derecho anterior se entiende irrenunciable para todos los efectos y no se opondrá al ejercicio de las demás acciones que correspondan.

La sentencia que establezca el pago de las prestaciones ordenará, además, a título de sanción, el pago de las cotizaciones que adeude el

---

24 Artículo reemplazado por el artículo 1° N° 9, de la Ley N° 20.328.

empleador con los reajustes e intereses que correspondan, de acuerdo al artículo 11, para que éstas sean enteradas en la Sociedad Administradora.

Art. 18. En caso de fallecimiento del trabajador, los fondos de la Cuenta Individual por Cesantía, se pagarán a la persona o personas que el trabajador haya designado ante la Sociedad Administradora. A falta de expresión de voluntad del trabajador, dicho pago se hará a las personas designadas en el inciso segundo del artículo 60 del Código del Trabajo.

Estos pagos se efectuarán bastando acreditar, por los beneficiarios, su identidad o el estado civil respectivo.

Art. 19. Si un trabajador se pensionare, por cualquier causa, podrá disponer en un solo giro de los fondos acumulados en su Cuenta Individual por Cesantía.

Los trabajadores que se encuentren tramitando su solicitud de pensión podrán traspasar parte o el total del saldo de su Cuenta Individual por Cesantía a su cuenta de capitalización individual que mantenga en una Administradora de Fondos de Pensiones, con el objeto de aumentar el capital para financiar su pensión. En este caso, para los efectos de aplicar el impuesto establecido en el artículo 43 de la Ley de Impuesto a la Renta, los recursos transferidos deberán ser registrados separadamente por la Administradora de Fondos de Pensiones con objeto de rebajar el monto que resulte de aplicar a la pensión el porcentaje que en el total del fondo destinado a la pensión representen los recursos transferidos[25].

La Sociedad Administradora deberá informar al Servicio de Impuestos Internos los traspasos de los fondos que se efectúen de conformidad al inciso anterior, en la forma y plazo que determine dicho Servicio[26].

Art. 20. Los afiliados al Seguro que perciban prestaciones con cargo a la Cuenta Individual de Cesantía o al Fondo de Cesantía Solidario, mantendrán la calidad de afiliados al régimen de la ley N° 18.469 durante el pe-

---

25 Artículo reemplazado por el artículo 1° N° 10, de la Ley N° 20.328.

26 Artículo reemplazado por el artículo 1° N° 10, de la Ley N° 20.328.

ríodo en que se devenguen las mensualidades respectivas. Lo anterior sin perjuicio de las normas de desafiliación contenidas en la ley N° 18.933[27].

Aquellos trabajadores que tengan derecho a las prestaciones del Fondo de Cesantía Solidario, según lo dispuesto en el párrafo quinto de este Título, que al momento de quedar cesantes percibían asignaciones familiares en calidad de beneficiarios, según el ingreso mensual y valores correspondientes establecidos en las letras a) y b) del artículo 1° de la ley N° 18.987 y sus modificaciones, tendrán derecho a continuar impetrando este beneficio por los mismos montos que estaban recibiendo a la fecha del despido, mientras perciban giros mensuales conforme a esta ley. Con todo, a los trabajadores cesantes que reciban prestaciones conforme a esta ley y no estén comprendidos en este inciso, no les serán aplicables las disposiciones del decreto con fuerza de ley N° 150, de 1981, del Ministerio del Trabajo y Previsión Social, sin perjuicio de que sus respectivos causantes de asignación familiar mantengan su calidad de tales para los demás efectos que en derecho correspondan.

Párrafo 4° Derogado[28]

Normas especiales de protección para los trabajadores contratados a plazo o para una obra, trabajo o servicio determinado

Art. 21. Derogado[29].

Art. 22. Derogado[30].

Párrafo 5° De las prestaciones con cargo al Fondo de Cesantía Solidario

Art. 23. La restante cotización del empleador a que se refiere la letra b) del artículo 5°, esto es el 0,8% y 0,2% de las remuneraciones imponibles del trabajador de contrato a plazo indefinido y de contrato a plazo,

---

27 Inciso modificado por el artículo 1° N° 11, de la Ley N° 20.328.

28 Párrafo eliminado por el artículo 1° N° 12, de la Ley N° 20.328.

29 Párrafo eliminado por el artículo 1° N° 12, de la Ley N° 20.328.

30 Párrafo eliminado por el artículo 1° N° 12, de la Ley N° 20.328.

o para una obra, trabajo o servicio determinado, respectivamente, y el aporte fiscal a que se refiere la letra c) del mismo artículo, ingresarán a un fondo denominado Fondo de Cesantía Solidario, que deberá mantener la Sociedad Administradora, para los efectos de otorgar las prestaciones por cesantía, en conformidad a los artículos siguientes[31].

En el caso de los trabajadores de casa particular, la restante cotización del empleador a que se refiere la letra b) del artículo 5º que ingresará al Fondo de Cesantía Solidario, corresponderá a un 0,8% de las remuneraciones imponibles del trabajador, con independencia de la duración del contrato[32].

Art. 24. Tendrán derecho a recibir prestaciones del Fondo de Cesantía Solidario los trabajadores que cumplan los siguientes requisitos:

a) Registrar 10 cotizaciones mensuales en el Fondo de Cesantía Solidario desde su afiliación al Seguro o desde que se devengó el último giro a que hubieren tenido derecho conforme a esta ley, en los últimos 24 meses anteriores contados al mes del término del contrato. Sin embargo, las tres últimas cotizaciones realizadas deben ser continuas y con el mismo empleador[33].

b) Que el contrato de trabajo termine por alguna de las causales previstas en los números 4, 5 y 6 del artículo 159 o de los artículos 161 y 163 bis, todos del Código del Trabajo[34];

c) Que los recursos de su cuenta individual por cesantía sean insuficientes para obtener una prestación por cesantía por los períodos, porcentajes y montos señalados en el artículo siguiente, y

d) Encontrarse cesante al momento de la solicitud.

Sin perjuicio de lo establecido en el artículo siguiente, un trabajador no podrá recibir más de diez pagos de prestaciones financiadas parcial o

---

[31] Artículo modificado por el artículo 1 Nº 13, de la Ley Nº 20.328.

[32] Inciso incluido por el artículo 1º, Nº 7 de la Ley Nº 21.269.

[33] Letra modificada por el artículo 1º, Nº 3 de la Ley Nº 21.628.

[34] Letra modificada por el artículo 399 letra B), de la Ley Nº 20.720.

totalmente con cargo al Fondo de Cesantía Solidario, en un período de cinco años[35].

El derecho a percibir la prestación cesará por el solo ministerio de la ley, una vez obtenido un nuevo empleo por el beneficiario.

Art. 25. El monto de la prestación por cesantía durante los meses que se indican en la primera columna, corresponderá al porcentaje del promedio de las remuneraciones devengadas por el trabajador en los diez meses anteriores al del término de la relación laboral, que se indica en la segunda columna. El beneficio estará afecto a los valores superiores e inferiores para cada mes, a que aluden las columnas tercera y cuarta, respectivamente[36] [37]:

Meses	Porcentaje promedio remuneración últimos 10 meses	Valor Superior	Valor Inferior
Primero	70%	$821.147	$246.344
Segundo	60%	$703.840	$211.152
Tercero	45%	$527.879	$158.364
Cuarto	40%	$469.228	$140.768
Quinto	35%	$410.574	$123.173

En el caso de los trabajadores contratados a plazo fijo, o para una obra, trabajo o servicio determinado, la prestación por cesantía a que se refiere este artículo se extenderá hasta el quinto mes, con los porcentajes y valores superiores e inferiores señalados en la tabla siguiente[38] [39]:

---

35 Inciso modificado por el artículo 1° N° 4, de la Ley N° 21.628.

36 La tabla de este inciso fue reemplazada por el artículo 1° N 4, de la Ley N° 21.628.

37 Inciso modificado por el artículo 1° N° 15 letra A), de la Ley N° 20.328.

38 Inciso modificado por el artículo 1°, N° 4 de la Ley N° 21.628.

39 La tabla de este inciso fue reemplazada por el artículo 1° N 4 letra b), de la Ley N° 21.628.

Meses	**Porcentaje promedio remuneración últimos 10 meses**	**Valor Superior**	**Valor Inferior**
Primero	60%	$703.840	$211.152
Segundo	40%	$469.228	$140.768
Tercero	35%	$410.574	$123.173
Cuarto	30%	$351.921	$105.575
Quinto	30%	$351.921	$105.575

Aquellos beneficiarios que estén percibiendo el quinto giro con cargo al Fondo de Cesantía Solidario tendrán derecho a un sexto y séptimo giro de prestación, cada vez que la tasa nacional de desempleo publicada por el Instituto Nacional de Estadísticas exceda en 1 punto porcentual el promedio de dicha tasa, correspondiente a los cuatro años anteriores publicados por ese Instituto, que se pagará de acuerdo a la siguiente tabla[40] [41]:

Meses	**Porcentaje promedio remuneración últimos 10 meses**	**Valor Superior**	**Valor Inferior**
Sexto	30%	$351.921	$105.575
Séptimo	30%	$351.921	$105.575

Los giros adicionales señalados en el inciso tercero no se considerarán para el número máximo de pagos de prestaciones a que se refiere el inciso segundo del artículo 24[42].

Los valores inferiores y superiores establecidos en los incisos primero, segundo y tercero, se reajustarán el 1° de marzo de cada año, en el 100%

---

40 Inciso incluido por el artículo 1° N° 15 letra B), de la Ley N° 20.328.

41 La tabla de este inciso fue modificada por el artículo 1°, N 4 letra c) de la Ley N° 21.628.

42 Inciso modificado por el artículo 1° N° 4 letra e), de la Ley N° 21.628.

de la variación que haya experimentado en el año calendario anterior el Índice de Precios al Consumidor, determinado por el Instituto Nacional de Estadísticas o por el organismo que lo reemplace. Además, dichos valores inferiores y superiores se reajustarán en la misma oportunidad antes indicada, en el 100% de la variación que haya experimentado en el año calendario anterior, el Índice de Remuneraciones Reales determinadas por el mencionado Instituto. Dichos valores serán reajustados por el índice de remuneraciones antes indicado, siempre que su variación sea positiva[43].

En el caso de trabajadores que, durante los últimos diez meses, hubiesen percibido una o más remuneraciones correspondientes a jornadas parciales, deberá efectuarse un ajuste de los valores superiores e inferiores a que se refiere este artículo en forma proporcional a la jornada promedio mensual de los últimos diez meses[44].

Serán aplicables a los trabajadores de casa particular las disposiciones del presente artículo, con excepción del inciso segundo[45].

La responsabilidad del Fondo de Cesantía Solidario operará una vez agotados los recursos de la Cuenta individual por Cesantía.

Art. 25 bis. El Fondo de Cesantía Solidario podrá financiar diferentes medidas para la intermediación y habilitación laboral, para facilitar la reinserción laboral de las personas cesantes que se encuentren percibiendo las prestaciones señaladas en el artículo anterior. El Servicio Nacional de Capacitación y Empleo administrará y fiscalizará las mencionadas medidas para la intermediación y habilitación laboral con dicho Fondo, sin perjuicio de las facultades de la Superintendencia de Pensiones en relación con la fiscalización a la Sociedad Administradora respecto de la administración del Fondo de Cesantía Solidario. En el mes de enero de cada año, a través de un decreto "Por orden del Presidente de la República" expedido por el Ministerio de Hacienda y que además deberá ser suscrito por el Ministro del Trabajo y Previsión Social, se fijarán las prestaciones

43 Inciso modificado por el artículo único N° 3 letra G), de la Ley N° 20.829.
44 Inciso modificado por el artículo 1° N° 4 letra f), de la Ley N° 21.628.
45 Inciso modificado por el artículo 1° N° 4 letra g), de la Ley N° 21.628.

que se otorgarán y el monto total de recursos que el mencionado Fondo podrá destinar para financiar las prestaciones antes señaladas que se otorguen en ese año, considerando la sustentabilidad de dicho Fondo. Los recursos que se destinen a esos programas no podrán exceder, para cada año calendario, el 2% del saldo total del Fondo de Cesantía Solidario que registre el año anterior.

Un reglamento dictado por el Ministerio del Trabajo y Previsión Social y suscrito por el Ministro de Hacienda, establecerá los requisitos que deberán cumplir los beneficiarios antes señalados para cada programa y la forma de acreditarlos; los procedimientos de concesión de los beneficios; los criterios de elegibilidad de los beneficiarios de los programas; las causales de término de los beneficios; el procedimiento de información a las entidades señaladas en el inciso cuarto sobre la evaluación de los programas sobre la evaluación de los programas; las compatibilidades e incompatibilidades con los beneficios que contempla la ley N° 19.518; las condiciones de carácter objetivo que deberán reunir el o los instrumentos técnicos que determinarán el índice de empleabilidad, el cual considerará, entre otros, la vulnerabilidad laboral, y las demás normas que sean necesarias para la ejecución de los programas.

Los programas señalados en el inciso primero serán ejecutados por las Oficinas de Información Laboral del artículo 73 de la ley N° 19.518, por la Red de intermediación laboral, y por entidades privadas, que cumplan con los requisitos que establezca el reglamento.

El Servicio Nacional de Capacitación y Empleo elaborará durante el primer trimestre de cada año un reporte de la evaluación de los programas de intermediación laboral del año inmediatamente anterior, considerando un detalle de las coberturas asociadas, recursos asignados por decreto y el presupuesto ejecutado. Adicionalmente, cada tres años este reporte deberá considerar la evaluación y funcionamiento de los programas de intermediación laboral. Este reporte será de carácter público y deberá remitirse al Ministerio de Hacienda, al Ministerio del Trabajo y Previsión Social, a la Superintendencia de Pensiones, a la Comisión de Usuarios del Seguro de Cesantía, a la Comisión de Trabajo y Previsión

Social del Senado y a la Comisión de Trabajo y Seguridad Social de la Cámara de Diputados[46].

Art. 25 ter. El Fondo de Cesantía Solidario aportará a la cuenta de capitalización individual obligatoria para pensiones de los beneficiarios que hayan optado por dicho Fondo, el monto equivalente al 10% de la prestación por cesantía que les corresponda recibir de acuerdo al artículo 25. El aporte a que se refiere este artículo deberá ser enterado por la Sociedad Administradora del Fondo y no estará afecto al cobro de comisiones por parte de la Administradora de Fondos de Pensiones correspondiente[47].

Art. 26. El valor total de los beneficios a pagar con cargo al Fondo de Cesantía Solidario en un mes determinado, no podrá exceder el 20% del valor acumulado en el Fondo al último día del mes anterior.

Si el valor total de los beneficios a pagar, en el mes, con cargo al Fondo de Cesantía Solidario, calculados según la regla de beneficios máximos porcentuales y numéricos contenida en el artículo 25, excediere el porcentaje indicado en el inciso anterior, el beneficio a pagar a cada afiliado se disminuirá proporcionalmente conforme al valor total de beneficios que pueda financiar el Fondo de Cesantía Solidario de acuerdo al inciso primero.

Art. 26 bis. Con el fin de contribuir a la sustentabilidad del Fondo de Cesantía Solidario regulado en el Párrafo 5º del Título I, facúltase a comprometer recursos fiscales para el financiamiento de las prestaciones por cesantía definidas en dicho párrafo y en el Título IV. El aporte solo se podrá materializar si el valor de los activos del Fondo de Cesantía Solidario al último día de un mes es inferior a diecinueve millones de unidades tributarias mensuales.

Los recursos fiscales que se comprometan de acuerdo al inciso anterior serán determinados mediante resolución por la Dirección de Presupuestos, en una magnitud que en ningún caso podrá ser superior a cinco millones

---

46 Artículo modificado por el artículo 1º Nº 5, de la Ley Nº 21.628.

47 Artículo incluido por el artículo único Nº 4, de la Ley Nº 20.829.

de unidades tributarias mensuales. De la misma forma, se determinará la oportunidad en que se efectuará el aporte de dichos recursos y el plazo en que éstos serán restituidos. Éste deberá ser abonado en su equivalente en pesos al Fondo de Cesantía Solidario.

Previo a efectuar el aporte, un estudio actuarial elaborado conjuntamente por la Superintendencia de Pensiones y la Dirección de Presupuestos deberá establecer, con la debida anticipación, la sustentabilidad del Fondo de Cesantía Solidario para el pago de las prestaciones por cesantía definidas en el Párrafo 5º del Título I y en el Título IV, en base, a lo menos, a la evidencia disponible del mercado laboral, a los recursos fiscales aportados y devolución estimados, el nivel observado y el uso esperado del fondo. Si el estudio determina que el Fondo de Cesantía Solidario no es sustentable, no procederá el aporte fiscal.

Los recursos fiscales aportados deberán ser reintegrados al Fisco con cargo al Fondo de Cesantía Solidario en un plazo, que no podrá exceder los diez años, contado desde la fecha del respectivo aporte. Los reintegros se efectuarán aplicando una tasa de interés equivalente a la tasa de endeudamiento del Fisco a igual plazo.

Los recursos fiscales aportados no estarán afectos al cobro de comisiones por parte de la Sociedad Administradora.

Mediante decreto del Ministerio de Hacienda expedido bajo la fórmula "Por orden del Presidente de la República" se establecerán los mecanismos para los aportes y reintegros definidos en este artículo, sus procedimientos y modalidades, junto a las demás normas necesarias para su realización.

Una norma de carácter general emitida por la Superintendencia de Pensiones establecerá el tratamiento operacional y contable del aporte por parte de la Sociedad Administradora de Fondos de Cesantía.

En caso en que el Estado aporte recursos en los términos establecidos en este artículo, y mientras el Fondo de Cesantía Solidario no haya efectuado el reintegro total de éstos, lo dispuesto en el artículo 26 se aplicará considerando el valor de los activos del Fondo de Cesantía Solidario[48].

---

[48] Artículo incluido por el artículo 1º, Nº 6 de la Ley Nº 21.628.

Art. 27. Las personas que obtuvieren mediante simulación o engaño prestaciones con cargo al Fondo de Cesantía Solidario y quienes de igual forma obtuvieren un beneficio mayor al que les corresponda, serán sancionadas con reclusión menor en sus grados mínimo a medio. Igual sanción será aplicable a quienes faciliten los medios para la comisión de tales delitos. Lo anterior, sin perjuicio de la obligación de restituir al Fondo las sumas indebidamente percibidas.

Art. 28. El beneficiario no tendrá derecho a las prestaciones previstas en este párrafo, o cesarán las concedidas, según el caso y para cada evento de cesantía, si no busca de manera efectiva un empleo. Para estos efectos se considerará que el beneficiario no busca de manera efectiva un empleo cuando:

a) No se inscribiere en la Bolsa Nacional de Empleo.

b) No postulare, reiteradamente y sin causa justificada, a una oportunidad de empleo que se encuentre disponible según le informare la respectiva Oficina Municipal de Intermediación Laboral o la Bolsa Nacional de Empleo.

c) No concurriere, reiteradamente y sin causa justificada, a entrevistas de empleo debidamente intermediadas por las mismas instituciones a que se refiere la letra anterior.

d) Rechazare, sin causa justificada, una oportunidad de empleo intermediada o la capacitación ofrecida por la respectiva oficina Municipal de Intermediación Laboral o la Bolsa Nacional de Empleo.

e) Rechazare, sin causa justificada, una beca de capacitación ofrecida y financiada por el Servicio Nacional de Capacitación y Empleo.

Para los efectos del inciso anterior, serán consideradas como causas justificadas del beneficiario, causas de similar entidad, tales como:

a) Padecer alguna enfermedad o discapacidad que le impida desarrollar el empleo ofrecido.

b) Residir en una localidad distante del lugar donde se realice la entrevista de empleo, donde deba desempeñarse el respectivo empleo o donde se realice la capacitación ofrecida.

c) El empleo o beca de capacitación ofrecidos no guardan relación con las habilidades o destrezas del empleo anterior u ocasionan un serio menoscabo a su condición laboral o a sus estudios profesionales, universitarios o técnicos.

d) El empleo ofrecido no le permita percibir una remuneración igual o superior al 50% de la última devengada en el empleo anterior.

Sin perjuicio de lo anterior, un reglamento expedido por el Ministerio del Trabajo y Previsión Social, que deberá ser suscrito por el Ministro de Hacienda, establecerá los criterios y condiciones para determinar la procedencia de las causas justificadas a que se refiere este artículo, así como los requisitos, procedimiento y mecanismos para acreditar su concurrencia y, en general, toda norma para la correcta aplicación de esta disposición[49].

Art. 29. La prestación se devengará y pagará por mensualidades vencidas y no estará afecta a cotización previsional alguna, ni a impuestos.

Su goce será incompatible con toda actividad remunerada.

Párrafo 6º De la Administración

Art. 30. La administración del Régimen de Cesantía estará a cargo de una sociedad anónima de nacionalidad chilena o agencia de una extranjera constituida en Chile, de giro único, que tendrá como objeto exclusivo administrar dos Fondos que se denominarán Fondo de Cesantía y Fondo de Cesantía Solidario y otorgar y administrar las prestaciones y beneficios que establece esta ley.

La Sociedad Administradora de Fondos de Cesantía deberá prestar los servicios de recaudación de las cotizaciones previstas en las letras a) y b) del artículo 5º y del aporte establecido en la letra c) de dicho artículo, su abono en el Fondo de Cesantía Solidario y en las respectivas Cuentas Individuales por Cesantía, la actualización de éstas, la inversión de los recursos y el pago de los beneficios.

---

49 Artículo reemplazado por el artículo único Nº 5, de la Ley Nº 20.829.

La Sociedad Administradora será de duración indefinida y subsistirá hasta el cumplimiento del plazo de vigencia del contrato de administración. Disuelta aquélla, se aplicará lo dispuesto en los artículos 109 y siguientes de la ley N° 18.046. Con todo, para dar término al proceso de liquidación de la Sociedad Administradora, se requerirá la aprobación de la cuenta de la liquidación por la Superintendencia de Administradoras de Fondos de Pensiones.

La Sociedad Administradora tendrá derecho a una retribución establecida sobre la base de comisiones, de cargo de los aportantes, la que será deducida de los aportes o de los Fondos de Cesantía. El valor base de las comisiones antes mencionadas se determinará en el contrato de prestación del servicio de administración. Con todo, el valor de las comisiones cobradas se establecerá conforme lo señalado en el artículo 42, y sólo podrán estar sujetos al cobro de comisiones los trabajadores que se encuentren cotizando. Las referidas comisiones estarán exentas del Impuesto al Valor Agregado, establecido en el Título II del decreto ley N° 825, de 1974[50].

Ninguna persona natural o jurídica que no se hubiere constituido conforme a las disposiciones de esta ley como Sociedad Administradora de Fondos de Cesantía, podrá arrogarse la calidad de tal o hacer uso de documentos que contengan nombres u otras palabras que sugieran que los negocios a que se dedican dichas personas son los de la Sociedad Administradora de Fondos de Cesantía.

Las infracciones al inciso anterior se sancionarán con las penas de presidio menor en su grado mínimo a presidio menor en su grado medio. En todo caso, si a consecuencia de estas actividades ilegales, el público sufriere perjuicio de cualquier naturaleza, los responsables serán castigados con las penas establecidas en el artículo 467 del Código Penal.

Cuando a juicio de la Superintendencia pueda presumirse que existe una infracción a lo dispuesto en este artículo, ella tendrá respecto de los

---

[50] Inciso modificado por el artículo 1° N° 18, de la Ley N° 20.328.

presuntos infractores las mismas facultades de inspección que su ley orgánica le confiere para con sus instituciones fiscalizadas.

Art. 31. El servicio de administración de los Fondos de Cesantía será adjudicado mediante una licitación pública. La licitación y la adjudicación del servicio se regirán por las normas establecidas en la presente ley y las respectivas Bases de Licitación que los Ministerios del Trabajo y Previsión Social y de Hacienda, aprueben mediante Decreto Supremo para cada contrato en particular. Dichas Bases se entenderán incorporadas a los respectivos contratos.

Están facultadas para postular a la licitación mencionada en el inciso anterior, concurrir a la constitución de la sociedad referida en el artículo anterior y prestar los servicios propios de su giro a la Sociedad Administradora, las Cajas de Compensación de Asignación Familiar, las Administradoras de Fondos fiscalizados por la Superintendencia de Valores y Seguros, las entidades bancarias fiscalizadas por la Superintendencia de Bancos e Instituciones Financieras, las Compañías de Seguros, las Administradoras de Fondos de Pensiones y demás personas jurídicas, nacionales o extranjeras, que cumplan con lo establecido en las Bases de Licitación.

Los Ministerios del Trabajo y Previsión Social y de Hacienda, efectuarán un proceso de precalificación de los postulantes a la licitación con el fin de asegurar su idoneidad técnica, económica y financiera.

Si no hubiere interesados en la licitación o ésta fuere declarada desierta, deberá llamarse, dentro del plazo de treinta días, a una nueva licitación pública. Dicho plazo se contará desde la fecha del decreto que declara desierta la licitación.

Art. 32. La licitación se adjudicará evaluando las ofertas técnicamente aceptables atendiendo, a lo menos, a los siguientes factores:

a) Estructura de comisiones;

b) Forma de reajuste de las comisiones, y c) Calificación técnica para la prestación del servicio.

La definición de estos factores y su forma de aplicación para adjudicar la prestación del servicio serán establecidas en las respectivas Bases de Licitación.

Art. 33. La adjudicación del servicio de administración de los Fondos de Cesantía se efectuará mediante decreto supremo conjunto de los Ministerios del Trabajo y Previsión Social y de Hacienda, el que será publicado en el Diario Oficial.

Una vez adjudicada la licitación del servicio de administración de Fondos de Cesantía, el adjudicatario quedará obligado a constituir, en el plazo de sesenta días, contado desde la publicación en el Diario Oficial del decreto supremo mencionado en el inciso anterior, y con los requisitos que las bases de licitación establezcan, la sociedad de nacionalidad chilena o agencia de la extranjera constituida en Chile, con quien se celebrará el contrato y cuyo objeto será el mencionado en el artículo 30.

El inicio de las operaciones de la Sociedad Administradora deberá ser autorizado por la Superintendencia de Administradoras de Fondos de Pensiones, en adelante la Superintendencia, previa constatación que aquélla se ajusta a la calificación técnica aprobada.

Art. 34. La Sociedad Administradora deberá mantener una Base de Datos de los trabajadores sujetos al Seguro, con los registros necesarios para la operación del Seguro que incluirá el registro general de información del trabajador, los movimientos de las cuentas individuales por cesantía y el archivo de documentos.

La Sociedad Administradora tendrá la responsabilidad de efectuar el tratamiento de la Base de Datos de los trabajadores sujetos al Seguro, sólo para cumplir las funciones definidas en la ley y aquellas que establezca la Superintendencia mediante una norma de carácter general. El objeto único de la Base de Datos será servir de soporte a las funciones de la Sociedad, y para la realización de estudios de carácter técnico por parte de la Superintendencia[51].

---

[51] Inciso modificado por el artículo 1° N° 19, de la Ley N° 20.328.

Para efectos de esta ley, se entenderá por tratamiento de datos de los trabajadores sujetos al Seguro, cualquier operación o complejo de operaciones o procedimientos técnicos, de carácter automatizado o no, que permitan recolectar, almacenar, grabar, organizar, elaborar, seleccionar, extraer, confrontar, interconectar, disociar, comunicar, ceder, transferir, transmitir o cancelar datos o utilizarlos en cualquier otra forma.

La Superintendencia, mediante una norma de carácter general, establecerá los mecanismos necesarios para garantizar el control y resguardo de la Base de Datos.

Extinguido el contrato de administración por cualquier causa, la Sociedad Administradora que estuviere prestando el servicio, deberá transferir a la nueva sociedad adjudicataria la Base de Datos que permita la continuidad del funcionamiento del Seguro.

El que, durante el período de vigencia del Contrato de Administración o con posterioridad a él, haga uso de la información incluida en la Base de Datos que mantenga la Sociedad Administradora para un fin distinto al establecido en esta ley, será sancionado con las penas de presidio menor en cualquiera de sus grados, sin perjuicio de las sanciones administrativas que procedan de conformidad con lo dispuesto en el decreto con fuerza de ley Nº 101, de 1980, del Ministerio del Trabajo y Previsión Social.

La Sociedad Administradora que durante el traspaso de la concesión provoque un daño no fortuito a la Base de Datos que mantenga, o niegue u obstaculice su entrega o la otorgue en forma incompleta, será sancionada de conformidad con lo dispuesto en el decreto con fuerza de ley Nº 101, de 1980, del Ministerio del Trabajo y Previsión Social.

Art. 34 A. Para el desarrollo de los estudios de carácter técnico del artículo anterior, la Superintendencia podrá requerir la información de la Base de Datos a que se refiere dicho artículo que fuere necesaria para el cumplimiento de los objetivos establecidos en él y con el fin de ejercer el control y fiscalización en las materias de su competencia, pudiendo realizar el tratamiento de datos personales que esta Base contenga.

El personal de la Superintendencia deberá guardar absoluta reserva y secreto de las informaciones de las cuales tome conocimiento en el cumplimiento de sus funciones sin perjuicio de las informaciones y certificaciones que deba proporcionar de conformidad a la ley[52].

Art. 34 B. Las Subsecretarías de Hacienda, de Servicios Sociales, de Evaluación Social, del Trabajo y de Previsión Social, la Superintendencia de Seguridad Social, el Banco Central, la Comisión del Sistema de Competencias Laborales de la ley N° 20.267 y la Dirección de Presupuestos, estarán facultados para exigir los datos personales contenidos en la Base de Datos a que se refiere el artículo 34 y la información que fuere necesaria para el ejercicio de sus funciones a la Sociedad Administradora de Fondos de Cesantía. En tal caso, el tratamiento y uso de los datos personales que efectúen los organismos antes mencionados quedarán dentro del ámbito de control y fiscalización de dichos servicios[53].

Los organismos públicos antes señalados y su personal deberán guardar absoluta reserva y secreto de la información de que tomen conocimiento y abstenerse de usar dicha información en beneficio propio o de terceros. Para efectos de lo dispuesto en el inciso segundo del artículo 125 de la ley N° 18.834, cuyo texto refundido, coordinado y sistematizado fue fijado por el decreto con fuerza de ley N° 29, de 2005, del Ministerio de Hacienda, se estimará que los hechos que configuren infracciones a esta disposición vulneran gravemente el principio de probidad administrativa, sin perjuicio de las demás sanciones y responsabilidades que procedan. Asimismo, le serán aplicadas las sanciones establecidas en el inciso sexto del artículo 34 de la presente ley[54].

Art. 34 C. La Superintendencia de Pensiones elaborará una muestra representativa de la Base de Datos del artículo 34, previo proceso de disociación de ésta de acuerdo a lo establecido en la ley N° 19.628, la cual será puesta a disposición de personas naturales o jurídicas, públicas o privadas, tales como universidades y centros de investigación, entre otros, para la realización de investigación y estudios, de acuerdo al procedimiento esta-

---

52 Inciso modificado por el artículo 1° N° 20, de la Ley N° 20.328.

53 Inciso modificado por el artículo 2°, N° 1 de la Ley N° 21.666.

54 Artículo agregado por el artículo 1° N° 20, de la Ley N° 20.328.

blecido por dicha Superintendencia. Para la elaboración de dicha muestra la Superintendencia deberá incorporar las propuestas que al efecto realice un comité técnico constituido por un representante del Ministerio del Trabajo y Previsión Social, un representante del Ministerio de Hacienda, un representante de la Superintendencia de Pensiones, un representante de la asociación gremial de economistas que según su número de afiliados posea mayor representatividad y el Presidente de la Comisión de Usuarios. Con todo, las personas antes indicadas, que requieran antecedentes no contenidos en la muestra, podrán solicitar al mencionado Comité información adicional quien la autorizará previa evaluación de las características de la investigación o estudio que realizará el solicitante[55].

Art. 35. La supervigilancia, control y fiscalización de la Sociedad Administradora de Fondos de Cesantía corresponderá a la Superintendencia de Administradoras de Fondos de Pensiones. Para estos efectos, estará investida de las mismas facultades que el decreto ley N° 3.500 y el decreto con fuerza de ley N° 101, del Ministerio del Trabajo y Previsión Social, ambos de 1980, le otorgan respecto de sus fiscalizados.

En caso de incumplimiento de sus obligaciones por parte de la Sociedad Administradora, la Superintendencia podrá imponer a ésta las sanciones establecidas en esta ley, en el decreto ley N° 3.500 y en el decreto con fuerza de ley N° 101, del Ministerio del Trabajo y Previsión Social, ambos de 1980.

Art. 36. Cuando una enajenación de acciones de la Sociedad Administradora a un tercero o a un accionista minoritario, alcance por sí sola o sumada a las que aquél ya posea, más del 10% de las acciones de la mencionada sociedad, el adquirente deberá requerir autorización a los Ministerios del Trabajo y Previsión Social y de Hacienda. La autorización podrá ser denegada por resolución fundada en la capacidad de la Sociedad Administradora para continuar prestando los servicios estipulados en el contrato de administración.

---

[55] Artículo agregado por el artículo 1° N° 20, de la Ley N° 20.328.

Las acciones que se encuentren en la situación prevista en el inciso anterior, y cuya adquisición no haya sido autorizada, no tendrán derecho a voto.

Art. 37. Durante la vigencia del contrato, la Sociedad Administradora deberá asegurar la continuidad de la prestación del servicio en condiciones de absoluta normalidad y en forma ininterrumpida. El incumplimiento de esta obligación constituirá infracción grave de las obligaciones de la Sociedad Administradora.

La Sociedad Administradora podrá celebrar contratos de prestación de servicios con entidades externas, según lo que al respecto establezcan las Bases de Licitación y el contrato de administración del Seguro.

La Superintendencia de Pensiones y la Dirección de Presupuestos deberán realizar cada tres años un estudio actuarial que permita evaluar la sustentabilidad del Seguro de Cesantía, en especial del Fondo de Cesantía Solidario. Asimismo, este estudio deberá realizarse cada vez que se proponga una modificación a las prestaciones otorgadas por este seguro, exceptuando el reajuste contemplado en el artículo 25 de la presente ley. Dicho estudio deberá considerar un análisis sobre los aportes y usos de los Fondos de Cesantía, diferenciado según se trate de trabajadores con contrato indefinido o con contrato a plazo fijo o para una obra, trabajo o servicio determinado, en ambos casos considerando a los trabajadores de casa particular. El estudio actuarial será público[56].

La duración del contrato será fijada en las respectivas Bases de Licitación, sin que en ningún caso pueda ser superior a diez años.

Art. 38. El capital mínimo necesario para la formación de la Sociedad Administradora será el equivalente a 20.000 unidades de fomento, el que deberá enterarse en dinero efectivo y encontrarse suscrito y pagado al tiempo de otorgarse la escritura social. Además, la referida sociedad deberá mantener permanentemente un patrimonio al menos igual al capital mínimo exigido. Si el patrimonio se redujere de hecho a una cantidad inferior al mínimo exigido, ella estará obligada, cada vez que esto ocurra,

---

[56] Inciso modificado por el artículo 1°, N° 9° de la Ley N° 21.269.

a completarlo dentro de un plazo de seis meses. Si así no lo hiciere se declarará la infracción grave de las obligaciones que le impone la ley y se procederá según lo establecido en el artículo 44.

Las inversiones y acreencias en empresas que sean personas relacionadas a la Sociedad Administradora, se excluirán del cálculo del patrimonio mínimo exigido a ésta.

Art. 39. Serán aplicables a la Sociedad Administradora las normas de esta ley, su reglamento, el contrato para la administración del Seguro y supletoriamente el decreto ley N° 3.500, de 1980 y las disposiciones de la ley N° 18.046 y sus reglamentos. Con todo, la mencionada sociedad quedará sujeta a las mismas normas que rigen a las administradoras de fondos de pensiones, especialmente en lo que respecta a la adquisición, mantención, custodia y enajenación de instrumentos financieros pertenecientes a los Fondos de Cesantía, así como las normas sobre conflictos de intereses. No obstante, la Sociedad Administradora quedará eximida de la constitución de encaje y de todas las obligaciones que se establecen en los artículos 37 al 42 del decreto ley N° 3.500, de 1980.

Art. 40. La Sociedad Administradora deberá llevar contabilidad separada del patrimonio de cada uno de los Fondos de Cesantía.

Los bienes y derechos que componen el patrimonio de los Fondos de Cesantía serán inembargables y estarán destinados sólo a generar prestaciones de acuerdo a las disposiciones de la presente ley, sin perjuicio de lo establecido en el artículo 50.

Los recursos que componen los Fondos de Cesantía podrán entregarse en garantía a bancos y cámaras de compensación por operaciones con instrumentos derivados a que se refiere la letra l) del inciso segundo del artículo 45 del decreto ley N° 3.500, de 1980[57].

Art. 41. Las inversiones que se efectúen con recursos de los Fondos de Cesantía y Fondo de Cesantía Solidario tendrán como único objetivo la

---

[57] Inciso reemplazado por el artículo 1° N° 22, de la Ley N° 20.328.

obtención de una adecuada rentabilidad y seguridad de conformidad a las disposiciones establecidas en el Párrafo 9º del Título I de la presente ley[58].

Art. 42. Cada mes que la rentabilidad real del Fondo de Cesantía y del Fondo de Cesantía Solidario, de los últimos seis meses, supere la rentabilidad real respectiva que determine el Régimen de Inversión de los Fondos de Cesantía, conforme a lo dispuesto en el artículo 58E, considerando la volatilidad de la diferencia entre la rentabilidad del fondo respectivo y su cartera referencial, la comisión cobrada será la comisión base a que se refiere el artículo 30, incrementada en un diez por ciento. En todo caso, el aludido incremento de la comisión no podrá ser superior al cincuenta por ciento de la diferencia de rentabilidad[59].

Por su parte, en cada mes en que la rentabilidad real del Fondo de Cesantía y del Fondo de Cesantía Solidario, de los últimos seis meses, sea inferior a la rentabilidad real respectiva que determine el Régimen de Inversión de los Fondos de Cesantía, conforme a lo dispuesto en el artículo 58E, considerando la volatilidad de la diferencia entre la rentabilidad del fondo respectivo y su cartera referencial, la comisión cobrada será la comisión base ya referida, reducida en un diez por ciento. En todo caso, esta disminución no podrá ser superior al cincuenta por ciento de la diferencia de rentabilidad[60].

Cada vez que se inicie un nuevo contrato de administración, el cálculo de la rentabilidad se efectuará a contar del sexto mes de operación de la nueva administración y siempre que este período no sea inferior a tres meses.

El mencionado Régimen definirá la metodología de los cálculos aludidos en los incisos anteriores.

Art. 43. El contrato de administración se extinguirá por las siguientes causales:

---

58 Artículo reemplazado por el artículo 1º Nº 23, de la Ley Nº 20.328.

59 Inciso modificado por el artículo 3º Nº 1º letra A), de la Ley Nº 20.552.

60 Inciso modificado por el artículo 3º Nº 1º letra B), de la Ley Nº 20.552.

a) Cumplimiento del plazo por el que se otorgó;

b) Acuerdo entre los Ministerios del Trabajo y Previsión Social y de Hacienda y la Sociedad Administradora;

c) Infracción grave de las obligaciones por parte de la Sociedad Administradora;

d) Insolvencia de la Sociedad Administradora, y e) Las que se estipulen en las Bases de Licitación.

Las causales señaladas en las letras a), b) y e) darán lugar a una nueva licitación del servicio, por parte de los Ministerios del Trabajo y Previsión Social y de Hacienda. La mencionada licitación deberá efectuarse con la anticipación necesaria para que exista continuidad entre los contratos.

Art. 44. La declaración de infracción grave de las obligaciones de la Sociedad Administradora o de insolvencia de ésta, corresponderá a la Superintendencia y deberá estar fundada en alguna de las causales establecidas en esta ley, en la ley N° 18.046, en el decreto ley N° 3.500, de 1980, en las Bases de Licitación o en el contrato de administración del Seguro.

Los Ministerios del Trabajo y Previsión Social y de Hacienda deberán llamar a licitación pública en el plazo de 60 días, contado desde la declaración de la infracción grave o la insolvencia, con el objeto de seleccionar a la nueva Sociedad Administradora.

Producida alguna de las situaciones mencionadas en el inciso primero, cesará la administración ordinaria de la sociedad y la Superintendencia nombrará un Administrador Provisional, el que tendrá todas las facultades del giro ordinario que la ley y los estatutos señalan al directorio, o a quien haga sus veces, y al gerente. Dicho Administrador tendrá los deberes y estará sujeto a las responsabilidades que establece la ley N° 18.046. La Administración Provisional podrá durar hasta un año.

Adjudicado el nuevo contrato de administración del Seguro, el Administrador Provisional efectuará el traspaso de los Fondos de Cesantía y de los registros de las cuentas individuales, concluido lo cual la Sociedad Administradora se disolverá por el solo ministerio de la ley. Posteriormente, la liquidación de la Sociedad Administradora será practicada por la Superintendencia.

Art. 45. Sufrirán las penas de presidio menor en su grado medio a presidio mayor en su grado mínimo, los directores, gerentes, apoderados, liquidadores, operadores de mesa de dinero y trabajadores de la Sociedad Administradora, que en razón de su cargo y posición y valiéndose de información privilegiada de aquella que trata el título XXI de la ley 18.045:

a) Ejecuten un acto por sí o por intermedio de otras personas, con el objeto de obtener un beneficio pecuniario para sí o para otros, mediante cualquier operación o transacción de valores de oferta pública.

b) Divulguen información privilegiada relativa a las decisiones de inversión de los Fondos de Cesantía, a personas distintas de las encargadas de efectuar las operaciones de adquisición y enajenación de valores de oferta pública por cuenta o en representación de los Fondos.

Igual pena sufrirán los trabajadores de la Sociedad Administradora que, estando encargados de la administración de la cartera y en especial de las decisiones de adquisición, mantención y enajenación de instrumentos para los Fondos de Cesantía, ejerzan por sí o a través de otras personas, simultáneamente la función de administración de otras carteras de inversiones y quienes teniendo igual prohibición, infrinjan cualquiera de las prohibiciones consignadas en las letras a), c), d) y h) del artículo 154 del decreto ley N° 3.500, de 1980.

Párrafo 7° Normas generales

Art. 46. La Sociedad Administradora deberá enviar los antecedentes necesarios del beneficiario del Seguro, a la Bolsa Nacional de Empleo a que se refiere el Título III de la presente ley[61].

Art. 47. La obtención del beneficio con cargo al Fondo de Cesantía Solidario establecido en el artículo 23, será compatible con otros beneficios económicos que otorguen o se obtengan, con los requisitos pertinentes, a través de las municipalidades.

---

[61] Artículo reemplazado por el artículo 1° N° 25, de la Ley N° 20.328.

Art. 48. Respecto de los trabajadores afiliados al Seguro, que ingresen a una empresa en que exista convenio colectivo, contrato colectivo o fallo arbitral en que se haya establecido un sistema de indemnización por término de la relación laboral, éstos, de acuerdo con su empleador, podrán incorporarse al sistema indemnizatorio contemplado en el instrumento colectivo, en cuyo caso tendrán derecho a los beneficios adicionales al Seguro que les otorgue dicho instrumento. Dicha incorporación mantendrá vigente la obligación de cotizar a que se refieren los artículos 5° y 10, así como el derecho de imputación a que se refiere el inciso segundo del artículo 13[62].

Art. 49. El sistema del subsidio de cesantía a que se refiere el Párrafo Primero del Título II del decreto con fuerza de ley N° 150, de 1981, del Ministerio del Trabajo y Previsión Social, será incompatible con la afiliación al Seguro de Cesantía.

Art. 50. Los fondos de la Cuenta Individual por Cesantía sólo serán embargables una vez terminado el respectivo contrato de trabajo, en los casos y porcentajes previstos en el inciso segundo del artículo 57 del Código del Trabajo.

Los referidos fondos y los giros que con cargo a ellos se efectúen, no constituirán renta para los efectos tributarios.

Art. 51. Las prestaciones del Seguro se pagarán al trabajador contra la presentación del finiquito, la comunicación del despido, la certificación del inspector del trabajo respectivo que verifique el término del contrato, Acta de Conciliación o Avenimiento o Acta de Comparecencia ante la Inspección del Trabajo respectiva, sentencia judicial ejecutoriada o carta de renuncia ratificada por el trabajador ante alguno de los ministros de fe que establece el artículo 177 del Código del Trabajo[63].

---

62 Artículo reemplazado por el artículo 1° N° 26, de la Ley N° 20.328.

63 Inciso modificado por el artículo 1° N° 27, de la Ley N° 20.328.

La Sociedad Administradora estará obligada a verificar el cumplimiento de los requisitos que establece esta ley para acceder a las prestaciones por cesantía que ella contempla. Dicho control deberá ser previo al pago de la respectiva prestación y la Sociedad Administradora estará impedida para otorgar el beneficio impetrado, si no se acreditan las condiciones para su pago.

Los afiliados al Seguro, al momento de acreditar las condiciones que autorizan el pago de prestaciones con cargo al Fondo de Cesantía Solidario, deberán manifestarle a la Sociedad Administradora su opción de recibir beneficios con cargo a dicho Fondo o bien hacer uso exclusivo de los fondos acumulados en su Cuenta Individual por Cesantía. La opción ejercida será aplicable para cada uno de los giros a los cuales tuviere derecho el afiliado conforme a esta ley.

A su vez, dicha Sociedad estará especialmente facultada para exigir la documentación que acredite el pago de la indemnización a que se refiere el artículo 13 o la existencia de acciones judiciales pendientes para su cobro, si el trabajador tuviese derecho a ella y fiscalizar la subsistencia de la contingencia.

En los casos en que la Sociedad Administradora hubiera efectuado pagos manifiestamente improcedentes, por ausencia de los requisitos necesarios para obtener estos pagos, deberá responder por los perjuicios que experimente el Fondo de Cesantía Solidario.

Asimismo, la Sociedad Administradora estará obligada a abonar, con recursos propios, en la Cuenta Individual por Cesantía del trabajador, cualquier cargo indebido que haya efectuado en dicha cuenta.

Art. 52. Cuando el trabajador accionare por despido injustificado, indebido o improcedente, en conformidad al artículo 168 del Código del Trabajo, o por despido directo, conforme al artículo 171 del mismo Código, podrá disponer del saldo acumulado en su Cuenta Individual por Cesantía, en la forma señalada en el artículo 15, a partir del mes siguiente al de la terminación de los servicios, en tanto mantenga su condición de cesante[64].

---

[64] Inciso modificado por el artículo 1° N° 28, de la Ley N° 20.328.

Si el Tribunal acogiere la pretensión del trabajador, deberá ordenar que el empleador pague las prestaciones que correspondan conforme al artículo 13. A petición del tribunal, la Sociedad Administradora deberá informar, dentro del plazo de cinco días contado desde la fecha de recepción del oficio del Tribunal, el monto equivalente a lo cotizado por el empleador en la Cuenta Individual por Cesantía, más su rentabilidad.

Los recargos que correspondan conforme al artículo 168 del Código del Trabajo, habrán de calcularse sobre la prestación de cargo directo del empleador y las sumas retiradas de la Cuenta Individual por Cesantía correspondientes a las cotizaciones del empleador, más su rentabilidad. Además el tribunal ordenará que el empleador pague al trabajador las sumas que éste habría obtenido del Fondo de Cesantía Solidario.

Para el efecto a que se refiere el inciso anterior, se presumirá que el trabajador mantuvo la condición de cesante durante los cinco meses siguientes al término del contrato.

Art. 53. La cotización establecida en la letra a) del artículo 5° se comprenderá en las excepciones que prevé el N° 1 del artículo 42 de la Ley sobre Impuesto a la Renta. Asimismo, quedarán comprendidas en el N° 6 del artículo 31 de dicha ley, las cotizaciones previstas en la letra b) del artículo 5° y la indemnización establecida en el inciso primero del artículo 13, ambos de esta ley.

Los incrementos que experimenten las cotizaciones aportadas al Fondo de Cesantía no constituirán renta para los efectos de la Ley sobre Impuesto a la Renta.

Art. 54. Las prestaciones establecidas en esta ley de cargo de los empleadores a favor de los trabajadores afiliados al Seguro, tendrán la calidad jurídica de indemnizaciones por años de servicio, para todos los efectos legales, y gozarán del privilegio establecido en el N° 8° del artículo 2472 del Código Civil.

Párrafo 8° De la Comisión de Usuarios

Art. 55. Existirá una Comisión de Usuarios integrada por tres representantes de los empleadores; tres representantes de los trabajadores cotizantes del seguro de cesantía y presidida por un académico universitario.

La Comisión tendrá como función conocer los criterios empleados por la Sociedad Administradora para administrar los Fondos de Cesantía.

Art. 56. La Comisión a que se refiere este párrafo estará especialmente facultada para conocer y ser informada por la Sociedad Administradora, de las siguientes materias:

a) Procedimientos para asegurar el pago oportuno y pertinente de las prestaciones del Seguro;

b) Criterios utilizados por la Sociedad Administradora para cumplir con las políticas e instrucciones sobre información a los cotizantes en materia de rentabilidad y comisiones, determinadas por la Superintendencia de Administradora de Fondos de Pensiones, y

c) En general, las medidas, instrumentos y procedimientos destinados al adecuado cumplimiento de las obligaciones contenidas en el contrato de prestación de los servicios de administración de los Fondos de Cesantía y de Cesantía Solidario y el adecuado ejercicio de las funciones que la ley asigna a la Sociedad Administradora.

La Comisión no estará facultada para intervenir en la administración de la Sociedad Administradora y los Fondos de Cesantía. Sus miembros podrán, sin embargo, concurrir a la junta de accionistas de la Sociedad, con derecho a voz pero sin derecho a voto.

La Comisión estará facultada para conocer y ser informada por la entidad administradora de la Bolsa Nacional de Empleo sobre el funcionamiento de la referida Bolsa[65].

Art. 57. Los miembros laborales y empresariales de la Comisión, deberán tener la calidad de cotizantes del sistema, y serán elegidos por las organizaciones más representativas de trabajadores y empleadores, respectivamente, conforme al procedimiento establecido en el reglamento.

---

[65] Inciso incluido por el artículo 1º Nº 29, de la Ley Nº 20.328.

El Presidente de la Comisión será designado mediante un Decreto Supremo conjunto de los Ministerios del Trabajo y Previsión Social y de Hacienda.

Los miembros de la Comisión durarán en sus funciones tres años, pudiendo ser reelegidos por un nuevo período. El reglamento establecerá además los requisitos específicos, prohibiciones e inhabilidades y causales de cesación en sus cargos a que estarán afectos.

Durante sus funciones, los miembros de la Comisión tendrán derecho a una dieta de cargo de la Sociedad Administradora, la que además deberá proveer los recursos necesarios para el funcionamiento de la referida entidad. El monto de las dietas será fijado en las Bases de Licitación.

Art. 58. La Comisión deberá emitir cada año, dentro de los dos meses siguientes a la realización de la junta anual de accionistas de la Sociedad Administradora, un informe que contenga los resultados y conclusiones de sus observaciones, el que deberá ser difundido conforme al procedimiento y modalidades que establezca el reglamento. Además, dicho informe deberá contener una evaluación del funcionamiento de la Bolsa Nacional de Empleo. También, el informe podrá contener recomendaciones sobre el funcionamiento y ejecución de los programas de reinserción financiados de acuerdo a lo establecido en el artículo 25 bis[66].

Párrafo 9° De la Inversión de los Fondos de Cesantía y de Cesantía Solidario[67]

Art. 58 A. Los recursos del Fondo de Cesantía y del Fondo de Cesantía Solidario se invertirán en los instrumentos financieros, operaciones y contratos que el artículo 45 del decreto ley N° 3.500, de 1980, autoriza para los Fondos de Pensiones y en contratos de promesas de suscripción y pago de cuotas de fondos de inversión, a que se refiere el inciso sexto del artículo 48 del citado decreto ley[68].

---

66 Artículo modificado por el artículo 1° N° 30, de la Ley N° 20.328.

67 Párrafo incluido por el artículo 1° N° 31, de la Ley N° 20.328.

68 Artículo modificado por el artículo 1°, N° 7 de la Ley N° 21.628.

Art. 58 B. Las inversiones con recursos de los Fondos de Cesantía deberán sujetarse a los límites máximos que establezca el Banco Central de Chile, dentro de los rangos que se indican en los números siguientes. Las facultades que por esta ley se confieren al Banco Central de Chile, serán ejercidas por éste, previo informe de la Superintendencia.

1) El límite máximo para la suma de las inversiones en los instrumentos mencionados en la letra a) del inciso segundo del artículo 45 del decreto ley N° 3.500, de 1980, no podrá ser inferior al 50% ni superior al 80% del valor del Fondo de Cesantía y al 35% y 70% del Fondo de Cesantía Solidario, respectivamente.

2) El límite máximo para la suma de las inversiones en títulos extranjeros no podrá ser inferior a un 30% ni superior a un 80% del valor del Fondo de Cesantía y del Fondo de Cesantía Solidario, respectivamente.

Se entenderá por inversión en el extranjero aquella a la que alude el párrafo tercero del número 2), del inciso decimoctavo del artículo 45 del decreto ley N° 3.500, de 1980.

3) El límite máximo para la suma de las inversiones en los instrumentos que se señalan en los números 1, 2, 3, 4, 6 y 7 del inciso segundo del artículo 58C de la presente ley, no podrá ser inferior al diez por ciento ni superior al veinte por ciento del valor del Fondo de Cesantía Solidario. Tratándose del Fondo de Cesantía, el límite máximo para la suma de las inversiones en los instrumentos antes señalados, no podrá superar el 5% del valor del Fondo. La Superintendencia de Pensiones podrá excluir de la determinación de porcentajes máximos de inversión contemplada en este número a los instrumentos, operaciones y contratos de cada tipo señalados en la letra k) del inciso segundo del artículo 45 del decreto ley N° 3.500, de 1980 y podrá incluir otros instrumentos, operaciones y contratos de carácter financiero que aquella autorice, aludidos en la letra j) del inciso segundo del citado artículo[69].

4) El límite máximo para la suma de las inversiones contempladas en la letra n) del inciso segundo del artículo 45 del decreto ley N° 3.500, más

---

[69] Número modificado por el artículo 3° N° 2 letra A), de la Ley N° 20.552.

las inversiones en cuotas de fondos de inversión de la letra h) cuando sus carteras se encuentren constituidas preferentemente por las inversiones citadas en la letra n), no podrá ser superior al 5% del valor del Fondo de Cesantía ni al 5% del valor del Fondo de Cesantía Solidario. El Régimen de Inversión establecerá los casos en que se entenderá que la cartera de los fondos de inversión de la letra h) se considerará constituida preferentemente por las inversiones citadas en la letra n), todas del inciso segundo del artículo 45 del referido decreto ley[70].

El límite máximo para la suma de las inversiones en los instrumentos señalados en las letras g) y h) y los instrumentos de las letras j) y k) cuando sean representativos de capital, señalados en el inciso segundo del artículo 45 del decreto ley N° 3.500, de 1980, será de un 5% y 30% del valor de los Fondos de Cesantía y Cesantía Solidario, respectivamente. Se excluirá para el cálculo de este límite la inversión en títulos representativos de índices de los instrumentos de la letra j), las cuotas de fondos de inversión y fondos mutuos de las letras h) y j), del mencionado artículo 45, cuando sus carteras de inversiones se encuentren constituidas preferentemente por títulos de deuda[71].

Los Fondos de Cesantía podrán adquirir títulos de las letras b), c), d), e), f), i), ñ) y títulos de deuda de la letra j), señalados en el inciso segundo del artículo 45 del decreto ley N° 3.500, de 1980, cuando cuenten con al menos dos clasificaciones de riesgo iguales o superiores a BBB y nivel N-3, a que se refiere el artículo 105 del citado cuerpo legal, elaboradas por diferentes clasificadoras privadas; y acciones de la letra g) que cumplan con los requisitos a que se refiere el inciso siguiente. Asimismo, podrán adquirir cuotas de fondos de inversión y de fondos mutuos señalados en la letra h), y títulos representativos de capital de la letra j), que estén aprobadas por la Comisión Clasificadora de Riesgo a que se refiere el artículo 99 del mencionado decreto ley. De igual forma podrán adquirir instrumentos, operaciones y contratos de la letra k) y aquellos a que se refiere la última

---

[70] Número modificado por el artículo 1°, N° 8 de la Ley N° 21.628.

[71] Inciso modificado por el artículo 6° N° 2 letra B), de la Ley N° 20.956.

oración de la letra j), autorizados por la Superintendencia de Pensiones y cuando ésta lo requiera, por la Comisión Clasificadora de Riesgo[72].

Las acciones a que se refiere la letra g) del inciso segundo del artículo 45 del decreto ley Nº 3.500, de 1980 podrán ser adquiridas por los Fondos de Cesantía cuando el emisor cumpla con los requisitos mínimos que serán determinados en el Régimen de Inversión de los Fondos de Cesantía. Aquellas acciones que no cumplan con los requisitos anteriores podrán ser adquiridas por los Fondos de Cesantía cuando éstas sean clasificadas en primera clase por al menos dos entidades clasificadoras de riesgo a las que se refiere la ley Nº 18.045.

Los Fondos de Cesantía podrán adquirir los títulos de las letras b), c), d), e), f), g), h), i), j) y ñ) del inciso segundo del artículo 45 del decreto ley Nº 3.500, de 1980, que cumplan con lo establecido en el Régimen de Inversión, aunque no cumplan con los requisitos establecidos en los incisos tercero y cuarto, precedentes, siempre que la inversión se ajuste a los límites especiales que fije el citado Régimen para estos efectos[73] [74].

Art. 58 C. Sin perjuicio de lo señalado en el artículo precedente, el Régimen de Inversión de los Fondos de Cesantía podrá establecer otros límites máximos en función del valor de los Fondos de Cesantía, para los instrumentos, operaciones y contratos del inciso segundo del artículo 45 del decreto ley Nº 3.500, de 1980. Asimismo, el Régimen deberá establecer límites máximos para la inversión en moneda extranjera sin cobertura cambiaria que podrá mantener la Administradora de Fondos de Cesantía respecto de cada Fondo, así como la definición de cobertura cambiaria, debiendo contar con informe previo favorable del Banco Central de Chile[75].

---

[72] Inciso modificado por el artículo 6º Nº 2 letra C), numerales i) incluido ii), de la Ley Nº 20.956.

[73] Inciso modificado por el artículo 6º Nº 2 letra D), de la Ley Nº 20.956.

[74] Artículo incluido por el artículo 1º Nº 31, de la Ley Nº 20.328.

[75] Inciso modificado por el artículo 3º Nº 2, de la Ley Nº 20.552.

Entre otros, corresponderá al Régimen de Inversión establecer límites máximos respecto de los instrumentos u operaciones que se señalan en los números 1) al 9) siguientes:

1) Instrumentos a que se refieren las letras b), c), d), e), f), i), j) y k), estas dos últimas cuando se trate de instrumentos de deuda y ñ), del inciso segundo del artículo 45 del decreto ley N° 3.500, de 1980, clasificados en categoría BB, B y nivel N-4 de riesgo, según corresponda, a que se refiere el artículo 105 de dicho decreto ley, que cuenten con sólo una clasificación de riesgo efectuada por una clasificadora privada, la cual en todo caso deberá ser igual o superior a las categorías antes señaladas, o que cuyas clasificaciones hayan sido rechazadas por la Comisión Clasificadora de Riesgo[76];

2) Instrumentos a que se refieren las letras b), c), d), e), f), i), j) y k), estas dos últimas cuando se trate de instrumentos de deuda y ñ), del inciso segundo del artículo 45 del decreto ley N° 3.500, de 1980, que tengan clasificación inferiores a B y nivel N-4, según corresponda y aquellos que no cuenten con clasificación de riesgo[77];

3) Acciones a que se refiere la letra g) del inciso segundo del artículo 45 del decreto ley N° 3.500, de 1980, que no cumplan con los requisitos establecidos en el inciso cuarto del artículo 58B y cuotas de fondos de inversión y cuotas de fondos mutuos a que se refiere la letra h) del citado artículo 45, no aprobadas por la Comisión Clasificadora de Riesgo;

4) Acciones a que se refiere la letra g) del inciso segundo del artículo 45 del decreto ley N° 3.500, de 1980, que sean de baja liquidez; más cuotas de fondos de inversión a que se refiere la letra h) del citado artículo, cuando estos instrumentos sean de baja liquidez[78];

5) Aportes comprometidos mediante los contratos de promesa y suscripción de pago de cuotas de fondos de inversión;

---

[76] Número modificado por el artículo 6° N° 3 letra A), de la Ley N° 20.956.

[77] Número modificado por el artículo 6° N° 3 letra B), de la Ley N° 20.956.

[78] Número modificado por el artículo 6° N° 3 letra C), de la Ley N° 20.956.

6) Acciones, cuotas de fondos de inversión y cuotas de fondos mutuos a que se refiere la letra j) del inciso segundo del artículo 45 del decreto ley Nº 3.500, de 1980, no aprobadas por la Comisión Clasificadora de Riesgo;

7) Cada tipo de instrumento de oferta pública, a que se refiere la letra k) del inciso segundo del artículo 45 del decreto ley Nº 3.500, de 1980;

8) Operaciones con instrumentos derivados a que se refiere la letra l) del inciso segundo del artículo 45 del decreto ley Nº 3.500, de 1980, observando las disposiciones que sobre esta materia contempla dicho cuerpo legal;

9) Operaciones o contratos que tengan como objeto el préstamo o mutuo de instrumentos financieros, pertenecientes a los Fondos de Cesantía, a que se refieren las letras j) y m) del inciso segundo del artículo 45 del decreto ley Nº 3.500, de 1980[79].

Art. 58 D. Los límites establecidos en el artículo 47 del decreto ley Nº 3.500, de 1980, relativos a inversión por emisor, serán aplicables en los mismos términos a las inversiones que efectúen los Fondos de Cesantía. Sin embargo, aquellos límites que corresponda fijar al Régimen de Inversión de los Fondos de Pensiones, respecto de los Fondos de Cesantía, serán establecidos en su Régimen de Inversión, teniendo en cuenta al efecto, las clasificaciones y características mencionadas en el citado artículo 47.

El Régimen de Inversión de los Fondos de Cesantía podrá establecer las mismas normas regulatorias consignadas en el decreto ley Nº 3.500, de 1980, respecto de los fondos de pensiones[80].

Art. 58 E. La Superintendencia de Pensiones establecerá mediante resolución un Régimen de Inversión para los Fondos de Cesantía, previo informe del Consejo Técnico de Inversiones regulado en el Título XVI del decreto ley Nº 3.500, de 1980. La Superintendencia no podrá establecer en el Régimen de Inversión contenidos que hayan sido rechazados por el Consejo Técnico de Inversiones y asimismo, en la mencionada resolución

79 Artículo incluido por el artículo 1º Nº 31, de la Ley Nº 20.328.

80 Artículo incluido por el artículo 1º Nº 31, de la Ley Nº 20.328.

deberá señalar las razones por las cuales no consideró las recomendaciones que sobre esta materia haya efectuado el referido Consejo. Dicha Resolución será dictada previa visación del Ministerio de Hacienda, a través de la Subsecretaría de Hacienda.

En lo no previsto por el Régimen de Inversión de los Fondos de Cesantía, se estará a lo que disponga el Régimen de Inversión de los Fondos de Pensiones. En el Régimen de Inversión también se establecerán carteras de inversión referenciales para los Fondos de Cesantía, para cuya elaboración se deberá atender a las siguientes consideraciones:

1) Que las carteras referenciales reflejen criterios de inversión concordantes con los objetivos de protección del Seguro.

2) Que dichas carteras sean susceptibles de ser replicadas.

3) Que dichas carteras contemplen criterios de estabilidad de las inversiones.

4) Que la información que sustenta las carteras de referencia sea de acceso público y no pueda ser alterada ni manipulada.

5) Que contemple criterios de diversificación en su conformación, respecto de a lo menos, emisores, naturaleza de instrumentos y mercados.

La Superintendencia podrá revisar la composición de las carteras de inversión referenciales cada 36 meses y someterla a la consideración del Consejo Técnico de Inversiones a que se refiere el artículo 58H, si los numerales del inciso anterior experimentan variaciones significativas[81].

El Régimen de Inversión deberá establecer la medida de la volatilidad de la diferencia entre la rentabilidad del Fondo respectivo y su cartera referencial[82].

Art. 58 F. La Sociedad Administradora deberá contar con políticas de inversión y de solución de conflictos de interés para los Fondos de Cesantía observando lo dispuesto en el artículo 50 del decreto ley N° 3.500, de 1980[83].

---

81 Artículo incluido por el artículo 1° N° 31, de la Ley N° 20.328.

82 Inciso incluido por el artículo 3° N° 4, de la Ley N° 20.552.

83 Artículo incluido por el artículo 1° N° 31, de la Ley N° 20.328.

Art. 58 G. El Régimen de Inversión para los Fondos de Cesantía podrá contemplar normas para la regulación de la inversión de los Fondos de Cesantía en función de la medición del riesgo de su cartera de inversión.

La Superintendencia, mediante norma de carácter general, podrá establecer los procedimientos para que la Sociedad Administradora efectúe la evaluación del riesgo de las carteras de inversión para los Fondos de Cesantía. Esta norma determinará la periodicidad con la cual deberá efectuarse la medición de riesgo y la forma cómo se difundirán los resultados de las mediciones que se realicen[84].

Art. 58 H. El Consejo Técnico de Inversiones para los Fondos de Cesantía será el mismo Consejo contemplado en el artículo 167 del decreto ley Nº 3.500, de 1980, respecto de las inversiones de los Fondos de Cesantía.

Específicamente, el Consejo tendrá las siguientes atribuciones y funciones:

1) Pronunciarse sobre el contenido del Régimen de Inversión para los Fondos de Cesantía a que se refiere el artículo 58 C de la presente ley y sobre las modificaciones que la Superintendencia de Pensiones proponga efectuar al mismo. Para estos efectos, el Consejo deberá emitir un informe que contenga su opinión técnica en forma previa a la dictación de la norma de carácter general que apruebe o modifique dicho Régimen;

2) Emitir opinión técnica en todas aquellas materias relativas a inversiones de los Fondos de Cesantía contenidas en el Régimen de Inversión para los Fondos de Cesantía, y en especial respecto de la estructura de límites de inversión de los Fondos de Cesantía, la composición de las carteras de inversión referenciales, de los mecanismos de medición del riesgo de las carteras de inversión y de las operaciones señaladas en la letra l) inciso segundo del artículo 45 del decreto ley Nº 3.500, de 1980, que efectúen los Fondos de Cesantía;

3) Efectuar propuestas y emitir informes en materia de perfeccionamiento del régimen de inversiones para los Fondos de Cesantía en aquellos

---

84 Artículo incluido por el artículo 1º Nº 31, de la Ley Nº 20.328.

casos en que el Consejo lo estime necesario, o cuando así lo solicite la Superintendencia;

4) Pronunciarse sobre las materias relacionadas a inversiones de los Fondos de Cesantía que le sean consultadas por los Ministerios de Hacienda y del Trabajo y Previsión Social; y

5) Encargar la realización de estudios técnicos con relación a las inversiones de los Fondos de Cesantía[85].

Art. 58 I. Los integrantes del Consejo Técnico de Inversiones percibirán una dieta adicional en pesos equivalentes a 17 unidades tributarias mensuales por cada sesión que asistan, con un máximo de 34 unidades tributarias mensuales por cada mes calendario, cuando el Consejo deba tratar en dicha sesión, materias relacionadas exclusivamente con los Fondos de Cesantía[86].

Art. 58 J. La Sociedad Administradora deberá concurrir a las juntas de accionistas de las sociedades señaladas en la letra g), a las juntas de tenedores de bonos de las letras e) y f) y a las asambleas de aportantes de los fondos de inversión señalados en la letra h) del inciso segundo del artículo 45 del decreto ley N° 3.500, de 1980, cuyas acciones, bonos o cuotas hayan sido adquiridos con recursos del Fondo de Cesantía respectivo, representada por mandatarios designados por su directorio, aplicándosele al efecto a la Sociedad Administradora, todas las disposiciones que sobre la materia se contemplan en el decreto ley N° 3.500, de 1980[87].

Art. 58 K. La Sociedad Administradora deberá observar las disposiciones del Título XIV denominado De la Regulación de Conflictos de Intereses, del decreto ley N° 3.500, de 1980[88].

---

[85] Artículo incluido por el artículo 1° N° 31, de la Ley N° 20.328.

[86] Artículo incluido por el artículo 1° N° 31, de la Ley N° 20.328.

[87] Artículo incluido por el artículo 1° N° 31, de la Ley N° 20.328.

[88] Artículo incluido por el artículo 1° N° 31, de la Ley N° 20.328.

TÍTULO II
DISPOSICIONES GENERALES

Art. 59. Los empleadores que no pagaren las cotizaciones del Seguro de Cesantía regulado en esta ley, no podrán percibir recursos provenientes de instituciones públicas o privadas, financiados con cargo a recursos fiscales de fomento productivo, ni tendrán a acceso a los programas financiados con cargo al Fondo Nacional de Capacitación administrado por el Servicio Nacional de Capacitación y Empleo sin acreditar previamente ante las instituciones que administren los programas e instrumentos referidos, estar al día en el pago de las cotizaciones establecidas en esta ley. Sin embargo, podrán solicitar su acceso a tales recursos y programas, los que sólo se cursarán acreditado que sea el pago respectivo.

Los empleadores que durante los 24 meses inmediatamente anteriores a la respectiva solicitud, hayan pagado dentro del plazo que corresponda las cotizaciones establecidas en esta ley, tendrán prioridad en el otorgamiento de recursos provenientes de instituciones públicas, financiados con cargo a recursos fiscales de fomento productivo. Para efectos de lo anterior, deberán acreditar previamente, ante las instituciones que administren los instrumentos referidos, el cumplimiento del señalado requisito[89].

Asimismo, las instituciones de la administración pública, empresas del Estado y municipalidades, que celebren contratos con empresas cuyos trabajadores estén afectos al Seguro, tendrán las facultades establecidas en el artículo 183C del Código del Trabajo, respecto de las cotizaciones del Seguro que éstas adeuden[90].

Art. 60. El Párrafo 6º del Título I de la presente ley entrará en vigencia el primer día del mes siguiente al de su publicación en el Diario Oficial. Las restantes disposiciones regirán a partir del primer día del duodécimo mes siguiente al de su publicación en el Diario Oficial o a partir del primer día del mes siguiente al de la publicación en el Diario Oficial de la resolución

---

89 Inciso incluido por el artículo 1º Nº 32 letra A), de la Ley Nº 20.328.

90 Inciso incluido por el artículo 1º Nº 32 letra B), de la Ley Nº 20.328.

de la Superintendencia de Administradoras de Fondos de Pensiones que autorice el inicio de las operaciones de la Sociedad Administradora, en el caso que esta última fecha fuere posterior.

El primer reajuste de los valores inferiores y superiores señalados en la tabla contenida en el inciso primero del artículo 25, se concederá a contar del 1° de febrero posterior a los primeros doce meses de operación del Seguro de Cesantía por la Sociedad Administradora, aplicándose para este efecto lo dispuesto en el inciso segundo del mencionado artículo.

TÍTULO III
DEL SISTEMA DE INFORMACIÓN LABORAL Y LA BOLSA NACIONAL DE EMPLEO[91]

Art. 61. Créanse el Sistema de Información Laboral y la Bolsa Nacional de Empleo, a cargo del Ministerio del Trabajo y Previsión Social, cuyos objetivos serán aumentar la empleabilidad y facilitar la reinserción laboral de los trabajadores cesantes mayores de 18 años de edad[92].

Art. 62. El Sistema de Información Laboral entregará información sobre el mercado laboral y será administrado por la Subsecretaría del Trabajo[93].

Art. 63. La Bolsa Nacional de Empleo será un instrumento destinado a facilitar la búsqueda y el ofrecimiento de vacantes de empleo para los trabajadores cesantes mayores de 18 años de edad[94].

Los trabajadores cesantes mayores de 18 años de edad que se inscriban en la Bolsa Nacional de Empleo podrán ofrecer la prestación de servicios laborales y acceder a la base de datos de vacantes de trabajo. A su vez,

---

91 Título incluido por el artículo 1° N° 34, de la Ley N° 20.328.

92 Artículo modificado por el artículo único N° 7, de la Ley N° 20.829.

93 Artículo incluido por el artículo 1° N° 34, de la Ley N° 20.328.

94 Inciso modificado por el artículo único N° 8 letra A), de la Ley N° 20.829.

los empleadores que se registren en la mencionada Bolsa podrán ofrecer vacantes de trabajo y buscar trabajadores para dichos puestos de trabajo[95].

El administrador de la Bolsa Nacional de Empleo deberá comunicar a los cesantes inscritos las oportunidades de capacitación y de empleos disponibles, según el orden de prioridad que establezca el índice de empleabilidad elaborado por la Subsecretaría del Trabajo[96].

Igualmente, deberá mantener una base de datos de los trabajadores inscritos, con información del trabajador y su índice de empleabilidad, como asimismo de aquellos empleadores que ofrezcan vacantes de trabajo y los demás registros que determine la Subsecretaría del Trabajo, de acuerdo a lo establecido en las bases de licitación[97].

La Subsecretaría del Trabajo, el Servicio Nacional de Capacitación y Empleo, las Oficinas de Información Laboral del artículo 73 de la ley N° 19.518, la Superintendencia de Pensiones, la Comisión del Sistema de Competencias Laborales de la ley N° 20.267, otros servicios públicos y las entidades privadas que ejecuten los programas señalados en el artículo 25 bis, podrán acceder a las bases de datos del administrador de la Bolsa Nacional de Empleo para el ejercicio de sus funciones[98] [99].

Art. 64. La administración de la Bolsa Nacional de Empleo será adjudicada mediante una licitación pública. La licitación y la adjudicación del servicio se realizarán por los Ministerios del Trabajo y Previsión Social y de Hacienda.

La entidad administradora de la Bolsa Nacional de Empleo tendrá derecho a una retribución cuyo financiamiento será de cargo del Fondo de Cesantía Solidario y del Servicio Nacional de Capacitación y Empleo, en la

---

95 Inciso modificado por el artículo único N° 8 letra A), de la Ley N° 20.829.

96 Inciso reemplazado por el artículo único N° 8 letra B), de la Ley N° 20.829.

97 Inciso reemplazado por el artículo único N° 8 letra B), de la Ley N° 20.829.

98 Inciso modificado por el artículo 2°, N° 2 de la Ley N° 21.666.

99 Artículo incluido por el artículo 1° N° 34, de la Ley N° 20.328.

proporción que se establezca en un reglamento emitido en conjunto por los Ministerios del Trabajo y Previsión Social y de Hacienda[100].

Extinguido el contrato de administración de la Bolsa Nacional de Empleo por las causas establecidas en las bases de licitación, la entidad que estuviere prestando el servicio deberá transferir a la Subsecretaría del Trabajo o a quién ésta determine los sistemas informáticos y las bases de datos utilizadas, para permitir la continuidad de dicho servicio[101].

El que, durante el período de vigencia del contrato señalado en el inciso anterior o con posterioridad a él, haga uso de la información incluida en la Bolsa Nacional de Empleo para un fin distinto al establecido en esta ley, será sancionado con las penas que se establecen en el inciso sexto del artículo 34, sin perjuicio de las demás sanciones que establezcan las bases de licitación y el contrato respectivo[102].

El que durante el traspaso de la administración de la Bolsa Nacional de Empleo provoque un daño no fortuito a las bases de datos que forman parte de ella, o niegue u obstaculice su entrega o la otorgue en forma incompleta, será sancionado con las penas que se contemplan en el inciso sexto del artículo 34, sin perjuicio de la aplicación a la entidad administradora de dicha Bolsa de las sanciones que establezcan las bases de licitación y el contrato respectivo[103].

La supervigilancia, control y fiscalización de la entidad que administre la Bolsa Nacional de Empleo corresponderá al Servicio Nacional de Capacitación y Empleo, sin perjuicio de las facultades de la Superintendencia de Pensiones en relación con la fiscalización a la Sociedad Administradora respecto de la administración del Fondo de Cesantía Solidario[104].

---

[100] Inciso reemplazado por el artículo único N° 9 letra A), de la Ley N° 20.829.

[101] Inciso reemplazado por el artículo único N° 9 letra A), de la Ley N° 20.829.

[102] Inciso modificado por el artículo único N° 9 letra B), de la Ley N° 20.829.

[103] Inciso reemplazado por el artículo único N° 9 letra C), de la Ley N° 20.829.

[104] Artículo incluido por el artículo 1° N° 34, de la Ley N° 20.328.

Art. 65. Las Oficinas de Información Laboral para el ejercicio de las funciones establecidas en el artículo 73 de la ley N° 19.518 deberán utilizar la información que otorgue la Bolsa Nacional de Empleo[105].

TÍTULO IV
DE LAS PRESTACIONES EN CASO DE ESTADO DE CATÁSTROFE POR CALAMIDAD PÚBLICA, ZONA AFECTADA POR CATÁSTROFE O ALERTA SANITARIA[106]

Art. 66. En el evento que se haya declarado estado de excepción constitucional de catástrofe, por calamidad pública, según lo dispuesto en el artículo 41 de la Constitución Política de la República y en la ley N° 18.415, orgánica constitucional de los Estados de Excepción, zona afectada por catástrofe, según lo dispuesto en el Título I de la ley N° 16.282, cuyo texto refundido, coordinado y sistematizado fue fijado en el decreto supremo N° 104, de 1977, del Ministerio del Interior, o una alerta sanitaria que implique la paralización de actividades en todo o parte del territorio del país o en todo el territorio de una respectiva zona geográfica, los trabajadores que se hayan encontrado desempeñando sus funciones dentro de dicho territorio, cuya relación laboral haya terminado antes o durante el período comprendido entre el primer día del mes calendario en que entre en vigencia el estado de excepción constitucional de catástrofe, por calamidad pública, la declaración de zona afectada por catástrofe, o aquel en que entre en vigencia la alerta sanitaria que implique la paralización de actividades y el último día del mes calendario siguiente, tendrán derecho a un máximo de dos prestaciones mejoradas por cesantía, en los términos previstos en este Título.

Para el caso de alerta sanitaria o zona afectada por catástrofe, el Subsecretario de Hacienda deberá dictar una resolución fundada en la que señalará la zona o territorio afectado de conformidad a los efectos del acto o declaración de autoridad a que se refiere el inciso primero y, en su caso,

---

105 Artículo modificado por el artículo único N° 10, de la Ley N° 20.829.

106 Título incluido por el artículo 1, N° 9 de la Ley N° 21.628.

las actividades o establecimientos exceptuados de la paralización de actividades. Dicha resolución deberá además ser suscrita por el Subsecretario del Trabajo, previa visación del Director de Presupuestos.

La Sociedad Administradora de Fondos de Cesantía deberá adoptar las medidas de control suficientes que le permitan verificar el lugar donde el trabajador desempeñaba sus labores, y podrá para estos efectos requerir información a la Dirección del Trabajo o el respectivo contrato de trabajo al trabajador o al empleador.

Art. 67. En el caso de los trabajadores a que se refiere el artículo anterior, contratados con duración indefinida o el trabajador de casa particular, el requisito establecido en la letra b) del artículo 12 para acceder a prestaciones financiadas con cargo a la Cuenta Individual por Cesantía será de un mínimo de ocho cotizaciones mensuales, continuas o discontinuas, desde su afiliación al Seguro o desde la fecha en que se devengó el último giro a que hubieren tenido derecho conforme a esta ley.

Asimismo, tratándose de trabajadores con contrato a plazo fijo o por obra, trabajo o servicio determinado, el requisito de la letra c) del artículo 12 para acceder a prestaciones financiadas con cargo a la Cuenta Individual por Cesantía será de un mínimo de cuatro cotizaciones mensuales, continuas o discontinuas, desde su afiliación al Seguro o desde la fecha en que se devengó el último giro a que hubieren tenido derecho conforme a esta ley.

Estos trabajadores tendrán derecho a las prestaciones definidas en el artículo siguiente en la medida que, además, reúnan los requisitos establecidos en las letras a) y d) del artículo 12.

Art. 68. Las prestaciones mejoradas financiadas con cargo a los fondos de la Cuenta Individual por Cesantía, a que se refiere el artículo 66, en las que se devengue al menos un día durante el periodo señalado en dicho artículo, se regirán por la tabla incluida en este artículo.

La prestación por cesantía que se recibirá durante los meses que se indican en la primera columna de la tabla señalada en este inciso, corresponderá al porcentaje indicado en la segunda columna, que se calculará sobre el promedio de las remuneraciones devengadas por el trabajador, en los últimos 8 o 4 meses en que se registren cotizaciones, anteriores al término del contrato de trabajo, según corresponda:

MESES	PORCENTAJE PROMEDIO REMUNERACIÓN ÚLTIMOS 8 o 4 MESES DE COTIZACIONES, SEGÚN CORRESPONDA
Primero	70%
Segundo	60%
Tercero	55%
Cuarto	50%
Quinto	45%
Sexto o superior	30%

En todo lo que no sea contrario o no se encuentre previsto en este artículo y en el precedente, serán aplicables las disposiciones legales establecidas en el Párrafo 3º del Título I.

Art. 69. El trabajador a que se refiere el artículo 66, para acceder al Fondo de Cesantía Solidario se entenderá que cumple con el requisito exigido en la letra a) del artículo 24 si registra ocho cotizaciones mensuales, continuas o discontinuas, desde su afiliación al Seguro o desde que se devengó el último giro a que haya tenido derecho, siempre que éstas se hayan registrado en los últimos 24 meses anteriores al término de la relación laboral. En todo caso, el trabajador deberá cumplir el requisito de las tres últimas cotizaciones continuas con el mismo empleador.

Tendrán derecho a las prestaciones definidas en el artículo siguiente en la medida que, además, reúnan los requisitos establecidos en las letras b) y d) del artículo 24. Respecto del cumplimiento del requisito de la letra c) de ese artículo, su aplicación se entenderá efectuada sobre la tabla del artículo 70.

Art. 70. Las prestaciones mejoradas con cargo al Fondo de Cesantía Solidario, en las que se devengue al menos un día durante el periodo señalado en el artículo 66, se regirán por la tabla incluida en este artículo, tanto para los contratos de trabajo de duración indefinida, o de casa particular, como para los contratos a plazo fijo, o por obra, trabajo o servicio determinado.

La prestación por cesantía que se pagará durante los meses que se indican en la primera columna de la tabla, corresponderá al porcentaje indicado en la segunda columna, que se calculará sobre el promedio de las remuneraciones devengadas por el trabajador, en los últimos ocho meses en que se registren cotizaciones, anteriores al término del contrato de trabajo. La prestación estará afecta a los valores superiores e inferiores para cada mes a que aluden las columnas tercera y cuarta, respectivamente:

MESES	PORCENTAJE PROMEDIO REMUNERACIÓN ÚLTIMOS 8 MESES	VALOR SUPERIOR	VALOR INFERIOR
Primero	70%	$821.147	$283.128
Segundo	60%	$703.840	$283.128
Tercero	55%	$645.189	$283.128
Cuarto	50%	$586.533	$283.128
Quinto	45%	$527.880	$158.363

Art. 71. Accederán a las prestaciones de la tabla del inciso tercero del artículo 25, exclusivamente los trabajadores que perciban el último giro con cargo al Fondo de Cesantía Solidario, dentro del período fijado inicialmente en el acto de autoridad que declaró y dio origen al estado de excepción constitucional de catástrofe, por calamidad pública, la zona afectada por catástrofe o la alerta sanitaria, en conformidad a lo establecido en el artículo 66, sin que sea necesario considerar el requisito de alto desempleo dispuesto en el citado inciso tercero. Si en dicho periodo, simultáneamente, se verifica la condición de alto desempleo, sólo se pagarán los giros correspondientes a este artículo.

Los giros adicionales establecidos en este artículo no se considerarán para el número máximo de pagos de prestaciones a que se refiere el inciso segundo del artículo 24.

En todo lo que no sea contrario o no se encuentre previsto en este artículo y en los artículos 69 y 70, serán aplicables las disposiciones legales y reglamentarias que regulan las prestaciones con cargo al Fondo de Cesantía Solidario, según corresponda a su singular naturaleza jurídica.

Art. 72. Los afiliados, que mantengan su condición de desempleo, a quienes se les haya aceptado una solicitud para recibir prestaciones por cesantía presentada con anterioridad al período señalado en el artículo 66, se haya iniciado o no el pago de tales prestaciones, tendrán derecho a que un máximo de dos de sus prestaciones no pagadas sean recalculadas conforme a las disposiciones de este Título, manteniendo la fuente de financiamiento anterior y la remuneración promedio inicialmente determinada.

Art. 73. El acceso a las prestaciones con los requisitos establecidos en este Título podrá ser solicitado por el trabajador hasta los sesenta días siguientes al término del período señalado en el artículo 66, siempre y cuando éste haya permanecido cesante.

Art. 74. Aquel giro que devengue al menos un día dentro del período señalado en el artículo 66 se pagará conforme a las tablas señaladas en los artículos 68 o 70, según corresponda. Si el cese de la relación laboral ocurrió el último día del periodo señalado en el artículo 66, se entenderá que el trabajador devengó un día, lo que le da derecho a dos prestaciones mejoradas.

Los giros posteriores a aquellas prestaciones mejoradas, de corresponder, se determinarán y pagarán de acuerdo con las tablas señaladas en los artículos 15 y 25, y se mantendrá la remuneración promedio inicialmente determinada.

DISPOSICIONES TRANSITORIAS

Art. 1. Los trabajadores con contrato vigente a la fecha de la presente ley, tendrán la opción para ingresar al Seguro generando en dicho caso la obligación de cotizar que establece el artículo 5°. El trabajador deberá comunicar dicha decisión al empleador, con a lo menos treinta días de anticipación, la que se hará efectiva el día 1° del mes siguiente, al de la recepción de la comunicación, conforme a las instrucciones generales que imparta al efecto la Superintendencia.

Con todo, estos trabajadores conservarán la antigüedad que registren con su empleador para los efectos del pago de la prestación a que se refiere el inciso primero del artículo 13 de la presente ley.

Art. 2. Los trabajadores con contrato vigente a la fecha de la presente ley, que hubieren sido contratados con anterioridad al 14 de agosto de 1981 y que se incorporen al Seguro, tendrán derecho a la prestación que les corresponda en conformidad al artículo 13 de la presente ley, sin el límite máximo a que alude dicho precepto.

Art. 3. El aporte del Estado durante el primer año de operación del Seguro ascenderá a 32.256 unidades tributarias mensuales. Esta cifra se ajustará anualmente en función de la cobertura de los cotizantes al Seguro que se registre en el año anterior.

Para los efectos de lo dispuesto en el inciso precedente, la cobertura se define como el porcentaje que represente el total de cotizantes en el Seguro de Cesantía, reportado por la Sociedad Administradora al 31 de agosto de cada año, respecto del total de asalariados reportados por el Instituto Nacional de Estadísticas (INE) para el trimestre julio-septiembre. El porcentaje obtenido se aplicará sobre el aporte total del Estado señalado en la letra c) del artículo 5°, para determinar el monto del aporte efectivo.

Este procedimiento se utilizará hasta el sexto año inclusive. A contar del séptimo año, se aportará el monto a que se refiere la letra c) del artículo 5°.

En todo caso, los recursos que anualmente el Estado destine al Fondo de Cesantía Solidario se completarán a razón de un doceavo por mes.

Art. 4. Durante los tres primeros años contados desde la fecha de inicio de las operaciones de la Sociedad Administradora, el Banco Central de Chile podrá establecer, previo informe de la Superintendencia de Administradoras de Fondos de Pensiones, límites máximos de inversión para los Fondos de Cesantía, superiores a los permitidos en el decreto ley Nº 3.500, de 1980, para el Fondo de Pensiones Tipo 2. Durante dicho plazo, no se aplicará el procedimiento establecido en el artículo 42.

Art. 5. El gasto fiscal que represente la aplicación de esta ley, se financiará con cargo a los recursos que se consulten en el presupuesto del año respectivo.

Art. 6. El Servicio Nacional de Capacitación y Empleo deberá elaborar el primer reporte anual a que se refiere el inciso final del artículo 25 bis, durante el primer trimestre del año 2024, y el reporte adicional que debe emitirse cada tres años, regulado en el mismo inciso, deberá ser elaborado por primera vez en el primer trimestre del año 2027[107].

Art. 7. Respecto de los estados de excepción constitucional de catástrofe, por calamidad pública, zona afectada por catástrofe, o alerta sanitaria de acuerdo a lo dispuesto en el artículo 66, que se encuentren vigentes a la fecha de su entrada en vigencia, para los efectos de la flexibilización de requisitos y los beneficios mejorados establecidos en el Título IV, deberá entenderse que el primer mes de vigencia del respectivo acto o declaración de la autoridad competente corresponde al primer mes de su vigencia[108].

Habiéndose cumplido con lo establecido en el Nº 1º del Artículo 82 de la Constitución Política de la República y por cuanto he tenido a bien

---

[107] Artículo incluido por el artículo 1º, Nº 10 de la Ley Nº 21.628.

[108] Artículo incluido por el artículo 1º, Nº 10 de la Ley Nº 21.628.

aprobarlo y sancionarlo; por tanto promúlguese y llévese a efecto como Ley de la República.

Santiago, 30 de abril de 2001.- RICARDO LAGOS ESCOBAR, Presidente de la República.- Ricardo Solari Saavedra, Ministro del Trabajo y Previsión Social.- Nicolás Eyzaguirre Guzmán, Ministro de Hacienda.- Álvaro García Hurtado, Ministro Secretario General de la Presidencia.

Lo que transcribo a usted para su conocimiento.- Saluda a usted, Yerko Ljubetic Godoy, Subsecretario del Trabajo.

DECRETO CON FUERZA DE LEY Nº 44 FIJA NORMAS COMUNES PARA SUBSIDIOS POR INCAPACIDAD LABORAL DE LOS TRABAJADORES DEPENDIENTES DEL SECTOR PRIVADO

Publicado en el Diario Oficial el 24º de julio de 1978

NUM. 44.- Santiago, 1º de junio de 1978.- Visto: la facultad que me otorga el artículo 11º del decreto ley 2.062, de 1977, dicto el siguiente

Decreto con fuerza de ley:

Art. 1. Este decreto establece normas comunes, respecto de los trabajadores dependientes del sector privado, para los subsidios establecidos en el artículo 7º de la ley 6.174; en el artículo 27º de la ley 10.383; en el artículo 16º de la ley 10.662; en el artículo 17º de la ley 16.781; en el artículo Nº 98º del decreto ley Nº 2.200, de 1978; en el inciso primero del artículo 32º de la ley 10.383 y para los demás subsidios por incapacidad laboral, excepto los regidos por la ley 16.744, sobre seguro social obligatorio contra accidentes del trabajo y enfermedades profesionales.

Los subsidios a que se refiere el inciso anterior, en adelante "los subsidios", continuarán rigiéndose por sus regímenes particulares en lo que no sean modificados por este decreto.

Estas normas se aplicarán también a los trabajadores dependientes del Estado y de instituciones o empresas del Estado que se encuentren afectos a los regímenes de subsidios contemplados en las disposiciones mencionadas en el inciso primero y a los trabajadores a que se refiere la ley Nº 15.565[1].

Art. 2. El período de duración de los subsidios se reputará de cotización para todos los efectos legales.

---

1 Inciso incluido por el artículo 1º letra a) del D.L. Nº 3.537.

Art. 3. Los subsidios serán imponibles para previsión social y salud, y no se considerarán renta para todos los efectos legales[2].

Art. 4. Para tener derecho a los subsidios se requiere un mínimo de seis meses de afiliación y de tres meses de cotización dentro de los seis meses anteriores a la fecha inicial de la licencia médica correspondiente.

Con todo, para acceder a los subsidios, los trabajadores dependientes contratados diariamente por turnos o jornadas deberán contar, además del período mínimo de afiliación a que se refiere el inciso primero con, a lo menos, un mes de cotizaciones dentro de los seis meses anteriores a la fecha inicial de la respectiva licencia[3].

Art. 5. El subsidio que origine el permiso postnatal parental establecido en el artículo 197 bis del Código del Trabajo se otorgará sobre la base de la licencia médica por reposo postnatal y conforme a las instrucciones que imparta la Superintendencia de Seguridad Social[4].

Art. 6. No se requerirán los períodos que establece el artículo 4º para tener derecho a subsidio, si la incapacidad laboral es causada por accidente.

Art. 7. Remuneración neta, para la determinación de las bases de cálculo, es la remuneración imponible con deducción de la cotización personal y de los impuestos correspondientes a dicha remuneración.

Art. 8. La base del cálculo para la determinación del monto de los subsidios considerará los datos existentes a la fecha de iniciación de la licencia médica y será una cantidad equivalente al promedio de la remuneración mensual neta, del subsidio, o de ambos, que se hayan devengado en los tres meses calendario más próximos al mes en que se inicia la licencia.

En todo caso, el monto diario de los subsidios del inciso primero del artículo 195, del inciso segundo del artículo 196 y del artículo 197 bis, to-

---

2 Artículo sustituido por el artículo 93º letra a), de la Ley Nº 18.768.

3 Inciso incluido por el artículo 1º Nº 1, de la Ley Nº 19.350.

4 Inciso incluido por el artículo 2º Nº 1, de la Ley Nº 20.545.

dos del Código del Trabajo, y del artículo 2º de la ley Nº 18.867, no podrá exceder del equivalente a las remuneraciones mensuales netas, subsidios o de ambos, devengados por las trabajadoras dependientes en los tres meses anteriores más próximos al séptimo mes calendario que precede al del inicio de la licencia, dividido por noventa, aumentado en el 100% de la variación experimentada por el Índice de Precios al Consumidor en el período comprendido por los siete meses anteriores al mes precedente al del inicio de la licencia, e incrementado en un 10%[5].

Los tres meses a que se refiere el inciso anterior deberán estar comprendidos dentro de los seis meses inmediatamente anteriores al séptimo mes calendario que precede al mes de inicio de la licencia. Si dentro de dicho período sólo se registraren uno o dos meses con remuneraciones y/o subsidios, para determinar el límite del subsidio diario, se dividirá por 30 o 60, respectivamente[6].

Para los efectos del cálculo de los subsidios a que se refieren el inciso primero del artículo 195, el inciso segundo del artículo 196 y el artículo 197 bis, todos del Código del Trabajo, se considerarán como un solo subsidio los originados en diferentes licencias médicas otorgadas en forma continuada y sin interrupción entre ellas[7].

La base de cálculo del subsidio que origine el permiso postnatal parental del artículo 197 bis del Código del Trabajo será la misma del subsidio derivado del descanso de maternidad a que se refiere el inciso primero del artículo 195 del citado cuerpo legal[8].

En caso de accidentes en que el trabajador no registre cotizaciones suficientes para enterar los meses a promediar, se considerará para estos efectos la remuneración mensual neta resultante de la establecida en el contrato de trabajo, las veces que sea necesario[9].

---

5 Inciso modificado por el artículo 2º Nº 2 letra a), de la Ley Nº 20.545.

6 Inciso modificado por el artículo 2º Nº 2 letra a), de la Ley Nº 20.545.

7 Inciso modificado por el artículo 2º Nº 2 letra c), de la Ley Nº 20.545.

8 Inciso incluido por el artículo 2º Nº 2 letra c), de la Ley Nº 20.545.

9 Inciso modificado por el artículo 1º Nº 2, de la Ley Nº 19.350.

El subsidio de cesantía se exceptúa de la base de cálculo establecida en este artículo[10].

Art. 8 bis. Cuando el trabajador haga uso del permiso postnatal parental establecido en el artículo 197 bis del Código del Trabajo, el límite al monto diario del subsidio a que se refiere el inciso segundo del artículo anterior se determinará considerando sus remuneraciones mensuales netas, subsidios o ambos, correspondientes al período establecido en el inciso antes citado[11].

Art. 9. Derogado[12].

Art. 10. Las remuneraciones ocasionales o que correspondan a períodos de mayor extensión que un mes, tales como gratificaciones, bonificaciones o aguinaldos de Navidad o Fiestas Patrias, no se considerarán para la determinación de las bases de cálculo establecidas en los artículos anteriores.

Art. 11. El subsidiado no perderá el derecho a percibir las remuneraciones a que se refiere el artículo anterior, en la forma y en la oportunidad establecidas en el correspondiente contrato de trabajo, por el tiempo en que haya percibido el subsidio.

Art. 12. Si opera un reajuste legal de remuneraciones dentro del mes en que se produzca la incapacidad laboral, el monto de la base de cálculo del subsidio se reajustará en la medida y forma en que corresponda aplicar dicho reajuste.

Art. 13. Los subsidios se devengarán por día.

---

10 Artículo sustituido por el artículo 75 letra a), de la Ley Nº 18.482.

11 Artículo incluido por el artículo 2º Nº 3, de la Ley Nº 20.545.

12 Artículo eliminado por el artículo 75 letra b), de la Ley Nº 18.482.

Art. 14. Los subsidios se devengarán desde el primer día de la correspondiente licencia médica, si ésta fuere superior a diez días o desde el cuarto día, si ella fuere igual o inferior a dicho plazo.

Art. 15. Los subsidios durarán hasta el término de la correspondiente licencia médica, aun cuando haya terminado el contrato de trabajo.

Art. 16. El monto diario de los subsidios será una cantidad equivalente a la trigésima parte de su base de cálculo. Este monto podrá ser reducido hasta en una décima parte, mediante decreto supremo del Ministerio del Trabajo y Previsión Social, cuando se estime presupuestariamente que el costo de los subsidios excederá del 2% de las remuneraciones imponibles.

Art. 17. El monto diario de los subsidios no podrá ser inferior a la trigésima parte del cincuenta por ciento del ingreso mínimo que rija para el sector privado.

Con todo, tratándose de trabajadores que tengan más de un empleador o que revistan a la vez, las calidades de trabajador dependiente e independiente, tendrán derecho al aludido subsidio mínimo en el evento que la suma de los subsidios que hubieren devengado en un mismo período no supere el monto de aquél[13].

Art. 18. El monto de los subsidios que se estén devengando se reajustará en cada oportunidad en que éstos cumplan doce meses de duración ininterrumpida, cualquiera que sea el diagnóstico de las licencias que los originen. Dicho reajuste será equivalente al 100% de la variación que experimente el Índice de Precios al Consumidor, determinado por el Instituto Nacional de Estadísticas, entre el último día del mes anteprecedente al de inicio del subsidio o del último mes considerado en el reajuste anterior, según corresponda, y el último día del mes anteprecedente a aquel en que comience a devengarse el reajuste[14].

---

[13] Inciso incluido por el artículo 2° N° 2, de la Ley N° 19.299.

[14] Artículo sustituido por el artículo 1° N° 3, de la Ley N° 19.350.

Art. 19. El pago de los subsidios corresponde a la entidad que deba otorgarlos o al empleador, si lo ha convenido con la entidad otorgante.

Art. 20. Los subsidios se pagarán, por lo menos, con la misma periodicidad que la remuneración, sin que pueda ser, en caso alguno, superior a un mes.

Art. 21. El Servicio Médico Nacional de Empleados y las entidades previsionales que administren directamente el subsidio y la cotización establecidos en los artículos 17° y 22°, respectivamente, de la ley 16.781, constituirán, cada uno de ellos un "Fondo para subsidios por incapacidad laboral", con todos los recursos que deban percibir y destinar al pago de los subsidios.

Los excedentes que se produzcan en los fondos a que se refiere el inciso anterior se destinarán al financiamiento de las diferentes prestaciones médicas y serán distribuidos en la forma que determine la Superintendencia de Seguridad Social.

Art. 22. Durante los períodos de incapacidad laboral, a que se refiere la ley N° 18.469, los trabajadores dependientes e independientes, afiliados a regímenes de pensiones de instituciones de previsión fiscalizadas por la Superintendencia de Seguridad Social, deberán efectuar las cotizaciones que establezca la normativa vigente destinadas a financiar prestaciones de salud y de previsión, sobre sus remuneraciones o rentas imponibles según corresponda.

Las cotizaciones a que se refiere el inciso precedente deberán efectuarse sobre la base de la última remuneración o renta imponible correspondiente al mes anterior en que se haya iniciado la licencia o en su defecto la estipulada en el respectivo contrato de trabajo, en su caso. Para este efecto, la referida remuneración o renta imponible se reajustará en la misma oportunidad y porcentaje en que se reajuste el subsidio respectivo[15].

---

15 Inciso modificado por el artículo 1° N° 4, de la Ley N° 19.350.

Las entidades pagadoras de subsidios deberán efectuar las retenciones correspondientes, declarar y enterar las cotizaciones en las instituciones que correspondan, en conformidad con las normas contenidas en la ley Nº 17.322[16] [17].

Art. 23. Las Cajas de Compensación de Asignación Familiar percibirán para el financiamiento de los subsidios una cotización, de cargo empresarial, del dos por ciento sobre las remuneraciones imponibles al Fondo Único de Prestaciones Familiares.

Las empresas cuyos trabajadores estén afiliados al Servicio de Seguro Social y a la Sección Tripulantes de Naves y Operarios Marítimos de la Caja de Previsión de la Marina Mercante Nacional, descontarán la cotización establecida en el inciso anterior de las que deban efectuar en tales entidades previsionales en conformidad a las leyes 10.383 y 10.662, respectivamente. Dichas entidades previsionales deducirán del aporte que deben efectuar al Servicio Nacional de Salud las cantidades que dejen de percibir por el descuento indicado.

Las empresas cuyos trabajadores estén afiliados a entidades previsionales distintas de las mencionadas en el inciso anterior, deducirán la cotización establecida en el inciso primero de las que deban efectuar para los subsidios en la respectiva entidad previsional, en conformidad a las leyes 6.174 y 16.781.

Art. 24. Las Cajas de Compensación de Asignación Familiar que administren los subsidios, traspasarán al Servicio Nacional de Salud, al Servicio Médico Nacional de Empleados o a las entidades previsionales, los superávit que se produzcan en la administración de tales regímenes y ellos cubrirán los déficit que resulten de dicha administración.

La Superintendencia de Seguridad Social determinará la proporción en que deban distribuirse entre las referidas entidades los superávit y los

---

16 Inciso modificado por el artículo 1º Nº 5, de la Ley Nº 19.350.

17 Artículo sustituido por el artículo 93º letra d), de la Ley Nº 18.768.

déficit, considerando el número de obreros y empleados subsidiados y el monto de sus remuneraciones medias.

Art. 25. Los derechos a los subsidios a que se refiere este decreto y los regidos por la ley 16.744, son incompatibles entre sí, pero podrán ser ejercidos sucesivamente mientras la incapacidad laboral subsista por alguna de sus causas.

El subsidio a que se refiere el artículo 199 del Código del Trabajo sólo podrá otorgarse una vez terminado el permiso postnatal parental[18].

Cuando se haga uso del derecho a reincorporarse a trabajar según lo establecido en el artículo 197 bis del Código del Trabajo, el trabajador o la trabajadora percibirán un subsidio equivalente al cincuenta por ciento del subsidio que les hubiere correspondido de acuerdo al inciso primero de la citada norma. Dicho subsidio será compatible con el que se origine por una licencia por enfermedad o accidente común, o en virtud de la ley Nº 16.744, o por el permiso del artículo 199 del Código del Trabajo, de acuerdo a las normas de los incisos siguientes[19].

Para efectos del artículo 8º, en caso de reincorporación de la trabajadora o trabajador de acuerdo al artículo 197 bis del Código del Trabajo, en la base de cálculo del subsidio que se origine por una licencia por enfermedad o accidente común o en virtud de la ley Nº 16.744 o del artículo 199 del Código del Trabajo, se considerará exclusivamente la remuneración mensual neta que origine dicha reincorporación, el subsidio derivado de ella, o ambos. En caso de que la trabajadora o el trabajador no registren cotizaciones suficientes para enterar los meses a promediar, se considerará para estos efectos la remuneración mensual neta resultante del contrato de trabajo que corresponda a la reincorporación, las veces que sea necesario[20].

No obstante, cuando el permiso postnatal parental se ejerciere conforme a lo dispuesto en el inciso segundo del artículo 197 bis del Código del

---

18 Inciso incluido por el artículo 2º Nº 4, de la Ley Nº 20.545.

19 Inciso incluido por el artículo 2º Nº 4, de la Ley Nº 20.545.

20 Inciso incluido por el artículo 2º Nº 4, de la Ley Nº 20.545.

Trabajo y la trabajadora o el trabajador tenga derecho al subsidio establecido en el artículo 199 del mismo Código, la suma de los valores diarios de ambos subsidios no podrá exceder, en ningún caso, el monto diario del subsidio por permiso postnatal parental que le hubiere correspondido de no haberse reincorporado a trabajar. Asimismo, la suma total de ambos subsidios durante el período de permiso postnatal parental no podrá exceder el monto equivalente al subsidio que le hubiere correspondido por dicho permiso, de no haberse reincorporado a trabajar. Al completarse dicha suma, se extinguirá el permiso postnatal parental[21].

Durante el período de permiso postnatal parental sólo tendrá derecho al subsidio por enfermedad grave del niño menor de un año quien esté haciendo uso del referido permiso postnatal parental, conforme al inciso segundo del artículo 197 bis del Código del Trabajo[22].

Art. 26. Los derechos a los subsidios a que se refiere este decreto son incompatibles con el derecho al de cesantía, pero éste podrá ser ejercido cuando aquéllos terminen. Para determinar la duración del subsidio de cesantía, éste se considerará iniciado desde la fecha de la terminación del contrato de trabajo, cualquiera que sea la fecha del ejercicio del derecho a subsidio.

Art. 27. Suprímese la frase final del inciso primero del artículo 27° de la ley 10.383, la parte final del inciso primero del artículo 38 del decreto (D.F.L.) N° 68, de 1965, del Ministerio del Trabajo y Previsión Social y la letra b) del inciso primero del artículo 16° de la ley 10.662, y deróganse las normas legales y reglamentarias que sean contrarias a las de este Decreto[23].

Art. 28. Este decreto entrará en vigencia el día primero del tercer mes siguiente al de la fecha de publicación.

---

21 Inciso incluido por el artículo 2° N° 4, de la Ley N° 20.545.

22 Inciso incluido por el artículo 2° N° 4, de la Ley N° 20.545.

23 Artículo modificado por el artículo 1° letra c) del D.L. N° 3.537.

ARTÍCULOS TRANSITORIOS

Art. 1. Los subsidios que se encuentren otorgados en la fecha de vigencia de este decreto, continuarán pagándose hasta su extinción conforme a las normas vigentes a la fecha de su otorgamiento y por las instituciones que tenían la responsabilidad de su pago.

Lo dispuesto en el inciso anterior se aplicará también a los subsidios que se soliciten después de la fecha de vigencia de este decreto cuyo origen sea de una data anterior y a los subsidios que se otorguen después de la referida fecha que sean consecuencia de una nueva licencia médica o de la prórroga de una anterior, si ellas se conceden sin solución de continuidad.

Art. 2. Cuando una Caja de Compensación de Asignación Familiar se haga cargo de la administración de los subsidios, los trabajadores que se encuentren subsidiados en ese momento continuarán percibiendo la prestación por la misma entidad que hasta entonces la estaba pagando.

Tómese razón, comuníquese, publíquese e insértese en la Recopilación que corresponda de la Contraloría General de la República.- AUGUSTO PINOCHET UGARTE, General de Ejército, Presidente de la República.- Vasco Costa Ramírez, Ministro del Trabajo y Previsión Social.

LEY Nº 17.322
NORMAS PARA LA COBRANZA JUDICIAL DE COTIZACIONES, APORTES Y MULTAS DE LAS INSTITUCIONES DE SEGURIDAD SOCIAL[1]

Publicada en el Diario Oficial de 19 de agosto de 1970
Por cuanto el H. Congreso Nacional ha dado su aprobación al siguiente:
PROYECTO DE LEY:

Art. 1. Las normas establecidas en esta ley se aplicarán a la cobranza de las cotizaciones de seguridad social adeudadas por los empleadores a las instituciones de ese carácter, sea que el cobro judicial lo inicien éstas o el propio trabajador. En ningún caso se aplicará esta ley respecto de las cotizaciones de pensiones de los trabajadores independientes señalados en el artículo 89 del decreto ley Nº 3.500, de 1980, que establece Nuevo Sistema de Pensiones, por las rentas a que se refiere el inciso primero del artículo 90 del citado decreto ley.

Cada vez que esta ley, o la legislación relacionada con ella, se refieran a institución o instituciones de previsión social, o a institución o instituciones de seguridad social, se entenderá que sus disposiciones se aplican, indistintamente, a cualquiera de ellas o al conjunto de las mismas, según sea el caso. Iguales efectos tendrá, respecto de las cotizaciones, el empleo de los términos "previsionales" o "de seguridad social[2].

Art. 2. El Jefe de Servicio, el Director Nacional o Gerente General de la respectiva institución de seguridad social, mediante resolución fundada y según corresponda, deberá[3]:

---

1 Epígrafe sustituido por el número 1 del artículo 1°, de la Ley Nº 20.023.
2 Artículo sustituido por el número 2 del artículo 1°, de la Ley Nº 20.023.
3 Inciso sustituido por la letra i) de la letra a) del número 3 del artículo 1°, de la Ley Nº 20.023.

1° Determinar el monto de las cotizaciones adeudadas por los empleadores y que no hubieren sido enteradas oportunamente, incluyendo las que descontaron o debieron descontar de las remuneraciones de los trabajadores[4];

2° Determinar el monto de los aportes legales que esas personas o cualquiera otra deban efectuar, y que hayan de descontarse de las remuneraciones de sus trabajadores, y

3° Aplicar las multas en que incurran esos empleadores por infracciones de las leyes sobre previsión social.

El Jefe de Servicio, el Director Nacional o Gerente General en su caso, podrán delegar estas atribuciones en funcionarios de la Institución de la respectiva región o provincia. Mediando tal delegación, podrá ejercer también dichas facultades, sin necesidad de nuevo mandato, el funcionario que subrogue o reemplace al delegatario por impedimento, ausencia u otra causa[5].

Las resoluciones a que se refiere este artículo, tendrán mérito ejecutivo[6].

Los juicios a que ellas den origen se sustanciarán de acuerdo al procedimiento fijado en las normas especiales de esta ley, y en el Título I del Libro III del Código de Procedimiento Civil, en cuanto fueren compatibles con ellas[7].

Las referidas resoluciones de cobranzas de deudas previsionales podrán ser firmadas en forma mecanizada o electrónica avanzada, por los procedimientos que se autoricen en el reglamento que se dictará al efecto, en los casos y con las formalidades que en él se establezcan. Para todos los efectos legales, la firma estampada mecánicamente se entenderá suscrita por la persona cuya rúbrica haya sido reproducida. En el caso de la firma

---

4 Número modificado por el numero ii) de la letra a) del número 3 del artículo 1°, de la Ley N° 20.023.

5 Inciso modificado por la letra b) del número 3 del artículo 1°, de la Ley N° 20.023.

6 Inciso incluido por la letra c) del número 3 del artículo 1°, de la Ley N° 20.023.

7 Inciso incluido por la letra d) del número 3 del artículo 1°, de la Ley N° 20.023.

electrónica se estará a lo dispuesto en los artículos 3°, 4° y 5° de la ley N° 19.799[8].

Art. 3. Para los efectos dispuestos en el artículo anterior, las cotizaciones que no fueren enteradas oportunamente se calcularán por las instituciones de seguridad social y se pagarán por los empleadores conforme a la tasa que haya regido a la fecha en que se devengaron las remuneraciones a que corresponden las imposiciones[9].

Se presumirá de derecho que se han efectuado los descuentos a que se refiere ese mismo artículo, por el solo hecho de haberse pagado total o parcialmente las respectivas remuneraciones a los trabajadores. Si se hubiere omitido practicar dichos descuentos, será de cargo del empleador el pago de las sumas que por tal concepto se adeuden[10].

Las resoluciones que sobre las materias a que se refiere el artículo 2° dicten el Jefe de Servicio, el Director Nacional o el Gerente General de la institución de seguridad social, requerirán la individualización de los trabajadores respectivos. Además, deberán indicar, la o las faenas, obras, industrias, negocios o explotaciones a que ellas se refieren, los períodos que comprenden las cotizaciones adeudadas y los montos de las remuneraciones por las cuales se estuviere adeudando cotizaciones[11].

Art. 4. El trabajador o el sindicato o asociación gremial a que se encuentre afiliado, a requerimiento de aquél, podrá reclamar el ejercicio de las acciones de cobro de las cotizaciones de previsión o seguridad social por parte de las instituciones respectivas, sin perjuicio de las demás acciones judiciales o legales que correspondan.

El trabajador o el sindicato o asociación gremial que comparezca a deducir el reclamo señalado en el inciso anterior, no requerirá patrocinio

---

8 Inciso incluido por la letra e) del número 3 del artículo 1°, de la Ley N° 20.023.

9 Inciso modificado por la letra a) del número 4 del artículo 1°, de la Ley N° 20.023.

10 Inciso sustituido por el artículo 1°, letra b), del Decreto Ley [en adelante D.L.] N° 1.526.

11 Inciso sustituido por la letra b) del número 4 del artículo 1°, de la Ley N° 20.023.

de abogado, debiendo acreditar ante el tribunal, alguno de los siguientes títulos:

1º Actas, firmadas por las partes y autorizadas por los inspectores del trabajo, que den constancia de acuerdos producidos ante éstos o que contengan el reconocimiento de una obligación laboral o de cotizaciones de seguridad social, o sus copias certificadas por la respectiva Inspección del Trabajo.

2º Sentencia firme dictada en un juicio laboral que ordene el pago de cotizaciones de seguridad social.

3º Liquidación de remuneraciones pagadas en la que conste la retención de las cotizaciones y certificado de la institución previsional correspondiente que establezca su no pago oportuno por el mismo período.

4º Cualquiera otro título a que las leyes den fuerza ejecutiva.

Una vez deducido reclamo en conformidad a lo preceptuado por el inciso anterior, el juez ordenará notificar a la institución de previsión o seguridad social señalada por el trabajador, la que deberá, dentro del plazo de 30 días hábiles, constituirse como demandante y continuar las acciones ejecutivas establecidas en la presente ley, bajo el apercibimiento de ser sancionada conforme al artículo 4º bis.

Presentada la demanda por la institución de previsión o de seguridad social, el tribunal ordenará dentro del plazo de 15 días notificar el requerimiento de pago y mandamiento de ejecución y embargo al empleador.

Si la institución no dedujere la demanda en el plazo señalado, el tribunal notificará de ello al trabajador o al sindicato o asociación que haya formulado el reclamo[12].

Art. 4 bis. Una vez deducida la acción, el tribunal procederá de oficio en todas las etapas del proceso, a fin de permitir la continuidad de las distintas actuaciones procesales, sin necesidad del impulso de las partes.

Acogida la acción, e incoada en el tribunal, no podrá alegarse por ninguna de las partes el abandono del procedimiento.

---

12 Inciso sustituido por el número 5 del artículo 1º, de la Ley Nº 20.023.

Sin embargo cuando el juez constate y califique en forma incidental, en el mismo proceso y mediante resolución fundada, que la institución de previsión o seguridad social actuó negligentemente en el cobro judicial de las cotizaciones previsionales o de seguridad social y esta situación ha originado un perjuicio previsional directo al trabajador, ordenará que entere en el fondo respectivo, el monto total de la deuda que se dejó de cobrar, con los reajustes e intereses asociados a ella, sin perjuicio de la facultad de la institución de previsión o seguridad social de repetir en contra del empleador deudor.

Se entenderá que existe negligencia de la institución de previsión o seguridad social cuando:

– No entabla demanda ejecutiva dentro del plazo de prescripción, tratándose de las cotizaciones declaradas y no pagadas, o no continúa las acciones ejecutivas iniciadas por el trabajador en el plazo señalado en el artículo anterior.

– No solicita la medida cautelar especial a que alude el artículo 25 bis de la presente ley y ello genera perjuicio directo al trabajador, lo que será calificado por el juez.

– No interpone los recursos legales pertinentes que franquea la ley y de ello se derive un perjuicio previsional directo para el trabajador[13].

Art. 5. La oposición que formule el ejecutado en este procedimiento sólo será admisible cuando se funde en alguna de las excepciones siguientes[14]:

1º Inexistencia de la prestación de servicios;

2º No ser imponibles, total o parcialmente, los estipendios pagados, o existir error de hecho en el cálculo de las cotizaciones adeudadas[15];

3º Errada calificación de las funciones desempeñadas por el trabajador;

---

13 Artículo incluido por el número 6 del artículo 1º, de la Ley Nº 20.023.

14 Número modificado por el número ii) de la letra a) del número 7 del artículo 1º, de la Ley Nº 20.023.

15 Inciso modificado por la letra a) del número 4 del artículo 1º, de la Ley Nº 20.023.

4° Compensación en conformidad al artículo 30 del decreto con fuerza de ley N° 150, de 1981, del Ministerio del Trabajo y Previsión Social, y[16]

5° Las de los números 1, 3, 9, 11, 17 y 18 del artículo 464° del Código de Procedimiento Civil.

Las excepciones de los números 9 y 11 del artículo 464° del Código de Procedimiento Civil sólo podrán ser declaradas admisibles cuando se funden en un principio de prueba por escrito.

La oposición deberá ser fundada y ofrecer los medios de prueba dentro de los cinco días, contados desde el requerimiento de pago. Cualquier otra excepción será rechazada de plano[17].

En este procedimiento no procederán las reservas de acciones a que se refieren los artículos 467, 473 y 478, inciso 2° del Código de Procedimiento Civil[18].

Art. 5 bis. En este procedimiento, requerido de pago el deudor en conformidad al artículo 6°, la institución ejecutante podrá ampliar la demanda, incluyendo resoluciones de cobranza que se dicten respecto del mismo ejecutado que sean posteriores a aquélla o aquéllas que dieron origen a la ejecución, como asimismo, resoluciones fundadas en el N° 2 del artículo anterior. En este caso, el nuevo requerimiento de pago se notificará por cédula o por otro medio que las partes designen.

La oposición que se formule en este caso se tramitará por cuerda separada, sin que se suspenda el cuaderno de apremio respecto de aquellas resoluciones en las que no se opusieron excepciones o éstas fueron rechazadas[19].

Art. 6. La forma de las notificaciones se regirá por las normas establecidas en el Libro I del Código de Procedimiento Civil. El requerimiento de

---

16 Inciso sustituido por el número iii) de la letra a) del número 7 del artículo 1°, de la Ley N° 20.023.

17 Inciso incluido por la letra b) del número 7 del artículo 1°, de la Ley N° 20.023.

18 Inciso modificado por los números i), ii) y iii) de la letra c) del número 7 del artículo 1°, de la Ley N° 20.023.

19 Artículo intercalado por el número 8 del artículo 1°, de la Ley N° 20.023.

pago podrá efectuarse personalmente o por cédula. Dichas actuaciones y las demás en que deba intervenir un ministro de fe, podrán realizarse por un empleado del mismo tribunal o por un receptor judicial[20].

En todo caso, si alguna de las partes así lo solicita y el tribunal accede a ello, las notificaciones a su respecto podrán realizarse por medios electrónicos, o algún otro que la parte designe[21].

La ejecutante pagará a los funcionarios a que se refiere el inciso primero, por cada actuación en que intervengan, los derechos que fije el arancel establecido por la Corte de Apelaciones respectiva, sin perjuicio de lo que en definitiva se resuelva sobre la carga de las costas[22].

La notificación de la demanda, del requerimiento de pago y de la sentencia de primera instancia, podrá realizarse, excepcionalmente y sólo en localidades rurales donde exista difícil acceso para un receptor o empleado del tribunal, por Carabineros. Será también lugar hábil para efectuar el requerimiento de pago, cualquier domicilio que el empleador tenga registrado en la institución de seguridad social[23].

En todo caso, ningún empleado del mismo tribunal podrá practicar notificaciones, requerimientos de pago y demás actuaciones a petición de las instituciones de previsión o de seguridad social, a menos que el juez se las asigne mediante resolución fundada o que la parte ejecutante sea el propio trabajador[24].

Art. 7. Las sentencias que se dicten en estos juicios contendrán, además de las menciones comunes a las sentencias emitidas en los juicios ejecutivos, la orden de liquidar por el Secretario del Tribunal las cotizaciones y los intereses devengados desde que el deudor incurrió en mora y hasta la fecha del fallo; y la orden de que, en su oportunidad, se liquiden los inte-

---

20 Inciso modificado por la letra a) del número 9 del artículo 1°, de la Ley N° 20.023.

21 Inciso intercalado por la letra b) del número 9 del artículo 1°, de la Ley N° 20.023.

22 Inciso modificado por la letra d) del número 9 del artículo 1°, de la Ley N° 20.023.

23 Inciso modificado por los números i) y ii) de la letra c) del número 9 del artículo 1°, de la Ley N° 20.023.

24 Inciso incluido por la letra e) del número 9 del artículo 1°, de la Ley N° 20.023.

reses que se devenguen con posterioridad hasta el total y cumplido pago de la obligación y se calcule el reajuste de la deuda, cuando así procediere de conformidad a las normas establecidas en el artículo 22°[25].

Art. 8. En el procedimiento a que se refiere esta ley, el recurso de apelación sólo procederá en contra de la sentencia definitiva de primera instancia, de la resolución que declare negligencia en el cobro señalado en el artículo 4° bis, y de la resolución que se pronuncie sobre la medida cautelar del artículo 25 bis. Si el apelante es el ejecutado o la institución de previsión o de seguridad social, deberá previamente consignar la suma total que dicha sentencia ordene pagar, de acuerdo a lo dispuesto en el artículo anterior[26].

Si el recurso de apelación es deducido por el ejecutado, el tribunal hará entrega de los valores consignados a la institución de previsión o seguridad social, la cual quedará obligada a las restituciones que correspondieren con arreglo a la sentencia de término. Esta restitución deberá ser enterada dentro del plazo fatal de 15 días, contado desde que la sentencia se encuentre ejecutoriada. Si no se cumpliere esta obligación en el plazo señalado, la institución deberá abonar un interés del 3% mensual, a partir de la fecha en que el fallo quedó ejecutoriado[27].

El recurso de apelación se conocerá en cuenta a menos que las partes de común acuerdo soliciten alegatos[28].

Art. 9. Será competente para conocer de este procedimiento el Tribunal de Cobranza Laboral y Previsional del domicilio del demandado o el del lugar donde se presten o se hayan prestado los servicios, a elección del actor.

Con todo, el conocimiento de las materias señaladas en el inciso anterior, sólo corresponderá a los juzgados de letras del trabajo en aquellos

---

25 Artículo modificado por el número 10 del artículo 1°, de la Ley N° 20.023.

26 Inciso sustituido por la letra a) del número 11 del artículo 1°, de la Ley N° 20.023.

27 Inciso modificado por la letra b) del número 11 del artículo 1°, de la Ley N° 20.023.

28 Inciso incluido por la letra c) del número 11 del artículo 1°, de la Ley N° 20.023.

territorios jurisdiccionales en que no existan juzgados de cobranza laboral y previsional.

En las comunas o agrupaciones de comunas que no sean territorio jurisdiccional de los Juzgados de Letras del Trabajo, conocerán los Juzgados de Letras con competencia en lo Civil.

En los juicios de cobranza de cotizaciones de seguridad social, se aplicarán las normas de acumulación de autos contenidas en el Título X del Libro I del Código de Procedimiento Civil y se decretará exclusivamente a petición de la institución de seguridad social demandante, cuando se trate del cobro de cotizaciones previsionales adeudadas a uno o más trabajadores por un mismo empleador, correspondiendo acumular el o los juicios más nuevos al más antiguo[29].

Art. 10. Las instituciones de seguridad social estarán exentas de los impuestos establecidos en la Ley de Timbres, Estampillas y Papel Sellado y de las consignaciones que exigieren las leyes, en todos los juicios en que tengan interés[30].

Art. 10 bis. En este procedimiento, las actuaciones procesales podrán realizarse por medios electrónicos que permitan una adecuada recepción, registro y control de las mismas[31].

Art. 11. En caso de quiebra del empleador, no tendrá aplicación lo dispuesto en los artículos 6°, 7°, 8°, 9°, 12°, 13° y 19°. Las instituciones de seguridad social verificarán sus créditos de acuerdo con las normas establecidas en los artículos 131 y siguientes de la ley N° 18.175, efecto para el cual servirá de suficiente título el mencionado en el artículo 4°. Los créditos podrán ser impugnados sólo fundándose en algunas de las excepciones señaladas en el artículo 5° de esta ley[32].

---

[29] Artículo sustituido por el número 12 del artículo 1°, de la Ley N° 20.023.

[30] Artículo modificado por el número 13 del artículo 1°, de la Ley N° 20.023.

[31] Artículo incluido por el número 14 del artículo 1°, de la Ley N° 20.023.

[32] Véase artículo 402 de la Ley N° 20.720

No obstante, tratándose de bienes no comprendidos en el desasimiento, las instituciones de seguridad social que puedan trabar embargo sobre ellos para proveer al pago de sus créditos, podrán recurrir, en todo caso, al procedimiento general establecido en esta ley[33].

Art. 12. El empleador que no consignare las sumas descontadas o que debió descontar de la remuneración de sus trabajadores y sus reajustes e intereses penales, dentro del término de quince días, contado desde la fecha del requerimiento de pago si no opuso excepciones, o desde la fecha de la notificación de la sentencia de primera instancia que niegue lugar a ellas, será apremiado con arresto, hasta por quince días. Este apremio podrá repetirse hasta obtener el pago de las sumas retenidas o que han debido retenerse y de sus reajustes e intereses penales.

El apremio será decretado, a petición de parte, por el mismo Tribunal que esté conociendo de la ejecución y con el solo mérito del certificado del secretario que acredite el vencimiento del término correspondiente y el hecho de no haberse efectuado la consignación.

Las resoluciones que decreten estos apremios serán inapelables.

La consignación de las cantidades adeudadas hará cesar el apremio que se hubiere decretado en contra del ejecutado, pero no suspenderá el curso del juicio ejecutivo, el que continuará tramitándose hasta que se obtenga el pago del resto de las sumas adeudadas.

Las instituciones de previsión, en los casos contemplados en este artículo, deberán recibir el pago de las cantidades descontadas o que debieron descontarse y de sus reajustes e intereses penales, aun cuando no se haga el del resto de las adeudadas.

Para los efectos contemplados en este artículo, la liquidación que debe hacer el secretario del Tribunal con arreglo a lo establecido en el artículo 7° señalará expresa y determinadamente las cotizaciones y aportes legales que se descontaron o debieron descontarse de las remuneraciones de los trabajadores[34].

---

33 Véase artículo 402 de la Ley N° 20.720.

34 Inciso modificado por el número 16 del artículo 1°, de la Ley N° 20.023.

Tanto la orden de apremio como su suspensión, deberán ser comunicadas a la Policía de Investigaciones de Chile, para su registro[35] [36].

Art. 13. Sin perjuicio de lo dispuesto en los artículos 12 y 14 de esta ley, se aplicarán las penas del artículo 467 del Código Penal al que en perjuicio del trabajador o de sus derechohabientes se apropiare o distrajere el dinero proveniente de las cotizaciones que se hubiere descontado de la remuneración del trabajador[37].

Art. 13 bis. Con la misma pena establecida en el artículo anterior se sancionará al empleador que, sin el consentimiento del trabajador, omita retener o enterar las cotizaciones previsionales de un trabajador o declare ante las instituciones de seguridad social pagarle una renta imponible o bruta menor a la real, disminuyendo el monto de las cotizaciones que debe descontar y enterar. La conducta será sancionada igualmente, si el consentimiento del trabajador ha sido obtenido por el empleador con abuso grave de su situación de necesidad, inexperiencia o incapacidad de discernimiento[38].

Art. 14. En caso que el empleador sea una persona jurídica de derecho privado, una comunidad, sociedad o asociación de hecho, el apremio a que se refiere el artículo 12° se hará efectivo sobre las personas señaladas en el artículo 18°[39].

Art. 15. Intercálase en el artículo 12° de la ley 12.927, sobre Seguridad Interior del Estado, de 6 de agosto de 1958, entre las palabras "relegación" y "en", el sustantivo "menores".

Derógase la letra b) del artículo 13° de la misma ley.

---

35 Inciso incluido por el artículo 1°, número 1, de la Ley N° 19.260.

36 Artículo sustituido por el artículo 1° letra c), del D.L. N° 1.526.

37 Artículo incluido por el artículo 1°, número 2, de la Ley N° 19.260.

38 Inciso incluido por el artículo 55 de la Ley N° 21.595.

39 Artículo modificado por el número 17 del artículo 1°, de la Ley N° 20.023.

Art. 16. Agréganse los siguientes incisos al artículo 58° de la ley 10.383: "Los que compraren o vendieren estampillas infringiendo la prohibición anterior, serán castigados con las penas de presidio o relegación menores en cualesquiera de sus grados de uno a cuatro sueldos vitales anuales, escala A), del departamento de Santiago. La pena se elevará en un grado si las estampillas hubieren sido usadas o inutilizadas con anterioridad, y en dos, si fueren falsas.

El que hiciere desaparecer de las estampillas del Servicio de Seguro Social la marca que indica que ya han servido, y el que expendiere, adquiriere o usare estampillas de las cuales se ha hecho desaparecer dicha marca, será castigado con la pena de presidio o relegación menores en sus grados medio a máximo y multa de uno a cuatro sueldos vitales anuales, escala A), del departamento de Santiago.

El que falsificare o adulterare punzones, cuños, cuadros, timbres, matrices, clichés, planchas o cualquier otro objeto que sirva para la fabricación de estampillas o para el sellado de las libretas del Servicio de Seguro Social o el que hiciere uso indebido de ellos, será castigado con la pena de presidio o relegación mayores en sus grados mínimo a medio y multa de uno a cuatro sueldos vitales anuales, escala A), del departamento de Santiago.

El que tomare parte en la emisión de las estampillas o en el timbraje de las libretas y el que usare como legítimas las estampillas o sello falsificados o adulterados, sufrirá la pena de presidio mayor en su grado mínimo y multa de uno a cuatro sueldos vitales anuales, escala A), del departamento de Santiago".

Art. 17. Los informes emitidos por los inspectores de los institutos de previsión u organismos auxiliares en sus labores fiscalizadoras, constituirán presunción legal de veracidad para todos los efectos legales, incluso para los efectos de la prueba judicial.

Los mencionados inspectores estarán facultados para revisar la contabilidad y documentación respectiva de los patrones o empleadores, tanto en el domicilio de éstos como en las oficinas de su respectiva institución. En el ejercicio de sus funciones fiscalizadoras estarán investidos de las facultades, derechos y obligaciones que competen a los inspectores del trabajo, en conformidad a las disposiciones de los artículos 24°, 25°, 26°, 27°, 29°, 30°, 31°, 32° y 40° del decreto con fuerza de ley 2 del Ministerio del trabajo y Previsión Social, de 30 de mayo de 1967, publicado en el Diario Oficial del 29 de septiembre de 1967, entendiéndose que las facultades que dichas disposiciones otorgan a la Dirección del Trabajo o a sus inspectores corresponden, en los mismos términos, a las instituciones de previsión, o a sus inspectores, respectivamente.

La aplicación de las multas a que esas disposiciones se refieren, corresponderá al Vicepresidente Ejecutivo, Director General o jefe superior de la respectiva institución previsional, sin perjuicio de la facultad de delegar establecida en el inciso final del artículo 2°. La percepción de dichas multas corresponderá a la respectiva institución, con el destino que establezcan sus leyes orgánicas. La cobranza judicial de estas multas se sujetará al procedimiento establecido en el artículo 4° y las resoluciones tendrán el mérito ejecutivo allí señalado.

De las sanciones impuestas en conformidad a este artículo podrá reclamarse en la forma que establece la ley 14.972, de 1962. En tal caso, regirán para los inspectores de las instituciones de previsión u organismos auxiliares que hubieren intervenido, las normas prescritas en el artículo 3° de dicha ley.

Los Inspectores del Servicio de Impuestos Internos podrán realizar las labores fiscalizadoras propias de los Inspectores de los institutos de previsión, en conjunto con éstos o separadamente, cuando así lo ordene la Dirección Nacional de dicho Servicio o el Director Regional respectivo, quedando afectos, en tales casos, a las normas contempladas en los incisos anteriores[40].

Art. 18. Las sociedades civiles y comerciales, las corporaciones y fundaciones y todas las personas jurídicas de derecho privado, las comunidades y todas las entidades y organismos particulares, como asimismo las instituciones semifiscales y las empresas públicas, organismos centraliza-

---

[40] Inciso incluido por el artículo 1° letra f), del D.L. 1.526.

dos o descentralizados del Estado, instituciones semifiscales u otras personas jurídicas de derecho público, deberán declarar ante las instituciones de seguridad social a que estén afiliados sus dependientes, los nombres de sus gerentes, administradores o presidentes, y comunicar los cambios en esas designaciones o en el domicilio legal de unos y otros, dentro de los 30 días de producidos[41].

La persona declarada como representante del empleador se entenderá autorizada para litigar en su nombre con las facultades contempladas en el inciso primero del artículo 7° del Código de Procedimiento Civil, no obstante cualquiera limitación impuesta a sus poderes[42].

La omisión de la declaración antedicha será sancionada con multa de una a dieciocho unidades de fomento, a beneficio de la respectiva institución de seguridad social, multa que se fijará y cobrará de acuerdo con las normas establecidas en los artículos 2° y 4° de esta ley. Las entidades infractoras no podrán alegar, en las ejecuciones iniciadas en su contra por las instituciones de seguridad social en conformidad a esta ley, la excepción de falta de personería de quien haya sido notificado en su representación, sino previa consignación, a la orden del Tribunal, del monto máximo de la multa establecida en este inciso; pero los plazos de prescripción se considerarán interrumpidos en todo caso por la sola presentación de la demanda. El Tribunal sólo podrá acoger a tramitación la excepción de falta de personería si el empleador comprueba documentalmente haber dado cumplimiento a la obligación contemplada en el inciso primero[43].

Si la omisión consistiere en la no comunicación de los cambios producidos en las designaciones de gerentes, administradores o presidentes, en su caso, se entenderá que las entidades infractoras continuarán representadas por las mismas personas señaladas en la última comunicación hecha, y, por consiguiente, en las ejecuciones iniciadas en su contra de acuerdo con las disposiciones de esta ley ellos no podrán alegar la falta de

---

41 Inciso modificado por las letras a) y b) del número 18 del artículo 1°, de la Ley N° 20.023.

42 Inciso intercalado por el artículo 4° número 2 letra a), del D.F.L. N° 115.

43 Inciso modificado por la letra c) del número 18 del artículo 1°, de la Ley N° 20.023.

personería de quienes hayan sido notificados o requeridos en su nombre, a menos que acrediten con prueba documental que dieron oportuno cumplimiento a la obligación establecida en el inciso primero[44].

Art. 19. El que a cualquier título adquiera el dominio de predios rústicos o fundos, establecimientos industriales o comerciales, fábricas, locales o faenas, de derecho en ellos o de los bienes de su activo inmovilizado, con excepción de los destinados al uso, alhajamiento u ornato de las oficinas, o los tome en arrendamiento, por instrumento público o privado o por cualquier otro medio, responderá solidariamente con el anterior dueño o con el arrendador, en su caso, del pago de las cotizaciones y demás aportes legales que se adeudaren a las instituciones de seguridad social, siempre que en esos predios, establecimientos, fábricas, locales o faenas laboren trabajadores por cuenta del que los transfiere o da en arrendamiento[45].

No habrá lugar a la responsabilidad solidaria establecida en el inciso precedente cuando en el instrumento público o privado que se otorgue se inserte un certificado de o de las instituciones de seguridad social respectivas respectivos que acredite que la persona que transfiere o da en arrendamiento se encuentra al día en el pago de las cotizaciones y aportes legales. Los otorgantes del instrumento deberán expresar si en el predio rústico o fundo, establecimiento, fábrica, local o faena trabajan empleados u obreros[46].

Tampoco habrá lugar a esta responsabilidad solidaria respecto del adquirente de bienes que componen el activo inmovilizado del establecimiento, fábrica, local o faena cuando la institución acreedora hubiese autorizado expresamente la enajenación. Esta autorización sólo podrá otorgarse cuando existan otros bienes suficientes para responder al pago del crédito.

---

[44] Inciso modificado por la letra d) del número 18 del artículo 1°, de la Ley N° 20.023.

[45] Inciso modificado por la letra d) del número 19 del artículo 1°, de la Ley N° 20.023.

[46] Inciso modificado por la letra b) del número 19 del artículo 1°, de la Ley N° 20.023.

En todo caso, tratándose de los bienes señalados en el inciso precedente, la responsabilidad solidaria quedará limitada hasta concurrencia del valor de ellos.

Art. 20. En todo contrato de construcción de obra, reparación, ampliación o mejoras y en los demás contratos sobre faenas o servicios celebrados con contratistas o subcontratistas, se entenderá, sin necesidad de estipulación expresa, que las garantías constituidas para responder a su cumplimiento y las retenciones que se hagan a los estados de pago caucionan también el cumplimiento de las obligaciones de seguridad social[47].

Para obtener la devolución o alzamiento de esas garantías, el contratista o subcontratista deberá acreditar el pago de la totalidad de las obligaciones de seguridad social correspondientes a la obra, empresa o faena, mediante certificados de las respectivas instituciones de seguridad social. La infracción de esta disposición hará al dueño de la obra solidariamente responsable del cumplimiento de esas obligaciones[48].

Sin perjuicio de lo dispuesto en los incisos anteriores, el dueño de la obra responderá subsidiariamente de las obligaciones previsionales que fueren de cargo de los contratistas o subcontratistas, correspondientes a los trabajadores que hubieren prestado servicios en la respectiva obra, empresa o faena[49].

Art. 21. Agrégase en la letra m) del artículo 6º del decreto con fuerza de ley 278, de 1960, que fijó las atribuciones de los órganos de administración de las instituciones de previsión, después del punto y coma (;) la siguiente frase "sin perjuicio de su facultad para constituir mandatos judiciales en conformidad a la ley 4.409, Orgánica del Colegio de Abogados y al Código de Procedimiento Civil".

---

47 Inciso modificado por la letra a) del número 20 del artículo 1º, de la Ley Nº 20.023.

48 Inciso modificado por la letra b) del número 20 del artículo 1º, de la Ley Nº 20.023.

49 Inciso modificado por la letra c) del número 20 del artículo 1º, de la Ley Nº 20.023.

Art. 22. Los empleadores, como asimismo sus representantes legales, mandatarios y trabajadores que, por cuenta de ellos descuenten de las remuneraciones de sus trabajadores cualquiera suma a título de cotizaciones, aportes o dividendos de las obligaciones de éstos a favor de las instituciones de seguridad social, estarán obligados a declarar y a enterar esos descuentos y sus propias cotizaciones y aportes dentro de los diez primeros días del mes siguiente a aquel en que se devengaron las remuneraciones. Sin embargo, el plazo mencionado se extenderá hasta el día 13 de cada mes, aun cuando éste fuere día sábado, domingo o festivo, cuando dichas declaraciones y el pago de éstas se realicen a través de un medio electrónico[50] [51].

Cuando el plazo de diez días a que se refiere el inciso anterior venza en día sábado, domingo o festivo, dicho plazo se prorrogará hasta el primer día hábil siguiente.

Si el pago no se efectúa oportunamente, las sumas adeudadas se reajustarán entre el último día del plazo en que debió efectuarse el pago y el día en que efectivamente se realice. Para estos efectos, se aumentarán considerando la variación diaria del Índice de Precios al Consumidor mensual del período comprendido entre el mes que antecede al mes anterior a aquel en que debió efectuarse el pago y el mes que antecede al mes anterior a aquel en que efectivamente se realice[52].

Por cada día de atraso la deuda reajustada devengará un interés penal equivalente a la tasa de interés corriente para operaciones reajustables en moneda nacional a que se refiere el artículo 6° de la ley N° 18.010, aumentado en un cincuenta por ciento[53].

Si en un mes determinado el reajuste e interés penal aumentado a que se refiere el inciso anterior, resultaren de un monto total inferior al interés para operaciones no reajustables que fije la Superintendencia de Bancos e Instituciones Financieras aumentado en un cincuenta por ciento, se apli-

---

[50] Inciso modificado por la letra a) del número 21 del artículo 1°, de la Ley N° 20.023.

[51] Inciso modificado por el artículo 2, de la Ley N° 20.288.

[52] Inciso modificado por el artículo 27 letra a), de la Ley N° 18.196.

[53] Inciso modificado por la letra b) del número 21 del artículo 1°, de la Ley N° 20.023.

cará esta última tasa de interés incrementada en igual porcentaje, caso en el cual no corresponderá aplicación de reajuste[54].

En todo caso, para determinar el interés penal se aplicará la tasa vigente al día primero del mes inmediatamente anterior a aquel en que se devengue. Dicho interés se capitalizará mensualmente[55] [56].

Art. 22 a). Si el empleador no efectúa oportunamente la declaración a que se refiere el inciso primero del artículo precedente, o si ésta es incompleta o errónea, será sancionado con multa de 0,75 Unidad de Fomento por cada trabajador cuyas cotizaciones no se declaren o cuyas declaraciones sean incompletas o erróneas. Si la declaración fuere incompleta o errónea y no existen antecedentes que permitan presumir que es maliciosa, quedará exento de esa multa el empleador o la entidad pagadora de subsidios que pagare las cotizaciones dentro del mes siguiente a aquél en que se devengaron las remuneraciones respectivas. Tratándose de empleadores de trabajadores de casa particular, la multa será de 0,2 unidades de fomento para el caso que las cotizaciones se pagaren el mes subsiguiente a aquél en que se retuvieron de las remuneraciones de estos trabajadores, y de 0,5 unidades de fomento si fueran pagadas después de esta fecha, aun cuando no hubiesen sido declaradas[57].

Si la declaración fuere incompleta o falsa y existiere un hecho que permita presumir que es maliciosa, el Jefe de Servicio, Director Nacional o Gerente General de la respectiva institución de previsión o de seguridad social podrá efectuar la denuncia ante el Ministerio Público o el juez del crimen correspondiente, en su caso[58].

Las instituciones de seguridad social no podrán condonar los intereses penales y multas que correspondan a deudores que no hubieren efectuado oportunamente la declaración de las sumas que deben pagar por concepto

---

54 Inciso modificado por la letra b) del número 21 del artículo 1°, de la Ley N° 20.023.

55 Inciso modificado por el artículo 1 número 3, de la Ley N° 19.260.

56 Artículo sustituido por el artículo 1°, de la Ley N° 18.137.

57 Inciso modificado por la letra a) del número 22 del artículo 1°, de la Ley N° 20.023.

58 Inciso modificado por la letra b) del número 22 del artículo 1°, de la Ley N° 20.023.

de imposiciones y aportes ni a aquellos que hubieren efectuado declaraciones maliciosamente incompletas o falsas[59] [60].

Art. 22 b). El pago de las cotizaciones y aportes se hará en moneda nacional[61].

El pago que se haga por un medio distinto del dinero efectivo o del vale vista no producirá novación. En caso de que la institución acreedora reciba en pago un cheque u otro documento que sea protestado por cualquier causa, podrán proceder a su cobro, imputando las sumas que obtengan, con deducción de las costas y demás gastos de la cobranza, a los créditos que, por cotizaciones y aportes, tenga respecto del empleador obligado[62] [63].

Art. 22 c). Los pagos parciales de cotizaciones adeudadas se imputarán a los meses más antiguos comprendidos en la deuda, prefiriendo el capital para todo el período adeudado y pagado éste, el saldo se aplicará a reajustes, intereses, multas y otros recargos, salvo que otra forma de imputación fuere más favorable al trabajador[64].

Cuando los trabajadores sean varios, deberá distribuirse lo pagado entre todos ellos a prorrata de sus respectivos créditos, imputándose lo que corresponda a cada uno, a los meses más antiguos o en la forma que les fuere más favorable[65].

Con todo, si el saldo no resultare suficiente para cubrir la totalidad de los gravámenes de un mes determinado, se abonará proporcionalmente a lo que se adeudare por cada uno de estos conceptos en dicho mes.

Sin perjuicio de la multa establecida en el artículo 22 a) de esta ley, los reajustes, intereses y recargos que no resultaren cubiertos, se reajusta-

---

59 Inciso modificado por la letra c) del número 22 del artículo 1°, de la Ley N° 20.023.

60 Artículo sustituido por el artículo 1° número 2, de la Ley N° 18.137.

61 Inciso modificado por el número 23 del artículo 1°, de la Ley N° 20.023.

62 Inciso modificado por el número 23 del artículo 1°, de la Ley N° 20.023.

63 Artículo incluido por el artículo 1° letra j), del D.L. N° 1.526.

64 Inciso modificado por la letra a) del número 24 del artículo 1°, de la Ley N° 20.023.

65 Inciso intercalado por la letra b) del número 24 del artículo 1°, de la Ley N° 20.023.

rán a su vez mensualmente en el porcentaje que haya variado el índice de precios al consumidor hasta la fecha de su pago[66].

Art. 22 d). En caso que las cotizaciones no se enteren ni declaren en el plazo establecido en el inciso primero del artículo 22 de esta ley, el empleador tendrá hasta el último día hábil del mes subsiguiente del vencimiento de aquél, para acreditar ante la institución de previsión o de seguridad social respectiva la extinción de su obligación de enterar las cotizaciones de seguridad social de sus trabajadores, debido al término o suspensión de la relación laboral que mantenían. A su vez, las instituciones de previsión o de seguridad social deberán agotar las gestiones que tengan por objeto aclarar la existencia de cotizaciones de seguridad social impagas y, en su caso, obtener el pago de aquéllas de acuerdo a las normas de carácter general que emita la Superintendencia respectiva. Transcurrido el plazo de acreditación de cese o suspensión de la relación laboral, sin que el empleador haya acreditado dicha circunstancia, se presumirá sólo para los efectos de la presente ley, que las respectivas cotizaciones están declaradas y no pagadas[67].

Art. 22 e). Los empleadores que no pagaren las cotizaciones de seguridad social, no podrán percibir recursos provenientes de instituciones públicas o privadas, financiados con cargo a recursos fiscales de fomento productivo, sin acreditar previamente ante las instituciones que administren los instrumentos referidos, estar al día en el pago de dichas cotizaciones. Sin embargo, podrán solicitar su acceso a tales recursos, los que sólo se cursarán acreditado que sea el pago respectivo.

Los empleadores que durante los 24 meses inmediatamente anteriores a la respectiva solicitud, hayan pagado dentro del plazo que corresponda las cotizaciones de seguridad social, tendrán prioridad en el otorgamiento de recursos provenientes de instituciones públicas o privadas, financiados con cargo a recursos fiscales de fomento productivo. Para efectos de lo an-

---

66 Artículo sustituido por el artículo 29°, de la Ley N° 18.768.

67 Artículo incluido por el artículo 94° de la Ley N° 20.255.

terior, deberán acreditar previamente, ante las instituciones que administren los instrumentos referidos, el cumplimiento del señalado requisito[68].

Art. 23. Agrégase, al final del inciso 1° del artículo 664° del Código del Trabajo, la siguiente frase: "De igual privilegio gozarán los intereses devengados por las imposiciones adeudadas, sus reajustes, las multas que apliquen las instituciones de previsión y los tributos y aportes cuya recaudación les esté encomendada"[69].

Art. 24. Derogado[70].

Art. 25. Mientras esté vigente un convenio, los personales dependientes de las empresas, entidades o personas que se acojan a lo dispuesto en el artículo anterior, gozarán de todos los beneficios que las leyes de previsión respectivas les otorgan.

Art. 25 bis. Interpuesta la demanda de cobranza judicial de cotizaciones de seguridad social, y a petición del trabajador, o de la institución de previsión o seguridad social que corresponda, el tribunal ordenará a la Tesorería General de la República que retenga de la devolución de impuestos a la renta que le correspondiese anualmente a empleadores que adeudasen cotizaciones de seguridad social, los montos que se encontraren impagos de acuerdo a lo que señale el título ejecutivo que sirva de fundamento a la demanda. Esta medida tendrá el carácter de cautelar.

El tribunal de oficio o a petición de parte, si procediere, ordenará a la Tesorería General de la República imputar el pago de la deuda previsional y girar a favor de la entidad acreedora, los montos retenidos de acuerdo al inciso anterior.

---

68 Artículo incluido por el artículo 94° de la Ley N° 20.255.

69 La referencia es al artículo 664 corresponde al Código del Trabajo de 1931. Hoy la relación debe efectuarse con el artículo 61 del Código del Trabajo.

70 Artículo eliminado por el artículo 4° de la Ley N° 18.048.

Si el monto de la devolución de impuestos fuere inferior a la cantidad adeudada, subsistirá la obligación del deudor por el saldo insoluto[71].

Art. 26. Los procedimientos judiciales incoados contra los deudores que celebren convenios se suspenderán, pero se mantendrán los embargos decretados. En caso de incumplimiento del convenio por el deudor, la institución ejecutante podrá continuar dichos procedimientos, o iniciar un nuevo juicio ejecutivo con arreglo a las disposiciones de esta ley.

Los deudores que, habiendo sido demandados judicialmente, celebraren convenios deberán pagar las costas personales y procesales causadas en juicio.

Art. 27. Derogado[72].

Art. 28. Agrégase al artículo 191° de la ley 4.558, el siguiente número 7°:

"7° Si se reconociere un crédito por concepto de imposiciones adeudadas en favor de una institución de previsión".

Art. 29. Inclúyese al Superintendente de Seguridad Social y al Superintendente de Administradoras de Fondos de Pensiones entre las personas comprendidas en los N.os 1° de los artículos 361° del Código de Procedimiento Civil y 191° del Código de Procedimiento Penal y artículo 300 del Código Procesal Penal[73].

Art. 30. Concédese un plazo de ciento ochenta días, contado desde la publicación de esta ley en el Diario Oficial, para que los Servicios, Oficinas o Departamento de Bienestar que funcionan en las reparticiones fiscales y entidades autónomas del Estado, presenten a la Superintendencia de Seguridad Social sus presupuestos de entradas y gastos correspondientes a los años 1968, 1969 y 1970.

---

71 Artículo incluido por el artículo 1° número 25, de la Ley N° 20.023.

72 Artículo eliminado por el artículo único de la Ley N° 18.812.

73 Artículo modificado por el número 26 del artículo 1°, de la Ley N° 20.023.

El Superintendente de Seguridad Social podrá autorizar en estos Servicios para efectuar sus gastos por duodécimos, en conformidad con el último presupuesto aprobado.

Art. 31. Las cotizaciones y demás aportes, como asimismo sus recargos legales, que corresponda percibir a las instituciones de seguridad social, gozarán del privilegio establecido en el N° 5 del artículo 2472 del Código Civil, conservando este privilegio por sobre los derechos de prenda y otras garantías establecidas en leyes especiales[74].

Art. 31 bis. La prescripción que extingue las acciones para el cobro de las cotizaciones de seguridad social, multas, reajustes e intereses, será de cinco años y se contará desde el término de los respectivos servicios[75].

Art. 32. La Caja de Previsión de Empleados Particulares exclusivamente concederá, conjuntamente con el reajuste ordenado por el artículo 25° de la ley 10.475, para 1970, un reajuste extraordinario, por una sola vez, de un 20 por ciento, a las pensiones de hasta dos sueldos vitales y siempre que esas pensiones hubieren tenido un año de vigencia al 1° de enero de 1970.

Las pensiones comprendidas entre dos sueldos vitales y dos sueldos vitales más el 20 por ciento, deberán ser reajustados a esta última cantidad.

Art. 33. No obstante lo dispuesto en el artículo único de la ley 17.168, publicada en el Diario Oficial de 21 de agosto de 1969, los obreros gráficos que a la fecha de vigencia de esa ley gozaban de un régimen de indemnización por años de servicios establecido en virtud de convenio colectivo, acta de avenimiento o fallo arbitral, podrán optar por la mantención de su régimen convencional.

La opción a que se refiere el inciso anterior se ejercerá por acuerdo del respectivo sindicato adoptado por mayoría absoluta de sus miembros, en

---

[74] Artículo sustituido por el artículo 1° número 27, de la Ley N° 20.023.

[75] Artículo intercalado por el artículo 1° número 28, de la Ley N° 20.023.

sesión especialmente convocada para este efecto, dentro de los noventa días siguientes a la publicación de esta ley en el Diario Oficial.

Se entenderá que optan por el régimen legal, los trabajadores que no ejercieren la facultad que establece esta ley.

Art. 34. Los artículos 1º a 29º, inclusive, de la presente ley comenzarán a regir 90 días después de su publicación en el Diario Oficial.

Art. 35. Las instituciones de seguridad social fiscalizadas por la Superintendencia de Seguridad Social podrán declarar incobrables las cotizaciones, aportes u otras obligaciones morosas, lo que requerirá de informe previo favorable de dicha Superintendencia y, además, de autorización del Ministerio de Hacienda tratándose de instituciones regidas por el Decreto Ley 1.263, de 1975[76].

ARTÍCULOS TRANSITORIOS

Art. 1. Dentro del plazo de 60 días, contado desde la publicación de esta ley, las sociedades civiles y comerciales, las corporaciones y fundaciones y todas la personas jurídicas de derecho privado, las comunidades y todas las entidades u organismos particulares, como asimismo las instituciones semifiscales y las empresas autónomas del Estado, deberán declarar ante las instituciones de previsión a que estén afiliados sus dependientes, los nombres de sus gerentes, administradores o presidentes, según corresponda.

La omisión de esta declaración será sancionada con multa de uno a cinco sueldos vitales mensuales, escala A), del departamento de Santiago, a beneficio de la respectiva institución de previsión, multa que se fijará y cobrará de acuerdo con las normas establecidas en los artículos 2º y 4º de esta ley. Las entidades infractoras no podrán alegar, en las ejecuciones iniciadas en su contra por las instituciones de previsión en conformidad a esta ley, la excepción de falta de personería de quien haya sido notificado

[76] Artículo modificado por el número 29 del artículo 1º, de la Ley Nº 20.023.

en su representación, sino previa consignación a la orden del tribunal, del monto máximo de la multa establecida en este artículo; pero los plazos de prescripción se considerarán interrumpidos en todo caso por la sola presentación de la demanda.

Art. 2. Sin perjuicio de lo dispuesto en el artículo 26°, las normas y sanciones establecidas en esta ley sólo serán aplicables a las ejecuciones judiciales que se inicien con posterioridad a la fecha en que comiencen a regir los artículos 1° a 29° inclusive.

Art. 3. Las personas que actualmente están sirviendo como receptores en los juicios ejecutivos que el Servicio de Seguro Social sigue ante los Tribunales del Trabajo de Santiago, y cuyos nombramientos constan de los decretos del Ministerio del Trabajo N.os 60, de 23 de enero de 1941 y 136 bis, de febrero de 1946, continuarán en dicha calidad, sin que sea necesario nuevo nombramiento, mantendrán su actual régimen previsional, se remunerarán con arreglo al arancel a que se refiere el artículo 6° y continuarán sujetos a las facultades disciplinarias de los Tribunales.

Y por cuanto he tenido a bien aprobarlo y sancionarlo; por tanto, promúlguese y llévese a efecto como ley de la República.

Santiago, diez de agosto de mil novecientos setenta.- EDUARDO FREI MONTALVA.- Eduardo León.

LEY Nº 21.561
MODIFICA EL CÓDIGO DEL TRABAJO CON EL OBJETO DE REDUCIR LA JORNADA LABORAL

Teniendo presente que el H. Congreso Nacional ha dado su aprobación al siguiente proyecto de ley que tuvo su origen en una moción de la exdiputada señora Camila Vallejo Dowling; de la diputada señora Karol Cariola Oliva; y de los exdiputados señores Sergio Aguiló Melo, Lautaro Carmona Soto, Hugo Gutiérrez Gálvez, Daniel Núñez Arancibia y Guillermo Teillier Del Valle, Proyecto de ley:

"**Art. 1.** Introdúcense las siguientes modificaciones en el Código del Trabajo:

1. En el artículo 22:

a) Sustitúyense los incisos primero y segundo por los siguientes:

"Artículo 22. La duración de la jornada ordinaria de trabajo no excederá de cuarenta horas semanales y su distribución se podrá efectuar en cada semana calendario o sobre la base de promedios semanales en lapsos de hasta cuatro semanas, con los límites y requisitos señalados en este capítulo.

Quedarán excluidos de la limitación de jornada de trabajo los trabajadores que presten servicios como gerentes, administradores, apoderados con facultades de administración y todos aquellos que trabajen sin fiscalización superior inmediata en razón de la naturaleza de las labores desempeñadas. En caso de controversia y a petición de cualquiera de las partes, el Inspector del Trabajo respectivo resolverá si esa determinada labor se encuentra en alguna de las situaciones descritas. De su resolución podrá recurrirse ante el juez competente dentro de quinto día de notificada, quien resolverá en única instancia, sin forma de juicio, oyendo a las partes.".

b) Suprímese el inciso cuarto.

2. Agrégase, a continuación del artículo 22, el siguiente artículo 22 bis:

"Artículo 22 bis. Si las partes acuerdan que la jornada señalada en el inciso primero del artículo anterior pueda distribuirse en base a un promedio semanal de cuarenta horas en un ciclo de hasta cuatro semanas, ella no podrá exceder de cuarenta y cinco horas ordinarias en cada semana, ni extenderse con este límite por más de dos semanas continuas en el ciclo.

A efectos del inciso anterior, se deberá fijar de común acuerdo un calendario con la distribución diaria y semanal de las horas de trabajo en el ciclo. Con todo, las partes podrán acordar diferentes alternativas de distribución de la jornada en un ciclo. El empleador comunicará al trabajador la alternativa que se aplicará en el ciclo siguiente, con al menos una semana de antelación al inicio de éste.

En caso de que el trabajador al que se aplique el sistema se encuentre sindicalizado, se requerirá, además, el acuerdo previo de la organización sindical a la que se encuentre afiliado.

Si al término de la relación laboral el trabajador hubiere prestado servicios por más horas que el promedio legal en el ciclo respectivo, calculadas de forma proporcional, deberán pagarse todas aquellas horas necesarias para completar el promedio de cuarenta horas semanales.

Mediante negociación colectiva o pactos directos con sindicatos, y sólo respecto de sus afiliados, se podrá acordar que el tope semanal contemplado en el inciso primero se amplíe a cincuenta y dos horas en cada semana, aplicándose los demás requisitos y criterios contenidos en los incisos anteriores.".

3. Reemplázase en el inciso primero del artículo 23 la expresión "artículo anterior" por "artículo 22".

4. Sustitúyese en el inciso primero del artículo 25 la expresión "ciento ochenta horas mensuales", por la siguiente frase: "cuarenta horas semanales promedio en cómputo mensual".

5. En el inciso primero del artículo 25 bis:

a) Sustitúyese la frase "ciento ochenta horas mensuales", por la siguiente:"cuarenta horas semanales promedio en cómputo mensual; o ciento ochenta horas mensuales con un descanso anual adicional de seis días".

b) Agrégase, a continuación de la expresión "mínimos mensuales", la siguiente frase: ", en base a un denominador correspondiente a la jornada respectiva".

6. En el artículo 25 ter:

a) Reemplázase en el número 1 la expresión "ciento ochenta horas mensuales",por la siguiente: "cuarenta horas semanales promedio en cómputo mensual".

b) Agrégase en el número 5, a continuación de la expresión "mínimo mensual", la siguiente frase: ", en base a un denominador correspondiente a la jornada respectiva".

c) Reemplázase en el número 6 la frase "inciso penúltimo del artículo 38"por "inciso séptimo del artículo 38".

7. Reemplázase en el inciso primero del artículo 26 bis la expresión "ciento ochenta horas mensuales", por la siguiente: "cuarenta horas semanales promedio en cómputo mensual".

8. Sustitúyese el artículo 27 por el siguiente:

"Artículo 27. Los trabajadores madres y padres de niños y niñas de hasta doce años, y las personas que tengan el cuidado personal de éstos, tendrán derecho a una banda de dos horas en total, dentro de la que podrán anticipar o retrasar hasta en una hora el comienzo de sus labores, lo que determinará también el horario de salida al final de la jornada.

Para ejercer este derecho el trabajador deberá entregar al empleador el respectivo certificado de nacimiento o la sentencia que le otorgue el cuidado personal de un niño o niña. El empleador no podrá negarse sino cuando la empresa funcione en un horario que no permita anticipar o postergar la jornada de trabajo, o por la naturaleza de los servicios prestados por el trabajador, como en el caso de funciones o labores de atención de público, o que sean necesarias para la realización de los servicios de otros trabajadores, o de atención de servicios de urgencia, trabajo por turnos, guardias, o similares, en tanto requieran que el trabajador efectivamente se encuentre en su puesto a la hora específica señalada en el contrato de trabajo o en el reglamento interno.

Si ambos padres son trabajadores, cualquiera de ellos, a elección de la madre, podrá hacer uso de este derecho.

En caso de controversia, y a petición de cualquiera de las partes, el inspector del trabajo respectivo resolverá si esa determinada labor se encuentra en alguna de las situaciones descritas.".

9. En el artículo 28:

a) Sustitúyese en el inciso primero la expresión "cinco días" por "cuatro días".

b) Reemplázase en el inciso segundo la frase "inciso final del artículo 38"por "inciso séptimo del artículo 38".

10. Agrégase en el inciso primero del artículo 31 la siguiente oración final: "Tratándose de la modalidad dispuesta en el artículo 22 bis, en ningún caso la suma de la jornada ordinaria y extraordinaria podrá superar las cincuenta y dos horas semanales.".

11. Incorpórase en el artículo 32 el siguiente inciso cuarto, nuevo, pasando el actual inciso cuarto a ser inciso quinto:

"Con todo, las partes podrán acordar por escrito que las horas extraordinarias se compensen por días adicionales de feriado. En tal caso, podrán pactarse hasta cinco días hábiles de descanso adicional al año, los cuales deberán ser utilizados por el trabajador dentro de los seis meses siguientes al ciclo en que se originaron las horas extraordinarias, para lo cual el trabajador deberá dar aviso al empleador con cuarenta y ocho horas de anticipación. Si no los solicita en la oportunidad indicada corresponderá su pago dentro de la remuneración del respectivo periodo. La compensación de horas extraordinarias por días adicionales de feriado se regirá por el mismo recargo que corresponde a su pago, es decir, por cada hora extraordinaria corresponderá una hora y media de feriado. En caso de que existan días pendientes de utilizar al término de la relación laboral, éstos se compensarán en conformidad a lo establecido en el artículo 73.".

12. Sustitúyese el artículo 33, por el siguiente:

"Artículo 33. El empleador tiene el deber de controlar la asistencia y determinar las horas de trabajo, sean ordinarias o extraordinarias. Estará obligado a llevar un libro de asistencia del personal, un reloj control con tarjetas de registro o un sistema electrónico de registro.

Una resolución del Director del Trabajo, que se publicará en el Diario Oficial, establecerá y regulará las condiciones y requisitos que deberán cumplir los sistemas electrónicos de registro y control de asistencia y horas de trabajo correspondientes al servicio prestado, el que será uniforme para una misma actividad.

La Dirección del Trabajo, a petición de parte, se pronunciará respecto de si un determinado sistema electrónico se ajusta a las condiciones establecidas en la referida resolución, lo que habilitará su utilización.".

13. En el artículo 34 bis:

a) Intercálase en el inciso primero, a continuación de la expresión "de restaurantes", la siguiente locución: ", hoteles o clubes".

b) Sustitúyese en el inciso segundo la frase "cuarenta y cinco horas semanales"por "cuarenta horas semanales".

14. En el artículo 38:

a) Intercálase en el inciso quinto, a continuación de la frase "no podrá considerar la prestación de servicios por más de tres domingos en forma consecutiva.", la siguiente oración: "Con todo, en el caso de pacto anual, las partes podrán acordar alternativamente que, una vez al año, ocho domingos o, en tres oportunidades discontinuas al año, cuatro domingos, puedan ser considerados en forma consecutiva.".

b) En su inciso séptimo:

i. Agrégase, a continuación de la locución "resolución fundada", la frase "que deberá emitirse dentro de los treinta días hábiles siguientes a la solicitud".

ii. Sustitúyese la locución "higiene y seguridad" por "seguridad y salud en el trabajo".

c) Incorpórase el siguiente inciso octavo, nuevo, pasando el actual inciso octavo a ser inciso noveno:

"Sin perjuicio de lo anterior, se podrán autorizar sistemas excepcionales cuyo promedio máximo de horas semanales de trabajo, en el ciclo respectivo, no superen las cuarenta y dos horas promedio semanal. En estos casos, los trabajadores tendrán derecho a la cantidad de días de descanso anual adicional que corresponda en razón de la diferencia que se produzca en cada caso con la jornada establecida en el inciso primero del artículo 22, en promedio, los que, por acuerdo de las partes, podrán ser compensados en dinero. En caso de que al término de la relación laboral existan días pendientes de utilizar, éstos se compensarán en conformidad con lo dispuesto en el artículo 73.".

d) Agréganse los siguientes incisos décimo y undécimo:

"Un reglamento dictado por intermedio del Ministro del Trabajo y Previsión Social, previo informe de la Dirección del Trabajo, determinará los límites y parámetros de distribución de los sistemas excepcionales de jornada de trabajo y descanso.

Iguales compensaciones a las señaladas en el inciso octavo podrán ser acordadas tratándose de los procesos de trabajo continuos contemplados en el numeral 2 del inciso primero, en tanto, no superen las cuarenta y dos horas semanales, y se registren en la Inspección del Trabajo.".

15. Sustitúyese en el artículo 40 bis la frase "dos tercios de la jornada ordinaria a que se refiere el artículo 22", por la siguiente: "treinta horas semanales".

16. Reemplázase en el inciso segundo del artículo 88 la frase "ocho horas diarias", por la siguiente: "seis horas y cuarenta minutos diarios".

17. Suprímese en el inciso final del artículo 106 la expresión "y cinco".

18. En el artículo 109:

a) Intercálase, entre la expresión "cuarenta y ocho horas" y el punto yaparte, la siguiente frase: ", la que se calculará de forma proporcional por los días en que la nave esté fondeada en puerto".

b) Incorpórase el siguiente inciso segundo:

"Sin perjuicio de lo señalado precedentemente y sólo para los efectos del cálculo y pago de las remuneraciones, el exceso de cuarenta horas semanales se pagará siempre con el recargo establecido en el inciso tercero del artículo 32.".

19. En el inciso primero del artículo 149:

a) Suprímese en la letra a) la expresión "y cinco".

b) Reemplázase la letra d), por la siguiente:

"d) Si la jornada semanal se extiende hasta por treinta horas, las partes podrán acordar por escrito hasta un máximo de doce horas semanales adicionales de trabajo, no acumulables a otras semanas, las que serán pagadas con un recargo no inferior al señalado en el inciso tercero del artículo 32.".

20. Agrégase en el inciso segundo del artículo 150 la siguiente letra d):

"d) Tendrán derecho a dos días de libre disposición en cada mes calendario, los que serán remunerados, les permitirán ausentarse de sus labores y no podrán compensarse en dinero. De común acuerdo estos días libres podrán acumularse dentro de un periodo de tres meses. Al término de la relación laboral, en caso de existir días pendientes de utilizar en el respectivo mes, se compensarán en conformidad a lo establecido en el artículo 73.".

21. En el artículo 152 ter D:

a) Sustitúyese en el inciso primero la frase "ciento ochenta horas ordinarias",por la siguiente: "cuarenta horas promedio semanal".

b) Elimínase en el inciso final la expresión "y cinco".

22. Sustitúyese en el inciso cuarto del artículo 152 quáter J la frase "de conformidad con lo señalado en el inciso cuarto", por la siguiente: "en tanto se ajuste a lo dispuesto en el inciso segundo".

23. Reemplázase en el inciso cuarto del artículo 152 quáter Y la locución "180 horas" por "ciento setenta y dos horas".

24. Derógase el artículo 375.

Art. 2. Agrégase en el artículo 15 de la ley Nº 21.327, sobre modernización de la Dirección del Trabajo, el siguiente inciso segundo:

"La Dirección del Trabajo desarrollará, entre otras medidas, programas de cumplimiento asistido de la normativa laboral, a través de solicitudes de fiscalización voluntarias por parte de estas empresas, tendientes a prevenir o corregir infracciones laborales. En este último caso se otorgará el plazo de, a lo menos, cinco días hábiles para dar cumplimiento a la normativa, siempre que no se ponga en riesgo inminente la seguridad o la salud de los trabajadores. La Dirección del Trabajo deberá constatar que la empresa haya corregido la conducta infractora y, en caso de que esto no ocurra, aplicará las multas correspondientes, sin que resulte aplicable lo dispuesto en el artículo 506 ter del Código del Trabajo.".

Art. 3. Introdúcense las siguientes modificaciones en la ley N° 19.518, que fija nuevo Estatuto de Capacitación y Empleo:

1. Agrégase en el inciso tercero del artículo 36 la siguiente oración final: "En dicha determinación deberá establecer valores máximos diferenciados para empresas calificadas de menor tamaño, conforme a lo dispuesto en el artículo segundo de la ley N° 20.416, que fija normas especiales para las empresas de menor tamaño.".

2. Sustitúyese la letra g) del artículo 46, por la siguiente:

"g) La ejecución de acciones de capacitación destinadas a empresas calificadas de menor tamaño, según lo dispone el artículo segundo de la ley N° 20.416. Se deberán considerar, entre otros, programas asociados a la gestión del uso del tiempo, inserción de herramientas tecnológicas y, en general, aquellos que permitan mejorar la empleabilidad de los trabajadores y la productividad en estas empresas.".

3. En el artículo 83:

a) Reemplázase en la letra j) la expresión final ", y" por un punto y coma.

b) Intercálase, a continuación de la letra j), la siguiente letra k, nueva,pasando la actual a ser letra l):

"k) Desarrollar líneas programáticas de capacitación destinadas a las empresas calificadas de menor tamaño, conforme a lo dispuesto en el artículo segundo de la ley N° 20.416, con el objetivo de aumentar la productividad y empleabilidad de los trabajadores.".

DISPOSICIONES TRANSITORIAS

Art. primero. Esta ley entrará en vigencia en forma gradual, según las modalidades y plazos siguientes:

Las modificaciones efectuadas en el Código del Trabajo contenidas en el artículo 1, referidas al inciso segundo del artículo 22; al inciso primero del artículo 25 bis y al número 5 del artículo 25 ter; al artículo 27; al inciso cuarto del artículo 32; al artículo 33; al inciso primero del artículo 34 bis; a los incisos quinto y séptimo del artículo 38; al artículo 40 bis; al inciso primero del artículo 109; a la letra d) del artículo 149; a la letra d) del artículo 150; al inciso cuarto del artículo 152 quáter J, y a la derogación del artículo 375; la modificación contenida en el artículo 2, y la modificación contenida en el artículo 3, comenzarán a regir en el plazo de un año contado desde su publicación en el Diario Oficial.

Las normas relativas a la reducción de jornada de trabajo establecida en esta ley se implementarán de forma gradual, en los plazos que siguen:

1. La regulación relativa a las horas de trabajo contenidas en el artículo 1, referidas al inciso primero del artículo 22; al artículo 22 bis; al inciso primero del artículo 31; al inciso segundo del artículo 34 bis; al inciso quinto del artículo 106; al inciso segundo del artículo 109; a la letra a) del artículo 149 y al inciso final del artículo 152 ter D se reducirá a cuarenta y cuatro horas al primer año; cuarenta y dos horas al tercer año y cuarenta horas al quinto año, contados desde la publicación de la presente ley en el Diario Oficial. En el caso del artículo 1, en cuanto al inciso cuarto del artículo 152 quáter Y, se reducirá a 176 horas al primer año; 174 horas al tercer año y 172 horas al quinto año, contados desde la publicación de la presente ley en el Diario Oficial.

2. La regulación relativa a la jornada contenida en el artículo 1, referidas al inciso primero del artículo 25; al inciso primero del artículo 25 bis; al número 1 del artículo 25 ter; al artículo 26 bis; al inciso primero del artículo 28; al inciso octavo e inciso final del artículo 38; al inciso segundo del artículo 88 y al inciso primero del artículo 152 ter D, se aplicará al quinto año de la publicación de la presente ley en el Diario Oficial.

En el mismo plazo anterior se hará efectiva la reducción de la jornada de trabajo de los trabajadores y trabajadoras regulados por el artículo 26 del Código del Trabajo.

La aplicación de esta ley en ninguna circunstancia podrá representar una disminución de las remuneraciones de las trabajadoras y los trabajadores beneficiados.

Art. segundo. Las modificaciones introducidas por esta ley relativas a la rebaja de la jornada de trabajo se entenderán incorporadas en los contratos individuales, instrumentos colectivos de trabajo y reglamentos internos por el solo ministerio de la ley, sin que sea necesaria su adecuación para que las modificaciones introducidas cumplan sus efectos.

Art. tercero. La adecuación de la jornada laboral diaria, a fin de cumplir con los nuevos límites de horas semanales establecidos en el Código del Trabajo y en el artículo primero transitorio de la presente ley, deberá efectuarse de común acuerdo entre las partes o a través de las organizaciones sindicales en representación de sus afiliados y afiliadas. A falta de dicho acuerdo, el empleador o empleadora deberá efectuar la adecuación de la jornada reduciendo su término en forma proporcional entre los distintos días de trabajo, considerando para ello la distribución semanal de la jornada.

Art. cuarto. Las resoluciones que autoricen el establecimiento de sistemas excepcionales de distribución de jornada de trabajo y descansos en conformidad al artículo 38 del Código del Trabajo, dictadas con anterioridad a la fecha de entrada en vigencia de las modificaciones establecidas en la presente ley mantendrán su vigencia hasta su vencimiento. Con todo, antes de verificarse esta última circunstancia, el interesado podrá solicitar su adecuación conforme el procedimiento establecido para ello por la Dirección del Trabajo, con el objetivo de ajustarse a la reducción de jornada establecida en la presente ley.

Asimismo, las autorizaciones otorgadas relativas a sistemas especiales de control de asistencia y determinación de las horas de trabajo se mantendrán vigentes mientras cumplan los requisitos fijados por el Director del Trabajo en la resolución a la que se refiere el artículo 33 del Código del Trabajo.

Art. quinto. El reglamento al que se refiere el artículo 38 del Código del Trabajo deberá ser dictado en el plazo de seis meses contado desde la publicación de la presente ley en el Diario Oficial.

Art. sexto. En las empresas que a la fecha de entrada en vigencia de la rebaja de jornada contemplada en esta ley, el descanso dentro de la jornada sea imputable a ésta, las partes deberán, de común acuerdo, llevar a cabo el ajuste a la nueva jornada. En caso de desacuerdo, y cuando dicha imputación esté contemplada en un instrumento colectivo, no será aplicable respecto de ésta lo dispuesto en los artículos 325 y 336 del Código del Trabajo.

Art. séptimo. Las empresas calificadas de menor tamaño, conforme a lo dispuesto en el artículo segundo de la ley N° 20.416, que fija normas especiales para las empresas de menor tamaño, que implementen la reducción de jornada establecida en la presente ley, de forma anticipada a lo dispuesto en el artículo primero transitorio, gozarán de puntaje adicional en la evaluación de postulaciones a instrumentos y programas ofrecidos por la Corporación de Fomento de la Producción, el Servicio de Cooperación Técnica y el Servicio Nacional de Capacitación y Empleo.

En las respectivas bases de convocatoria, cada organismo determinará la forma y condiciones para hacer efectivos dichos puntajes adicionales.

La Subsecretaría del Trabajo determinará, mediante resolución, los requisitos necesarios para dar cumplimiento a la condición establecida en el presente artículo, y otorgará, a solicitud del interesado y previo informe favorable de la Dirección del Trabajo, un sello que certifique su cumplimiento en una determinada empresa, antecedente que permitirá acceder al derecho establecido en el inciso primero del presente artículo.

Art. octavo. Las empresas que a la fecha de publicación en el Diario Oficial de la presente ley tuvieren una jornada de 40 horas o menos, o que con anticipación a lo dispuesto en el artículo primero transitorio, reduzcan a 40 horas la jornada ordinaria de trabajo establecida en el inciso primero del artículo 22 del Código del Trabajo, podrán pactar que dicho máximo semanal se distribuya en cuatro días, de conformidad con la modificación introducida en el inciso primero del artículo 28 del Código del Trabajo por el literal a) del número 9 del artículo 1 de la presente ley, la que en estos casos se entenderá vigente para todos los efectos legales.

Art. noveno. El mayor gasto fiscal que represente la aplicación de esta ley durante su primer año presupuestario de vigencia se financiará con cargo a los recursos que se contemplen en los presupuestos de las diversas entidades afectas a la presente ley y, en lo que falte, el Ministerio de Hacienda podrá suplementarlos con los recursos que se traspasen de la Partida Tesoro Público. En los años siguientes se estará a lo que disponga la Ley de Presupuestos del Sector Público respectiva.".

Y por cuanto he tenido a bien aprobarlo y sancionarlo; por tanto, promúlguese y llévese a efecto como Ley de la República.

Santiago, 14 de abril de 2023. GABRIEL BORIC FONT, Presidente de la República. Jeannette Jara Román, Ministra del Trabajo y Previsión Social. Heidi Berner Herrera, Ministra de Hacienda (S). Macarena Lobos Palacios, Ministra Secretaria General de la Presidencia (S). Nicolás Grau Veloso, Ministro de Economía, Fomento y Turismo. Antonia Orellana Guarello, Ministra de la Mujer y la Equidad de Género.

Lo que transcribo a usted para su conocimiento. Giorgio Boccardo Bosoni, Subsecretario del Trabajo.

LEY Nº 21.643
MODIFICA EL CÓDIGO DEL TRABAJO Y OTROS CUERPOS LEGALES, EN MATERIA DE PREVENCIÓN, INVESTIGACIÓN Y SANCIÓN DEL ACOSO LABORAL, SEXUAL O DE VIOLENCIA EN EL TRABAJO

Teniendo presente que el H. Congreso Nacional ha dado su aprobación al siguiente proyecto de ley que tuvo su origen en moción de las diputadas Erika Olivera De La Fuente, Daniella Cicardini Milla, Camila Musante Müller y Ximena Ossandón Irarrázabal y de los diputados Andrés Celis Montt, Luis Cuello Peña y Lillo y Mauricio Ojeda Rebolledo,

Proyecto de ley:

"**Art. 1.** Modificase el Código del Trabajo de la siguiente forma:

1. En el artículo 2º:

a) Reemplázase el inciso segundo por el siguiente:

"Las relaciones laborales deberán siempre fundarse en un trato libre de violencia, compatible con la dignidad de la persona y con perspectiva de género, lo que, para efectos de este Código, implica la adopción de medidas tendientes a promover la igualdad y a erradicar la discriminación basada en dicho motivo. Son contrarias a lo anterior, entre otras conductas, las siguientes:

a) El acoso sexual, entendiéndose por tal el que una persona realice, en forma indebida, por cualquier medio, requerimientos de carácter sexual, no consentidos por quien los recibe y que amenacen o perjudiquen su situación laboral o sus oportunidades en el empleo.

b) El acoso laboral, entendiéndose por tal toda conducta que constituya agresión u hostigamiento ejercida por el empleador o por uno o más trabajadores, en contra de otro u otros trabajadores, por cualquier medio, ya sea que se manifieste una sola vez o de manera reiterada, y que tenga como resultado para el o los afectados su menoscabo, maltrato o humillación, o bien que amenace o perjudique su situación laboral o sus oportunidades en el empleo.

c) La violencia en el trabajo ejercida por terceros ajenos a la relación laboral, entendiéndose por tal aquellas conductas que afecten a las trabajadoras y a los trabajadores, con ocasión de la prestación de servicios, por parte de clientes, proveedores o usuarios, entre otros.".

b) Sustitúyese en el inciso cuarto la frase "u origen social," por la siguiente: ", origen social o cualquier otro motivo,".

2. En el numeral 12 del artículo 154:

a) Sustitúyese el párrafo primero por el siguiente:

"12. El protocolo de prevención respecto del acoso sexual, laboral y la violencia en el trabajo, y el procedimiento al que se someterán las trabajadoras y los trabajadores, en conformidad a lo dispuesto en el Título IV del Libro II, el que considerará las medidas de resguardo que se adopten respecto de los involucrados y las sanciones que se aplicarán.".

b) Incorpórase en el párrafo segundo a continuación de la expresión "acoso sexual,", la siguiente: "laboral o violencia en el trabajo,".

3. Agrégase el siguiente artículo 154 bis, nuevo, pasando el actual a ser 154 ter:

"Artículo 154 bis. El empleador que no se encuentre obligado a confeccionar el Reglamento Interno al que se refiere el presente Capítulo deberá poner en conocimiento de las trabajadoras y de los trabajadores el protocolo de prevención respecto del acoso sexual, laboral y la violencia en el trabajo y el procedimiento de investigación y sanción al que se someterán dichas conductas, al momento de la suscripción del contrato de trabajo, en conformidad a lo dispuesto en el Título IV del Libro II, el que considerará las medidas de resguardo que se adopten respecto de los involucrados y las sanciones que se aplicarán. Lo anterior deberá constar por escrito y se incorporará en el Reglamento a que se refiere el artículo 67 de la ley N° 16.744. Para efectos de la elaboración del procedimiento de investigación y sanción, el empleador podrá contar con la asistencia técnica del organismo administrador de la ley referida al que se encuentre afiliado.".

4. Reemplázase el epígrafe del Título IV del Libro II "De la investigación y sanción del acoso sexual" por "DE LA PREVENCIÓN, INVESTIGACIÓN Y SANCIÓN DEL ACOSO SEXUAL, LABORAL Y LA VIOLENCIA EN EL TRABAJO".

5. Agrégase a continuación del Título IV del Libro II, el siguiente epígrafe:

"Párrafo 1°

De la prevención del acoso sexual, laboral y la violencia en el trabajo".

6. Reemplázase el artículo 211-A por el siguiente:

"Artículo 211-A. Las trabajadoras y los trabajadores tienen derecho a que el empleador adopte e implemente las medidas destinadas a prevenir, investigar y sancionar las conductas de acoso sexual, laboral y la violencia en el lugar de trabajo.

Los empleadores deberán elaborar y poner a disposición de las trabajadoras y de los trabajadores un protocolo de prevención del acoso sexual, laboral y violencia en el trabajo, a través de los organismos administradores de la ley N° 16.744.

El protocolo al que hace referencia el inciso anterior incorporará, a lo menos, lo siguiente:

a) La identificación de los peligros y la evaluación de los riesgos psicosociales asociados con el acoso sexual, laboral y violencia en el trabajo, con perspectiva de género.

b) Las medidas para prevenir y controlar tales riesgos, con objetivos medibles, para controlar la eficacia de dichas medidas y velar por su mejoramiento y corrección continua.

c) Las medidas para informar y capacitar adecuadamente a los trabajadores y a las trabajadoras sobre los riesgos identificados y evaluados, así como de las medidas de prevención y protección que deban adoptarse, con inclusión de los derechos y responsabilidades de los trabajadores y las trabajadoras y los de la propia empresa.

d) Las medidas para prevenir el acoso sexual, laboral y violencia en el trabajo, conforme a la naturaleza de los servicios prestados y al funcionamiento del establecimiento o empresa.

e) Las medidas de resguardo de la privacidad y la honra de todos los involucrados en los procedimientos de investigación de acoso sexual o laboral, y las medidas frente a denuncias inconsistentes en estas materias. Asimismo, deberá contener mecanismos de prevención, formación, educación y protección destinados a resguardar la debida actuación de las trabajadoras y de los trabajadores, independiente del resultado de la investigación en estos procedimientos.

Con todo, las empleadoras y los empleadores tendrán el deber de informar semestralmente los canales que mantiene la empresa para la recepción de denuncias sobre incumplimientos relativos a la prevención, investigación y sanción del acoso sexual, laboral y la violencia en el trabajo, así como las instancias estatales para denunciar cualquier incumplimiento a la normativa laboral y para acceder a las prestaciones en materia de seguridad social.

La Superintendencia de Seguridad Social, mediante una norma de carácter general, entregará las directrices que deberán contemplarse por parte de las entidades administradoras de la ley N° 16.744 en el ejercicio de la asistencia técnica a los empleadores en todas las materias contempladas en este artículo.".

7. Agrégase en el Título IV del Libro II, a continuación del artículo 211-A el siguiente epígrafe:

"Párrafo 2°

De la investigación y sanción del acoso sexual, laboral y la violencia en el trabajo".

8. Reemplázase el artículo 211-B por el siguiente:

"Artículo 211-B. Los procedimientos de investigación regulados en este párrafo deberán sujetarse a los principios de confidencialidad, imparcialidad, celeridad y perspectiva de género.

Un Reglamento dictado por el Ministerio del Trabajo y Previsión Social, previo informe de la Dirección del Trabajo, establecerá las directrices a las que deberán ajustarse las investigaciones.".

9. Agrégase a continuación del artículo 211-B el siguiente artículo 211-B bis:

"Artículo 211-B bis. En caso de acoso sexual, laboral o violencia en el trabajo, la persona afectada deberá hacer llegar su denuncia por escrito o de manera verbal a la empresa, establecimiento o servicio, o a la respectiva Inspección del Trabajo. Si la denuncia es realizada verbalmente, la persona que la reciba deberá levantar un acta, la que será firmada por la persona denunciante. Una copia de ella deberá entregarse a la persona denunciante.

Recibida la denuncia, el empleador deberá adoptar de manera inmediata las medidas de resguardo necesarias respecto de los involucrados. Para ello deberá considerar la gravedad de los hechos imputados, la seguridad de la persona denunciante y las posibilidades derivadas de las condiciones de trabajo. Entre otras, las medidas a adoptar considerarán la separación de los espacios físicos, la redistribución del tiempo de la jornada y proporcionar a la persona denunciante atención psicológica temprana, a través de los programas que dispone el organismo administrador respectivo de la ley Nº 16.744.

Si la denuncia es realizada ante la Inspección del Trabajo, ésta solicitará al empleador la adopción de una o más medidas de resguardo de las señaladas en el inciso anterior, en el plazo máximo de dos días hábiles, las que se deberán adoptar de manera inmediata, una vez que se notifiquen de conformidad con el artículo 508.".

10. Reemplázase el artículo 211-C, por el siguiente:

"Artículo 211-C. Si la denuncia es presentada en la empresa, establecimiento o servicio, el empleador dispondrá la realización de una investigación interna de los hechos o, en el plazo de tres días, remitirá los antecedentes a la Inspección del Trabajo respectiva.

En cualquier caso, la investigación deberá concluirse en el plazo de treinta días.

Si se opta por una investigación interna, ésta deberá constar por escrito, ser llevada en estricta reserva y garantizar que ambas partes sean oídas y puedan fundamentar sus dichos. Una vez finalizada será remitida junto a las conclusiones a la Inspección del Trabajo respectiva, la cual tendrá un plazo de treinta días para pronunciarse sobre ésta. En caso de cumplirse el plazo referido y de no existir tal pronunciamiento, se considerarán válidas las conclusiones del informe, especialmente para efectos de adoptar medidas respecto de las personas afectadas.

En el caso de las conductas establecidas en la letra c) del inciso segundo del artículo 2, las conclusiones contendrán las medidas correctivas que adoptará el empleador en relación con la causa que generó la denuncia.

Las investigaciones a las que hace referencia el presente artículo deberán ajustarse siempre a las directrices establecidas en el Reglamento al que alude el artículo 211-B. Cuando éstas se realicen por el empleador deberá designar preferentemente a un trabajador o trabajadora que cuente con formación en materias de acoso, género o derechos fundamentales.".

11. Agrégase en el artículo 211-D el siguiente inciso final, nuevo:

"Con todo, si la Inspección del Trabajo competente en el ejercicio de sus facultades toma conocimiento de una vulneración de derechos fundamentales deberá dar cumplimiento a lo dispuesto en el artículo 486, con excepción de lo consagrado en el inciso sexto respecto a las conductas establecidas en la letra a) del artículo 2.".

12. Reemplázase el artículo 211-E por el siguiente:

"Artículo 211-E. En conformidad al mérito del informe de investigación en los casos de acoso sexual y laboral, el empleador deberá disponer y aplicar las medidas o sanciones que correspondan, dentro de los siguientes quince días contados desde su recepción.

Las medidas o sanciones adoptadas serán informadas dentro del plazo anteriormente referido, tanto a la persona denunciante como a la denunciada.

El empleador deberá, en los casos que corresponda, aplicar las sanciones conforme a lo establecido en las letras b) o f) del Nº 1 del artículo 160. Con todo, en el caso de lo dispuesto en la letra f) del Nº 1 deberá evaluar la gravedad de los hechos investigados, lo que consignará en las conclusiones del informe.

El trabajador despedido o la trabajadora despedida podrá impugnar dicha decisión ante el tribunal competente. Para ello deberá rendir en juicio las pruebas necesarias para desvirtuar los hechos o antecedentes contenidos en el informe del empleador o de la Inspección del Trabajo que motivaron el despido.

Adicionalmente, el empleador estará obligado a entregar información a la persona denunciante respecto de los canales de denuncias de hechos que puedan constituir eventuales delitos en el contexto del acoso sexual, laboral o la violencia en el trabajo.".

Art. 2. Introdúcense las siguientes modificaciones en la ley N° 18.575, orgánica constitucional de Bases Generales de la Administración del Estado, cuyo texto refundido, coordinado y sistematizado fue fijado por el decreto con fuerza de ley N°1-19.653, de 2000, del Ministerio Secretaría General de la Presidencia:

1. Agrégase en el artículo 13 el siguiente inciso final, nuevo:

"Asimismo la función pública se ejercerá propendiendo al respeto del derecho de toda persona, con ocasión del trabajo, a disfrutar de un espacio libre de violencia, acoso laboral y sexual. Los órganos de la Administración del Estado deberán tomar todas las medidas necesarias para su prevención, investigación y sanción.".

2. Agrégase el siguiente artículo 14, nuevo:

"Artículo 14. Los órganos de la Administración del Estado deberán contar con un protocolo de prevención de la violencia en el trabajo, el acoso laboral y sexual para promover el buen trato, ambientes laborales saludables y respeto a la dignidad de las personas, el que considerará acciones de difusión, sensibilización, formación y monitoreo. Podrá contar con la asistencia de los organismos administradores de la ley N°16.744, en los casos que correspondan.

El protocolo de prevención incorporará, a lo menos, lo siguiente:

a) La identificación de los peligros y la evaluación de los riesgos psicosociales asociados al acoso sexual, laboral y a la violencia en el trabajo, con un enfoque inclusivo e integrado con perspectiva de género.

b) Las medidas para prevenir y controlar los riesgos señalados en literal anterior, con objetivos medibles, para evaluar su eficacia y velar por su mejoramiento y corrección continua.

c) Las medidas para informar y capacitar adecuadamente a las personas funcionarias sobre los riesgos identificados y evaluados, las medidas de prevención y protección que deban adoptarse, y los derechos y responsabilidades de los funcionarios y las funcionarias y los de la propia institución.

d) Las medidas que fueren necesarias en atención a la naturaleza de los servicios prestados para dar una oportuna aplicación en la protección eficaz de la vida y salud de los funcionarios en materia de acoso sexual, laboral y violencia en el trabajo.

e) Las medidas de resguardo de la privacidad y la honra de todos los involucrados en los procedimientos de investigación de acoso sexual o laboral, y las medidas frente a denuncias inconsistentes en estas materias. Asimismo, deberá contener mecanismos de prevención, formación, educación y protección destinada a resguardar la debida actuación de las trabajadoras y de los trabajadores, independiente del resultado de la investigación en estos procedimientos.

En los procedimientos de investigación de acoso sexual o laboral, será aplicable lo dispuesto en los artículos 90 A y 90 B de la ley N° 18.834, sobre Estatuto Administrativo, cuyo texto refundido, coordinado y sistematizado fue fijado por el decreto con fuerza de ley N° 29, de 2004, del Ministerio de Hacienda.

Con todo, los jefes de servicio tendrán el deber de informar semestralmente los canales que mantiene dicho organismo y el Estado para la recepción de denuncias sobre incumplimientos relativos a la prevención, investigación y sanción del acoso sexual y laboral, y de cualquier incumplimiento a la normativa que rige a las personas funcionarias del sector público. Adicionalmente, deberá informar los mecanismos para acceder a las prestaciones en materia de seguridad social.".

3. Agrégase en el inciso segundo del artículo 46, a continuación de la expresión "sumario administrativo" la frase ", cuyos procedimientos deberán sujetarse a los principios de confidencialidad, imparcialidad, celeridad y perspectiva de género".

4. En el artículo 62:

a) En el numeral 8 sustitúyese el vocablo ", y" por un punto y aparte.

b) Agrégase a continuación del numeral 9, el siguiente numeral 10, nuevo:

"10. Ejercer conductas de acoso sexual, laboral o de violencia en el trabajo, que sufran las funcionarias y los funcionarios en los términos del artículo 2 del Código del Trabajo.".

Art. 3. Introdúcense las siguientes modificaciones en la Ley N° 18.834, sobre Estatuto Administrativo, cuyo texto refundido, coordinado y sistematizado fue fijado por el decreto con fuerza de ley N° 29, de 2004, del Ministerio de Hacienda:

1. Reemplázase en el artículo 12 letra e), la expresión "funciones, y" por el siguiente texto: "funciones. Con todo, conforme lo establecido en el artículo 121 de este Estatuto, no será necesario el cumplimiento de dicho plazo cuando así lo determine el respectivo fiscal.".

2. Agrégase en el artículo 90 el siguiente inciso final:

"Con todo, cuando se atente contra la vida o integridad física de los funcionarios y las funcionarias, la autoridad deberá resolver fundadamente acerca de la necesidad de iniciar de oficio el procedimiento de investigación sumaria o sumario administrativo para determinar las responsabilidades administrativas en caso de que correspondan.".

3. Agrégase en el inciso segundo del artículo 119, a continuación de la expresión "sumario administrativo" la frase ", cuyos procedimientos deberán sujetarse a los principios de confidencialidad, imparcialidad, celeridad y perspectiva de género".

4. Agrégase en el artículo 121 el siguiente inciso final, nuevo:

"En el caso que se aplique la medida disciplinaria de destitución, como consecuencia de la inobservancia de lo dispuesto en el artículo 84 letra m), el fiscal podrá determinar, considerando lo señalado en el inciso anterior, que el funcionario o funcionaria se encuentra eximido de cumplir el plazo establecido en el artículo 12 letra e), decisión que no será aplicable respecto de la institución que aplica la medida.".

5. Sustitúyese el literal b) del inciso segundo del artículo 125 por el siguiente:

"b) Infringir las disposiciones de las letras i), j), k), l) y m) del artículo 84;".

6. Agrégase en el artículo 126 el siguiente inciso segundo, nuevo:

"Con todo, ante una denuncia de hechos que puedan vulnerar lo dispuesto en el artículo 84 letras l) o m), la autoridad solo podrá desestimarla mediante una resolución fundada y deberá notificar dicho acto dentro del plazo de cinco días a la persona denunciante, la que podrá ejercer el derecho establecido en el artículo 160.".

7. Intercálanse en el artículo 129, los siguientes incisos segundo, tercero y cuarto, nuevos, pasando el actual inciso segundo a ser inciso quinto:

"En caso de que el sumario se ordene por hechos que vulneren lo dispuesto en el artículo 84 letras l) o m), deberá preferentemente designarse fiscal a un funcionario o funcionaria que cuente con formación en materias de prevención, investigación y sanción de acoso, género o derechos fundamentales.

En los procedimientos instruidos para determinar la responsabilidad administrativa en este tipo de casos, las víctimas y personas afectadas por las eventuales infracciones tendrán derecho a aportar antecedentes a la investigación, a conocer su contenido desde la formulación de cargos, a ser notificadas e interponer recursos en contra de los actos administrativos, en los mismos términos que el funcionario inculpado.

Lo anterior se aplicará también para las reclamaciones establecidas en los artículos 137 y 140.".

8. Intercálase en el artículo 136, el siguiente inciso segundo, nuevo, pasando los actuales incisos segundo y tercero a ser incisos tercero y cuarto, respectivamente:

"En caso de que el sumario se adopte por hechos que vulneren lo dispuesto en el artículo 84 letras l) o m), el o la fiscal deberá adoptar las medidas de resguardo necesarias respecto de las personas involucradas. Para ello deberá considerar la gravedad de los hechos imputados, la seguridad de la persona denunciante y las posibles derivadas de las condiciones de trabajo, entre las que se encuentran la separación de los espacios físicos y el otorgamiento a la persona denunciante de atención psicológica temprana, a través de los programas que disponga el organismo administrador respectivo de la ley N°16.744. Las medidas adoptadas se encontrarán vigentes por el tiempo que dure el procedimiento disciplinario y hasta que éste se encuentre afinado.".

9. Agrégase en el artículo 137 el siguiente inciso final, nuevo:

"Cuando el o la fiscal proponga el sobreseimiento, y éste sea aprobado por la autoridad, deberá notificarse la resolución que afina el procedimiento a la persona denunciante de los hechos referidos en el artículo 84 letras l) o m), dentro del plazo de cinco días, quien podrá reclamar de ella ante la Contraloría General de la República en el plazo de veinte días contado desde que tomó conocimiento de aquella, sin perjuicio de lo establecido en el inciso tercero del artículo 131.".

10. En el artículo 140:

a) Agrégase, en el inciso quinto, a continuación del punto final, que pasa a ser punto y seguido, la siguiente oración final: "Con todo, cuando la autoridad determine la absolución o aplique cualquier medida disciplinaria respecto de los hechos referidos en el artículo 84 letras l) o m), deberá notificar la resolución que afina el procedimiento a la persona denunciante dentro del plazo de cinco días, quien podrá reclamar de ella ante la Contraloría General de la República, en el plazo de veinte días contado desde que tomó conocimiento de aquella, sin perjuicio de lo establecido en el inciso tercero del artículo 131.".

b) Agrégase el siguiente inciso final, nuevo:

"El acto que sobresee, absuelve o aplique la medida disciplinaria en contra de personas funcionarias del primer nivel jerárquico de la institución o servicio, respecto a hechos referidos en el artículo 84 letras l) o m) estará afecto al trámite de toma de razón por la Contraloría General de la República, el que no podrá realizarse antes del vencimiento del plazo de reclamación señalado en el inciso quinto de este artículo.".

11. Agrégase en el artículo 143, a continuación del punto final, que ha pasado a ser punto y seguido, la siguiente oración final: "En los casos referidos al incumplimiento de las prohibiciones consagradas en el artículo 84 letras l) o m), tales medidas deberán ser adoptadas en el plazo de veinte días contado desde el vencimiento de los plazos de instrucción.".

Art. 4. Modifícase la ley N° 18.883, Aprueba Estatuto Administrativo para Funcionarios Municipales, de la siguiente forma:

1. Reemplázase en el artículo 10 letra e), la expresión "funciones, y" por lo siguiente: "funciones. Con todo, conforme a lo establecido en el

artículo 120, no será necesario el cumplimiento de dicho plazo cuando así lo determine el respectivo fiscal.".

2. Agrégase en el artículo 88 el siguiente inciso final, nuevo:

"Con todo, cuando se atente contra la vida o integridad física de los funcionarios y las funcionarias, la autoridad deberá resolver fundadamente acerca de la necesidad de iniciar de oficio el procedimiento de investigación sumaria o sumario para determinar las responsabilidades administrativas en caso de que correspondan.".

3. Agrégase en el inciso segundo del artículo 118, a continuación de la expresión "sumario administrativo" la frase ", cuyos procedimientos deberán sujetarse a los principios de confidencialidad, imparcialidad, celeridad y perspectiva de género".

4. Agrégase en el artículo 120 el siguiente inciso final, nuevo:

"En el caso que se aplique la medida disciplinaria de destitución como consecuencia de la inobservancia de lo dispuesto en el artículo 82 letra m), el fiscal podrá determinar, considerando lo señalado en el inciso anterior, que el funcionario o funcionaria se encuentre eximido de cumplir el plazo establecido en el artículo 10 letra e), decisión que no será aplicable respecto de la municipalidad que aplica la medida.".

5. Sustitúyese el literal c) del artículo 123 por el siguiente:

"c) Infringir lo dispuesto en las letras l) y m) del artículo 82.".

6. Intercálase en el artículo 124, el siguiente inciso segundo, nuevo, pasando los actuales incisos segundo, tercero, cuarto, quinto, sexto, séptimo y octavo a ser incisos tercero, cuarto, quinto, sexto, séptimo, octavo y noveno, respectivamente:

"Con todo, ante una denuncia de hechos que pudiesen vulnerar lo dispuesto en el artículo 82 letras l) o m), la autoridad solo podrá desestimarla mediante una resolución fundada y deberá notificar dicho acto dentro del plazo de cinco días a la persona denunciante, la que podrá ejercer el derecho establecido en el artículo 156."[1].

---

1 Numeral modificado por el artículo único, N° 1 de la Ley N° 21.687.

7. Agrégase en el artículo 126, los siguientes incisos segundo y tercero, nuevos:

"En caso que la persona denunciada, o la persona denunciante por las prohibiciones establecidas en el artículo 82 letras l) y m) sea el alcalde o la alcaldesa, un concejal o concejala o funcionarios o funcionarias que se desempeñen como jefaturas que jerárquicamente dependan de forma directa del alcalde o alcaldesa, se deberá poner en conocimiento de la Contraloría General de la República dicha situación, en un plazo de tres días hábiles, entidad que sustanciará el sumario respectivo conforme a las reglas del presente Estatuto, en cuanto sean compatibles.

Si se determina la responsabilidad del alcalde o alcaldesa en los hechos, se indicará en la resolución respectiva. Los concejales y concejalas deberán observar lo dispuesto en el artículo 60, letra c) de la ley N° 18.695, orgánica constitucional de Municipalidades.".

8. En el artículo 127:

a) Intercálanse los siguientes incisos tercero, cuarto y quinto, nuevos, pasando el actual inciso segundo a ser inciso sexto:

"En caso de que el sumario se ordene por hechos que vulneren lo dispuesto en el artículo 82 letras l) o m), deberá designarse preferentemente fiscal a un funcionario o funcionaria que cuente con formación en materias de prevención, investigación y sanción de acoso, género o derechos fundamentales.

En los procedimientos instruidos para determinar la responsabilidad administrativa en este tipo de casos, las víctimas y personas afectadas por las eventuales infracciones tendrán derecho a aportar antecedentes a la investigación, a conocer su contenido desde la formulación de cargos, a ser notificadas e interponer recursos en contra de los actos administrativos, en los mismos términos que el funcionario inculpado.

Lo anterior aplicará también para las reclamaciones establecidas en los artículos 135 y 138."[2].

b) En el inciso tercero que ha pasado a ser sexto, reemplázase la expresión "lo" por el artículo "los".

---

[2] Numeral modificado por el artículo único, N° 2 de la Ley N° 21.687.

9. Intercálanse en el artículo 133, el siguiente inciso segundo, nuevo, pasando los actuales incisos segundo y tercero a ser incisos tercero y cuarto, respectivamente:

"En el caso de hechos referidos a las prohibiciones establecidas en el artículo 82 letras l) o m), el o la fiscal deberá adoptar las medidas de resguardo necesarias respecto de las personas involucradas, entre las que se encuentran la separación de los espacios físicos, la redistribución de la jornada de trabajo y el proporcionar a la persona denunciante atención psicológica temprana, a través de los programas que disponga el organismo administrador respectivo de la ley N°16.744. Las medidas adoptadas subsistirán por el tiempo que dure el procedimiento disciplinario y hasta que éste se encuentre afinado.".

10. Intercálase en el artículo 135, el siguiente inciso segundo, nuevo, pasando el actual inciso segundo a ser inciso tercero:

"Cuando el o la fiscal proponga el sobreseimiento y éste sea aprobado por el alcalde o alcaldesa, deberá notificarse esa resolución a la persona denunciante de los hechos referidos en el artículo 82 letras l) o m), dentro del plazo de cinco días, quien podrá reclamar de ella ante la Contraloría General de la República, en el plazo de veinte días contado desde que tomó conocimiento de ello, sin perjuicio de lo establecido en el inciso tercero del artículo 129.".

11. Agrégase en el inciso final del artículo 138, a continuación del punto final, que ha pasado a ser punto y seguido, la siguiente oración final: "Con todo, cuando el alcalde o alcaldesa apruebe la absolución o aplique cualquier medida disciplinaria respecto de los hechos referidos en el artículo 82 letras l) o m), deberá notificar la resolución que afina el procedimiento disciplinario a la persona denunciante, dentro del plazo de cinco días. Ésta podrá reclamar de la referida resolución ante la Contraloría General de la República, en el plazo de veinte días contado desde que tomó conocimiento de aquella, sin perjuicio de lo establecido en el inciso tercero del artículo 129.".

12. Agrégase en el artículo 141, a continuación del punto final, que ha pasado a ser punto y seguido, la siguiente oración final: "En los casos referidos al incumplimiento de las prohibiciones consagradas en el artículo

82 letras l) o m), tales medidas deberán ser adoptadas dentro del plazo de veinte días contado desde el vencimiento de los plazos de instrucción.".

Art. 5. Modifícase la ley N° 18.695, orgánica constitucional de Municipalidades, de la siguiente forma:

1. Agrégase en el inciso cuarto del artículo 60, a continuación de la frase "a requerimiento de, a lo menos, un tercio de los concejales en ejercicio," la frase "o por un concejal o concejala cuando el alcalde o la alcaldesa haya sido el denunciado o denunciada y se haya verificado en procedimiento de sumario administrativo instruido por la Contraloría General de la República, la concurrencia de las prohibiciones establecidas en el artículo 82 letras l) y m) de la Ley N°18.883, en relación al artículo 126 del mismo cuerpo legal, caso en el cual se entenderá contravención de carácter grave a las normas sobre probidad administrativa,".

2. En el artículo 76:

a) Sustitúyese en el literal e) la expresión ", y" por un punto y aparte.

b) Incorpórase el siguiente literal g), nuevo:

"g) Determinación de su responsabilidad en procedimiento de sumario administrativo instruido por la Contraloría General de la República, respecto de la concurrencia de las prohibiciones establecidas en el artículo 82 letras l) y m) de la Ley N° 18.883. En estos casos se entenderá que existe contravención de carácter grave a las normas sobre probidad administrativa.".

3. Sustitúyese el inciso primero del artículo 77 por el siguiente:

"Artículo 77. Las causales establecidas en los literales a), c), d), e), f) y g) del artículo anterior serán declaradas por el tribunal electoral regional respectivo. El requerimiento lo podrán realizar, según corresponda, el alcalde o la alcaldesa o cualquier concejal o concejala de la respectiva municipalidad, conforme al procedimiento establecido en los artículos 17 y siguientes de la Ley N° 18.593. El concejal que estime estar afectado por alguna causal de inhabilidad deberá darla a conocer apenas tenga conocimiento de su existencia. La cesación en el cargo, tratándose de estas causales, operará una vez ejecutoriada la sentencia que declare su existencia.".

4. Agrégase en el inciso primero del artículo 89, a continuación de la expresión "penal" la siguiente frase final ", y lo dispuesto en artículo 82 letras l) y m) de la Ley N° 18.883".

Art. 6. En el marco de las actividades de vigilancia destinadas a la prevención de riesgos laborales, los organismos administradores del seguro de la ley N° 16.744 deberán remitir semestralmente a la Superintendencia de Seguridad Social, la cantidad de denuncias que han sido presentadas en los lugares de trabajo en materia de acoso laboral, sexual o de violencia en el trabajo, además del tipo de acciones y/o medidas adoptadas en cada una de ellas.

Los empleadores estarán obligados a proporcionar la información requerida por los organismos administradores para dar cumplimiento a lo establecido en el inciso precedente.

La Superintendencia de Seguridad Social, mediante una norma de carácter general, entregará las directrices para el cumplimiento de lo dispuesto en el presente artículo, especialmente en lo que respecta al reporte y registro de información y la clasificación de las acciones y medidas adoptadas por los empleadores. Con todo, la Superintendencia deberá remitir al Ministerio del Trabajo y Previsión Social y al Consejo Superior Laboral, en los meses de enero y julio de cada año, un informe estadístico con los datos consolidados a que refiere el presente artículo[3].

ARTÍCULOS TRANSITORIOS

Art. primero. La presente ley entrará en vigencia el primer día del sexto mes subsiguiente a su publicación en el Diario Oficial, periodo en el que deberá dictarse la norma de carácter general y el Reglamento al que hacen referencia las modificaciones establecidas en los numerales 6 y 8 del artículo 1 de la presente ley.

---

[3] Artículo incluido por el artículo 79 de la Ley N° 21.724.

Art. segundo. Los procesos o investigaciones sobre acoso sexual, laboral o de violencia en el trabajo, iniciados antes de la vigencia de la presente ley, se regirán por las normas vigentes a la fecha de la presentación de la respectiva denuncia.".

Y por cuanto he tenido a bien aprobarlo y sancionarlo; por tanto, promúlguese y llévese a efecto como Ley de la República.

Santiago, 5 de enero de 2024. GABRIEL BORIC FONT, Presidente de la República. Jeannette Jara Román, Ministra del Trabajo y Previsión Social. Manuel Monsalve Benavides, Ministro del Interior y Seguridad Pública (S). Mario Marcel Cullell, Ministro de Hacienda. Álvaro Elizalde Soto, Ministro Secretario General de la Presidencia. Luis Cordero Vega, Ministro de Justicia y Derechos Humanos. Antonia Orellana Guarello, Ministra de la Mujer y la Equidad de Género.

Lo que transcribo a usted para su conocimiento. Giorgio Boccardo Bosoni, Subsecretario del Trabajo.

ÍNDICES ANALÍTICOS DEL CÓDIGO DEL TRABAJO

SUMARIO

VOCES GENERALES

D

F

S

T

V

CONTRATO INDIVIDUAL DE TRABAJO:

JORNADA, DESCANSO Y FERIADO ANUAL:

JURISDICCIÓN LABORAL:

NEGOCIACIÓN COLECTIVA:

PROTECCIÓN DE MATERNIDAD Y PATERNIDAD

REMUNERACIONES

SINDICATOS

TERCERIZACIÓN LABORAL

TERMINACIÓN DE CONTRATO DE TRABAJO